普通高等教育“十一五”国家级规划教材

机电一体化系统设计

第二版

李颖卓　张　波　王　茁　主编

化学工业出版社

·北京·

本书系统地介绍了机电一体化系统设计的有关理论。内容包括：机电一体化产品的设计、机电一体化系统中的机械传动与液压气动执行装置、伺服传动技术、计算机技术、传感器技术及应用、机电一体化系统控制方法等，最后通过典型的机电一体化产品的实例，进一步阐述了机电一体化系统设计的分析与综合。

本书可作为机械设计制造及自动化专业机电方向、数控方向的本科生教材，也可供高专、高职、成教等相关专业选用，还可供从事机电一体化产品设计、制造的工程技术人员参考。

图书在版编目（CIP）数据

机电一体化系统设计/李颖卓，张波，王茁主编. —2 版.
北京：化学工业出版社，2010.8 (2018.9 重印)
普通高等教育“十一五”国家级规划教材
ISBN 978-7-122-08864-2

Ⅰ. 机… Ⅱ. ①李…②张…③王… Ⅲ. 机电一体化-系统设计-高等学校-教材 Ⅳ. TH-39

中国版本图书馆 CIP 数据核字（2010）第 117564 号

责任编辑：程树珍　　文字编辑：韩亚南
责任校对：蒋　宇　　装帧设计：张　辉

出版发行：化学工业出版社（北京市东城区青年湖南街 13 号　邮政编码 100011）
印　　刷：三河市延风印装有限公司
装　　订：三河市宇新装订厂
787mm×1092mm　1/16　印张 17½　字数 441 千字　2018 年 9 月北京第 2 版第 4 次印刷

购书咨询：010-64518888（传真：010-64519686）　售后服务：010-64518899
网　　址：http://www.cip.com.cn
凡购买本书，如有缺损质量问题，本社销售中心负责调换。

定　　价：34.00 元

第二版前言

“机电一体化系统设计”课程现已由全国高等学校机械工程类专业教学指导委员会定为“机械设计制造及其自动化”专业的主干专业课，本修订版为普通高等教育“十一五”国家级规划教材。

本教材第一版于2005年8月出版发行，被全国几十所高等院校有关专业采用，特别是有关教师通过教学实践后，给我们提出了许多宝贵意见和修改建议，这使我们受到极大的鼓舞和振奋，同时也获得极深的教益。我们衷心感谢兄弟院校有关教师及所有读者的热心支持与充分信任，衷心感谢出版社及有关领导的真挚关心和鼓励。

根据大家提出的宝贵意见和修改建议以及我们四年来的教学实践，同时考虑到本学科近年来的发展状况和专业的要求，对第一版进行了修订，其修订的主要内容如下：

1. 对本教材章节顺序按机电一体化产品设计过程进行了调整；
2. 根据传感器技术的发展情况，对第4章内容进行了部分修改；
3. 第8章增加了“升降器智能检测装置”典型实例；
4. 对其他章节也做了少量修改；
5. 增加了部分习题与思考题。

本书由李颖卓、张波、王茁主编，第1章、第4章、第5章、第7章、第8章8.2节由李颖卓、王玉波编写，第2章、第3章、第6章、第8章8.4节由张波、王茁、张洪艳、高军、史媛媛编写，第8章8.1节由王玉杰、周茂福编写，全书内容由李颖卓负责编排并完成初统稿，由邵泽波教授担任主审。

本教材经过修改后将有较明显的改进和提高，但是与教学改革形势发展的要求尚有差距，编者恳切希望读者给予批评和指正。

编者

2010年1月

第一版前言

机电一体化技术是以电子技术为主导，计算机技术、伺服传动技术、传感器技术等多种技术与机械技术交叉、融合而形成的综合性技术，是机械与电子技术有机结合的产物。机电一体化概念始于20世纪70年代，至今也不过30多年的历史，这一概念一经提出就被社会普遍接受。这门技术的出现对于机电一体化产品的发展起到了巨大的推动作用。

机电一体化技术涉及知识面很宽，是一门新兴边缘学科，工程性强，内容更新快。因此，本书在选材上力求内容精练，避免不必要的重复，吸收更多的先进技术资料充实本书的内容。全书分8章，较系统地介绍了机电一体化系统设计中的产品设计、机液传动、伺服传动、计算机、传感器、控制方法等有关理论。结合新产品开发设计的典型实例介绍机电一体化系统的设计思想与设计方法是本书的特点。

本书是由王茁、李颖卓主编，王毅坚、张波副主编，其中第1章、第4章、第5章、第7章、第8章的8.4节由李颖卓、王毅坚编写；第2章、第3章、第6章、第8章由王茁、张波编写；卢伟宏、何森、张洪艳分别参与第4章、第5章、第7章部分内容的编写；侯哲生、王殿君、谭定忠分别参与第3章、第6章、第8章部分内容的编写；全书内容由王茁、李颖卓负责编排并完成初统稿，由邵泽波教授担任主审。

由于编者水平有限，书中必然存在不妥之处，敬请各位老师、同学和各位读者批评指正。

编者

2005年2月

目　录

1 绪　　论

本章要求掌握机电一体化基本概念，特别是机电一体化系统的基本结构要素；熟悉机电一体化的相关技术；了解机电一体化技术与现代制造业的密切关系及发展趋势。

1.1 机电一体化基本概念

机电一体化是现代科学技术发展的必然结果，通过介绍机电一体化的基本概念和发展背景，结合国内机电一体化技术与现代制造业的现状，分析机电一体化技术的发展趋势。

1.1.1 机电一体化定义

机电一体化是以电子技术特别是微电子技术为主导、多种新兴技术与机械技术交叉、融合而形成的综合性高技术。其目的是不断提高劳动生产率，减轻人们的体力劳动，逐步代替部分脑力劳动。通过这种技术生产出来的是种类繁多的机电一体化产品，这些产品被广泛地应用到国民经济、科技活动、国防建设和人民生活等各个领域。

简单地讲，机电一体化是机械与电子技术有机结合的产物。机电一体化正处在不断发展和完善的过程中，是一种崭新的学术思想，除了强调机与电的有机结合，还具有更深刻、更广泛的含义。按照机电一体化思想，凡是由各种现代高新技术与机械和电子技术相互结合而形成的各种技术、产品或系统，均属于机电一体化范畴。因此，目前人们谈论的机电液（液压）一体化、机电光（光学）一体化、机电仪（仪器、仪表）一体化以及机电信（信息）一体化等，实质上都可归结为机电一体化。

“机电一体化”一词，于 20 世纪 70 年代初起源于日本，是根据英文机械学（mechanics）的前半部分和电子学（electronics）的后半部分而构成的，即 mechatronics（日本造的英文组合词），用日本汉字“机电一体化”来表示，在日本取英文译音称为メカトロニクス。“机电一体化”比较恰当地表述了一个新的概念，因而迅速、直接地被我国接受和使用。在我国“机械电子学”与“机电一体化”并存，但后者更为广泛流行。

1.1.2 机电一体化系统的基本结构要素

尽管机电一体化系统或产品主要功能不同，结构繁简各异。但是，一个比较完善的机电一体化系统，应包括以下几个基本要素：构造部分、动力部分、计测部分、功能部分、控制部分等，各要素和环节之间通过信息处理单元及接口相互联系。

具有智能功能的机电一体化系统或产品的一个显著特征是它的内部功能构成与组成要素像一个人的功能机构和组成要素那样完美。图 1-1 为机电构成要素与人体基本要素的对照示意图，由此可以清楚地看出机电一体化系统组成要素及各要素的功能。

如图 1-2 所示以数控车床为例，简述机电一体化产品各组成部分的作用。

（1）构造部分

构造部分是原机械产品的机械结构部分，或做了一些改进，以实现高效、多功能、可靠和节能、美观等。例如，数控车床的机械本体，就是车床的机械结构部分（车身、主轴箱、尾架等）。构造就好像人的身躯骨架。

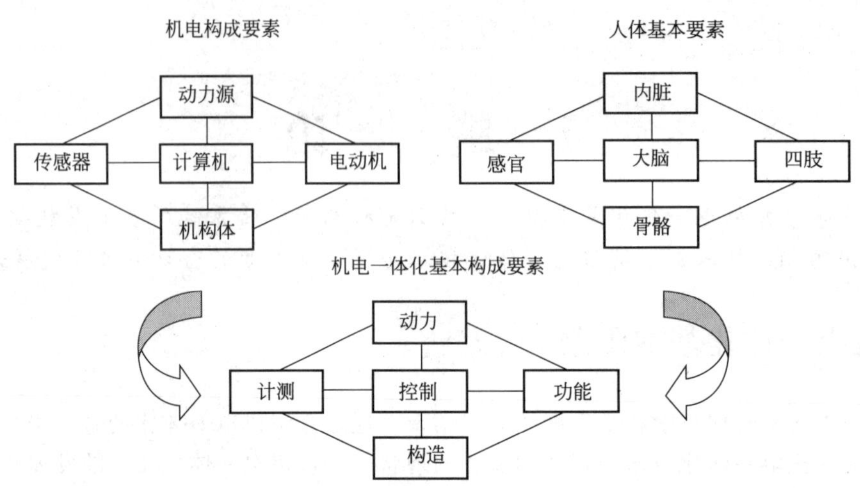

图 1-1 机电一体化系统要素与人体要素对照示意图

(2) 动力部分

动力部分按照系统的控制要求，为系统提供能量和动力，使系统正常运行。用尽可能小的动力输入，获得尽可能大的功能输出。机电一体化产品的动力部分，为本产品提供能量和动力功能以驱动执行机构，类似人体的内脏，产生能量来维持人的生命运动。例如，数控机床的主动力，主要来自于电能。

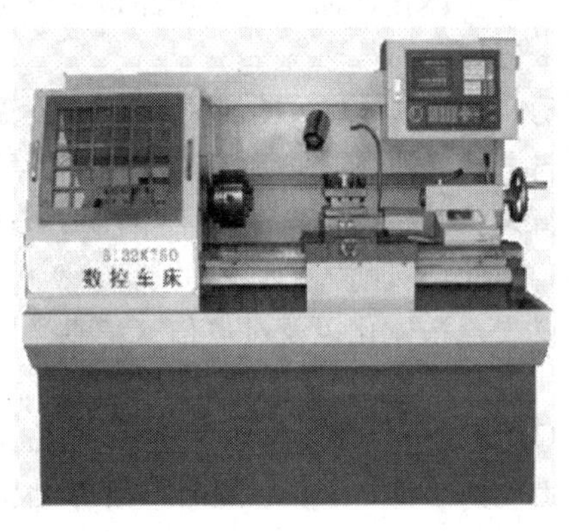

图 1-2 CNC6132（教学、生产两用型）数控车床

(3) 计测部分

计算机在机电一体化系统或产品中，作用正如人的大脑一样，对外部输入的命令进行存储、分析、加工，根据信息处理结果，按照一定的程序和节奏发出相应指令，控制整个系统有目的地运行。这部分除了计算机以外，还包括 I/O（输入/输出）设备、外存储器和显示器等。例如，数控机床中的 CPU 板、CRT 显示器、键盘及打印机等，构成了计算机部分。

传感器在机电一体化系统或产品中，作用相当于人体的感官，对系统中所需要的各种参数及状态进行检测，变成可识别的信号，经过计算机的分析、处理后，进行状态显示或反馈控制。例如，数控车床刀具位置状态的显示，可用直线位移传感器进行检测。

(4) 功能部分

执行机构在机电一体化系统或产品中，作用相当于人体的四肢，可根据控制信息和指令，完成各种动作。执行机构是运动部件，一般采用液压、气动、电动等机构。例如，数控车床刀具的走刀运动，就是利用步进电动机驱动滚珠丝杠完成的。

1.1.3 机电一体化相关技术

机电一体化是各种技术学科相互渗透的结果，它所涉及的技术领域非常广泛，其主要的相关技术可归纳为六个方面：机械技术、检测传感技术、计算机与信息处理技术、自动控制技术、伺服传动技术和系统技术。

(1) 机械技术

机械技术是机电一体化的基础。机电一体化的机械产品与传统的机械产品之间的区别在于机械结构更简单、机械功能更强和性能更优越。现代机械要求具有更新颖的结构、更小的体积、更轻的重量，还要求精度更高、刚度更大、动态性能更好。为了满足这些要求，在设计和制造机械系统时，除了考虑静态、动态的刚度及热变形问题外，还应该考虑采用新型复合材料和新型结构以及新型制造工艺和工艺装置等。

从机械产品设计来讲，应开展可靠性设计和普及该项技术的应用，加强对机电产品基础元器件的失效分析研究。在提高元器件可靠性水平的同时，应开展对整机系统可靠性的研究。机电一体化产品的设计，从静态强度到动态强度的设计，可以采用损伤容限设计、动力优化设计、摩擦学设计、防蚀设计、低噪声设计等。

(2) 检测传感技术

检测传感装置是系统的感受器官，与信息系统的输入端相连，将检测到的信号输送到信息处理部分。检测传感是实现自动控制、自动调节的关键环节。其功能越强，系统的自动化程度就越高。检测传感的关键元件是传感器。

传感器是将被测量（包括各种物理量、化学量和生物量等）变换成系统可识别，并与被测量有确定对应的有用电信号的一种装置。

现代工程技术要求传感器能够快速、精确地获取信息，并能经受各种严酷的考验。与计算机技术相比，传感器的发展显得缓慢，难以满足技术发展的需要。有些机电一体化装置不能达到满意的效果、无法实现设计要求，其关键原因是没有合适的传感器。因此，开展传感器的研究，对于机电一体化技术的发展，具有十分重要的意义。

(3) 计算机与信息处理技术

信息处理技术是指对信息的交换、存取、运算、判断和决策，实现信息处理的工具是计算机。因此，计算机技术与信息处理技术两者密切相关，包括软件技术和硬件技术、网络与通信技术、数据库技术等。

在机电一体化系统中，计算机与信息处理部分协同指挥整个系统的运行。信息处理是否正确、及时，直接影响到系统工作的质量和效率。因此，计算机应用及信息处理技术，是促进机电一体化技术发展和变革的最活跃的因素。

人工智能技术、专家系统技术、神经网络技术等，都属于计算机信息处理技术。

(4) 自动控制技术

自动控制技术范围很广，包括自动控制理论、控制系统设计、系统仿真、现场测试、可靠运行等从理论到实践的整个过程。由于被控对象的种类繁多，所以控制技术的内容极其丰富，包括高精度定位控制、速度控制、自适应控制、自诊断、校正、补偿、示教再现、检索等控制技术。

自动控制技术的难点在于自动控制理论的工程化与实用化。由于实际中的被控对象与理论上控制模型之间存在较大差距，使控制设计到控制实施要经过多次反复调试与修改，才能获得比较满意的结果。

由于微型机的广泛应用，自动控制技术越来越多地与计算机控制技术联系在一起，成为机电一体化中十分重要的关键技术。

(5) 伺服传动技术

“伺服”（当仆人）即“伺候服侍”的意思，由控制指令来指挥控制驱动元件，使机械的运动部件按照指令的要求进行运动，并具有良好的动态性能。在伺服传动系统中，所采用的驱动技术与所使用的执行元件有关。

伺服传动系统按执行元件的不同，分为液压伺服系统和电气伺服系统两类。液压伺服系统工作稳定、响应速度快、输出力矩大，特别是在低速运行时，性能更具有突出的优点。但液压伺服系统需要增加液压动力源（俗称液压站），设备复杂、体积大、维修费用大，还存在污染环境等缺点。因此，液压伺服系统仅用在一些大型设备和有特殊需要的场合，其中大部分场合都采用电气伺服系统。电气伺服系统采用电动机作为伺服驱动元件，其优点是控制灵活、费用较小、可靠性高等。但在低速运行时，存在输出力矩不够大的缺点。

（6）系统技术

系统技术就是以整体的概念，组织应用各种相关技术。从全局角度和系统目标出发，将总体分解成相互有机联系的若干功能单元，以功能单元为子系统进行二次分解，生成功能更为单一和具体的子功能单元。这些子功能单元同样可以继续逐层分解，直到能够找出一个可实现的技术方案。深入了解系统内部结构和相互关系，把握系统外部联系，对系统设计和产品开发十分重要。

接口技术是系统技术中一个重要方面，是实现系统各部分有机连接的保证。接口包括电气接口、机械接口、人机接口等。电气接口实现系统之间电信号连接；机械接口则完成机械与机械部分、机械与电气装置部分的连接；人机接口提供了人与系统之间的人机交互界面。

1.1.4 机电一体化的技术、经济和社会效益

机电一体化综合利用各相关技术优势，使系统取得优化效果，具有较高的功能水平，并有显著的技术、经济效益和社会效益。

（1）缩短产品开发周期，加速产品更新换代

用户对产品需求是经常变化的，为了适应用户对现场和对象条件变化的需求，往往要求能够及时地对产品的结构和生产过程做必要的调整、修改。对于这种调整和修改，机电一体化技术可通过控制程序，即软件的变更来实现，而无需或很少改装设备及装置。由于机电一体化具有良好的柔性，特别适合于多品种、小批量产品的生产，是缩短产品开发周期，加速更新换代的重要途径。

（2）提高精度，增强功能

机电一体化技术使机械传动部件减少，使机械磨损、配合间隙及受力变形等因素引起的误差大大减小。由于采用电子技术实现自动检测和控制、补偿、校正等，克服了各种干扰因素造成的动态误差，从而达到单纯机械装备所不能实现的工作精度。例如，采用微型计算机误差分离技术的电子化圆度仪，其测量精度可由原来的 0.025μm 提高到 0.01μm；大型镗铣床安装感应同步器数显装置后，将加工精度从 6μm 提高到 2μm。

现代高新技术的引入，极大地改变了机械工业产品的面貌，并使机电一体化产品具备多种复合功能，成为机电一体化产品和应用技术的一个显著特征。例如，加工中心机床可以一次装夹完成多台普通机床上的多道工序，还有自动检测工件和刀具的精度、自动显示刀具动态轨迹图形、自动保护和自动故障诊断等极强的应用功能；配有机器人的大型激光加工中心，能够完成自动焊接、划线、切割、钻孔、热处理等操作，还可以加工金属、塑料、陶瓷、木材、橡胶等材料。这种极强的复合功能，是传统机械加工系统所不能比拟的。

（3）简化结构，减轻重量

机电一体化系统采用新型电力电子器件和传动技术，代替笨重的老式电气控制的复杂机械变速传动，由微处理机、集成电路等微电子元件和程序逻辑软件，完成过去靠机械传动链来实现的关联运动，从而使机电一体化产品体积减小，结构简化，重量减轻。例如，无换向

器电机，其将电子控制与相应的电机电磁结构相结合，取消了传统的换向电刷，简化了电机结构，提高了电机寿命和运行特性，并缩小了体积；数控精密插齿机，可节省齿轮等传动部件；一台现金出纳机用微处理机控制，可取代几百个机械传动部件。采用机电一体化技术简化结构、减轻重量，对于航空航天技术而言，更具有特殊的意义。

（4）改善劳动条件，有利于自动化生产

机电一体化产品自动化程度高，是知识密集型和技术密集型产品，是将人们从繁重体力劳动中解放出来的重要途径，可以加速工厂自动化、办公自动化、农业自动化、交通自动化甚至家庭自动化。

（5）操作简便，使用安全可靠

机电一体化产品在设计和制造时，充分考虑用户操作的方便性，一般都有友好的接口及界面，用户很容易掌握和操作。有些产品（如微机控制全自动洗衣机）操作者只需按下启动按钮，机器就可自动完成全部操作。为了适应现场条件的变化（如环境温度、电源电压变动等），有些产品可自动进行调整，有些则需人们很少的干预。

在机电一体化产品中，一般都具有自动监视、报警、自动诊断、自动保护甚至自动修复的功能。当遇到过载、过压、过流、短路、漏电、停电等之类的情况，能够自动采取措施加以保护，避免或减少人身伤亡和设备发生事故，显著提高设备使用的安全性。

由于机电一体化产品减少了可动部件和易磨损件，尽量采用可靠性很高的集成电路，使产品故障率降低、寿命提高、维护检修方便，使装置长期可靠运行，无需或很少维修。

（6）提高生产效率，降低成本

机电一体化生产系统，能够减少生产准备和辅助时间，缩短新产品的开发周期，提高产品合格率，减少操作人员，提高生产效率，降低生产成本。例如，数控机床本身精度高、刚性大，可选择有利的加工用量，生产效率高，一般为普通机床的 3～5 倍，对某些复杂零件的加工，生产效率可以提高十几倍甚至几十倍；柔性制造系统可使生产周期缩短 40%，生产成本降低 50%；我国工业锅炉以燃煤为主，年耗煤量占全国原煤产量的 1/3 左右，由于多数是人工控制，燃料浪费很大，采用机电一体化的控制设备后，平均热效率可提高 5%左右。

（7）节约能源，降低消耗

节约一次和二次能源是国家的战略目标，也是用户十分关心的问题。机电一体化产品通过采用低能低耗驱动机构、最佳的调节控制，以提高设备的能源利用率，可达到明显的节能效果。例如，汽车电子点火器，由于控制最佳点火时间和状态，可大大节约汽车耗油量；若将节流工况下运行的风机、水泵随工况变速运行，平均可节电 30%；工业锅炉若采用微机精确控制燃料与空气的混合比，可节煤 5%～20%；还有被称为“电老虎”的电弧炉是最大的耗电设备之一，如改用微型计算机实现最佳功率控制，可节电 20%。

（8）增强市场的竞争能力

机电一体化使产品易于实现更新和升级换代，其技术经济性能指标明显提高，使原来的低档、中档产品性能价格比提高，上升为高档产品。又由于在功能、水平、质量、品种和使用效果方面，能更好地满足国内外市场的需求，有很强的竞争能力，易于打开销路，占领国内外市场。

我国的机械制造部门所生产的有些设备，虽然其结构比较先进，但由于控制系统的水平落后，难以被国际市场接受，削弱了与其他国家同类型产品的竞争能力，结果难以出口，或以相当低的价格只出口机械本体，既影响出口量，也减少了创汇率。因此，无论是生产部门还是使用单位，机电一体化技术和产品，都会带来显著的社会和经济效益。所以，日本、美国及欧洲各国，都在大力发展和推广机电一体化技术。

1.2 机电一体化技术与现代制造业

随着科技的进步和社会环境的变化，机电一体化技术迅速发展，世界制造业正进入一个巨大的变革时期。

一系列先进技术相继兴起，主要是电子技术（特别是微电子技术）、计算机技术、现代通信技术、现代控制技术、机械技术等。这些新技术之间、新技术与传统技术之间，又相互渗透和融合，形成了机电一体化技术，进一步推动了科技发展不断出现新的高潮。各种新兴技术的相互结合，促进了大量新产品的开发，形成了一系列新产业-现代制造业，改变了传统产业的结构和生产方式。

传统的相对稳定的市场向着动态多变的市场转化，产品生命周期缩短，产品更新速度加快，产品的品种增多、批量减少，产品质量、价格和交货期已成为制造业竞争力和生存的决定因素。产品从设计、生产到销售等一整套的传统管理、劳动方式，制造业的组织结构和决策原则与方式都在经受剧烈的变化。

面临日趋激烈的市场变化和技术竞争，世界各国都在迅速调整其技术政策，把提高制造业竞争力和增强综合国力作为技术政策的核心。从而，各国均将本国制造业的更新与振兴作为国家优先考虑的国策，把经济机密置于最重要的地位。

制造技术是制造业的技术支柱，而制造业又是一个国家工业的基础。目前，以传统机电工业为代表的制造业，正在经历着两种变革：一是机电工业生产率的提高，从传统的靠机械化为主的方式向以计算机为核心的柔性、集成自动化生产为主的方式转变，使产品性能得到很大的提高，又可实现更灵活的设计和生产；二是机电工业的产品，从过去机械与电子彼此独立，向彼此高度融合、渗入多种高新技术的机电一体化产品发展，以提高产品的附加值和综合效益。因此，机电一体化技术的不断发展，使传统的制造业逐步向现代制造业的方向转变，其传统制造业的技术人员、管理干部和生产工人，必须迅速适应这种变化和需求，一方面要不断更新自己的知识，另一方面要努力扩展和掌握更多领域的知识。

1.3 机电一体化技术发展趋势

机械技术、微电子技术、计算机与控制技术等出现新的进步，将极大地推动机电一体化技术的发展。现代的机电一体化技术，将朝着微型化、智能化、模块化、数字化、网络化、集成化的方向发展。

（1）微型化

微型化是精细加工技术发展的必然，也是提高效率的需要。从 20 世纪 80 年代开始，机电一体化向微机电系统发展，用来解决常规机电一体化系统所不能解决的问题。它将传统的执行机构、传感器以及信号处理与控制电路等集成于一体。所以，微型化是微机电系统的重要特征。目前研制的微机电系统主要有光盘读取头、微机械光开关、光扫描器、微型机器人等。

（2）智能化

将人工智能、神经网络、模糊控制等现代控制理论和技术，应用到机电一体化系统或产品中，使其具有一定的智能。

(3) 模块化

标准化、模块化是机电一体化发展的重要趋势。对于机电一体化产品，普遍使用的产品单元，如驱动模块单元、运动控制模块单元等，进行模块化设计和生产。模块化极大促进了机电一体化新产品的开发。用户选择标准模块，不仅能够降低产品的开发成本、提高其可靠性，还可以缩短产品的研制周期。

(4) 数字化

嵌入式控制系统和嵌入式软件的发展，为机电一体化系统或产品的数字化、智能化奠定了基础。数字化要求机电一体化产品的软件具有高可靠性、可维护性以及自诊断能力，人机界面友好、易于使用，并且用户可根据实际需要进行制定。数字化的实现有利于远程操作、诊断和修复。

(5) 集成化

集成化既包含各种技术的相互渗透、相互融合和各种产品不同结构的优化与复合，又包含在生产过程中同时处理加工、装配、检测、管理等多种工序。为了实现多品种、小批量生产的自动化与高效率，应使系统具有更广泛的柔性。首先可将系统分解为若干层次，使系统功能分散，并使各部分协调而又安全地运转。然后，再通过硬、软件将各个层次有机地联系起来，使其性能最优、功能最强。

习题与思考题

1-1 什么是机电一体化？其目的是什么？

1-2 机电一体化系统包括哪些基本要素？

1-3 机电一体化的主要支撑技术有哪些？它们的作用是什么？

1-4 机电一体化显著的技术、经济效益和社会效益有哪些？

1-5 未来机电一体化技术的发展趋势有哪些方面？

1-6 试列举 10 种常见的机电一体化产品。

2 机电一体化系统的设计与评价

本章要求掌握机电一体化系统或产品设计的一般步骤；熟悉掌握系统设计的评价分析方法，系统设计的质量控制及制造工程质量管理；通过典型实例了解机电一体化系统或产品设计开发的工程路线。

系统设计就是用系统思想综合运用各有关学科的知识、技术和经验，在系统分析的基础上，通过总体研究和详细设计等环节，落实到具体的项目上，以创造满足设计目标的人造系统。系统设计的基本原则是使设计工作获得更大效果。在保证目的功能要求与适当使用寿命的前提下不断降低成本。

2.1 现代系统设计的特征

现代系统设计的过程就是目标-功能-结构-效果的多次分析与综合的过程。其中，综合可理解为各种解决问题要素拼合的模型化过程，这是一种高度的创造行为；分析则是综合的反行为，也是提高综合水平的必要手段，分析也是分解与剖析，对综合后的解决方案提出质疑、论证和改革。通过分析，排除不合适的方案或方案中不合适的部分，为改善、提高和评价做准备。综合与分析相互作用，当一种基本设想或方案产生后，接着就要分析它，找出改进方向。这个过程一直继续进行，直到这个设想或方案基本定型或被否定为止。

随着工业高度发展、人民生活水平的提高，迫切要求大幅度地提高机电一体化系统设计工作的质量和速度。因此，在机电一体化系统设计中推广和运用现代设计方法、提高设计水平，是机电一体化系统设计发展的必然趋势。现代设计方法与用经验公式、图表和手册为设计依据的传统的设计方法不同，它是以计算机为手段，其设计步骤通常如下：技术预测→信号分析→科学类比→系统分析设计→创造设计→选择设计方法（如相似设计法、模拟设计法、有限元法、可靠性设计法、动态分析法、优化设计法、模糊设计法等）→设计评价。由于设计概念的更新，现代机电一体化系统设计具有区别于传统设计的显著特征。

ⅰ. 现代设计的实践活动是由一定的设计原理和设计理论作指导，有意识地按照事（设计活动）、物（设计对象）自身的内在规律进行设计，不同于单纯依靠经验的传统设计。因此，必然能够获得很高的设计成功率。

ⅱ. 现代设计致力于澄清设计任务与设计目标，全面系统地确定设计过程的起始条件和最终结果。因此，可以使设计过程始终从实际出发，达到预定的目标，取得优于传统设计的结果。

ⅲ. 现代设计十分重视设计策略和战略过程的研究，建立一种合理的设计秩序，并且严格按照规范化的设计进程进行，获得较高的设计质量和效率。

ⅳ. 现代设计特别强调抽象的设计构思，防止过早地进入某一已经定型的实体结构的分析，以便对系统的工作原理和结构关系做出本质的、创新的设计构思。

ⅴ. 现代设计经常采用扩展性的设计思维，始终在寻求多种可行的方案中构思，以便从中选择确定能够令人满意的解决方案，改变传统设计中惯用的封闭式的设计思维和忽视方案搜索的现象，达到较高的满意程度。

ⅵ. 现代设计十分强调评价决策，尽量避免直接决策，排除决策中的主观因素，使决策中选定的设计方案达到最佳的价值水平。

ⅶ. 现代设计采用结构优化设计，对结构形式、技术参数和技术性能，进行各种不同性质的优化设计，获得综合优化的效果。

ⅷ. 现代设计重视运用计算机辅助设计，使设计人员从繁重的设计作业中解放出来，致力于创造性的设计研究并提高设计质量。

ⅸ. 现代设计注重系统地进行概念设计，采用特殊形式表达设计结果。

2.2　系统设计的评价分析方法

机电一体化系统或产品设计方案的可行性，设计水平的高低和质量的优劣，从以下方面进行分析评价。

① 工效实用性　一般用系统总体技术指标的形式提出，如产量、容量、质量、功率、精度、效率等。

② 系统可靠性　指系统在预定时间内，在给定工作条件下，能够正常工作的概率。对机械系统来说，目前缺乏可靠性数据时，仍沿用以疲劳强度为基础的安全系数来指明无限寿命或有限寿命下的安全程度。

③ 运行稳定性　当系统的输入量发生变化或受干扰作用时，输出量被迫离开原稳定值，过渡到另一个新的稳定状态的过程中，输出量是否发生超过规定限度的现象，或发生非收敛性的状态，是系统稳定或不稳定的标志。系统稳定性设计指标有过渡过程时间、超调量及振荡次数、上升时间、滞后时间及静态误差等。

④ 操作宜人性　在进行评价之前，必须建立评价的指标体系，这样才能使得评价过程有的放矢。评价指标对评价结果有重要影响，如果指标体系确定不当，甚至可得出与实际不符的结论。如汽车驾驶室内的操纵装置包括手操纵装置（转向盘、变速杆、手制动、旋/按钮、开关等）和脚操纵装置（制动踏板、离合踏板、油门踏板），参照 GB/T 14475—1993《操纵器一般人类工效学要求》，其宜人性设计的评价指标为操纵装置的形状、大小、安装位置、操纵力、操纵位移、运动方向、显示操纵比及操纵装置编码。

⑤ 人机安全性　进行汽车内部空间设计时，在人和车有可能发生干涉的地方都应该合理设计，确保乘坐舒适性和撞车安全性。为此，设计时应为驾驶员坐在座椅上时头部、膝部等留有一定空间，以便于操作和防止撞车时驾驶员受伤害。

⑥ 环境无害性　由于机电一体化系统或产品的种类繁多，对环境无害性的要求也各不相同。因此，环境宜人性的一般评价指标为振动、噪声、湿热条件、色彩与照明。

⑦ 技术经济性　具有两个作用，一是评价比较一次投资变为系统或产品时，不同设计方案的经济性；二是评价比较保持系统或产品正常运行时，资源利用的合理性和运行费用的经济性。

⑧ 结构工艺性　系统或产品的结构设计，必须满足制造、加工、装配、安装调试等工艺要求，便于运输、施工、维修等作业要求。

⑨ 造型艺术性　机电一体化产品造型艺术性是通过其形、色、质等造型元素的合理运用来实现的，应充分反映现时代美学与设计特征。

⑩ 成果规范性　设计结果必须遵守国家政治经济法规，符合国家规定的技术规范和法

令，贯彻实行标准制度等。

综上所述是系统设计一般的评价分析指标，其中一些重要的评价指标应建立和运用量化的分析方法。

2.2.1 技术经济性分析

在系统设计过程中，科学地运用量化分析方法，对多种设计方案进行技术经济效益估算分析，从而选择技术上先进、经济上合理的最优化技术方案。

(1) 收益率法

收益率非常直观地反映设计方案的盈利程度，它分为投资收益率和内部收益率。

① 投资收益率 记为 NPVR（net present value ratio），它是设计方案在整个计算期内的净现值和总投资现值（present value of investment，简称 PVI）之比。显然，投资收益率越高，表示投资的效果越好。

② 内部收益率 在等值的意义上使资金流入等于资金流出时的利率，反映技术方案本身所能达到的收益率，记为 IRR（internal rate of return）。IRR 大于标准收益率的方案才是经济上可行的。

(2) 回收期法

回收期是指所选设计方案投产后引起的现金流入累积到与投资相等所需要的时间。它代表回收投资所需要的年限。回收年限越短，方案越有利。

(3) 年成本法

如果备选设计方案在效益上相差无几，对设计方案的评价就可以采用简化的方法，即只分析备选设计方案在耗费上的差异，此时常用年成本法。

年成本一般是指用货币表示的年度耗费，它包括投资费、经营费和残值，记为 AC（annual cost）。

(4) 价值分析法（功能价格比）

机电一体化系统或产品开发有两个目的，一是为社会创造经济效益，二是为企业获取利润。价值是指产品所具有的功能与所消耗的费用之比，在价值公式中，F 不能直接与功能成本（即产品消耗的费用）相比较，需要用实现必要功能的必要耗费（最低成本）来代替使用价值，这时 F 称为功能评价值，其确定方法有以下四种。

① 最低成本法 根据收集到的信息资料，从具有同样功能的产品中找出成本最低者，以此最低值作为产品的最低评价值。

② 统计趋势法 将收集到的可满足同样需要但满足程度不同的各种同类产品的成本，分别标注在一个坐标系中，将最低点连成折线，再取其近似直线代替折线，就可以按照产品功能的要求，取直线上对应点的成本，作为产品的功能评价值。

③ 目标利润法 对于新产品，还可以根据市场价格或合同价格，以及企业确定的目标利润推算出产品的目标成本，作为产品的功能评价值。

$$\text{目标成本(功能评价值)}=\text{产品售价}-(\text{目标利润}+\text{销售费用})$$

这里的目标成本是指生产成本，目标利润实际是利润的总和。

④ 产品销售降价低额法 在激烈的竞争环境下，为了占领市场或创造业绩，经常出现降低产品售价的情况。为了保持原来的盈利水平，就必须降低产品成本。在这种情况下，产品售价降低的数额，就是成本应该降低的数额。

2.2.2 可靠性分析

产品的可靠性主要取决于产品在研制和设计阶段形成的产品固有可靠性，在产品设计阶段，有计划地进行可靠性分析工作是减少产品使用故障，提高产品工作有效性和维修性的重要设计环节。

(1) 可靠性指标

可靠性指标是可靠性量化分析的尺度。

① 可靠度函数与失效概率　可靠度函数是产品在规定的条件下和规定的时间 t 内完成规定功能的概率，以 $R(t)$ 表示；反之，不能完成规定功能的概率称为失效概率，以 $F(t)$ 表示。

$$R(t)=N(t)/N(0)$$
$$F(t)=n(t)/N(0) \tag{2-1}$$

式中　$N(t)$——工作到时间 t 时，尚存的有效产品数量；

$N(0)$——时刻为 0 时，产品的总数量；

$n(t)$——t 时刻已失效的产品数。

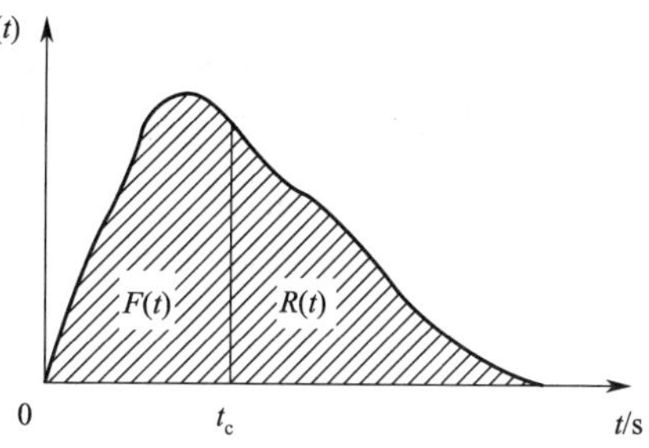

图 2-1　失效分布的概率密度函数

如图 2-1 所示，$R(t)$ 和 $F(t)$ 也可由失效分布的概率密度函数 $f(t)$ 求出：

$$F(t)=\int_0^t f(t)\mathrm{d}t$$
$$R(t)=1-F(t)=\int_0^\infty f(t)\mathrm{d}t \tag{2-2}$$

也可用 $f(t)=\frac{\mathrm{d}F(t)}{\mathrm{d}t}$附近单位时间内失效数与总产品的比值$\frac{\Delta n(t)}{N(0)\Delta t}$表示，反映了产品在所有可能工作时间内的失效情况。

② 失效率　产品工作到 t 时刻时，单位时间内失效数与尚存的有效产品数的比值称为失效率，以 $\lambda(t)$ 表示，反映任一时刻失效概率的变化情况。

$$\lambda(t)=\frac{\Delta n(t)}{N(t)\Delta t}=\frac{\frac{\Delta n(t)}{N(0)\Delta t}}{\frac{N(t)}{N(0)}}=\frac{f(t)}{R(t)} \tag{2-3}$$

③ 寿命　常用平均寿命 $\overline{T}$ 表示。

ⅰ. 对不可修复产品，$\overline{T}$ 是指从开始使用到发生故障报废的平均有效工作时间。

$$\overline{T}=\frac{1}{N}\sum_{i=1}^{N}t_i \tag{2-4}$$

式中　t_i——第 i 个产品无故障工作时间；

N——被测试产品总数。

ⅱ. 对可修复产品，$\overline{T}$ 是指一次故障到下一次故障的平均有效工作时间。

$$\overline{T}=\frac{1}{\sum_{i=1}^{n}n_i}\sum_{i=1}^{n}\sum_{j=1}^{n_i}t_{ij} \tag{2-5}$$

式中　t_{ij}——第 i 个产品从第 $j-1$ 次故障到第 j 次故障之间的有效工作时间；

n_i——第 i 个产品的故障次数。

(2) 可靠性预测

通过预测对新产品设计的可靠性做出估计，提供方案修改、调整及优选的依据，并可由此对产品的维修费用以至全寿命运行费用做出估计。

可靠性预测包括元件的可靠性预测和系统的可靠性预测。元件的可靠性预测一般有两种方法。

ⅰ. 试验统计法：通过模拟试验，确定元件在任何规定的使用时间内的可靠性。

ⅱ. 经验法：查可靠性手册或根据类似元件的使用经验、积累的可靠性数据，考虑在新产品设计中的专用条件，估计出元件的可靠性水平。

系统的可靠度主要取决于元件的可靠度和元件的组合方式两个因素。最基本的组合方式为串联和并联模型，更复杂的系统模型可以由这两个基本模型引申出来。

如果系统由若干相互独立的单元组成，其中任意一个单元发生故障，都会导致系统失效，这样的系统可靠性模型就是串联模型。串联系统的可靠度 R，等于各组成单元可靠度 R_i 的乘积，即

$$R=\prod_{i=1}^{n}R_i \tag{2-6}$$

并联模型也称为并联冗余系统，可分为工作储备和非工作储备，通常称为热储备和冷储备。热储备是使用多个零部件来完成同一任务的组合。在系统中，所有零部件一开始就同时工作，但其中任一零部件都能单独地支持整个系统工作，因此系统的可靠度为

$$R=1-\prod_{i=1}^{n}(1-R_i) \tag{2-7}$$

冷储备是指系统中零部件的某一个处于工作状态，其他的则处于“待命状态”，当工作状态的零部件出现故障后，处于“待命状态”的零部件立即转入“工作状态”。对于实际问题中比较复杂的系统，可采用网络分析或分割、连接组合方法进行等放变换预测。

(3) 可靠性指标的分配

将系统要求的可靠度指标，合理地分配到系统的各个组成单元，从而明确对各组成单元的可靠性设计要求，最终落实系统的可靠性指标。主要有以下几种分配方法。

① 等同分配法　按照各组成单元可靠性相等的原则分配。如设系统可靠度指标 R 含有 n 个单元，各单元的分配可靠度有两种情况：

对于串联系统
$$R_i=(R)^{\frac{1}{n}} \tag{2-8}$$

对于并联系统
$$R_i=1-(1-R)^{\frac{1}{n}} \tag{2-9}$$

② 按比例分配法　其分配原则是按照各组成单元的预计失效率的比例进行分配。

③ 按重要性分配法　考虑各组成单元的重要程序、复杂程序及工作时间等差别的分配方法。

④ 最优化分配法　根据系统中起主导作用的特性参数的优化目标和各种限制性约束条件选取最优化分配方案。

(4) 冗余设计

冗余设计也称为储备设计，常用方法如下。

ⅰ. 在满足产品性能要求的前提下，尽可能简化产品结构，次要部件和不必要的复杂结构只会增加产品发生故障的概率。

ⅱ. 提高产品各部件的可靠性。

ⅲ. 在可靠性低的部件上采用并联储备。

ⅳ. 采用冷储备，即在部件出现故障时，由备用部件自动转入工作。

ⅴ. 修理维护，即更换或修理故障部件，与冷储备不同之处在于部件不是自动转入工作。

ⅵ. 预防性维修，即不论部件是否发生故障，到了一定的工作周期均用新部件取代旧部件。

(5) 失效树分析

失效树 FTA (fault tree analysis) 是在产品设计或维修过程中，通过对可能造成产品失效的原因进行分析，用与、或、非符号画出可能引起系统失效的各种原因之间的逻辑关系图，称为失效树，从而确定产品失效的各种组合因素及其发生概率。以此为依据，可采取相应的措施，提高产品可靠性。这种方法在产品设计阶段可以引导寻找潜在的容易引起故障的薄弱因素，在产品的使用和维修阶段可以用来指导故障分析诊断。

(6) 参数漂移与极值分析

由于组成单元特性参数变化，系统特性超过技术指标的规定而引起产品系统失效，例如随温度、时间或因腐蚀、老化、累积疲劳损伤等因素而引起系统特性漂移。因此在产品设计时，就必须考虑到参数的变化问题，称为可靠性设计中的参数漂移分析。当产品要求很高时（如宇航设备）或部件数很少时，经常通过计算系统特性的极限漂移值，预测系统工作一定时间后特性参数的变化范围，以判定系统运行的可靠性。

2.2.3 其他系统评价分析

(1) 柔性、功能扩展分析

通过方案对比，分析产品结构的模块组件化程度，以不同的模块组合满足不同功能要求的适应性，新功能扩展的可能性，通过程序完成不同工作任务的范围和方便性，从而对设计方案的柔性优劣做出评价和选择。

(2) 系统匹配性分析

机电组成单元的性能参数相互协调匹配，是实现协调功能目标的合理有效的技术方法。例如，系统中各组成单元的精度设计应符合协调精度目标的要求，某一组成单元的设计精度低，则系统精度将受到影响；某一单元精度过高，则将提高成本消耗，并不能达到提高系统精度的目标。又如高速数控系统要求机床运行部件有相应的快速特性和机械惯量的匹配性。再如在一些计算机控制产品中，使用 4 位、8 位等低位机已能满足产品应用要求时，如果设计方案选用高位机则成为一种浪费性设计。

(3) 操作性分析

先进的机电一体化产品设计方案，应注意建立完善的人机界面，自动显示系统工作状态和过程，通过文字和图形揭示操作顺序和内容，简化启动、关机、记录、数据处理、调节、控制、紧急处理等各种操作，并增加自检和故障诊断功能，从而降低操作的复杂性和劳动强度，提高使用方便性，减少人为因素的干扰，提高系统的工作质量、效率及可靠性。

(4) 维修性分析

产品设计时，应充分考虑产品的维修性，维修性的优秀指标包括以下几个方面。

ⅰ. 平均修复时间短。

ⅱ. 维修所需元器件或零部件易购或有备件，具有互换性。

ⅲ. 有充足的维修工作空间。

ⅳ. 维修工具、附件及辅助维修设备的数量和种类少，准备齐全。

ⅴ. 维修的技术复杂性低。

ⅵ. 维修人员数量少。

ⅶ. 维修成本低。

ⅷ. 用状态监测和自动记录指导维修。

ⅸ. 某些产品采用维护性设计和无维修设计，使之投入使用到报废不需要维修。

ⅹ. 以可靠性为中心的维修性设计，把保持、恢复和提高产品的可靠性作为维修工作的主要目标。以预防为主，针对产品不同环节的实际可靠性状态，确定所需的预防性工作，分别采取监测、检测或定期维修方式，提高维修的有效性和产品的有效利用率。

(5) 安全性分析

安全性是设计机电一体化系统或产品时必须认真解决的问题，它包括如下内容。

① 机电一体化系统或产品本身的工作安全性　自动设置安全工作区限，设计互锁安全操作，工作环境条件的监测、监控，非正常工作状态的自动停机，对操作失误的自动安全处理等。

② 操作人员的安全性　采取各种保障人身安全的措施，如漏电保护、报警指示、急停操作和快速制动等，同时对危险工作区要设置自动光电栅栏和工作区自动防护及有害物和危险物的自动封闭等。

2.3 机电一体化产品设计与工程路线

2.3.1 基本设计和工程路线

机电一体化系统或产品种类繁多，涉及技术领域及其技术和结构的复杂程度不同，产品设计的类型也有区别，大致可分为开发性设计（全新设计）、适应性设计（原理方案不变仅对功能及结构进行重新设计）和变参数设计（仅改变部分结构尺寸而形成系列产品），因此，机电一体化产品的设计和产品化过程也各有其具体特点。归纳其基本规律，机电一体化产品的基本开发工程路线如图 2-2 所示。

在产品开发过程中，有两个容易被忽视的问题需要注意，一是系统模块化设计以后，关于某些功能组件外购或制造的问题，应充分考虑专业化组合生产方式以取得高效、高质量和高可靠性的效果；二是充分利用广告宣传开拓产品市场。

2.3.2 市场调查与预测

市场调查与预测是产品开发成败的关键性的第一步。

市场调查就是动用科学方法，系统全面地收集有关市场需求和经销方面的情况和资料，分析研究产品在供需双方之间进行转移的状况和趋势。而市场预测就是在市场调查的基础上，运用科学方法和手段，根据历史资料和现状，通过定性的经验分析或定量的科学计算，对市场未来的不确定因素和条件做出预计、测算和判断，为企业提供决策依据。

2.3.2.1 定期预测

在数据和信息资料缺乏时，依靠经验和综合分析能力，对未来的发展状况做出推测和估计，多采用下述调查法。

① 走访调研、查资料　由企业内部整理或向有关部门、图书资料部门走访调查，收集

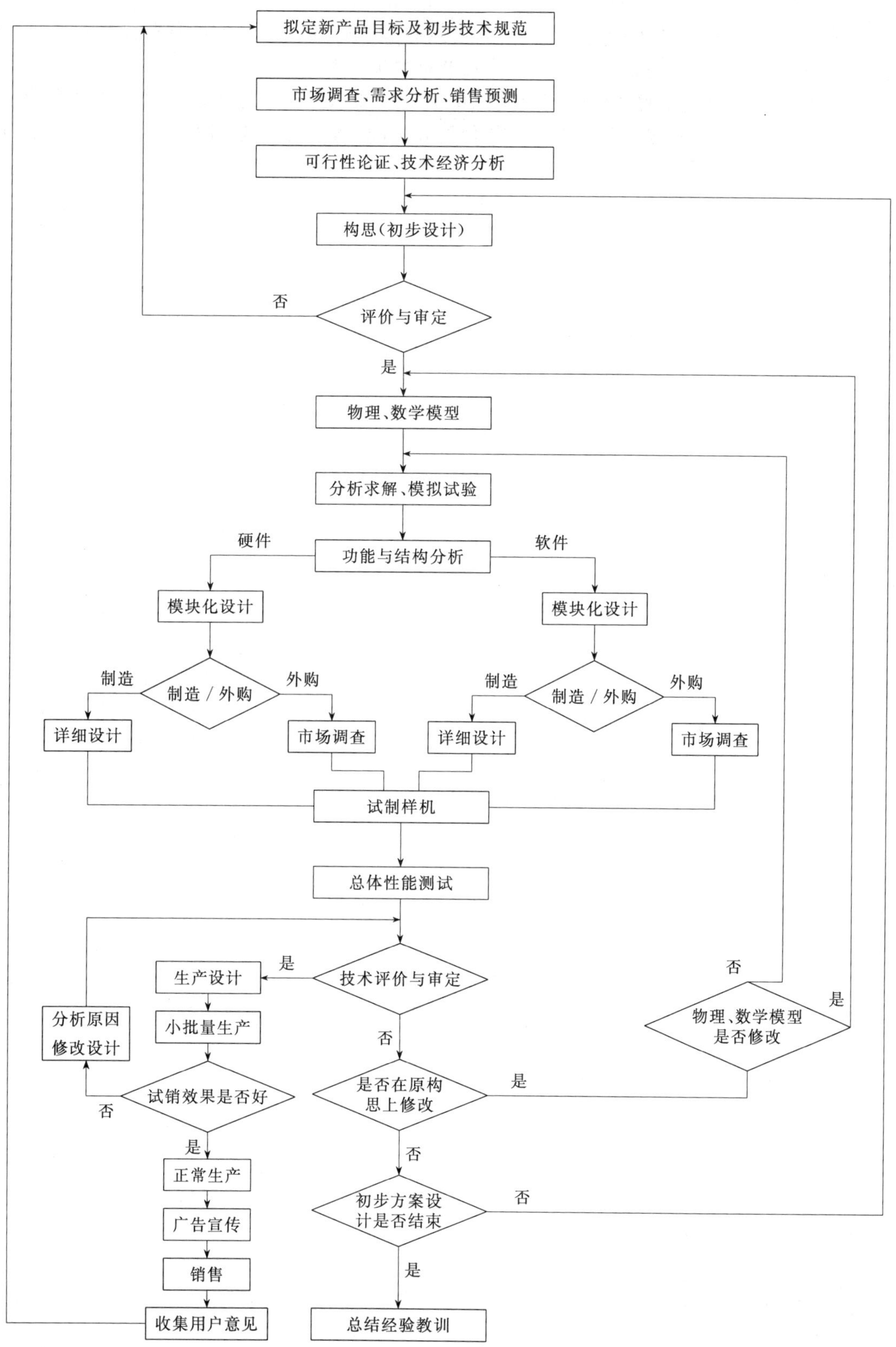

图 2-2 机电一体化产品基本开发工程路线

查找有关经营信息和技术经济问题的历史与现状资料。

② 抽样调查　通过向有限范围调查、收集资料和数据而推测总体的预测方法，在抽样调查时，要注意问题的针对性、对象的代表性和推测的局限性。

③ 类比调查　调查了解某些国家或其他单位开发类似产品所经历的过程、速度和背景等情况，并分析比较其与自身环境条件的相似性和不同点，以类推这种技术和产品开发的可能性与前景。

④ 专家调查　通过调查表向专家征询意见。

2.3.2.2 定量预测

运用相关系数法，对影响预测结果的各种因素进行相关分析和筛选，根据主要影响因素和预测对象的数量关系建立数学模型，对市场发展情况做出定量预测，常用方法如下。

① 时间序列回归法　将预测对象的历史资料按时间次序排列，回归成预测对象随时间变化的函数表达式 $y=f(t)$，将此函数关系外推，预测发展趋势。但未来的技术和市场，可能由于新技术、新工艺、新材料的突破而受到冲击，所以用这种方法进行趋势变化预测的时间不宜过长。

② 因果关系回归法　很多预测目标和某些影响因素之间存在着因果关系，如不同渠道对产品的需求量的变化，将影响产品总销售量。如果把原因看成自变量，利用数理统计的回归法，可求出表达这种因果关系的多变量线性回归方程，从而对产品市场的未来发展进行分析和预测。

③ 产品寿命周期法　任何工业产品都有一个开发、投产、成长、成熟直至淘汰的过程，整个过程所经历的时期称为产品的寿命周期，通常分为投入期、成长期、成熟期和衰退期四个阶段。在技术经济活动中，弄清准备发展的技术和运用这种技术开发生产的产品将处于产品寿命周期的哪个阶段，即产品将有多大的生命力是极为重要的。可以采用专家征询调查的定性分析法，也可用定量分析法。定量分析法是将研究目标（例如某产品的销售量）首先用某个定量指标 y 表示，然后用$\frac{dy}{dt}$表示 y 随时间 t 而发生的变化，并用$\frac{dy}{dt}$表示 y 相对于其自身的增长率。通过增长率的计算分析，可推测产品目前的寿命周期阶段。当增长率接近 0 时，产品显然已缺乏生命力，需要另外开辟新市场或更新。

因为产品的销售利润反映产品的销售价格和销售量，所以在确定产品的生命周期时，还可以把利润变化曲线和销售量变化曲线联系起来分析、预测。一般处在发展期的产品销售量较少，单位产品的利润较大；处在成熟期的产品销售量大，单位产品的利润却不一定很高；而处在衰退期的产品其销售量会逐年下降，单位产品的利润下降则更为显著。

在价格比较稳定的情况下，为了使分析工作简化，可以用产品历年总销售量的变化情况和年平均增长率相比较的办法，推测产品所处的寿命周期阶段。

2.3.3 构思比较与方案评价

一个好的产品构思，不仅能够带来技术上的创新、功能上的突破，还可以带来制造过程的简化、使用的方便以及经济上的高效益。因此，机电一体化产品设计应鼓励创新，充分发挥创造力和聪明才智来构思、创造新的方案，经常采用以下方法。

① 专家调查法　请专家发表意见，集中并选择其中的新思想来创造新方案。

② 头脑风暴法　召开创新方案的会议，鼓励与会人员自由奔放地思考问题及发表意见。

③ 检查揭问法　通过提出问题引导人们对设计方案提出新的构思。

④ 检索查表法　详细列出若干值得推敲的问题进行对照检查，寻求最佳改进方案。

⑤ 特性列举法　将研究对象按其特性加以表述，并逐一研究其实现方法。

⑥ 缺点列举法　列举已有构思、设计方案或已有产品的各种缺点，以激发人们推出改善方案。

⑦ 希望列举法　通过列举希望改进的意见，揭示人们创新方案。

对多种构思和多种方案进行筛选，选择较好的可行方案进行分析组合和概括评价，从中再选几个方案，按照机电一体化系统或产品设计评价原则和评价方法，进行深入综合分析评价，最后确定实施方案。

2.3.4 详细设计

根据综合评价后确定的基本方案，从技术上将其细节逐层全部展开，直至完成试制产品样机所需全部技术图纸及文件的过程。

① 系统总体设计　包括人机系统的详细设计，对象作业的流程系统，总体布局设计，维护及维修对策的设计，与制造单位的工艺协调，事前准备的未来发展对策设计，产品性能及最终条件的设计。

② 业务的分组　包括作业模块的区分，接口的任务要求，系统联调的责任及承担人员的选定和分工。

③ 机械本体及工具设计　包括现有设备的利用与改造办法的设计，新产品的详细设计方案和工程图设计，对象的加工相关性设计（精度、基准部位、机能等），作业工具、量具的设计，安全装置的设计，特殊附加装置的设计，机器控制对策的设计，现有制造装备及添加部分的设计。

④ 控制系统设计　包括标准及扩展方案的讨论，机器控制的顺序与方法的确定，接口设计，控制回路设计及整个机电一体化产品整体回路的设计，连锁及安全的设计，电液、气动、电气、电子器件清单及备品清单的编制。

⑤ 程序设计　根据系统设计及接口设计方案，进行机械程序编制和调试。

⑥ 后备系统设计　包括故障预测及修复方法设计，故障停机时机器对策的调查和制定，控制对策和准备工作的设计。

⑦ 完成详细设计书及制造图样　包括整体构成、各模块及局部的设计说明书、产品制造图样及零件清单、标准件表及标准材料表成本核算表、综合评价表、检验规范、调整规范、预算分配方案等。

⑧ 产品出厂及使用文件的设计　包括用户使用说明书、调整维护说明书、产品出厂检验证书、教育训练计划等。

详细设计过程需要在试制、试用、用户调研的基础上经过多次循环，反复修改，逐步完善。

2.3.5 系统设计中的质量控制

（1）质量目标管理

应在接到设计任务和设计所需信息开始，在整体构思、规划的同时，确立该设计的质量目标，然后将其分解到设计过程的每一步骤，而且要最大限度地做到定量化。质量目标可在方案评审以及在各业务阶段的评审中进行考核，发现问题应及时将结果反馈，并逐项改进。

（2）实行可行性设计

产品要赢得信誉，除功能上满足要求外，还应做到在产品寿命期间少出故障，出了故障也要便于修理，因此必须借助于可靠性设计的手段。

(3) 进行设计质量评审

① 方案论证阶段　主要解决选择最佳方案问题；审查方案的正确性和可靠性，实施方案的可能性和经济性；确定最佳方案；审查技术指标和技术要求是否先进合理，并满足用户需要；审查利用的新技术、新工艺、新材料是否有科研基础和技术鉴定结论；审查产品研制网络图是否先进可行。

② 技术设计阶段　主要解决设计的合理性、先进性，以及理论计算的正确性问题。

③ 样机试制与设计定型阶段　主要对产品的技术水平、技术文件和生产条件等进行评价，确认是否可以进行试生产或正式生产。

④ 加强标准化与工艺审查　标准化的作用是可减少配件品种数量、降低采购成本、降低库存，便于对新技术人员进行培训，其标准化综合要求如下。

ⅰ. 应符合产品系列标准和其他现行技术标准，列出应贯彻标准的目标与规范，提出贯彻标准的技术组织措施。

ⅱ. 新产品预期达到的标准化系数，列出推荐采用的标准件、通用件清单，提出一定范围内的标准件、通用件系数指标。

ⅲ. 对材料和元器件的标准化要求，列出推荐选用标准材料及外购元器件清单，提出一定范围内的材料标准化系数和外购件系数标准。

ⅳ. 与国内外同类产品标准化对比，提出新产品标准化要求。

ⅴ. 预测标准化经济效果，分析采用标准件、通用件、外购件及贯彻材料标准化和选用标准材料后预测的经济效果。

设计工艺性是产品设计工作中的一项重要因素，也是产品的固有属性之一，它直接决定产品的可制造性，是采用经济、合理和可靠的方法制造产品的基础。

⑤ 建立设计质量责任制　主要工作内容如下。

ⅰ. 建立设计质量自审机构。

ⅱ. 监督检查设计各阶段的设计评审和设计验证。

ⅲ. 采取有效的纠正措施并验收其实施效果。

ⅳ. 控制设计变更，按设计更改程序的规定进行控制。

ⅴ. 检查对设计质量有重大影响的活动和设计文件。

⑥ 建立质量保证体系 主要工作内容如下。

ⅰ. 根据用户调查和收集的质量信息，制定质量目标。

ⅱ. 根据验证试验资料，鉴定方案论证的质量。

ⅲ. 审查产品设计质量。

ⅳ. 检查产品试制、鉴定质量。

ⅴ. 监督产品试验质量。

ⅵ. 可查新产品定型质量。

ⅶ. 审查设计图样、工艺等技术文件质量。

ⅷ. 组织新产品设计质量的技术经济分析。

2.3.6 制造工程质量管理

机电一体化产品生产过程中，必须严格执行质量检验制度。确保产品设计目标，并采用特殊生产技术手段，防止产品的早期失效和提高产品的稳定性能。

① 元器件的筛选　按照设计目标要求，对主要参数规定允许范围，剔除超过允许范围

的元器件，目的在于提高选用元器件的主要参数指标和均匀性，消除潜在的元器件隐患和保证批量产品性能指标的一致性。

② 应力筛选　对于生产中诸如引线焊接不良或结合部联结不良等工艺缺陷，可采用应力筛选予以剔除。包括冲击筛选、振动筛选及离心加速度筛选等方法。

③ 老化处理　以短期的强化环境处理，使元器件或整机迅速过渡到性能参数稳定的工作阶段，提高产品出厂后的使用稳定性。同时，通过老化处理也可暴露和消除潜在的早期失效危险性。采用的方法有温度老化处理、大电流老化处理等。老化处理时要确定测量参数和参数的度量标准，并合理设定老化处理使用的环境参数及时间等。

④ 产品的生产质量检验　生产质量检验应抓好三个环节：一是预先检验，即检验入厂的原材料、外购件、元器件等，检验的目的是保证将质量合格的原材料、外购件、元器件投入生产；二是中间检验，即检验加工过程中的半成品、零部件等，检验的目的是保证加工过程中半成品的质量，防止不合格产品流入下道工序；三是完工检验，即检验车间完成的部件或全厂完工的产品，检验的目的是保证不合格的部件或产品不出车间或工厂。

检验方法有两类，一类是全数检验，以确定每一件产品的质量是否符合标准，此方法适用于非破坏性、检验工作量小、检验费用较少、小批量生产的成品或半成品的检验，对于可靠性要求十分严格的产品，如用于航空、航天的部件或产品也要采用这种检验方法；另一类是抽样检验，就是按照统计的方法和原理，从每一批中抽取一定数量的产品进行检验，从而推算整批产品的合格率，判断这批产品是否符合质量标准。

提高检验方法设计的合理性，提高检验人员的素质，提高检验工作的质量和水平，确保产品出厂质量，是提高产品声誉，确保产品的市场竞争力的重要环节。

2.4 机电一体化系统主要技术参数与技术指标

机电一体化系统的主要技术参数是能够基本反映该系统的概貌与特征的项目，由于机电一体化系统所代表的设备与产品广泛分布在各个领域，所以不同系统的主要技术参数或技术指标的内容会有很大的差异。如机床设备，技术参数是指规格参数、运动参数、动力参数和结构参数等，规格参数是指机床加工或安装工件的最大尺寸；运动参数是设备的最高、最低转速等；动力参数是电动机功率、液压缸牵引力或伺服电动机额定转矩等；结构参数则表明整体结构及主要零件结构尺寸等。如检测仪器，技术参数是指测量范围、示值范围、放大率、焦距等。如工业机器人，主要技术参数则是抓取质量、最大工作范围、运动速度等。

机电一体化系统的技术指标主要是指设备或产品的精度、功能等，因此技术指标既是设计的基本依据，又是检验成品质量的基本依据。确定恰当的技术指标，是保证所设计的设备或产品质优价廉的前提。

机电一体化系统的技术参数和技术指标，可根据系统的用途及要求来确定。

① 根据设备或产品的用途　用户在提出设备或产品的设计要求时，往往只提出使用要求，设计者必须将使用要求转换成设计工作所需要的技术参数和技术指标，这项工作有时很复杂，需要进行大量的试验、统计和研究。例如，设计一个在生产上代替人的上、下料工业机器人，对抓取质量、工作范围、运动速度、定位精度等技术参数和指标，应在充分了解人在上、下料工作中，对遇到的各种情况进行分析、研究后才能确定。

② 根据系统输入量与输出量的特性　系统的输入、输出量是物料流、能量流、信息流等，它们本身的性质、尺寸等都可能成为系统技术参数与指标的确定依据。例如，主运动为

回转运动的车床，主轴转速 n 与由材料决定的切削速度 v、被加工零件的直径 D 大小有关，即 $n=1000v/\pi D$ (r/min)。所以，根据切削速度和被加工零件的最大、最小直径，可以确定车床的最高、最低转速，并得出转速范围。

③ 根据外部条件对系统的精度要求　机电一体化系统的主要特点之一是有较高的精度，为了保证输出量（加工好的零件或测量出的信号）的精度，在总体设计时必须以保证输出量的精度，作为主要技术参数和指标的依据。例如，设计高精度外圆磨床时，以加工出圆度为 2μm、圆柱度为 3μm、表面粗糙度 $Ra>0.4\sim0.8\mu m$ 的圆柱工件等为依据，就可以确定头架主轴中心线径向跳动、轴向窜动、头架和尾座导向面对工作台移动的平行度等技术指标分别为 3μm/1000mm、2μm/1000mm、15μm/1000mm。

④ 根据系统中的薄弱环节　机电一体化系统通常工作在精度要求高、所受载荷小、有时工作速度低的场合，较少需要强度核算，注重刚度、精度、接触变形、振动等方面的核算。因此，可根据这些方面的要求，制定技术参数与指标。

2.5　制定机电一体化系统总体方案的一般步骤

机电一体化系统所对应的产品可能是加工机械、装配机械、检验仪器、测试仪器、包装机械等各行业的产品或设备，因此，制定机电一体化系统总体设计方案的步骤是通用化的步骤。

① 详尽收集用户对所设计产品的需求　设计任何机电一体化系统，首先要收集所有相关的信息，包括设计需求、背景技术资料等。设计人员在此基础上，判断用户真正需要的产品，它是进行总体方案设计的最基本的依据。一般情况，需要对下列设计需求做详细的调查。

ⅰ. 设计对象自身的工作效率。包括年工作效率及小时工作效率，对动力传动系统还要了解机械效率方面的需求。

ⅱ. 设计对象所具有的主要功能。包括总功能及实现总功能所需分功能的动作顺序，特别是操作人员在总功能实现中所介入的程度。

ⅲ. 设计对象与其工作环境的界面。主要包括输入、输出界面，装载工件形式，操作员控制器的界面，辅助装置的界面，温度、湿度、灰尘，以及这些界面中哪些是由设计人员保证的、哪些是由用户提供的等。

ⅳ. 设计对象对操作者技术水平的要求。要求操作人员达到什么技术等级并具备哪些专长。

ⅴ. 设计对象是否被制造过。假如与设计对象类似的产品已在生产，应参观生产过程并寻找有关的设计与生产文件。

此外还要了解用户自身的一些规定、标准，例如企业标准，通用技术要求，专用技术要求等。

② 设计对象工作原理的设计　明确设计对象的需求之后，可以开始工作原理设计，这是总体设计的关键。较高的设计质量依赖于设计人员有效地对系统的总功能进行合理的抽象和分解，并能合理地运用技术效应进行创新设计，勇于开拓新的领域，探索新的工作原理，使总体设计方案最佳化，从而形成总体方案的初步方案。

③ 主要结构方案的选择　机械结构类型很多，选择主要结构方案时，必须保证系统所要求的精度、工作稳定可靠、制造工艺性合理，应符合运动学设计原则或误差均化原理。

按运动学原则进行结构设计时，不允许有过多的约束。当约束点有相对运动且载荷较大时，约束处变形大、易磨损，采用误差均化原理进行结构设计，这时允许有过多的约束。例如滚动导轨中的多个滚动体，利用滚动体的弹性变形使滚动体直径的微小误差相互平均，从而保证导轨的导向精度。

④ 摩擦形式的选择　设计机电一体化机械系统时，必须认真地选择运动机构的摩擦形式，如果处理不好，由于动、静摩擦力差别太大会造成爬行，影响控制系统工作的稳定性。因此，进行总体方案设计时，必须选取具有适应工作要求摩擦形式的导轨。导轨副相对运动时，摩擦形式有滑动、滚动、液体静压滑动、气体静压滑动等几种形式，各有不同的优缺点，设计时可以根据需求，综合考虑各方面因素进行选择。

⑤ 系统简图的绘制　选择或设计系统中各主要功能元件之后，用各种符号代表各子系统中功能元件，包括控制系统、传动系统、电器系统、传感检测系统、机械执行系统等，根据总体方案的工作原理，画出它们的总体安排，形成机、电、控有机结合的机电一体化系统简图。

根据这些简图进行方案论证，经过反复修改确定最佳方案。在总体安排图中，机械执行系统应以机构运动简图或机构运动示意图表示，其他子系统可用方框图表示。

⑥ 总体布局及环境设计　是指对机电一体化产品整体性、多元性、人文性、艺术性、科技性的设计。

⑦ 总体精度分配　它是将机、电、液、控、检测各系统的精度进行分配。精度分配时应根据各子系统所需技术系统的特点进行分配，不采取平均分配的方法，对于具有数字特征的电、控、检测子系统可按其数字精度直接分配，对于具有模拟量特征的机、电、液、检测子系统，则可按技术难易程度进行精度分配。在精度初步分配后，要进行误差计算，把各子系统的误差按系统误差、随机误差归类并分别计算，与分配的精度进行比较并反复修改精度，使各部分的精度尽可能合理。总体精度分配的目标以满足总体精度为约束，使各子系统的精度尽可能高，达到取得最佳性能价格比的目标。

⑧ 总体设计报告　总结上述设计过程的各个方面，写出总体设计报告，为总体装配图和部件装配图的绘制做好准备。总体设计报告要突出设计重点，将所设计系统的特点阐述清楚，同时列出所采取的措施及注意事项。

在当今机电一体化技术迅速发展的时代，机电一体化系统的产品更新换代很快，作为一个优秀的设计人员，要密切注意机电一体化技术发展的新动向，掌握最新的信息，以最新的设计思想和最新的技术手段武装自己，在总体设计中努力创新，应用新原理和新技术，使设计的机电一体化系统的产品能走在时代的前列。

2.6 典型机电一体化产品设计开发的工程路线

2.6.1 工业机器人的设计与开发

机器人是典型的机电一体化产品，在机器人系统中包含了机电一体化系统的 6 个结构要素。以喷漆机器人为例，分析机器人的开发过程和工程路线。按照前述内容，机器人产品开发的步骤如下。

① 拟定技术规范　拟定机器人产品开发的目标，确定初步的技术规范。

ⅰ. 机器人的用途——自动喷漆。

ⅱ. 主要工作方式——示教再现，采用手把手示教和示教盒示教两种方式。

ⅲ. 主要技术参数：存储容量为 PTP（点到点轨迹）最大容量为 38000 点，CP（连续轨迹）最大容量为 128min；最大速度为 1.7m/s；位置重复精度为±2.5mm；动作时间采样频率为 10Hz、40Hz、50Hz；自由度数为 6 自由度；承载能力为 8kg；作业空间为垂直面投影 2000mm×1000mm（$H\times B$）；水平面投影 1800mm×90°（$R\times\theta$）。

ⅳ. 使用环境要求——喷漆作业，应具有防爆功能。

② 收集资料、市场分析、可行性分析、技术经济性分析　这个过程包括对机器人市场和技术现状及喷漆机器人的市场调查和技术现状进行调查，对喷漆机器人的结构形式、自由度的分布、驱动方式、控制方案、防爆设计方法等进行分析。主要通过查阅文献资料、走访机器人厂家和用户等手段来获取相关的信息，然后对喷漆机器人的发展现状及未来发展方向做出综合评价，提出要开发的喷漆机器人的基本方案，为总体方案设计提供必要的理论依据。这一步骤的工作量很大，工作也比较烦琐，但它非常重要，是以后设计开发的工作基础，它的工作质量将直接影响机器人产品开发的质量和市场竞争力，因此必须给予充分的重视。只有充分掌握相关产品的市场动向及技术状态，才能取众家之长，对产品进行最优化设计。

③ 总体方案设计（初步设计）　从这一步骤开始，设计工作从抽象阶段逐渐落实到实体的设计开发阶段。总体方案的好坏直接影响产品开发的质量，在总体方案设计时，应全面地考虑问题，以系统化设计思想协调、组织总体布局和接口关系，这一步工作完成得好可以获得总体优于部分的效果。否则，如果各个部分的关系没有很好的理顺，将会出现“内耗”现象，尽管系统的各个部分的水平都很高，构成系统后总体水平却不高。总体方案设计主要包括以下内容。

ⅰ. 拟定总体结构方案，其内容有：

自由度分布形式、坐标形式等；

结构形式及工作空间的大小；

驱动方式，包括驱动源（电动机、液压缸等），传动方式（齿轮、齿形带、丝杠螺母等）；

控制方式，集中控制或集散控制，所采用的工业控制计算机的类型等；

传感器；

手爪、工具的形式，与喷漆系统的连接方法等；

环境适应性、驱动部分、电气部分的防爆方法等；

应该提出多种结构方案，以便对比、优化、确定出最佳方案。

ⅱ. 制定研制计划，它包括进度时间表；每一步要解决的主要问题，主要步骤的成果形式等；所需设备和技术人员的情况。

ⅲ. 开发经费概算。

ⅳ. 开发风险分析。

④ 总体方案（初步设计方案）的评审及评价　对多种方案进行筛选、优化组合，确定最佳的总体结构方案。对最优方案进行评价分析，并提供修改意见，按修改意见对总体方案进行修改，最后确定实施方案。这一步骤可以邀请有关专家和用户，通过方案评审会的形式进行。总体方案是产品开发的最基本技术资料，它决定产品的最后形式和基本性能。因此，在总体方案评价过程中，一定要遵循实事求是、严肃认真的原则，尽量提出方案的不足之处，这样可以避免给后期的开发工作留下隐患，保证开发进度和开发质量。

⑤ 理论分析阶段（确定数学模型）　主要内容是按总体方案抽象系统的数学模型，进行必要的理论分析计算和计算机仿真，为产品的详细设计提供必要的理论依据。同时，也可以

发现总体方案的不足，对其进行修改和补充。具体包括以下内容。

ⅰ. 机构的运动学模型及作业空间的分析。

ⅱ. 机构的力学计算。

ⅲ. 驱动元件的选择及动力计算。

ⅳ. 动力学模型及仿真分析。

ⅴ. 传感器的选择及精度分析。

ⅵ. 控制模型的确定及控制仿真分析。

⑥ 喷漆机器人产品的设计　具体包括以下几个主要部分。

ⅰ. 系统总体设计，总体布局设计、人与机器人交互系统设计、维修对策设计、与加工单位工艺协调等。

ⅱ. 业务划分，包括作业模块的区分，接口任务和接口条件（机电接口、电器接口、人机接口等）的分配，系统联调方法的确定、人员分工等。

ⅲ. 机械本体及工具设计，绘制机器人系统的所有机械图纸，包括机器人本体结构、电器控制柜结构、操作台结构以及机器人零件加工、装配、调试涉及的特殊工具等。

ⅳ. 控制系统设计，控制系统总体方案的详细设计，包括计算机的选型、硬件布局、接口方法、配电控制等；控制系统硬件电路设计，包括硬件选配套和自行研制硬件模板和模块的设计；线路布置和接口方法设计，包括布线方法，接插件选型、线号分配等；拟定所有硬件模板、模块、元器件清单，电线、电缆和接插件清单。

ⅴ. 程序设计，包括选配通用软件模块，设计接口软件和自行开发软件，软件调试。

ⅵ. 后备系统设计，包括检修方法、故障维修对策等。

ⅶ. 产品文件，编写设计说明书、使用说明书等文件。

详细设计过程需要在试制、试用、用户调研的基础上，经过多次循环、反复修改，逐步完成。如软、硬件的反复调试，机器人驱动系统性能试验，单关节样机设计及调试，传感器及信号调理电路的试验等。

⑦ 详细设计方案评审及评价　对步骤⑥的设计结果进行全面审查及评价，提出修改意见，对不满足要求的进行重新修改。

⑧ 试制喷漆机器人样机　包括机械本体、驱动系统、控制系统等，完成一个可以运行试验的样机。

⑨ 机器人样机的试验及测试　包括控制性能试验，调试控制系统，静态精度、工作空间测试，动态指标测试，喷漆试验。

此步骤应从简到繁，从部分到整体逐步进行。如单关节的位置控制，单关节的试教（再现试验）、多关节联动位置控制、多关节联动示教、无工件情况下模拟试验、喷漆试验等。

⑩ 技术评价与审定　全面评价机器人的性能，考核各项技术指标，提出评价意见和下一步的工作意见。

完成以上步骤后进行小批量生产并试销，试销后集中用户意见，对市场需求做出评估，决定是否进行批量生产，试销满意则进入正常生产阶段，直至销售。

2.6.2 家用电器的设计与开发

许多家用电器产品，如全自动洗衣机、洗碗机、自动照相机、传真机等，都属于机电一体化产品。家用电器相对工业机器人或数控机床这类工业设备则简单得多。尽管它们比较简单，但开发的过程与工业机器人相似，都有类似的开发工程路线。为更具体地介绍家电产品开发的工程路线，以全自动洗衣机为例，具体分析产品的开发步骤和每一步骤涉及的具体工作。

(1) 拟定洗衣机产品的设计目标和技术规范

ⅰ. 设计开发目标。开发一种全自动洗衣机，该洗衣机应具备洗涤过程全自动控制，无需人工干涉；操作简单、无需专门培训、适合于家用；供电、上下水的形式符合居民住宅的供电、供水要求。

ⅱ. 主要技术规范：

AC 220V 供电，功率不大于 1000W；

具有自动识别衣量、衣质，自动识别肮脏程度，自动决定水量，自动投入适当的洗涤剂等功能；

自动控制洗涤过程，洗涤、漂洗、甩干，上水、下水等过程自动完成；

自然排水，对供水压力无特殊要求；

故障报警功能；

洗涤过程数字显示。

(2) 收集相关资料，进行可行性分析。

ⅰ. 收集洗衣机市场和用户的有关信息。

ⅱ. 收集现有自动洗衣机的技术信息。

ⅲ. 可行性分析。

ⅳ. 技术可行性、经济性分析。

(3) 初步设计

ⅰ. 结构形式的确定：立式/卧式、滚筒式/波轮式；命令输入形式有按键式/拨盘式；状态显示有 LED/LCD；外观颜色等。

ⅱ. 控制计算机。可编程控制器/单片机。

ⅲ. 驱动方式。直流电动机/交流电动机。

ⅳ. 进水、排水控制方式。

ⅴ. 检测传感器的数量、类型。

ⅵ. 研制计划。时间进度安排，要解决的关键技术，人员需求情况。

ⅶ. 经费概算。

(4) 总体方案评审

对多种方案进行筛选、评价，做出评审结论，对不满足要求的部分进一步完善，符合评审要求后可以进入下一步骤。

(5) 确定数学模型

ⅰ. 驱动系统的数学模型、负载计算、电动机的容量计算。

ⅱ. 容积及给排水量计算。

ⅲ. 功率计算。

ⅳ. 控制模型及仿真分析。

(6) 进行详细设计。

ⅰ. 系统总体设计：包括人机系统、维修对策、产品综合性能、工艺协调等。

ⅱ. 业务划分：划分作业模块，确定接口任务、联调方法、人员分工等。

ⅲ. 机械系统设计：完成全部机械图纸，列出标准件清单。包括基础框架、外壳、洗涤及甩干系统、传动系统、电动机、阀门、传感器、电器等安装所需的结构件、特殊的工具、夹具。

ⅳ. 控制系统设计：全部硬件电器设计及器件选型主要有电动机、阀门、传感器、单片机（或 PLC）等硬件的选型设计；单片机（或 PLC）控制系统硬件设计；电动机（主电动机、洗涤剂投入电动机）和阀门（进水阀、排水阀）驱动电路设计；传感器、衣质衣量检测、浑浊度检测、水位检测、电源电压检测、温度检测、显示器、键盘的接口电路设计；供电电源及电源控制电路设计。

ⅴ. 控制软件设计：全部控制程序的设计包括电动机的驱动及控制模块、检测及信息处理模块和控制主程序。

ⅵ. 后备系统设计：包括检修方法、维修对策。

ⅶ. 编写设计说明书、使用说明书等技术文件。

（7）详细设计方案的评审

对步骤（6）的所有内容进行审查并做出评价，提供审查意见，对不符合要求的进行修改和完善，直到满足审核要求后方可进入下一步骤。

（8）试制样机

ⅰ. 样机机械零件加工、安装、调试。

ⅱ. 驱动系统组装。

ⅲ. 硬件电路加工。

ⅳ. 传感器安装。

（9）试验与测试

ⅰ. 各个单项功能试验，如单片机、命令及显示，阀门控制，电动机控制，传感器单项试验，洗涤过程分步调试等。

ⅱ. 联机调试，试洗涤。

ⅲ. 控制性能试验。

ⅳ. 试验总结报告。

（10）技术评价及评审

对样机及其性能进行综合评价，提供改进意见，对不满足要求的部分进行修改，直至样机合格。

完成上述步骤后可进行小批量试生产并试销，收集用户意见，分析试销情况，制定销售对策，进行销售。

习题与思考题

2-1 现代系统设计的特征是什么？

2-2 技术经济性分析主要有哪些方法？

2-3 可靠性分析的主要内容有哪些？

2-4 详细设计的主要内容是什么？

2-5 根据什么来确定机电一体化系统的技术参数和技术指标？

2-6 制定机电一体化系统总体方案的一般步骤有哪些？

2-7 试说明喷漆机器人的设计与开发工程路线（主要步骤）。

3 机电一体化系统中的机械传动与液压气动执行装置

本章要求掌握机械传动系统数学模型的创建方法，熟悉机电传动系统的特征，了解机械传动装置；熟悉液压执行装置，了解液压缸、液压马达、液压伺服系统；熟悉气压执行装置，了解气压系统的构成及汽缸、气动控制元件；通过典型实例了解机械传动与液压气动执行装置。

3.1 机械传动系统

3.1.1 机械传动系统的数学模型

系统的数学模型，就是用数学的方法和形式表示和描述系统中输入、输出及各变量之间的相互关系。通常各变量均为时间的函数，它们之间的数学关系可用一组微分方程来表示。对系统进行分析，实质上就是对表征这个系统的数学方程式求解。一个系统数学模型的建立，是能够正确地分析这个系统的重要前提。

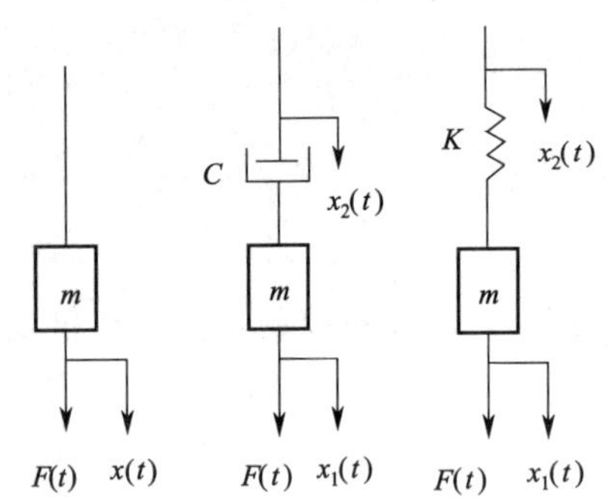

图 3-1 机械直线移动元件

机械系统指的是存在机械运动的装置，它们遵循物理学的力学定律。机械运动包括直线运动（相应的位移称为线位移）和转动（相应的位移称为角位移）两种。

做直线运动的物体遵循牛顿第二定律，如图 3-1 所示，其数学模型为

$$F(t)=m\frac{\mathrm{d}^2x(t)}{\mathrm{d}t^2} \tag{3-1}$$

式中 m——物体质量，kg；

$F(t)$——物体所受到的力，N；

$x(t)$——线位移，m；

t——时间，s。

转动的物体遵循转动定律，数学模型为

$$T(t)=J\frac{\mathrm{d}^2\theta(t)}{\mathrm{d}t^2} \tag{3-2}$$

式中 $T(t)$——物体所受到的力矩，N·m；

J——物体的转动惯量，kg·m^2；

$\theta(t)$——角位移，rad。

阻尼器的数学模型为

$$F(t)=C\left[\frac{\mathrm{d}x_1(t)}{\mathrm{d}t}-\frac{\mathrm{d}x_2(t)}{\mathrm{d}t}\right] \tag{3-3}$$

式中 C——黏性阻尼系数。

弹簧的数学模型为

$$F(t)=K[x_1(t)-x_2(t)] \tag{3-4}$$

式中　K——弹簧刚度。

【例 3-1】 一个由弹簧-质量-阻尼器组成的机械平移系统如图 3-2 所示。m 为物体质量，k 为弹簧系数，f 为黏性系数，外力 $F(t)$ 为输入量，位移 $y(t)$ 为输出量。建立系统的数学模型。

解 取向下为力和位移的正方向。当 $F(t)=0$ 时，物体的平衡位置为位移 y 的零点。该物体受到四个力的作用：外力 $F(t)$、弹簧的弹力 F_k、黏性摩擦力 F_B 及重力 mg。由牛顿第二定律可知

$$\begin{aligned} F(t)-F_k-F_B+mg&=m\frac{d^2y(t)}{dt^2} \\ F_B&=f\frac{dy(t)}{dt} \\ F_k&=k[y(t)+y_0] \\ mg&=ky_0 \end{aligned} \tag{3-5}$$

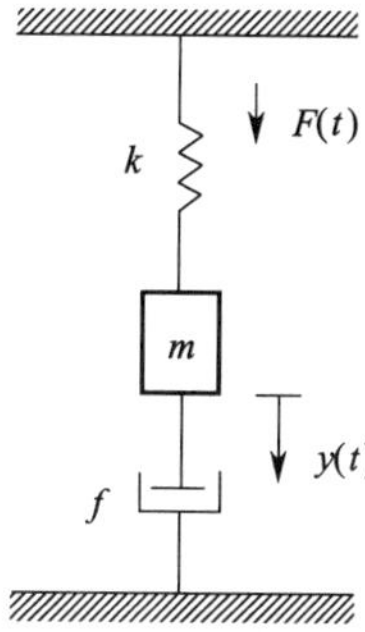

图 3-2　机械平移系统

式中　y_0——$F=0$（物体处于静平衡位置）时弹簧的伸长量。

整理上式得到该系统的运动方程式

$$m\frac{d^2y(t)}{dt^2}+f\frac{dy(t)}{dt}+ky(t)=F(t) \tag{3-6}$$

或写成

$$\frac{m}{k}\times\frac{d^2y(t)}{dt^2}+\frac{f}{k}\times\frac{dy(t)}{dt}+y(t)=\frac{1}{k}F(t) \tag{3-7}$$

在零初始条件下取拉氏变换得

$$(ms^2+fs+k)Y(s)=F(s) \tag{3-8}$$

故建立了系统的数学模型，即传递函数为

$$G(s)=\frac{Y(s)}{F(s)}=\frac{1}{ms^2+fs+k}=\frac{\frac{1}{k}}{\frac{m}{k}s^2+\frac{f}{k}s+1} \tag{3-9}$$

【例 3-2】 图 3-3 为发动机驱动装置示意图，此为机械转动系统，建立它的数学模型。

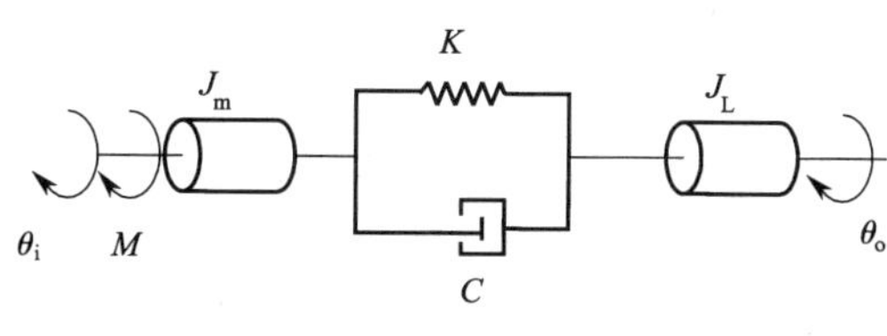

图 3-3　发动机驱动装置示意图

解 根据力矩平衡方程，可得发动机输出轴振动方程为

$$J_m\frac{d^2\theta_i}{dt^2}=M(t)-C\left(\frac{d\theta_i}{dt}-\frac{d\theta_o}{dt}\right)-K(\theta_i-\theta_o) \tag{3-10}$$

式中　J_m——发动机轴转动惯量，$kg\cdot m^2$；

θ_i——发动机转角，rad；

θ_o——负载转角，rad；

M——发动机输出力矩，$N\cdot m$；

C——发动机输出轴与负载之间的扭转阻尼系数；

K——发动机输出轴与负载之间的扭转弹簧刚度。

负载振动方程为

$$J_L \frac{d^2\theta_o}{dt^2} = -C\left(\frac{d\theta_o}{dt} - \frac{d\theta_i}{dt}\right) - K(\theta_o - \theta_i) \tag{3-11}$$

式中　J_L——发动机输出轴与负载之间的转动惯量，kg・m²。

对式(3-10)、式(3-11) 取拉氏变换得

$$\begin{aligned} J_m s^2 \theta_i(s) &= M(s) - (Cs+K)[\theta_i(s) - \theta_o(s)] \\ J_L s^2 \theta_o(s) &= (Cs+K)[\theta_i(s) - \theta_o(s)] \end{aligned} \tag{3-12}$$

根据式(3-12) 画出图 3-4(a) 所示的系统方框图，并依次简化为图 3-4(b)、(c) 所示的简化方框图。

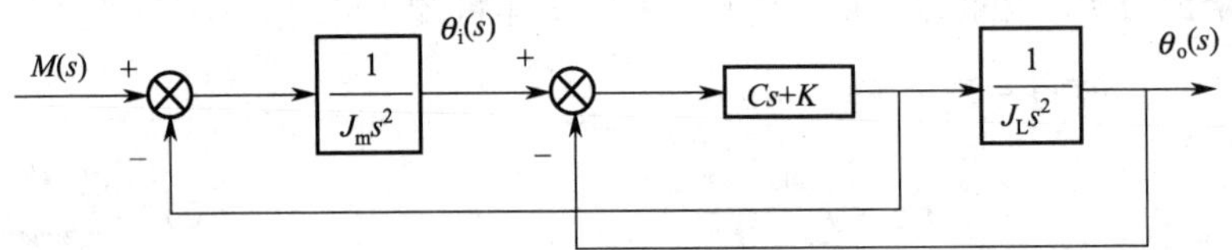

(a) 系统方框图

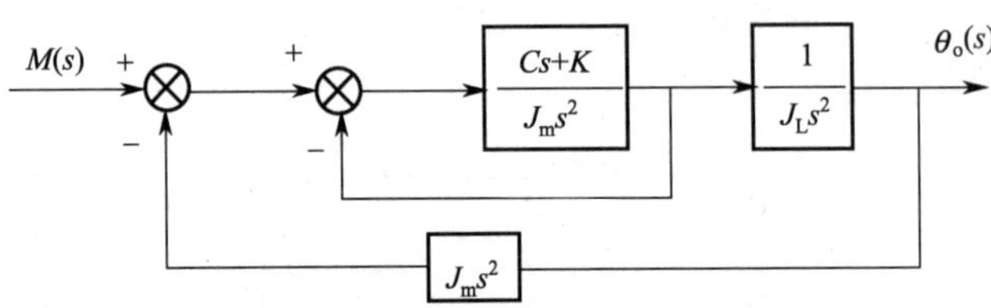

(b) 简化方框图一

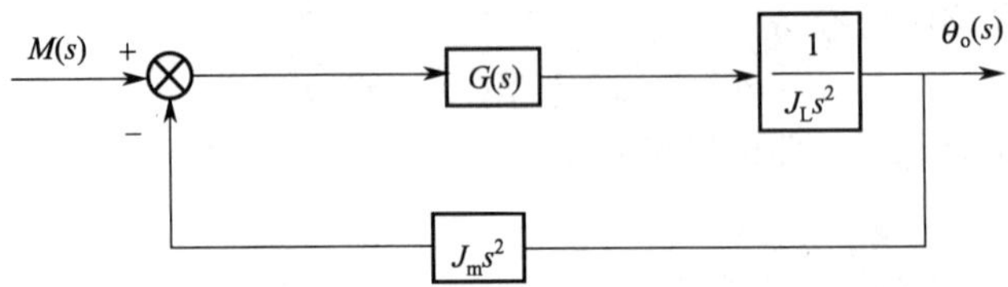

(c) 简化方框图二

图 3-4　发动机驱动系统方框图

依据等效变换规则，由图 3-4(b) 可知

$$G(s) = \frac{(Cs+K)/J_m s^2}{1+(Cs+K)/J_m s^2} = \frac{Cs+K}{J_m s^2 + Cs + K} \tag{3-13}$$

由图 3-4(c) 可得

$$[M(s) - J_m s^2 \theta_o(s)] \times \frac{G(s)}{J_L s^2} = \theta_o(s) \tag{3-14}$$

即

$$\frac{G(s)}{J_L s^2} \times M(s) = \left[1 + \frac{J_m s^2 G(s)}{J_L s^2}\right]\theta_o(s) \tag{3-15}$$

将式(3-13) 代入式(3-15) 可得

$$\frac{Cs+K}{J_L s^2 (J_m s^2 + Cs + K)} \times M(s) = \left[1 + \frac{J_m s^2 (Cs+K)}{J_L s^2 (J_m s^2 + Cs + K)}\right]\theta_o(s) \tag{3-16}$$

由上式可求得系统的传递函数为

$$\frac{\theta_o(s)}{M(s)}=\frac{(Cs+K)}{(J_L+J_m)s^2[J_LJ_ms^2/(J_L+J_m)+Cs+K]} \tag{3-17}$$

通过机械系统数学模型的建立，可以进行系统的特性分析，达到机电一体化系统控制的目的。

3.1.2 机械传动系统的特性

机电一体化系统机械传动子系统的伺服特性，主要表现在转动惯量小、传动刚度大，传动系统因有频率高、摩擦损失小、阻尼合理等，能满足伺服传动系统中传动精度高、响应速度快、稳定性能好的基本要求。

(1) 转动惯量

转动惯量是物体转动时惯性的度量，转动惯量越大，物体的转动状态就越不容易改变。利用能量守恒定理可以实现各种运动形式的物体转动惯量的转换，将传动系统的各个运动部件的转动惯量折算到特定轴（一般是伺服电动机轴）上，然后将这些折算的转动惯量包括特定轴自身的转动惯量求和，获得整个传动系统对特定轴的等效转动惯量。传动系统折算到电动机轴上的转动惯量增大时，所产生的影响主要是电动机的机械负载增大，机械传动系统的响应变慢，灵敏度降低，机械传动系统的固有频率下降，容易产生谐振。

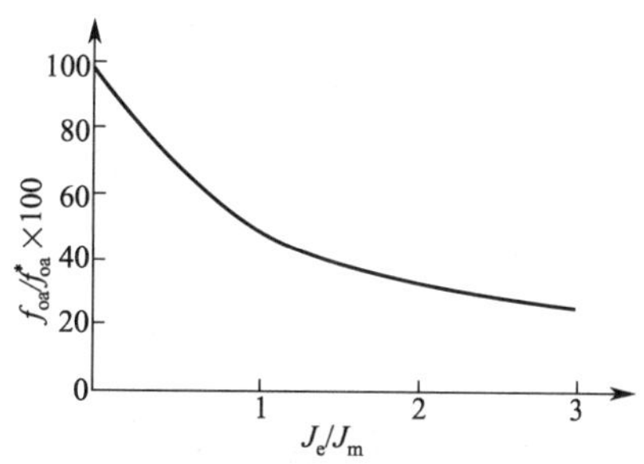

图 3-5 折算转动惯量对固有频率的影响
J_e—折算到电动机轴上的等效转动惯量；J_m—电动机轴的转动惯量；f_{oa}—相对于 $J_e>0$ 时系统固有频率；f^*_{oa}—$J_e=0$ 时系统固有频率

图 3-5 表示伺服机械传动系统的折算转动惯量对小惯量电动机驱动系统固有频率的影响。由于在进行伺服系统设计时，离不开转动惯量的计算和折算到特定轴上等效转动惯量的计算，下面就给出这方面的常用公式。

ⅰ. 圆柱体转动惯量：

$$J=\frac{1}{8}md^2 \tag{3-18}$$

式中 m——质量，kg；

d——圆柱体直径，m。

长为 l 的圆柱体的质量为

$$m=\frac{\pi}{4}d^2l\gamma \tag{3-19}$$

式中 γ——密度，钢材的密度为 $7.8\times10^3\text{kg/m}^3$。

齿轮、联轴器、丝杠和轴等接近于圆柱体，可用上式计算（或估算）其转动惯量。

ⅱ. 丝杠折算到电动机轴上的转动惯量：

$$J=\frac{J_s}{i^2} \tag{3-20}$$

式中 i——丝杠到电动机轴的总传动比；

j_s——丝杠的转动惯量，$\text{kg}\cdot\text{m}^2$。

ⅲ. 直线移动工作台折算到丝杠上的转动惯量。如图 3-6 所示，由导程为 S 的丝杠驱动质量为 m（含工件质量）的工作台往复移动，折算到丝杠上的转动惯量为

$$J=m\left(\frac{S}{2\pi}\right)^2 \tag{3-21}$$

式中 S——丝杠导程，m；

m——工作台及工件质量，kg。

ⅳ. 丝杠传动时，传动系统折算到电动机轴上的总转动惯量，如图 3-7 所示。

$$J=J_1+\frac{1}{i^2}\left[(J_2+J_s)+m\left(\frac{S}{2\pi}\right)^2\right] \tag{3-22}$$

式中 J_1——小齿轮及电动机轴的转动惯量，kg·m²；

J_2——大齿轮的转动惯量，kg·m²；

J_s——丝杠的转动惯量，kg·m²；

S——丝杠的螺距，m；

m——工作台及工件质量，kg。

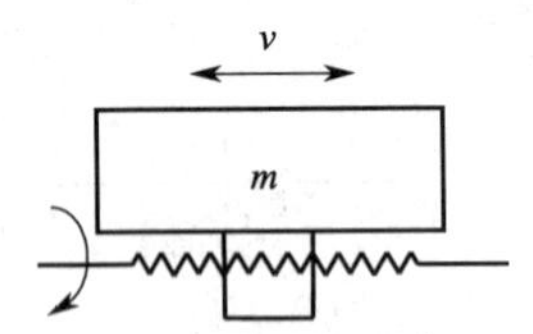

图 3-6 丝杠回转推动工作台

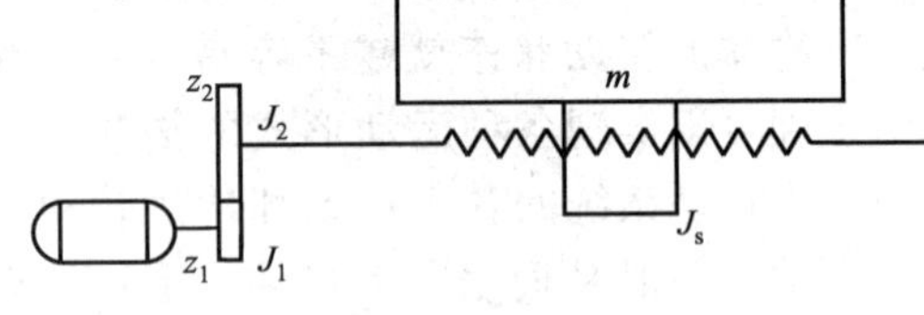

图 3-7 丝杠传动的机械传动系统

ⅴ. 齿轮齿条传动时，工作台折算到小齿轮轴上的转动惯量，如图 3-8 所示。

$$J=mR^2 \tag{3-23}$$

式中 R——齿轮分度圆半径，m；

m——工作台及工件质量，kg。

ⅵ. 齿轮齿条传动时，传动系统折算到电动机轴上的总转动惯量，如图 3-9 所示。

$$J=J_1+\frac{1}{i^2}(J_2+mR^2) \tag{3-24}$$

式中 J_1，J_2——轴Ⅰ和轴Ⅱ及其上齿轮的转动惯量，kg·m²；

i——传动比；

m——工作台及工件质量，kg；

R——齿轮 z 的分度圆半径，m。

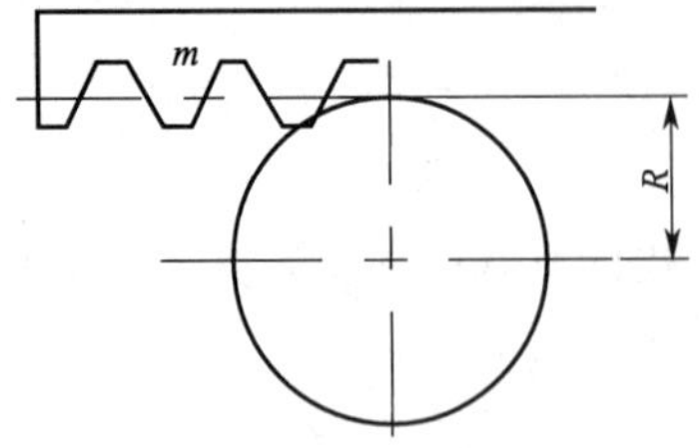

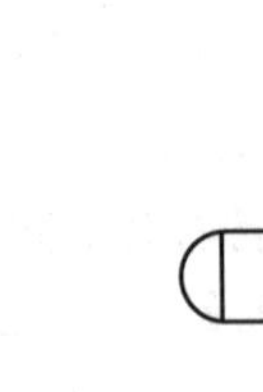

图 3-8 齿轮齿条机构推动工作台

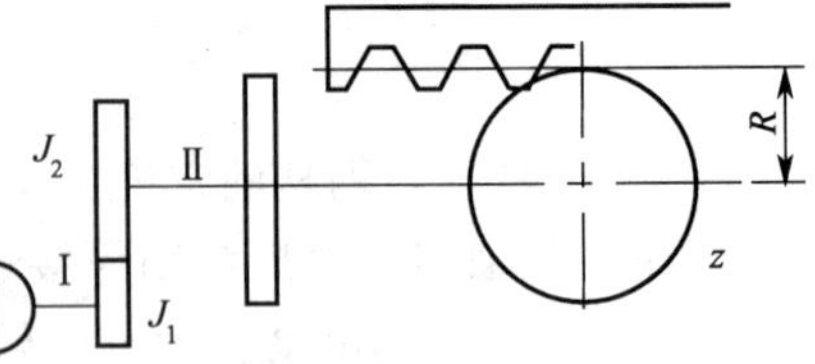

图 3-9 齿轮齿条的传动系统

ⅶ. 工作台折算到钢带传动驱动轴上的转动惯量，如图 3-10 所示。

$$J=m\left(\frac{v}{\omega}\right)^2 \tag{3-25}$$

式中 m——工作台及工件质量，kg；

ω——驱动轴的角加速度，1/s；

v——工作台移动速度，m/s。

(2) 摩擦

两物体有相对运动趋势或已产生相对运动，其接触面间产生摩擦力。摩擦力在应用上可简化为黏性摩擦力、库仑摩擦力与静摩擦力三类，方向均与运动方向相反。

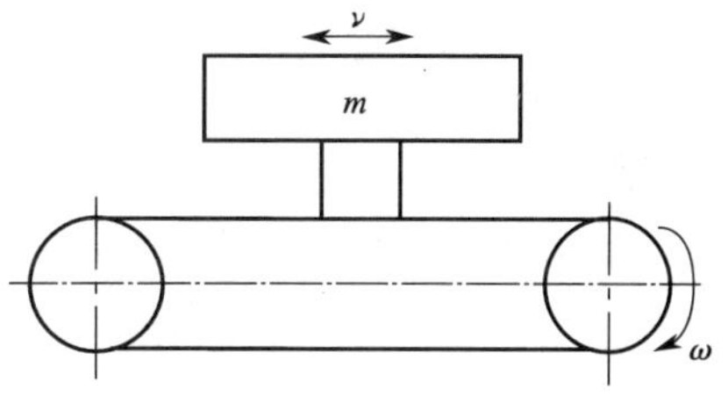

图 3-10 钢带传动带动工作台

图 3-11(a) 所示为黏性摩擦力，其大小与两物体相对运动的速度成正比。图 3-11(b) 所示的库仑摩擦力是接触面对运动物体的阻力，大小为一常数。静摩擦力是有相对运动趋势但仍处于静止状态时的摩擦力，其最大值发生在相对运动开始前的一瞬间，运动开始后静摩擦力即消失。

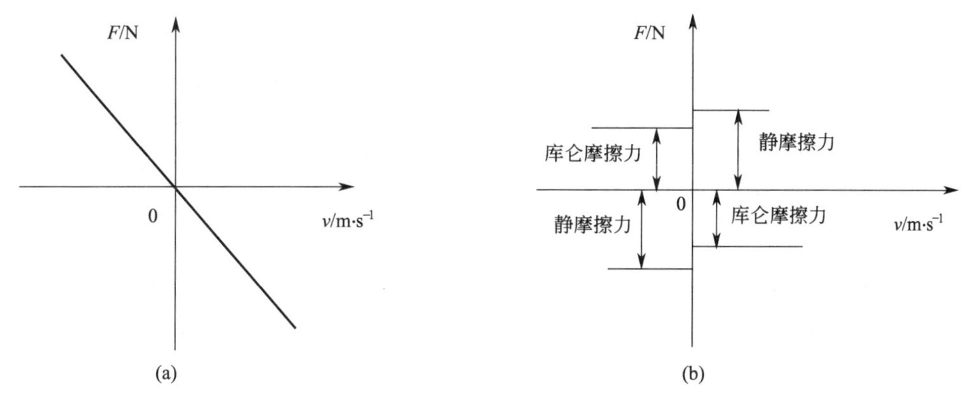

图 3-11 三类摩擦力与运动速度的关系

伺服传动系统中的摩擦力主要产生于导轨副，其摩擦特性随材料和表面形状的不同而有很大的差别。如图 3-12 所示，在质量为 3200kg 物体的作用下，不同导轨表面出现不同的摩擦特性。金属滑动导轨易产生爬行现象，低速稳定性差。滚动导轨与贴塑导轨特性接近。滚动导轨、贴塑导轨和静压导轨不产生爬行。因此，在使用中应尽可能减小静摩擦力与动摩擦力的差值，并使动摩擦力尽可能小且为变化较小的正斜率；若为负斜率则易产生爬行，会降低精度，减少寿命。

根据经验克服摩擦力所需的电动机转矩 T_F 与电动机额定转矩 T_K 的关系为

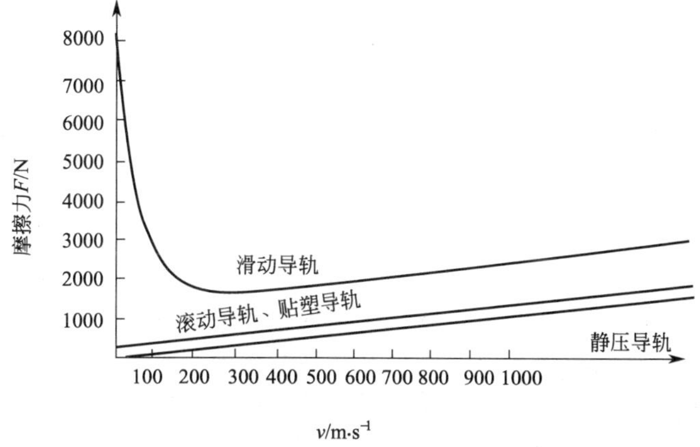

图 3-12 不同导轨的摩擦特性

$$0.2T_K < T_F < 0.3T_K \tag{3-26}$$

(3) 阻尼

伺服机械传动系统总可以用二阶线性常微分方程来描述，称为二阶系统，从力学意义上讲，二阶系统是一个振荡环节。当机械传动系统产生振动时，系统中阻尼越大，最大振幅就越小且衰减得越快。系统的阻尼比为

$$\zeta = \frac{f}{2\sqrt{mK}} \tag{3-27}$$

式中 f——黏性阻尼系数；

m——系统的质量，kg；

K——系统的刚度。

阻尼比大小对传动系统的振动特性有不同的影响。

ⅰ. $\zeta>1$，称为过阻尼系统，$\zeta=1$ 称为临界阻尼系统。工作中不振荡，但响应速度慢，在系统刚度低、质量大的情况下，为了保证系统的稳定性，常采用增大黏性阻尼的办法。

ⅱ. $0<\zeta<1$，称为欠阻尼系统。ζ 值在 0.5～0.8 之间的系统不但响应比临界阻尼或过阻尼系统快，而且还能更快地达到稳定值。但在 $\zeta<0.4$ 时，系统虽然响应更快，更稳定，但衰减得很慢，所以一般取 $\zeta=0.4$～0.8。

(4) 刚度

刚度是使弹性物体产生单位变形所需要的作用力，对于机械传动系统来说，刚度包括产生各种弹性变形的刚度和两个零件接触面的接触刚度。静态力和变形之比为静刚度；动态力（交变力、冲击力）和变形之比为动刚度。

对于伺服机械传动系统，增大系统的传动刚度有以下好处。

ⅰ. 可以减少系统的死区误差（失动量），有利于提高传动精度。

ⅱ. 可以提高系统的固有频率，有利于提高系统的抗振性。

ⅲ. 可以增加闭环控制系统的稳定性。

(5) 固有频率

对于包括机械传动系统在内的弹性系统，若阻尼不计，可简化为质量-弹簧系统。对于质量为 m、拉压刚度系数为 k 的单自由度直线运动弹性系统，其固有频率为

$$f = \frac{1}{2\pi}\sqrt{\frac{k}{m}} \tag{3-28}$$

对于转动惯量为 J、扭转刚度系数为 k 的单自由度旋转运动弹性系统，其固有频率为

$$f = \frac{1}{2\pi}\sqrt{\frac{k}{J}} \tag{3-29}$$

当外界传来的振动频率接近或等于系统的固有频率时，系统会产生共振，不能正常工作。固有频率的大小将影响闭环系统的稳定性和开环系统中死区误差的值。对于闭环系统，要求机械传动系统中的最低固有频率（即最低共振频率）必须大于电气驱动部件的固有频率。以进给驱动系统为例，系统中各固有频率的相互关系如表 3-1 所示。

对于机械传动系统，它的固有频率取决于系统各环节的刚度及惯量，因此，在其结构设计中，应尽量降低惯量，提高刚度，达到提高传动系统固有频率的目的。

对于开环伺服系统，虽然稳定性不是主要问题，但是如果传动系统固有频率太低，也容易引起振动，影响系统的工作效果。一般要求机械传动系统最低固有频率 $\omega_{ol} \geqslant 300\text{rad}\cdot\text{s}^{-1}$，其他机械系统 $\omega_{oo} \geqslant 300\text{rad}\cdot\text{s}^{-1}$。

表 3-1　进给驱动系统各固有频率的相互关系

位置调节环的固有频率 ω_{op}	$40\sim120/(rad\cdot s^{-1})$
电气驱动部件(速度环)的固有频率 ω_{oa}	$(2\sim3)\omega_{op}$
机械传动中最低固有频率 ω_{ol}	$(2\sim3)\omega_{oa}$
其他机械部件的固有频率 ω_{oo}	$(2\sim3)\omega_{ol}$

(6) 间隙

机械系统中存在着许多间隙，如齿轮传动间隙、螺旋传动间隙等。这些间隙对机电系统性能有很大的影响，下面以齿轮间隙为例进行分析。

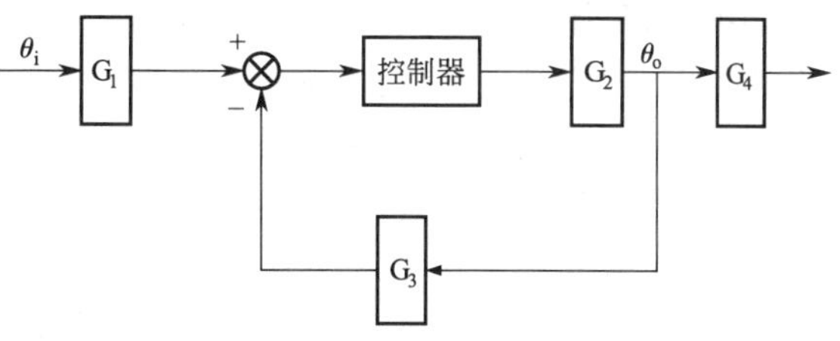

图 3-13　典型旋转工作台机电伺服系统框图

图 3-13 所示为典型旋转工作台机电伺服系统框图。图中所用齿轮根据不同要求有不同的用途，有的用于传递数据（G_1、G_3），有的用于传递动力（G_2），有的在系统闭环之内（G_2、G_3），有的在系统闭环之外（G_1、G_4）。由于它们在系统中的位置不同，所以对齿轮间隙的影响也不同。

ⅰ. 闭环之外数据传递齿轮的（G_1、G_4）间隙对系统稳定性无影响，但影响伺服精度。由于齿隙的存在，在传动装置逆运行时造成回程误差，使得输出轴与输入轴之间呈现非线性关系，输出滞后于输入，影响系统的精度。

ⅱ. 闭环之内动力传递齿轮（G_2）的间隙对系统静态精度无影响，这是因为控制系统有自动校正作用，又由于齿轮副的啮合间隙会造成传动死区，若闭环系统的稳定裕度较小，则会使系统产生自激振荡，因此闭环之内动力传递齿轮的间隙对系统的稳定性有影响。

ⅲ. 反馈回路上数据传递齿轮（G_3）的间隙既影响稳定性，又影响精度。

因此，应尽量减小或消除间隙，目前在机电一体化系统中，广泛采用各种机械消隙机构来消除齿轮副、螺旋副等传动副的间隙。例如用偏心套调整法、双齿轮错齿法等消除齿轮的传动间隙，采用垫片式调隙法、齿差式调隙法等消除滚珠螺旋副的间隙。图 3-14 所示为偏心轴套式消隙机构，电动机 1 通过偏心轴套 2 装在箱体上，转动偏心轴可调整两齿轮中心距，消除齿轮间隙。图 3-15 所示为锥度齿轮消隙机构，把齿轮的原分度圆柱改为带锥度的

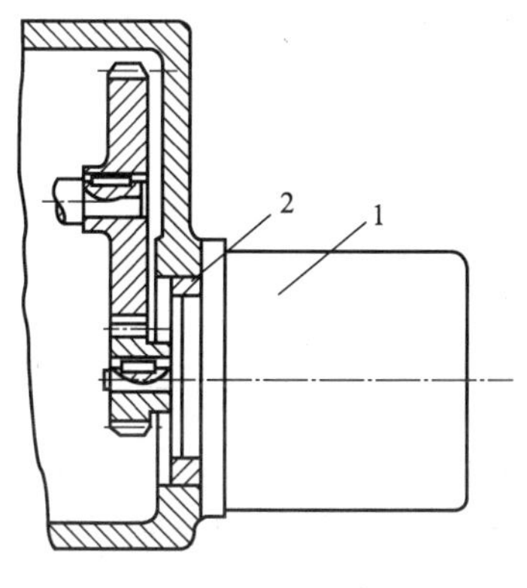

图 3-14　偏心轴套式消隙机构

1—电动机；2—偏心轴套

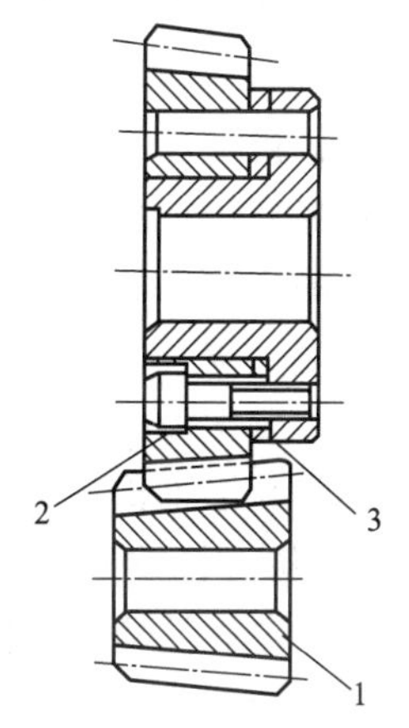

图 3-15　锥度齿轮消隙机构

1,2—锥度齿轮；3—调整垫片

圆锥面，使齿轮的齿厚在轴向产生变化。装配时改变垫片 3 的厚度，以改变两齿轮的轴向相对位置，消除齿轮间隙。

3.1.3 机械传动装置

机电一体化系统中，用于传递执行装置的能量，改变运动方向、速度和转矩的机构，主要有带传动、齿轮传动、滚珠丝杠等。

3.1.3.1 同步带传动

(1) 同步带传动的特点及应用

如图 3-16 所示，同步带传动是综合了普通带传动和链轮链条传动优点的一种新型传动。在带的工作面及带轮外周上均制有啮合齿，通过带齿与轮齿啮合传动来传递运动和动力。为保证带和带轮做无滑差的同步传动，其齿形带采用了承载后无弹性变形的高强力材料，以保证带的节距不变。与一般带传动相比较，同步带传动具有以下特点。

ⅰ. 传动比准确、传动效率高（可达 98%）。

ⅱ. 工作平稳，结构紧凑，无噪声，能吸收振动。

ⅲ. 能高速传动，线速度可达 40～80m/s。

ⅳ. 不需润滑，耐油、耐水，耐高温、耐蚀，维护保养方便。

ⅴ. 制造工艺复杂，成本高于一般带传动，中心距要求严格，安装精度要求较高。

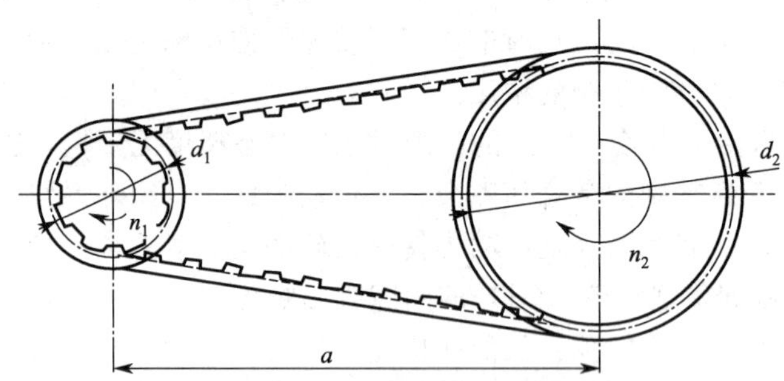

图 3-16 同步齿形带传动

同步带的带轮齿形主要有梯形齿形和圆弧齿形。国内有关同步带传动部件的国家标准有 GB/T 11616—1989、GB/T 11362—1989 等，并有专门生产厂家生产，可供选用。一般工业用同步带传动（即梯形齿传动），主要应用在中、小功率的同步传动中，如精密仪器、计算机外设、轻工机械等各类产品；而大转矩同步带传动（即圆弧齿传动），主要用于重型机械的传动中，如运输机械（飞机、汽车），石油机械、发电机等。

(2) 同步齿形带传动的简要设计计算

同步齿形带的主要失效形式是带的强力层弯曲疲劳损坏或在冲击载荷下断裂，也可能是带齿的磨损或断裂，以及带的强力层伸长致使周节增大而发生爬齿现象等。因而，同步齿形带的设计计算，主要按带的强度来控制单位宽度上的拉力，以保证带的使用寿命。

设计计算同步齿形带传动的原始数据与三角带传动相同。根据设计功率 P_c 和小带轮转速 n_1，由图 3-17 初选模数 m，由表 3-2 初选小带轮齿数 z_1，并保持 $z_1 \geqslant z_{\min}$，则小带轮节圆直径 $d_1 = mz_1$，之后计算出相应的大带轮的节圆直径 d_2 (m)、带传动速度 v (m/s) 和带宽 B (mm)，基本公式为

$$d_2 = id_1 = \frac{n_1}{n_2}d_1$$

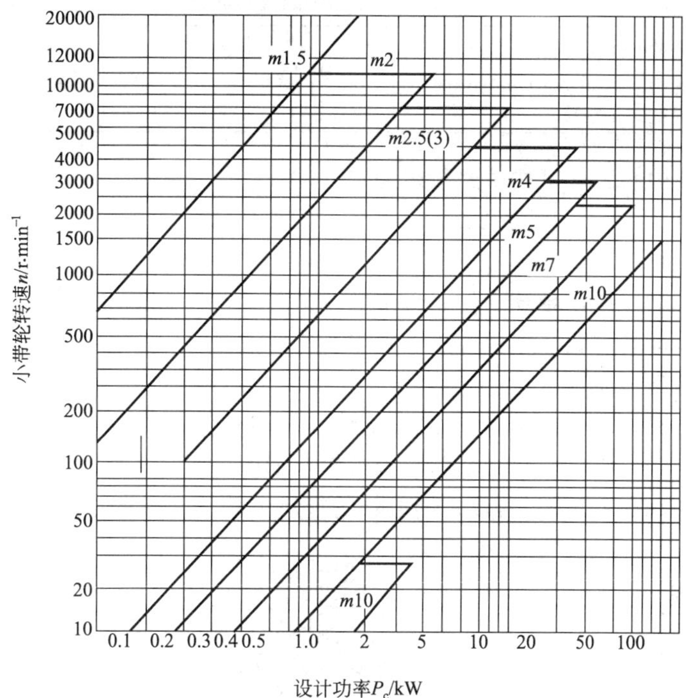

图 3-17　同步齿形带初选模数图

$$v=\frac{\pi d_1 n_2}{60} \tag{3-30}$$

$$b=\frac{1000P_c}{([F]-F_n')vK_t}$$

式中　i——传动比；

n_2——大带轮转速，r/min；

P_c——设计功率，kW；

K_t——张紧轮系数，用一个或两个张紧轮时，K_t 值分别取 0.9 或 0.8；

$[F]$——同步齿形带单位宽度的许用拉力，按初选模数 m 由表 3-3 选取（强力层为钢丝绳），N/mm；

F_n'——同步齿形带单位宽度的离心拉力，N/mm。

$$F_n'=\frac{qv^2}{g} \tag{3-31}$$

式中　q——同步齿形带单位宽度、单位长度的重力，见表 3-3，N/(mm·m)；

g——重力加速度，取 $g=9.8\text{m/s}^2$。

表 3-2　小带轮最少齿数 z_{min}

小带轮转速 /r·min⁻¹	模数 m/mm						
	1.5	2	2.5,3	4	5	7	10
<1000	12	14	16	18	20	22	24
1000～3000	14	16	18	20	22	24	26
>3000	16	18	20	22	24	—	—

表 3-3 聚氨酯同步齿形带的重力和许用拉力

模数 m/mm	1.5	2	2.5	3	4	5	7	10
单位宽度、单位长度的重力 $q/\times10^3\text{N}\cdot\text{mm}^{-1}\cdot\text{m}^{-1}$	18	24	30	35	48	60	82	112
单位宽度的许用拉力$[F]/\text{N}\cdot\text{mm}^{-1}$	4.0	6.0	8.0	10.0	15.0	25.0	30.0	40.0

大、小带轮的中心距 a 可按下式初步确定：

$$0.5(d_1+d_2)\leqslant a\leqslant 2(d_1+d_2) \tag{3-32}$$

3.1.3.2 齿轮传动

齿轮传动是机电一体化系统中使用最多的一种传动，具有工作可靠、传动比恒定、结构紧凑、强度大、能承受重载、摩擦力小、效率高等特点。

(1) 齿轮的种类与应用

常见齿轮的种类如图 3-18 所示，按齿轮轴线的相对位置关系，有平行轴的直齿轮和斜齿轮，如图 (a)、(b) 所示；相交轴的圆锥齿轮，如图 3-18(c) 所示；交错轴的蜗轮蜗杆和螺旋齿轮，如图 3-18(d)、(e) 所示；同心轴的行星齿轮及人字齿轮、齿轮齿条等。

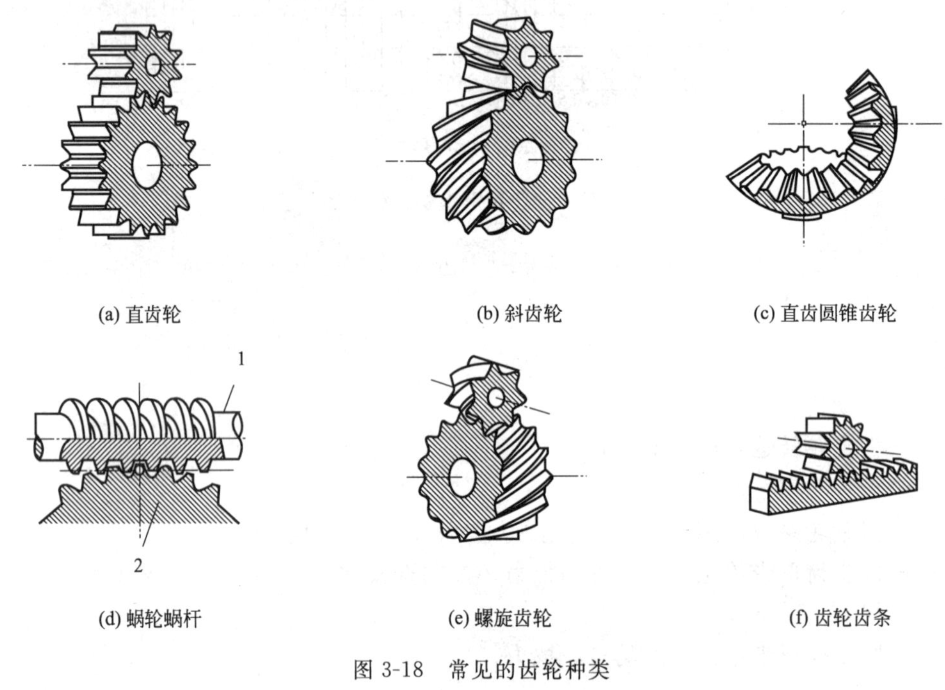

图 3-18 常见的齿轮种类

1—圆柱蜗杆；2—圆柱蜗轮

选择传动形式时，根据传动轴的不同特点，可选用不同的齿轮系组成传动机构。用于平行轴之间传递运动的正齿轮易于设计制造、成本低，使用最为广泛。斜齿轮可用于高速、重载、要求噪声低的场合，但斜齿轮存在较大的轴向推力。人字齿轮则由于左右齿推力平衡而不产生轴向推力，其中一个齿轮安装应有一定轴向间隙，以便安装。相交轴传动中直齿圆锥齿轮为线接触，传动效率较高。交错轴斜齿轮有滑动作用，传动效率低，同时为点接触，只能承受轻载。行星齿轮尺寸小、重量轻、效率高，能传递较大的功率，但结构较复杂。蜗杆副也可看作一种特殊的齿轮，用于传递空间垂直交错轴之间的回转运动。蜗杆为传动副的主动构件，蜗轮为从动构件。蜗杆副为线接触，可传递较大功率，传动比大。蜗杆有 1～8 个头，优点是传动平稳、噪声小、可自锁，但传动效率较低，且功率损失较大。齿轮齿条用在将旋转运动转换成直线往复运动的场合，如多关节机器人的手爪张开和抓紧机构（图 3-19），机械手由汽缸驱动，汽缸的直线运动直接驱动机械手的一个爪向前或向后运动，由齿条与小齿轮带动另一个爪向前或向后运动。

图 3-19 多关节机器人的手部

1—齿条；2—齿轮

（2）齿轮传动形式

常用的齿轮减速器有一级、二级、三级等传动形式，如图 3-20 所示。

设计齿轮传动系统时，齿轮传动比 i 应满足驱动部件与负载之间的位移、转矩及转速的匹配要求，总传动比 i 一般根据驱动电动机的额定转速 n_n 和负荷所需的最大工作转速 n_{max} 来确定。

$$i=\frac{n_n}{n_{max}} \tag{3-33}$$

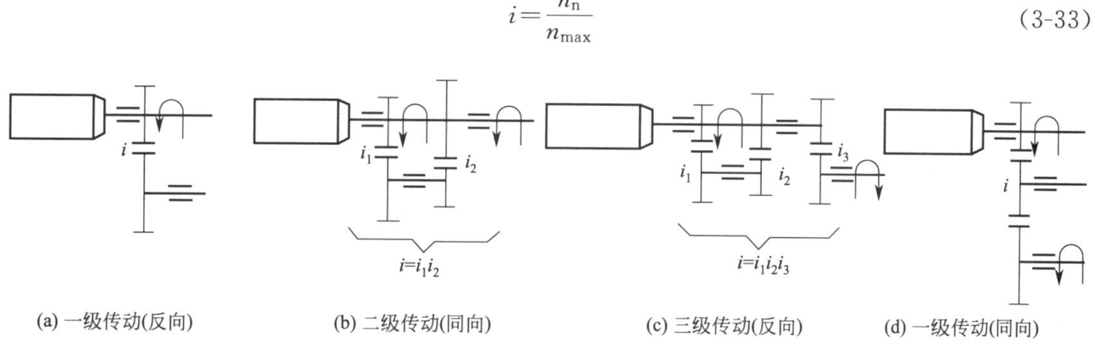

图 3-20 常用齿轮减速器传动形式

用于伺服系统的齿轮减速器是一个力矩变换器，其输入电动机为高转速、低转矩，而输出则为低转速、高转矩，以此来加速负载。因此，不但要求齿轮传动系统传递转矩时有足够的刚度，还要求其转动惯量尽量小，以便在同一加速度时所需转矩小，即在同一驱动功率时，其加速度响应为最大。此外齿轮的啮合间隙会造成传动死区，若该死区在闭环系统中，则可能造成系统不稳定。为此尽量采用齿侧间隙较小、精度较高的齿轮传动副。但为了降低制造成本，则多采用各种调整齿侧间隙的方法来消除或减小啮合间隙，以提高传动精度和系统的稳定性。由于负载特性和工作条件的不同，最佳传动比有各种各样的选择方法。在伺服电动机驱动负载的传动系统中，常采用使负载加速度最大的方法。

（3）使负载加速度最大的总传动比选择

根据负载特性和工作条件，有不同的最佳传动比选择方案，如负载峰值力矩最小、负载均方根力矩最小、转矩储备最大的最佳传动比方案等。在伺服系统中，通常采用负载角加速度最大原则选择总传动比，以提高伺服系统的响应速度。惯量为 J_m 的直流伺服电动机，通过传动比为 i 的齿轮系 G 克服摩擦阻力矩 T_{LF} 带动惯性负载 J_L 的计算模型，如图 3-21 所示。

$$i=\frac{\theta_m}{\theta_L}=\frac{d\theta_m/di}{d\theta_L/di}=\frac{d^2\theta_m/di^2}{d^2\theta_L/di^2}>1 \tag{3-34}$$

式中 θ_m，$d\theta_m/di$，$d^2\theta_m/di^2$——电动机的角位移、角速度、角加速度；

θ_L，$d\theta_L/di$，$d^2\theta_L/di^2$——负载的角位移、角速度、角加速度。

换算到电动机轴上的阻力矩为 T_{LF}/i。换算到电动机轴上的转动惯量为 J_L/i^2。电动机轴上的转动惯量为 T_a，则

$$T_a=T_m-\frac{T_{LF}}{i}=\left(J_m+\frac{J_L}{i^2}\right)\frac{d^2\theta_a}{di^2}=\left(J_m+\frac{J_L}{i^2}\right)i\frac{d^2\theta}{di^2} \tag{3-35}$$

或

$$\frac{d^2\theta_m}{di^2}=\frac{T_m i-T_{LF}}{J_m i^2+J_L}=\frac{iT_c}{J_m i^2+J_L} \tag{3-36}$$

根据负载角加速度最大的原则，令 $d^2\theta_L/di^2=0$，则

$$i=\frac{T_{LF}}{T_m}+\sqrt{\left(\frac{T_{LF}}{T_m}\right)^2+\frac{J_L}{J_m}} \tag{3-37}$$

若不计摩擦，即 $T_{LF}=0$，则

$$i=\sqrt{J_L/J_m} \quad 或 \quad T_L/i^2=T_m \tag{3-38}$$

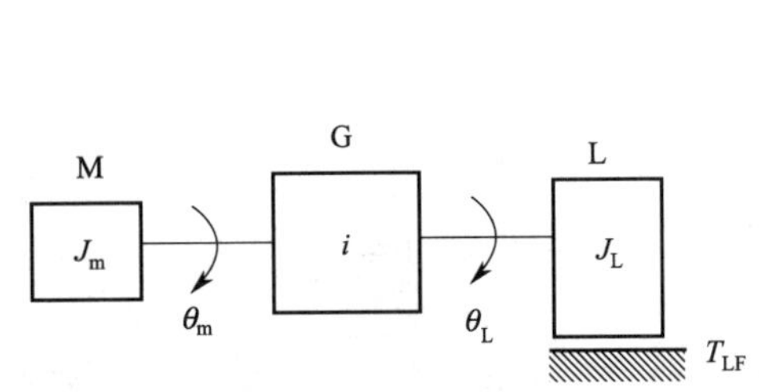

图 3-21 电动机驱动齿轮系统和负载的计算模型

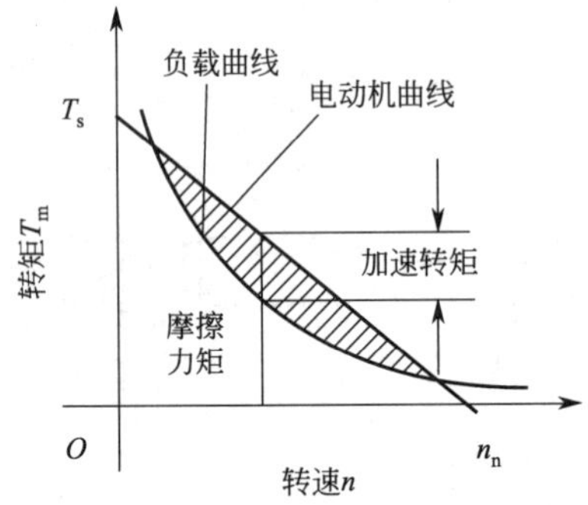

图 3-22 齿轮总传动比选择的转矩-转速曲线

图 3-22 所示是上述计算模型的物理意义。处于电动机曲线以下的阴影面积所代表的齿轮传动比均可选择，而 T_s 最大的是最佳值。但当作用于负载的干扰很大时，为减少其影响，可选用较大的传动比。

（4）各级传动比的最佳分配原则

虽然各种周转轮系可以满足总传动比的要求，且结构紧凑，但由于效率等原因，常用多级圆柱齿轮传动副串联组成齿轮系。确定齿轮副的级数和分配各级传动比，主要有以下三种原则。

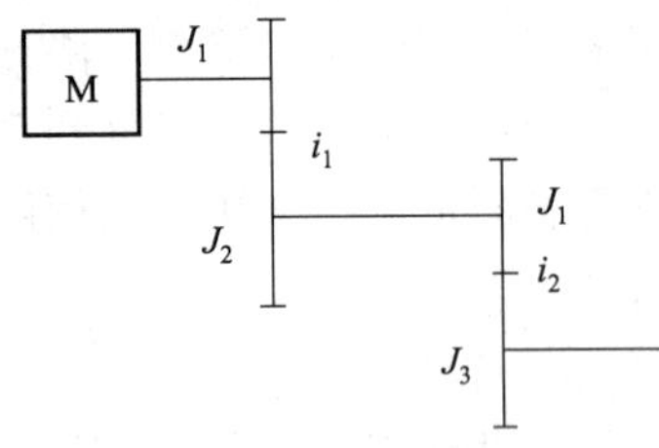

图 3-23 电动机驱动的两级齿轮系

① 最小等效转动惯量原则　利用该原则所设计的齿轮传动系统，换算到电动机轴上的等效转动惯量小。

ⅰ. 小功率传动装置：以图 3-23 所示两级传动齿轮系为例。假定各主动小齿轮具有相同的转动惯量 J_1，轴与轴承转动惯量不计，各齿轮均为实心圆柱体，且齿宽和材料均相同，效率不计，则

$$\begin{gathered} i_2\approx i_1^2/\sqrt{2} \\ i_1=(\sqrt{2}i)^{1/3} \end{gathered} \tag{3-39}$$

式中　i_1，i_2——齿轮系中第一、第二级齿轮副的传动比；

i——齿轮系总传动比，$i=i_1 i_2$。

同理，对于 n 级齿轮系

$$i_1=2^{\frac{2^n-n-1}{2(2^n-1)}}i^{\frac{1}{2^n}}$$
$$i_k=\sqrt{2}\left(\frac{i}{2^{n/2}}\right)^{\frac{2^{(k-1)}}{2^n-1}} \tag{3-40}$$

由此可见，各级传动比分配的结果应为“前小后大”的原则。

ⅱ. 大功率传动装置：该装置传递的转矩大，各级齿轮副的模数、齿宽直径等参数逐级增加。这时，小功率传动的假定不适用，但分配基本原则仍为“前小后大”。

② 重量最轻原则　利用该原则所设计的齿轮传动系统，换算到电动机轴上的重量最轻。

ⅰ. 小功率传动装置：仍以图 3-23 所示传动齿轮系为例。若各主动小齿轮的模数、齿数、齿宽均相同，轴与轴承转动惯量不计，各齿轮均为实心圆柱体，且齿宽与材料均相同，效率不计，则

$$i_1=i_2 \tag{3-41}$$

同理对 n 级传动可得

$$i_1=i_2=\cdots=i_n \tag{3-42}$$

ⅱ. 大功率传动装置。仍以图 3-23 所示齿轮系为例。假设主动小齿轮的模数 m_1、m_3，分度圆直径 d_1、d_3，齿宽 b_1、b_3，都与所在轴上的转矩 T_1、T_3 的三次方根成正比，即

$$\frac{m_3}{m_1}=\frac{d_3}{d_1}=\frac{b_3}{b_1}=\sqrt[3]{\frac{T_3}{T_1}}=\sqrt[3]{i_1} \tag{3-43}$$

另设每个齿轮副的齿宽相等，即 $b_1=b_2$、$b_3=b_4$，则

$$i=i_1\sqrt{2i_1+1}$$
$$i_2=\sqrt{2i_1+1} \tag{3-44}$$

同理，对三级齿轮传动，假设 $b_1=b_2$、$b_3=b_4$、$b_5=b_6$，则

$$i_2=\sqrt{2i_1+1}$$
$$i_3=\sqrt{2i_2+1}=(2\sqrt{2i_1+1}+1)^{1/2} \tag{3-45}$$
$$i=i_1\sqrt{2i_2+1}(2\sqrt{2i_1+1}+1)^{1/2}$$

所得各级传动比应为“前大后小”。

③ 输出轴的转角误差最小原则　在减速传动链中，从输入端到输出端的各级传动比应该为“前小后大”，且末端两级传动比应尽可能大，齿轮副精度应提高，这样可减小齿轮的固有误差、安装误差、回转误差对输出轴运动精度的影响。

④ 原则的选择　上述三项原则的选择，应根据具体的工作条件综合考虑。

ⅰ. 对于以提高传动精度和减小回程误差为主的降速齿轮传动链，可按输出轴转角误差最小原则设计。对于升速齿轮传动链，则应在开始几级即增速。

ⅱ. 对于要求运动平稳、启停频繁和动态性能好的伺服降速传动链，可按最小等效转动惯量和输出轴转角误差最小原则进行设计。对于负载变化的齿轮传动装置，各级传动比最好采用不可约的比数，避免同时啮合。

ⅲ. 对于要求重量尽可能轻的降速传动链，可按重量最轻原则进行设计。

ⅳ. 对于传动比很大的齿轮传动链，应把定轴轮系和行星轮系结合使用。若同时要求传动精度高、功率大、效率高、传动平稳、体积小、重量轻等，要综合运用上述原则进行设计。

3.1.3.3 谐波齿轮传动

谐波齿轮传动是随着空间科学、宇航尖端技术的发展而出现的一种新型传动结构。谐波

传动的原理建立在薄壳弹性变形理论基础上，依靠柔性齿轮所产生的可控制弹性变形波，引起齿间的相对位移传递动力和运动。柔轮的变形是一个基本对称的和谐波，故称为谐波传动。

（1）谐波齿轮传动的原理及结构

谐波齿轮传动与少齿差行星齿轮传动十分相似，但与一般齿轮传动有本质上的差别。如图 3-24 所示，谐波齿轮传动主要由波发生器 3、柔轮 1 和刚轮 2 组成。柔轮具有外齿，刚轮具有内齿，它们的齿形为三角形或渐开线型。其齿距 p 相等，但齿数不同。刚轮的齿数 z_g 比柔轮齿数 z_r 多。柔轮的轮缘极薄，刚度很小，在未装配前，柔轮是圆形的。由于波发生器的直径比柔轮内圆的直径略大，所以当波发生器装入柔轮的内圆时，就迫使柔轮变形，呈椭圆形。在椭圆长轴的两端（图 3-24 中 A 点、B 点），刚轮与柔轮的轮齿完全啮合；而在椭圆短轴的两端（图 3-24 中 C 点、D 点），两轮的轮齿完全分离；长、短轴之间的齿，则处于半啮合状态，即一部分正在啮入，一部分正在脱出。图 3-24 所示的波发生器有两个触头，称双波发生器。其刚轮与柔轮的齿数相差 2，周长相差 2 个齿距的弧长。若采用三波时，齿数差为 3。

当波发生器转动时，迫使柔轮的长、短轴的方向随之发生变化，柔轮与刚轮上的齿依次进入啮合。柔轮和刚轮在节圆处的啮合过程，如同两个纯滚动的圆环，它们在任一瞬间转过的弧长都相等。对于双波传动，由于柔轮比刚轮的节圆周长短了两个齿距弧长，因此柔轮在啮入和啮出的一转中，必然相对于刚轮在圆周方向错过两个齿距弧长，这样柔轮就相对于刚轮沿着波发生器相反的方向转动。当波发生器沿逆时针旋转 45°时，迫使柔轮和刚轮相对移动 1/4 个齿距；当波发生器转过 180°时，两者相对移动 1 个齿距。当波发生器连续运转时，柔轮上任何一点的径向变形量 Δ 是随转角 φ 变化的变量。其展开图为一正弦波，如图 3-25 所示。

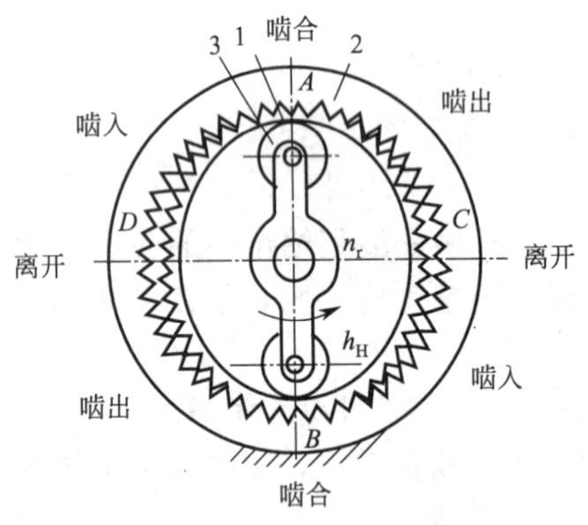

图 3-24 谐波齿轮传动

1—柔轮；2—刚轮；3—波发生器

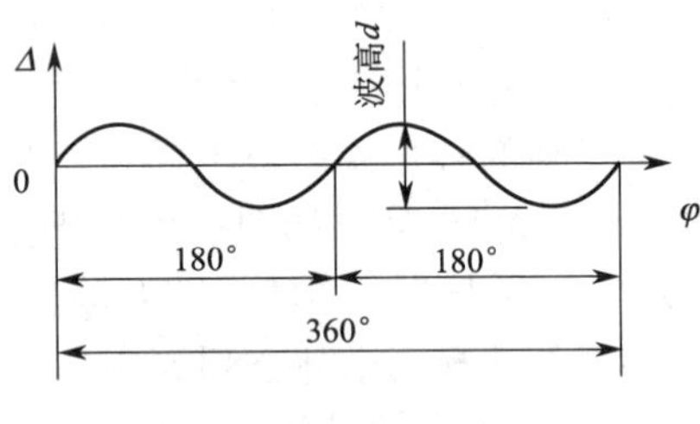

图 3-25 柔轮（双波）变形波形

谐波齿轮传动正是借助于柔轮的这种弹性变形波实现轮齿间的啮合和相对运动的。波发生器旋转一周中，柔轮每一点变形的次数称为波数，以 n 表示。波数等于刚轮与柔轮的齿数差，$n=z_g-z_r$。

（2）谐波齿轮传动的传动比

谐波齿轮传动的波发生器相当于行星轮系的转臂，柔轮相当于行星轮，刚轮则相当于中心轮。故谐波齿轮传动的传动比，可以利用行星轮系求传动比的方式来计算。当波发生器顺时针回转时，迫使柔轮的齿顺序地与刚轮的齿啮合，由于两轮齿距相等，且柔轮齿数 z_r 比

刚轮齿数 z_g 少，故波发生器顺时针转一周后，柔轮逆时针转 z_g-z_r 个齿，即反转 $(z_g-z_r)/z_r$ 周。当刚轮固定时，$n_g=0$，波发生器与柔轮的传动比为

$$i_{Hr}=\frac{n_H}{n_r}=\frac{-z_r}{(z_g-z_r)} \tag{3-46}$$

当柔轮固定时，$n_r=0$，波发生器与柔轮的传动比为

$$i_{Hg}=\frac{n_H}{n_g}=\frac{-z_g}{z_g-z_r} \tag{3-47}$$

式中　n_H，n_g，n_r——波发生器、刚轮和柔轮的转速，r/min；

z_g，z_r——刚轮和柔轮的齿数。

负号表示柔轮与波发生器的旋转方向相反。

结果为正值说明刚轮与发生器的旋转方向相同。

(3) 工作特点

谐波齿轮传动与一般齿轮传动相比具有以下特点。

① 传动比大　单级谐波齿轮的传动比为50～500。多级和复式传动的传动比更大，可达30000以上。谐波齿轮传动不仅用于减速，还可用于增速。

② 承载能力大　在传输额定输出转矩时，谐波齿轮传动同时啮合的齿数可达柔轮或刚轮齿数的30%～40%。

③ 传动精度高　在同样的制造精度条件下，谐波齿轮的传动精度比一般齿轮的传动精度至少高一级。

④ 传动平稳基本上无冲击振动　这是由于齿的啮入与啮出按正弦规律变化，无突变载荷和冲击，磨损小，无噪声。

⑤ 传动效率较高　单级传动的效率一般在65%～90%的范围内。

⑥ 结构简单、体积小、质量轻　在传动比和承载能力相同的条件下，谐波齿轮减速器比一般齿轮减速器重量减轻1/3～1/2。

(4) 传动的应用

谐波齿轮传动由于具有上述特点，在航空航天、工业机器人、机床、汽车等机电一体化系统中，得到了广泛的应用。例如在机器人、机床分度机构、雷达无线控制系统中做运动传递，在纺织、化工、冶金、起重运输等机电设备中，传递运动和转矩。使用谐波齿轮减速器时，既可以选用标准系列的谐波齿轮减速器，也可以在设计传动系统时，根据需要只选用基本构件，即刚轮、柔轮和波发生器，使整机的结构更紧凑、质量更轻。

3.1.3.4　滚珠丝杠传动

螺旋传动中最常见的是滑动螺旋传动，用于将回转运动转换为直线运动。但是，滑动螺旋传动的接触面间存在着较大的滑动摩擦阻力，因此传动效率低、磨损大、精度不高、使用寿命短，已经不能满足机电一体化系统高精度、高效率、高速度的要求。滚珠丝杠传动则是一种为了克服普通螺旋传动的缺点，而发展起来的新型螺旋传动。它用滚动摩擦螺旋代替滑动摩擦螺旋，具有摩擦阻力小、传动效率高、传动平稳、寿命长、精度高等优点，广泛用于机器人、数控机床、精密机械、自动搬运车等各种机电一体化产品。

(1) 滚珠丝杠传动副的工作原理

具有螺旋槽的丝杠螺母间装有滚珠作为中间元件的传动机构称为滚珠丝杠副，滚珠的作用是使丝杠与螺母之间的摩擦，由普通螺旋的滑动摩擦变换为滚动摩擦，如图3-26所示。

它由丝杠1、螺母2、滚珠3和滚珠循环返回装置4等部分组成，当丝杠1转动时带动滚珠3沿螺纹滚道滚动。滚珠在丝杠1上滚过数圈后，为了防止滚珠沿滚道端面排出，在螺母的螺旋槽两端设有滚珠回程引导装置，构成滚珠的循环返回通道4，这样滚珠逐个回到丝杠和螺母的初始位置，构成了滚珠循环的闭合回路。

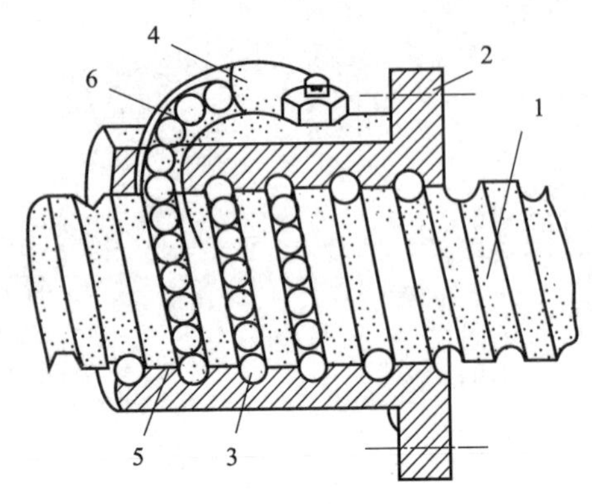

图3-26 滚珠丝杠副的构成

1—丝杠；2—螺母；3—滚珠；4—返回装置；5—内滚道；6—外滚道

（2）滚珠丝杠副的特点

滚珠丝杠副与滑动丝杠副、静压丝杠副相比，具有以下特点。

① 传动效率高、摩擦损失小　丝杠螺母副的传动效率为

$$\eta=\frac{\tan\lambda}{\tan(\lambda+\varphi)} \tag{3-48}$$

式中　λ——中径处的螺旋线升角；

φ——当量摩擦角，对于滚珠丝杠约为$8'\sim12'$。

滚动摩擦阻力很小，摩擦系数为0.0025～0.0035，传动效率很高，可达90%以上，相当于普通滑动丝杠螺母副的3～4倍。这样滚珠丝杠副相对于滑动丝杠副来说，仅用较小的转矩就能获得较大的轴向推力，而且功率损耗只有滑动丝杠副的1/4～1/3，这对于机械传动系统小型化、加快响应能力及节省能源等方面都具有重要意义。

② 运动具有可逆性　逆传动效率几乎与正传动效率相同，既可以把回转运动转变成直线运动，又能将直线运动变成回转运动，以用于一些特殊要求的场合。由于它的可逆性，也使其应用范围受到限制，在一些不允许产生逆运动的情况，如垂直的升降系统，必须另加制动或自锁装置。

③ 传动精度高　传动精度主要是指进给精度和轴向定位精度。滚珠丝杠螺母副属于精密机械传动机构，丝杠与螺母经过淬硬和精磨后，本身就具有较高的定位精度和进给精度。高精度滚珠丝杠副，任意300mm的导程累积误差为4μm。由于摩擦阻力小，启动时无冲击，低速时无爬行，工作时温升变形小，容易获得较高的传动精度。

④ 磨损小、寿命长　钢球在淬硬的滚道上滚动，磨损小，工作寿命一般要比滑动丝杠高5～6倍。

⑤ 成本高　由于结构较复杂，成本偏高。

（3）滚珠的循环方式

滚珠丝杠副中滚珠的循环方式有内循环和外循环两种。图3-27所示为内循环结构，滚珠在整个循环过程中始终与丝杠表面保持接触。在螺母的侧面孔内装有接通相邻滚道的反向器，利用反向器引导滚珠越过丝杠的螺纹顶部进入相邻滚道，形成一个循环回路。一般在同一螺母上装有2～4个反向器，并沿螺母圆周均匀分布。内循环方式的优点是滚珠循环的回路短、流畅性好、效率高、螺母的径向尺寸也较小，但精度要求高，否则误差对循环的流畅性和传动平稳性有影响。

图3-28所示为插管式外循环反向器结构。用一弯管1代替螺旋凹槽，弯管的两端插入与螺纹滚道3相切的两个内孔，用弯管的端部引导滚珠4进入弯管，构成滚珠的循环回路，再用压板2和螺钉将弯管固定。插管式结构简单、容易制造。但是径向尺寸较大，弯管端部用作挡珠器比较容易磨损。

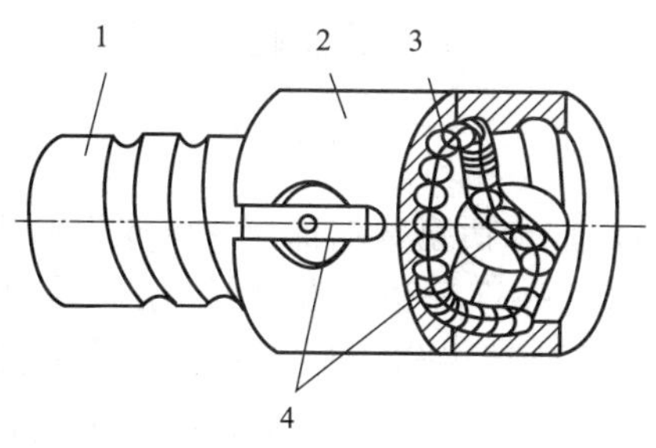

图 3-27 内循环结构

1—丝杠；2—螺母；3—滚珠；4—反向器

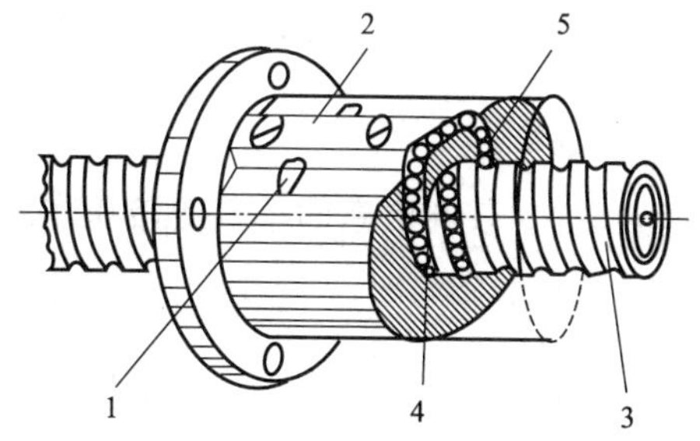

图 3-28 插管式外循环反向器结构

1—弯管；2—压板；3—丝杠；4—滚珠；5—滚道

3.2 液压与气压执行装置

3.2.1 液压执行装置

液压执行装置是把液压能量变换成直线、旋转或摆动运动的机械能，从而带动机械做功的装置。液压执行装置主要有以下几类：把液压能量变换成直线运动的液压缸，把液压能量变换成连续旋转运动的液压马达和把液压能量变换成摆动运动的摆动马达等。它的工作特点主要有以下几方面。

ⅰ. 工作压力高，装置可以实现小型化。

ⅱ. 以油为工作介质，装置的润滑性和防锈性能好。

ⅲ. 通过控制流量可以很容易地改变速度。

ⅳ. 利用换向控制可以很容易地变换运动方向。

ⅴ. 通过压力控制可以实现力的无级控制。因此，液压执行装置广泛应用于机床、成形机械、机器人、工程车辆、露天游乐场、建筑机械以及农业机械等。

（1）液压装置的构成

液压系统的工作过程是将从液压泵获得具有压力能量的工作油输入液压缸或液压马达，把液压能量转换成机械能驱动机械做功。液压装置一般由液压源、控制阀、执行装置、附属设备等组成，如图 3-29 所示。

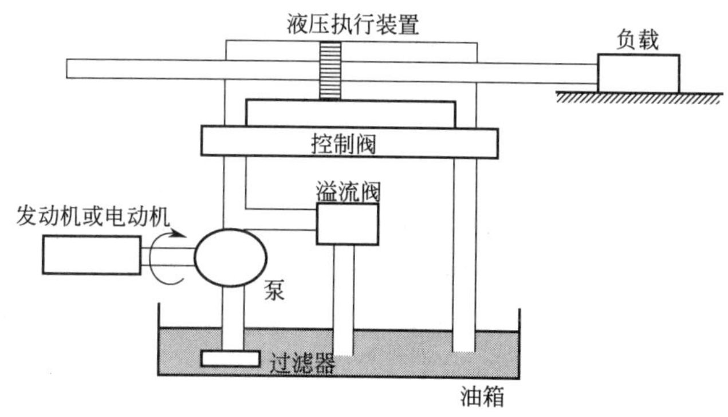

图 3-29 液压装置组成示意图

在液压装置中液压源主要有油箱、过滤器、油泵、驱动电动机、发动机等；控制阀有压力控制阀、方向控制阀、流量控制阀、电液伺服阀等；液压执行装置有液压缸、液压马达、摆动液压马达等；附属设备有管件、仪表、冷却器等。由执行装置产生位移、速度和力等机械量。

(2) 液压缸

液压缸有仅在活塞的单端受液压作用的单行程液压缸和活塞两端都受液压作用的往复液压缸。单行程液压缸的回程运动是由载荷、重力或弹簧力驱动的。在往复液压缸中，还可以进一步分为活塞两端都有活塞杆的双杆型和只有一端有活塞杆的单杆型两种。在液压伺服系统中，一般都采用控制性能好的往复双杆型液压缸。

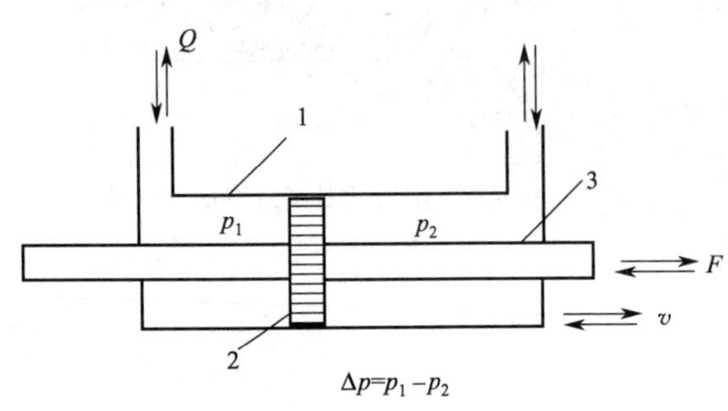

图 3-30 双杆型油缸示意图

1—油缸；2—活塞；3—活塞杆

典型的双杆型液压缸示意图如图 3-30 所示，它的工作原理比较简单，即用油压推动活塞产生直线运动的力、位移或速度。对于图 3-30 所示的液压缸，设进入液压缸腔内的工作油的体积流量为 Q，活塞的有效受压面积为 A；左右两液压缸腔的压力差为 Δp，则加在活塞上的力，即由液压缸所产生的力为

$$F=\Delta pA \tag{3-49}$$

活塞速度为

$$v=\frac{Q}{A} \tag{3-50}$$

作用在活塞上的功率为

$$W=Fv=Q\Delta p \tag{3-51}$$

由以上三式可以看出，改变进入液压缸的流量和改变压力差，都能够改变活塞的输出，达到控制液压缸中活塞运动的目的。

(3) 液压马达

和电动机与发电机的输入、输出关系恰好相反一样，液压马达与液压泵的输入、输出关系也恰好相反，两者的构造基本相同。液压马达是一种将液压能转换为连续旋转运动的装置。

液压马达分为齿轮马达（图 3-31）、叶片马达（3-32）和柱塞式马达（图 3-33）等。齿轮马达的结构与齿轮泵一样，由两个齿轮和壳体构成，左右两个口的压差决定旋转方向。齿轮马达具有结构简单、重量轻、价格便宜、抗振动等优点。叶片马达的结构是在转子的径向上插入若干（通常为 9～13 片）叶片，叶片的悬伸部分在液压的作用下产生转矩。叶片马达具有输出转矩平稳、噪声低、转矩与重量比高等优点。柱塞式马达分为径向柱塞式马达和轴向柱塞式马达。图 3-33 所示为径向柱塞式马达，各活塞与曲轴之间通过连杆连接，与曲轴连为一体的旋转阀控制各个缸按顺序供油，使曲轴能够连续转动。柱塞式马达结构复杂，但效率较高。

与液压缸的分析类似，设供给马达的工作油流量为 Q，马达旋转一周排出工作油的体积为 V，马达的出口和入口的压差为 Δp，则转子上的转矩，即液压马达的输出力矩为

$$T=\frac{V\Delta p}{2\pi} \tag{3-52}$$

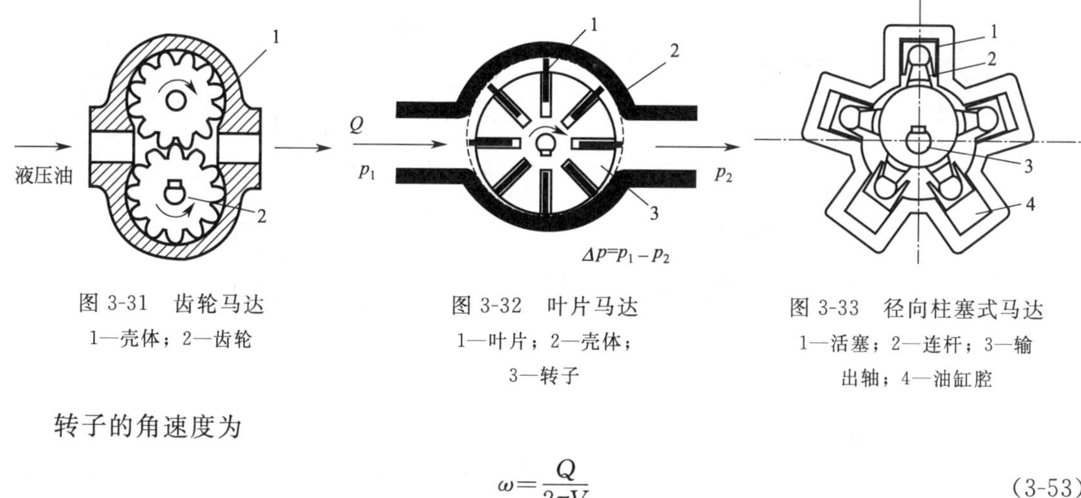

图 3-31 齿轮马达
1—壳体；2—齿轮

图 3-32 叶片马达
1—叶片；2—壳体；3—转子

图 3-33 径向柱塞式马达
1—活塞；2—连杆；3—输出轴；4—油缸腔

转子的角速度为

$$\omega=\frac{Q}{2\pi V} \tag{3-53}$$

马达的输出功率为

$$W=Q\Delta p \tag{3-54}$$

由以上三式可以看出，与液压缸的输出控制相同，改变进入马达的流量和压差，能够改变马达的转速或转矩。

对于液压缸和马达的流量、压力控制方式有两种：一种是通过改变液压泵的转速或斜盘角度控制出口流量的泵控制方式；另一种是使液压泵的出口流量一定，用液压阀调节油路的面积，从而控制执行装置的流量、压力等的阀控制方式。

(4) 液压伺服系统

伺服系统就是以机械的位置作为被控量，能跟随设定值任意变化的自动控制系统。一般说来伺服系统是一个反馈闭环系统，把控制动作的结果与目标值相比较，并通过调节使二者趋于一致。根据输出位置的检测方法和系统内的放大、传递及输出形式等，伺服系统有很多种类型。液压伺服系统是以液压动力元件作驱动装置组成的反馈控制系统。输入量能以一定的精度，自动地按照输入信号的变化规律运动，系统的输出量可以是机械位移、速度、加速度或力。一般情况由数毫瓦的微弱电气输入信号可以控制 20～30MPa 的液体压力和 4000L/min 的流量。液压伺服系统在飞机、船舶、军工等领域的应用由来已久，近年来，作为一般性的技术已广泛应用于工业机器人、主轴旋转控制、机床工作台进给以及各种试验装置等。

液压伺服系统基本结构如图 3-34 所示，由测量反馈装置、比较装置、伺服放大器、电液伺服阀、液压马达、液压缸、液压源等基本环节构成。其工作原理是输出信号经电气测量反馈装置测得并回输到系统输入端与输入信号相比较，产生反映二者偏差大小的电压信号，即偏差信号，该信号经过伺服放大器放大成具有一定功率输出的电流信号输入电液伺服阀。电液伺服阀首先将输入的电流信号通过电气-机械转换装置按比例地变换成控制阀阀芯的机械位移，从而改变相应的节流口状态，输出具有一定压力和流量的压力油（即输出具有足够大的液压功率）驱动液压执行元件及负载，执行元件运动到输入信号与反馈信号完全一致，偏差信号消失为止。

液压伺服系统尽管结构各异，功能也不相同，但都由功能相同的基本单元组成，即指令元件、比较元件、放大及转换元件、液压执行元件、检测反馈元件及控制对象。

(5) 液压控制阀

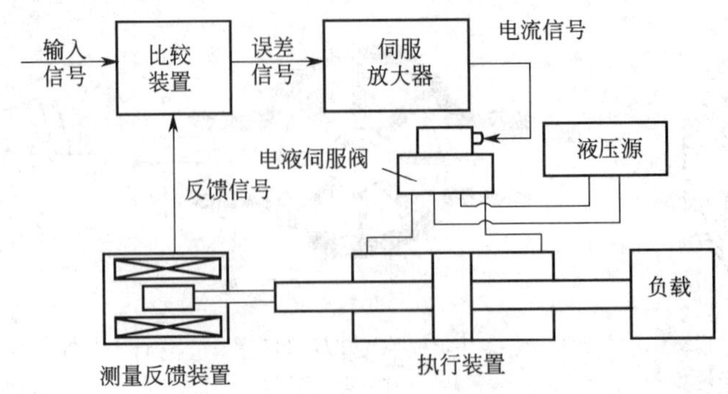

图 3-34　液压伺服系统基本结构

与阀控制方式相比，泵控制方式具有系统结构简单，能量效率高等优点。从响应速度、控制精度和价格等方面考虑，阀控制方式更优越，应用得也较多。液压系统中常用的控制阀是用电信号控制的电-液控制阀，其中有模拟型的电液伺服阀和开关型的电磁换向阀。

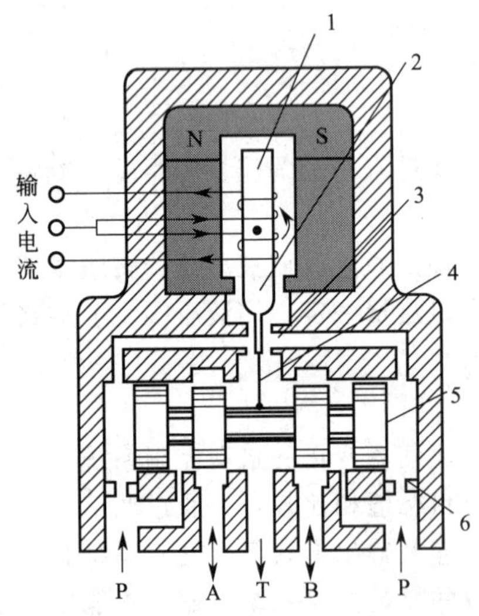

图 3-35　电液伺服阀的基本结构

1—力矩电动机；2—挡板；3—喷嘴；4—反馈弹簧；5—阀芯；6—固定螺栓

电液伺服阀的基本结构如图 3-35 所示，由力矩电动机、喷嘴挡板机构、阀杆和四个进油出油口等构成。P 口与液压泵连接，供给高压油，T 口与油箱连接，A、B 口与液压执行装置连接。伺服阀的工作原理如下。

当电流通过力矩电动机的线圈时，在电磁力的作用下挡板左右倾斜，使喷嘴与挡板之间的间隙发生变化。在喷嘴内产生压差（亦称背压），驱动挡板左右移动。这时，由于反馈弹簧的存在，将对挡板产生与位移成正比的反向力。挡板回到中间位置时，阀杆停止运动。这样，阀杆的位移就与输入电流的大小成比例，随着阀孔打开量的变化，流量和压力也发生变化。有的伺服阀中没有反馈弹簧，而是在挡板的两侧装有螺旋弹簧。

电液伺服阀的最大优点是能够用小功率的电能快速、高精度地控制大功率的液压能。但由于这种伺服阀的精度要求很高，所以价格很贵，而且对工作油的清洁程度和温度都要求很高。

3.2.2　气动执行装置

气动执行装置是指把压缩空气的能量变换成直线、旋转或摆动等运动驱动机械做功的装置。气动执行装置具有的优点主要有：

ⅰ. 空气作为工作介质，可以直接从大气中取得，来源方便；

ⅱ. 结构简单、体积小、价格便宜；

ⅲ. 对使用环境无特殊要求；

ⅳ. 保养、维护简单；

ⅴ. 空气黏度小，流动阻力小，便于集中供应和远距离输送。

缺点主要有：

ⅰ. 由于空气压缩性大，汽缸的动作速度易随负载的变化而变化，稳定性较差，难以进行精确的位置控制和速度控制；

ⅱ. 工作压力较液压系统低，总的输出力不太大；

ⅲ. 噪声大，尤其在超声速排气时，需要加装消声器。

气动执行装置广泛应用于各种工业机械、车辆、汽车、机器人、气动工具以及测量仪器等领域。

(1) 气动系统的构成

典型气动系统主要由气压发生装置、执行元件、控制元件及辅助元件四个部分组成，如图 3-36 所示。

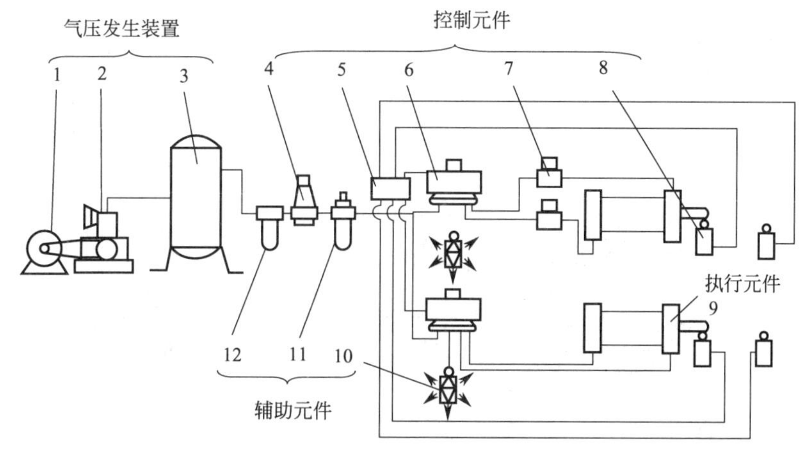

图 3-36 气动系统的构成示意图

1—电动机；2—空压机；3—贮气罐；4—压力控制阀；5—逻辑元件；6—方向控制阀；7—流量控制阀；8—行程阀；9—汽缸；10—消声器；11—油雾器；12—减压阀

① 气压发生装置 由空气压缩机或真空泵构成，一般配有储气罐、气源净化处理装置等附属设备。它将原动机提供的机械能转变为气体的压力能。气动设备较多的工厂，常将气压发生装置集中于一处组成气压站，由气压站向各用气点分送压缩空气。近年来也有将小型低噪声压缩机或增压泵设置在控制、执行元件的附近，实行单机和单泵供给或局部加压。真空发生装置一般安装在控制和执行元件附近，以减少真空容积，节省空气消耗量。

② 执行元件 起能量转换作用，把压缩空气的压力能转换成工作装置的机械能，如汽缸输出直线往复式机械能，摆动汽缸和气马达分别输出回转摆动式和旋转式的机械能。对于以真空压力为动力源的系统，采用真空吸盘以完成各种吸吊作业。

③ 控制元件 用来调节和控制压缩空气的压力、流量和流动方向，使执行机构按要求的程序和性能工作。控制元件种类繁多，除了基本的压力、流量、方向三大类阀件以外，还包括各种逻辑元件、射流元件，以实现“是”、“与”、“或”、“非”等逻辑功能。

④ 辅助元件 是解决元件内部润滑、排气噪声、元件间的连接及信号转换、显示、放大、检测等所需的各种气动元件。如油雾器、消声器、管件及管接头、转换器、显示器、传感器、放大器和程序器等。

(2) 汽缸

汽缸是气动系统中使用最多的执行元件，它以压缩空气为动力驱动机构做直线往复运动。汽缸按结构特征的分类如图 3-37 所示。

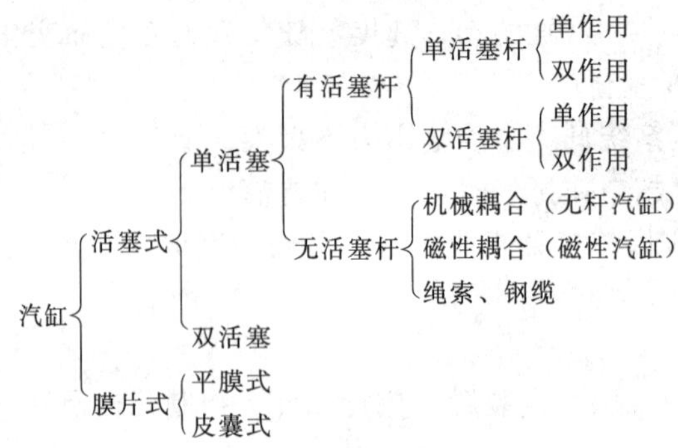

图 3-37　汽缸的分类

① 普通汽缸　是在缸筒内只有一个活塞和一根活塞杆的汽缸，有单作用汽缸和双作用汽缸两种。图 3-38 为单作用汽缸，图 3-39 为双作用汽缸。

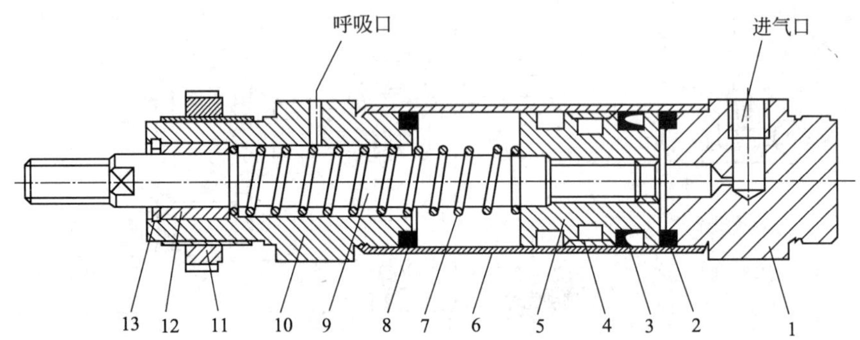

图 3-38　单作用汽缸基本机构

1—后缸盖；2,8—弹性垫；3—活塞密封圈；4—导向环；5—活塞；6—缸筒；7—弹簧；9—活塞杆；10—前缸盖；11—螺母；12—导向套；13—卡环

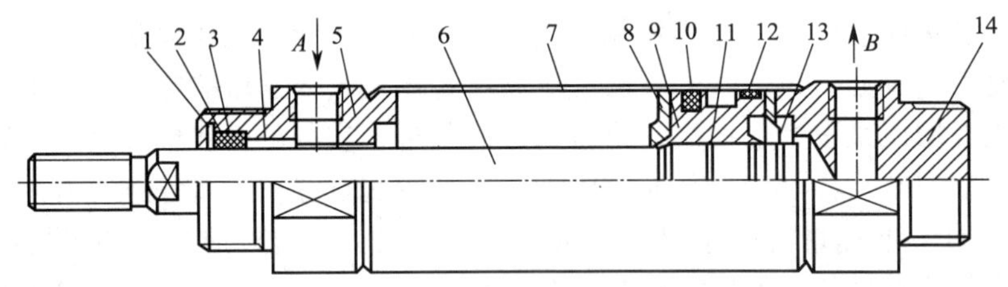

图 3-39　双作用汽缸基本机构

1,13—弹簧挡圈；2—防尘圈压板；3—防尘圈；4—导向套；5—杆侧端盖；6—活塞杆；7—缸筒；8—缓冲垫；9—活塞；10—活塞密封圈；11—密封圈；12—耐磨环；14—无杆侧端盖

由图 3-38、图 3-39 可以看出，汽缸一般由缸筒、前后缸盖、活塞、活塞杆、密封件和紧固件等零件组成。汽缸输出力的设计计算与液压缸的计算类似，汽缸的平均耗气量 q 决定所选空气压缩机的规格，它可以由式(3-55) 确定：

$$q=\frac{\pi(2D^2-d^2)L}{4\eta_V t}\times\frac{p+0.1}{0.1}\times N \tag{3-55}$$

式中　q——汽缸的平均耗气量，m^3/s；

D——缸径，mm；

d——杆径，mm；

L——汽缸行程，mm；

t——汽缸一次往复行程所需的时间，s；

p——工作压力，MPa；

η_V——汽缸的容积效率，通常取 0.9～0.95；

N——汽缸每秒的往复次数。

② 无杆汽缸　有索链汽缸、纵剖式汽缸和磁力牵引式汽缸等多种形式。这些汽缸与机器人上的汽缸不同，不是利用活塞杆，而是用索链、活塞梭、磁铁等机构传递活塞运动。图 3-40 所示的是纵剖式无杆汽缸的结构。其工作原理是活塞在工作流体压力的作用下左右移动，并带动夹在密封带中间的活塞梭左右移动，活塞梭又带动滑板左右移动。无杆汽缸的最大优点是安装空间小，仅是普通汽缸的一半，在输送距离较长的场合特别方便，虽然存在结构复杂、造价高、摩擦力大等缺点，但还是得到了较广泛的应用。

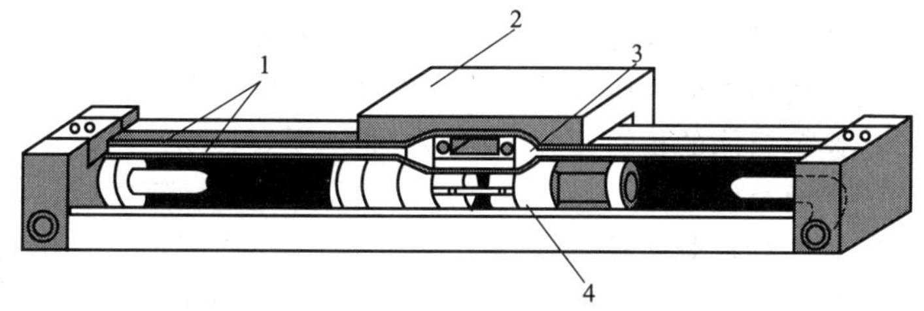

图 3-40　纵剖式无杆汽缸结构

1—密封带；2—滑板；3—活塞梭；4—活塞

③ 手指汽缸　气动手指汽缸能实现各种抓取功能，是现代气动机械手的关键部件。手指汽缸经常应用在搬运、传送工件机构中，完成抓取、拾放物体从一个点位到另一个点位的动作。图 3-41 所示的手指汽缸的特点有以下几方面。

ⅰ. 所有的结构都是双作用，能实现双向抓取，可自动对中，重复精度高。

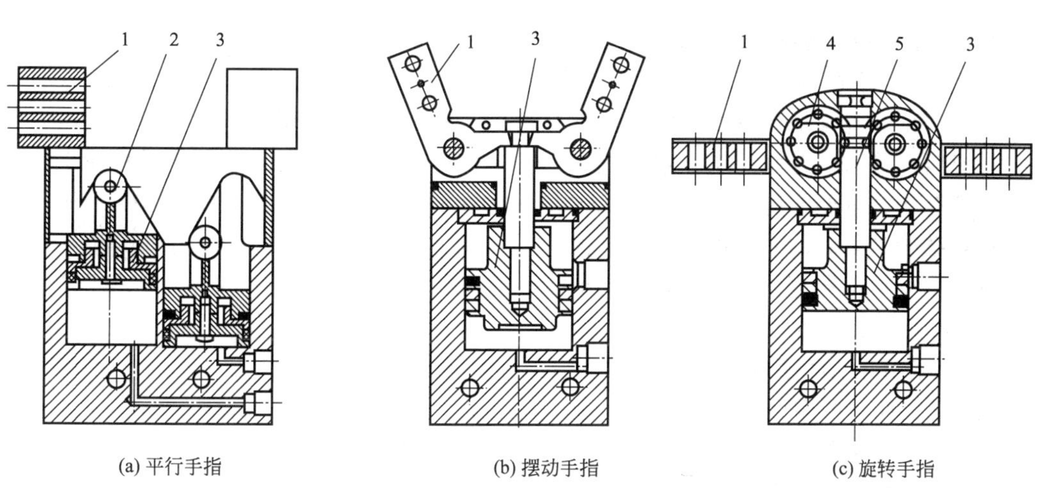

图 3-41　气动手指汽缸

1—手指；2—滚轮；3—活塞；4—啮合轮；5—啮合轴

ⅱ. 抓取力矩恒定。

ⅲ. 在汽缸两侧可安装非接触式检测开关。

ⅳ. 有多种安装、连接方式。

图 3-41(a) 所示为平行手指汽缸，该汽缸通过两个活塞工作。每个活塞由一个滚轮和一对曲柄与气动手指相连，形成一个特殊的驱动单元。这样，汽缸手指总是轴向移动，每个手指不能单独移动。如果手指反向移动，则先前受压的活塞处于排气状态，而另一个活塞处于受压状态。

图 3-41(b) 所示为摆动手指汽缸，活塞杆上有一个环形槽，由于手指耳轴与环形槽相连，因而手指可同时移动且自动对中，并保证抓取力矩始终恒定。

图 3-41(c) 所示为旋转手指汽缸，其动作和齿轮齿条的啮合原理相似。活塞与一根可上下移动的轴固定在一起。轴的末端有三个环形槽，这些槽与两个驱动轮的齿啮合。两个手指可同时移动并自动对中，其齿轮齿条啮合机理确保了抓取力矩始终恒定。

(3) 气动控制阀

在气动系统中，气动控制阀用来控制和调节压缩空气的压力、流量和方向，使气动执行元件获得要求的力、动作速度和改变运动方向，按规定的程序工作。

控制阀按其作用和功能可分为压力控制阀、流量控制阀和方向控制阀三大类，除这三类外，还有能实现一定逻辑功能的逻辑元件。在结构原理上，气动逻辑元件基本上和方向控制阀相同，仅仅是体积和通径较小，一般用来实现气信号的逻辑运算功能。按控制方式把气动控制阀分为开关控制和连续控制两类。

由于气动控制多数用于单纯的行程终点控制，所以工程中所用的气动控制阀大部分都是换向阀和高速电磁开关阀。压力比例控制阀及流量比例控制阀等电气伺服阀虽然也有应用，但使用很少。

对于气动伺服控制系统，不用比例阀，而用脉宽调制（pulse width modulation，PWM）或脉码调制（pulse code modulation，PCM）来控制高速开关电磁阀，实现系统的伺服控制。

3.3 机械传动与液压气动执行装置的应用实例

3.3.1 基于液压驱动的 6 自由度并联机构

6 自由度并联机构为上下平台用 6 个分支相连，具有 6 个自由度，且以并联方式驱动的机构。最常见的机构是 6 自由度的 Stewart 平台，这种机构最早用来作为轮胎的实验装置和飞行模拟器。目前，并联机构在包括航空、航天、航海、机电工业、微机电系统及医疗器械等方面都有十分重要的应用。图 3-42(a) 所示为飞行模拟器的实物，图 3-42(b) 所示为飞行模拟器结构简化后的 6 自由度并联机构。

对于飞行模拟器等体感模拟装置要求能够达到以下几点。

ⅰ. 与实际运动的感觉相似。

ⅱ. 操作没有不自然的动作滞后现象。

ⅲ. 安全性与可靠性高。

ⅳ. 维护与准备工作简单。

ⅴ. 装置紧凑，体积小。

液压伺服系统能够满足上述要求。在飞行模拟器中，除了视觉模拟和音响模拟装置以外，还有产生摇摆运动的摆动装置、产生发动机振动感觉的座席振动发生装置以及方向舵操

(a) 飞行模拟器实物

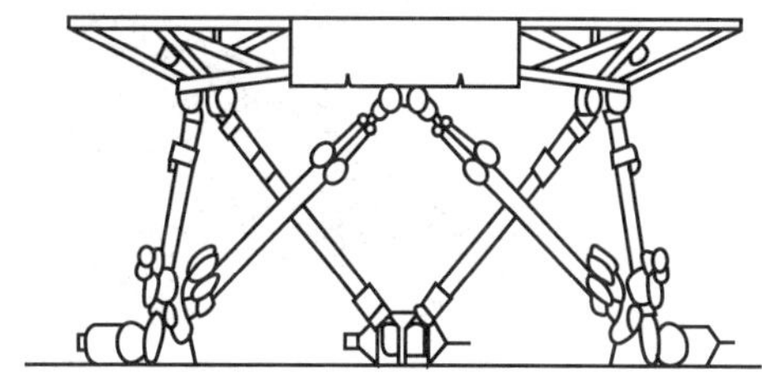

(b) 简化的6自由度并联机构

图 3-42 飞行模拟器

纵感觉发生装置等，都采用了液压系统。

图 3-42(b) 所示的 6 自由度摆动装置一般有 6 个液压缸，由伺服阀控制，在 5～10t 载荷的条件下，直线（前后、左右、上下）运动速度可以达到±0.6m/s 以上，加速度可以达到±0.6m/s^2 以上；旋转（转动、螺旋、摆动）运动角速度可达到±20°/s 以上，角加速度可以达到±60°/s^2 以上。

飞行模拟器中液压系统的性能完全取决于伺服阀的性能。液压系统的要求有以下几方面。

ⅰ. 不能出现输出流量的振荡，以免产生不需要的加速度成分。

ⅱ. 能够平稳地生成小加速度成分。

ⅲ. 具有紧急情况下的安全功能。

ⅳ. 可靠性高。

ⅴ. 体积小，重量轻。

因为液压系统的输出功率很大，所以安全功能也是非常重要的。在紧急情况发生时，必须在软件上、电器上、机械上、液压上都采取安全措施。例如若伺服阀的滑阀能够直接控制，在紧急情况下，当液压缸达到事先确定的位置时，就可以强制使其速度下降。

3.3.2 工件输送系统

气动执行装置常用于加工、检查和装配等生产线上的输送或夹紧操作中。图 3-43 所示的是快速上、下料输送单元。将工件输送到工位（上料点）上，经过加工、检查等操作后，再送回到下料滚筒输送线上。

上料端和下料端的两个可升降送料装置，由一个汽缸驱动并用同步齿形带连接，从结构上实现了上料、下料同步和高效率。停留在图 3-43 中右上角输送带上的工件由上料端的升降汽缸提起，同时，在同一个电磁阀控制下，下料端的升降汽缸也将加工后的工件提起。在将待加工工件送上加工工位的同时，将加工后的工件送到下料的滚动输送线上。在加工工位上，利用升降机的下降和斜导轨可以达到±0.5mm 的定位精度。

系统中采用了三个汽缸和两个电磁阀，结构比较简单，能够进行质量小于 1kg（长 300mm，宽 300mm，高 30mm）的上下料操作，动作节拍可以达到 7s。

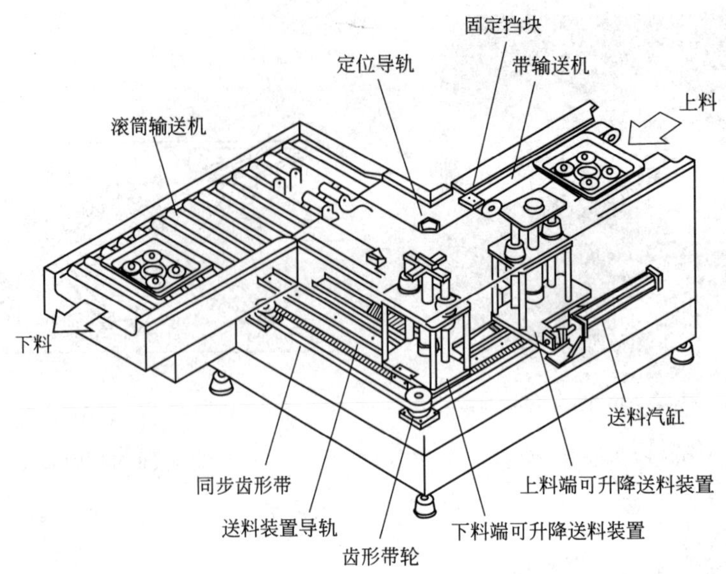

图 3-43　快速上、下料输送单元

习题与思考题

3-1　机械传动系统的特性主要有哪些内容？

3-2　试说明图 3-14、图 3-15 所示消隙机构的原理。

3-3　齿轮传动中各级传动比的最佳分配原则有哪些？

3-4　试说明谐波齿轮传动的工作原理与传动比。

3-5　试说明滚珠丝杠传动的工作原理及特点。

3-6　试说明液压伺服系统的基本结构及图 3-35 中电液伺服阀的工作原理。

3-7　手指汽缸的特点有哪些？其一般功能是什么？

3-8　试举一工程系统实例，说明其都有哪些机械、液压及气动装置。

4 传感技术及应用

本章要求掌握传感器的组成及分类，熟悉传感器的基本特性及主要性能指标，了解传感器的输入输出特性和对环境的要求，了解传感器的标定与校准；熟悉常用的典型传感器，通过应用典型实例了解传感器的选用。

在机电一体化系统中，传感器处于系统之首，其作用相当于系统感受器官，能快速、精确地获取信息并能经受严酷环境考验，是机电一体化系统达到高水平的保证。如缺少这些传感器对系统状态和信息精确而可靠的自动检测，系统的信息处理、控制决策等功能就无法实现。

4.1 传感器技术基础

机电一体化系统或产品中大量地涉及物理量的测量。根据对这些物理量测量的参数来判断机电一体化系统或产品的运行状态，并对其进行调节，达到人们所期望的结果，使其运行在正常或最佳的工作状态。被测量的物理量种类很多，根据物理量的特性分为两大类：电量和非电量。电量是指物理学中的电学量，如电压、电流、电阻等；非电量是指电量之外的一些物理量，如位移、速度、温度、压力等。

传感器是以一定的精确度将被测量（如位移、力、加速度等）转换为与之有确定对应关系的，易于精确处理和测量的某种物理量（如电量）的测量部件或装置。

4.1.1 传感器的组成

传感器一般由敏感元件、转换元件和基本转换电路三部分组成，如图 4-1 所示。

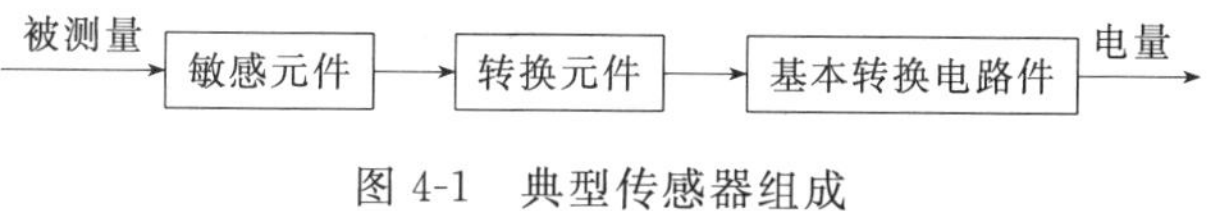

图 4-1 典型传感器组成

① 敏感元件 直接感受被测量，并以确定关系输出某一物理量，如弹性敏感元件将力转换为位移或应变输出。

② 转换元件 将敏感元件输出的非电物理量（如位移、应变、光强等）转换成电参数量（如电阻、电感、电容等）。

③ 基本转换电路 将电路参数量转换成便于测量的电量，如电压、电流、频率等。

实际的传感器，有的很简单，有的则较复杂。有些传感器只有敏感元件（如热电偶），感受被测温差时直接输出电动势。有些传感器由敏感元件和转换元件组成，无需基本转换电路，如压电式加速度传感器。还有些传感器由敏感元件和基本转换电路组成，如电容式位移传感器。有些传感器转换元件不止一个，要经过若干次转换才能输出电量，大多数传感器是开环系统，但也有个别是带反馈的闭环系统。

由于空间的限制及技术等原因，基本转换电路一般不和敏感元件、转换元件装在一个壳体内，而是装在电箱中。但很多传感器需通过基本转换电路才能输出便于测量的电量，而基本转换电路的类型又与不同工作原理的传感器有关。因此，常把基本转换电路作为传感器的组成环节之一。

4.1.2 传感器的分类

传感器主要按其工作原理、被测量、转换能量、转换过程、输出信号形式等进行分类。

(1) 按工作原理分类

传感器按其敏感元件的工作原理，一般可分为物理型、化学型和生物型三大类，如图 4-2 所示。

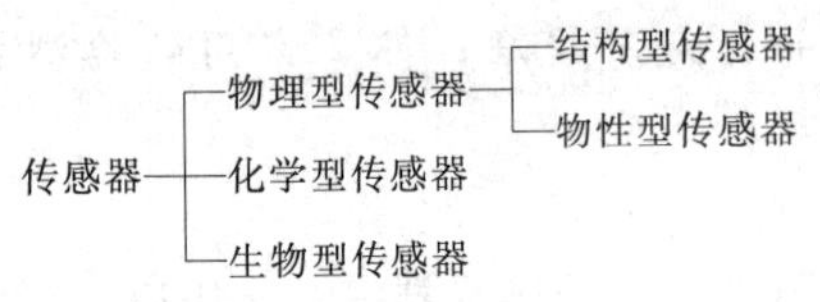

图 4-2 传感器按工作原理分类

物理型传感器是利用某些敏感元件的物理性质或某些功能材料的特殊物理性能制成的传感器。如利用金属材料在被测量作用下，引起电阻值变化的应变效应的应变式传感器；利用半导体材料在被测量作用下，引起电阻值变化的压阻效应制成的压阻式传感器；利用电容器在被测量的作用下，引起电容值的变化制成的电容式传感器；利用磁阻随被测量变化的简单电感式、差动变压器式传感器；利用压电材料在被测力作用下，产生的压电效应制成的压电式传感器等。

物理型传感器又可以分为结构型传感器和物性型传感器。

结构型传感器以结构（如形状、尺寸等）为基础，利用某些物理规律感受（敏感）被测量，并将其转换为电信号实现测量。例如电容式压力传感器，必须有按规定参数设计制成的电容式敏感元件，当被测压力作用在电容式敏感元件的动极板上时，引起电容间隙的变化导致电容值的变化，从而实现对压力的测量。又如谐振式压力传感器，必须设计制作一个合适的感受被测压力的谐振敏感元件，当被测压力变化时，改变谐振敏感结构的等效刚度，导致谐振敏感元件的固有频率发生变化，从而实现对压力的测量。

物性型传感器是用某些功能材料本身所具有的内在特性及效应感受（敏感）被测量，并转换成可用电信号的传感器。例如，利用具有压电特性的石英晶体材料制成的压电式压力传感器，就是利用石英晶体材料本身具有的正压电效应而实现对压力测量的；利用半导体材料在被测压力作用下，引起其内部应力变化导致其电阻值变化制成的压阻式传感器，就是利用半导体材料的压阻效应而实现对压力的测量的。

一般而言，物理型传感器对物理效应和敏感结构都有一定要求，但侧重点不同。结构型传感器强调要依靠精密设计制作的结构才能保证其正常工作；而物性型传感器则主要依靠材料本身的物理特性、物理效应来实现对被测量的敏感。近年来，由于材料科学技术的飞速发展与进步，物性型传感器应用越来越广泛。这与该类传感器便于批量生产、成本较低及易于小型化等特点密切相关。

化学传感器是利用电化学反应原理，把无机或有机化学的物质成分、浓度等转换为电信号的传感器。最常用的是离子敏感传感器，即利用离子选择性电极，测量溶液的 pH 值或某些离子的活度，如 K^+，Na^+，Ca^{2+} 等。电极的测量对象不同，但其测量原理基本相同，主要是利用电极界面（固相）和被测溶液（液相）之间的电化学反应，即利用电极对溶液中离子的选择性响应而产生的电位差。所产生的电位差与被测离子活度对数成线性关系，故检测出其反应过程中的电位差或由其影响的电流值，即可给出被测离子的活度。化学传感器的核心部分是离子选择性敏感膜。膜可以分为固体膜和液体膜。玻璃膜、单晶膜和多晶膜属固体膜；而带正、负电荷的载体膜和中性载体膜则为液体膜。化学传感器广泛应用于化学分析、化学工业的在线检测及环保检测。

生物传感器是近年来发展很快的一类传感器。它是利用生物活性物质选择性来识别和测定生物化学物质的传感器。生物活性物质对某种物质具有选择性亲和力，也称其为功能识别能力，利用这种单一的识别能力来判定某种物质是否存在，其浓度是多少，进而利用电化学的方法进行电信号的转换。生物传感器主要由两大部分组成，一是功能识别物质，作用是对被测物质进行特定识别，这些功能识别物有酶、抗原、抗体、微生物及细胞等，用特殊方法把这些识别物固化在特制的有机膜上，从而形成具有对特定的从低分子到大分子化合物进行识别功能的功能膜；二是电、光信号转换装置，此装置的作用是把在功能膜上进行的识别被测物所产生的化学反应转换成便于传输的电信号或光信号，其中最常应用的是电极，如氧电极和过氧化氢电极。近来有把功能膜固定在场效应晶体管上代替栅-漏极的生物传感器，使传感器整个体积做得非常小，如果采用光学方法来识别在功能膜上的反应，则要靠光强的变化来测量物质，如荧光生物传感器等，变换装置直接关系着传感器的灵敏度及线性度。

生物传感器的最大特点是能在分子水平上识别被测物质，不仅在化学工业的监测上，而且在医学诊断、环保监测等方面都有广泛的应用前景。

(2) 按被测量分类

按照传感器的被测量——输入信号分类，能够很方便地表示传感器的功能，也便于用户使用。用这种分类方法，传感器可以分为温度、压力、流量、加速度、速度、位移、转速、力矩、湿度、黏度、浓度等传感器。生产厂家和用户都习惯于这种分类方法。这种分类方法明确地表示了传感器的用途，便于使用者选择。如位移传感器用于测量位移，温度传感器用于测量温度等。一些常见的非电基本物理量与其对应的派生量见表 4-1。

表 4-1　基本物理量与其派生物理量

基本物理量		派生物理量	基本物理量		派生物理量
位移	线位移	长度、厚度、位置、振幅、表面坡度、表面粗糙度、应变、磨损	加速度	线加速度	振动、冲击、质量、重量、应力、力
	角位移	角度、偏振角、俯仰角		角加速度	角振动、角冲击、力矩、扭矩、转动惯量
速度	线速度	振动、动量、流量	温度		热量、比热容
	角速度	角动量、转速、角振动	湿度		水分、露点
力、压力		重量、密度、推力、力矩、应力、真空度、声压、噪声	光度		光通量、色、透明度、光谱、红外光，照度、可见光

(3) 按转换能量分类

① 能量转换型　又称发电型，不需外加电源而将被测能量转换成电能量输出。这类传感器有压电式、磁电感应式、热电偶、光电池等。

② 能量控制型　又称参量型，需外加电源才能输出电能量。这类传感器有电阻式、电容式、电感式、霍尔式等传感器，还有热敏电阻、光敏电阻、湿敏电阻等。

(4) 按转换过程分类

① 单向　只能将被测量转换为电量不可逆的传感器称为单向传感器。绝大多数传感器属于这一类。

② 双向　能在传感器的输入、输出端进行双向传输，即具有可逆特性的传感器称为双向传感器。如压电式和磁电感应式传感器。

(5) 按输出信号的形式分类

① 模拟式　传感器输出模拟信号。

② 数字式　传感器输出数字信号，如编码器式传感器。

习惯上常把工作原理和用途结合起来命名传感器，如电位式位移传感器、压电式加速度传感器、谐振式质量流量传感器等。

4.1.3　传感器的基本特性

在运用机电一体化系统的设备进行科学试验和生产的过程中，需要对各种各样的参数进行检测和控制。它要求传感器能感受被测物理量，并将其转换成与被测物理量有一定函数关系的电量。传感器能否将这些处于不断变动中的物理量不失真地变换成相应的电量，取决于传感器的基本特性。这里所说的基本特性主要是输出与输入之间的关系。传感器的这一基本特性可用静态特性和动态特性来描述，当输入量为常量或随时间变化极慢时，这一关系就称为静态特性；当输入量随时间变化时，这一关系就称为动态特性。

4.1.3.1　传感器的静态特性

传感器的静态特性是指当被测量 x 不随时间变化，或随时间的变化程度远缓慢于传感器固有的最低阶运动模式的变化程度时，传感器的输出量 y 与输入量 x 之间的函数关系。通常可以将其描述为

$$y=f(x)=\sum_{i=0}^{n} a_i x^i \tag{4-1}$$

式中　a_i——传感器的标定系数，反映了传感器静态特性曲线的形态。

当式(4-1) 写成

$$y=a_0+a_1 x \tag{4-2}$$

此时，传感器的静态特性为一条直线，称 a_0 为零位输出，a_1 为静态传递系数（或静态增益）。通常传感器的零位是可以补偿的，使传感器的静态特性变为

$$y=a_1 x \tag{4-3}$$

这时称传感器为线性的。因此，传感器静态特性的主要技术指标有：线性度、灵敏度、迟滞和重复性等。

(1) 线性度

式(4-3) 描述的传感器的静态特性是一条直线，实际上传感器实测的输入-输出关系并不是一条直线。因此，传感器实际的静态特性的校准特性曲线与某一参考直线不吻合程度的最大值就是线性度，如图 4-3 所示，计算公式为

$$\gamma_L=\pm\frac{(\Delta y_L)_{max}}{y_{FS}}\times 100\% \tag{4-4}$$

式中　γ_L——线性度；

$(\Delta y_L)_{max}$——最大非线性绝对误差；

y_{FS}——满量程输出，$y_{FS}=|B(x_{max}-x_{min})|$，$B$ 为所选定的参考直线的斜率。

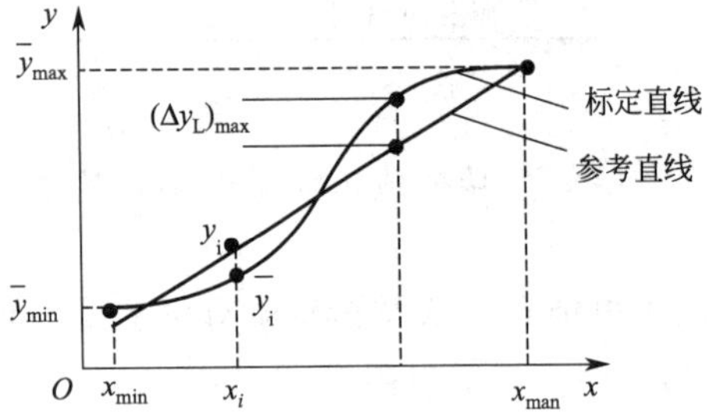

图 4-3　线性度

线性度又称为非线性误差，通常希望传感器的输出-输入特性曲线为线性，但实际的输出-输入特性只能接近线性，实际曲线与理论曲线之间存在的偏差就是传感器的非线性误差。

(2) 灵敏度

传感器的灵敏度 S_0 是指传感器在稳定条件下，输出变化量 Δy 和输入变化量 Δx 的比值，其表达式为

$$S_0=\frac{\Delta y}{\Delta x} \tag{4-5}$$

灵敏度误差为

$$\gamma_s=\frac{\Delta S_0}{S_0}\times 100\% \tag{4-6}$$

灵敏度越高，表示系统所能感受到的输入量越小。理想灵敏度 $S_0=b_0/a_0$ 是理想直线的斜率，是常数。但是实际定度曲线各点斜率都不相等，动态测量时灵敏度的确定为工作范围内的平均灵敏度或将工作范围中点 x_0 处的斜率作为灵敏度。

灵敏度的量纲取输出量和输入量的量纲之比。如输出量和输入量的量纲相同，则灵敏度就是放大倍数。在测试系统中，每个元件和部件都有灵敏度。灵敏度是选取元件和部件的重要指标。

(3) 迟滞

传感器输入量增大行程期间（正行程）和输入量减小行程期间（反行程），输出与输入特性曲线不重合称为迟滞。迟滞误差 γ_H 一般以正反行程间输出的最大偏差 ΔH_{max} 与满量程输出 y_{FS} 的百分数来表示，其表达式为

$$\gamma_H=\pm\frac{\Delta H_{max}}{y_{FS}}\times 100\% \tag{4-7}$$

迟滞误差又称回程误差，它是由于传感器机械部分不可避免地存在着间隙、摩擦及松动等原因所产生的。

(4) 重复性

重复性是指传感器输入量，按同一方向做全量程重复测量所得的输出与输入特性曲线不一致的程度。

设正行程的最大重复性偏差为 ΔR_{max1}，反行程的最大重复性偏差为 ΔR_{max2}，重复性偏差取这两个最大偏差中较大值 ΔR_{max}，重复性以 ΔR_{max} 与满量程输出 y_{FS} 之比的百分数表示，即

$$\gamma_R=\pm\frac{\Delta R_{max}}{y_{FS}}\times 100\% \tag{4-8}$$

表示测试系统静态特性的指标体系中还有其他指标，如满量程输出、分辨率、稳定性、零漂、精确度等。静态特性是测试系统精度指标的重要组成部分。测试设备在投入使用之前要经过测试和试验得出准确的精度参数，不是每个测试设备都需要对所有指标进行测量，要根据各种测试设备的类别按国家标准和企业标准进行。

4.1.3.2 传感器的动态特性

在实际的测量过程中，大量的被测物理量是随时间变化的动态信号。这就要求传感器的输出不仅能精确地反映被测量的大小，还要能正确地表现出被测量随时间变化的规律，这就是传感器的动态特性。

传感器的动态特性是指在测量动态信号时，传感器的输出反映被测量的大小和随时间变化的特性。传感器动态特性一般取决于传感器本身，也与被测量的变化形式有关。传感器的动态特性的主要技术指标有频率特性、响应时间、临界速度等。

传感器一般由若干环节所组成。这些环节可能是模拟环节，也可能是数字环节。有些传感器可能兼有两种环节，这时就要分别研究不同环节的动态特性。

动态特性与被测量的变化相关。动态测量输入信号可按图 4-4 分类。

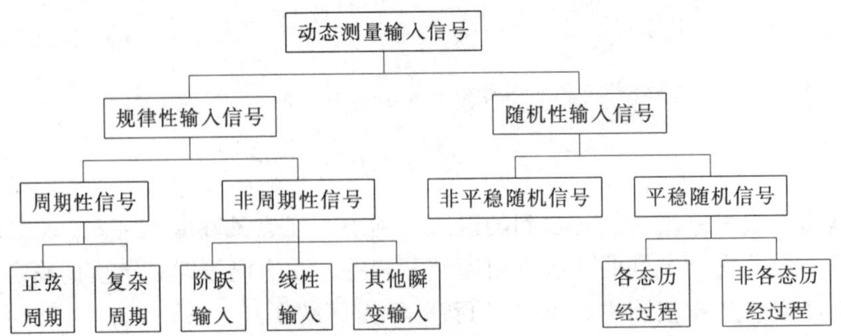

图 4-4 动态测量输入信号分类

在研究动态特性时，要根据有规律性的信号输入鉴别传感器的响应特性。对于复杂周期输入信号可以分解为各种谐波，所以用正弦周期输入信号来代替。其他瞬变输入可用阶跃输入代替。为此，动态测量输入信号的标准输入一般分为三种：正弦周期输入、阶跃输入和线性输入。对于其他的输入要进行细分，以相对微观的过程找出符合这三种标准输入的变化规律进行处理。

（1）模拟式传感器的动态特性

为了分析模拟式传感器的动态特性，首先要建立它的数学模型，求出传递函数。一般情况下，传感器输出信号 y 与被测量 x 之间的关系可用下面函数表达式进行表达：

$$f_1\left(\frac{\mathrm{d}^n y}{\mathrm{d}t^n},\cdots,\frac{\mathrm{d}^2 y}{\mathrm{d}t^2},\frac{\mathrm{d}y}{\mathrm{d}t},y\right)=f_2\left(\frac{\mathrm{d}^n x}{\mathrm{d}t^n},\cdots,\frac{\mathrm{d}^2 x}{\mathrm{d}t^2},\frac{\mathrm{d}x}{\mathrm{d}t},x\right) \tag{4-9}$$

对于大多数传感器在其工作点附近一定范围内，其数学模型可用线性微分方程来表示，即

$$\sum_{i=0}^{n} a_i \frac{\mathrm{d}^i y(t)}{\mathrm{d}t^i}=\sum_{j=0}^{m} b_j \frac{\mathrm{d}^j x(t)}{\mathrm{d}t^j} \tag{4-10}$$

式中 $x(t)$——传感器的输入量（被测量）；

$y(t)$——传感器的输出量；

n——传感器的阶次，式(4-10) 描述的为 n 阶传感器；

$a_i(i=0,1,2,\cdots,n),b_j(j=0,1,2,m)$——由系统的测试原理、结构和参数等确定的常数，一般情况下，$n\geqslant m$。

设 $x(t)$、$y(t)$ 的初始条件为 0，对上式两边逐项进行拉氏变换，可得

$$a_n s^n y(s)+\cdots+a_1 s y(s)+a_0 y(s)=b_m s^m x(s)+\cdots+b_1 s x(x)+b_0 x(s) \tag{4-11}$$

由此求出初始条件下输出信号的拉式变换 $y(s)$ 与输入信号拉式变换 $x(s)$ 的比值，即传感器的传递函数为

$$W(s)=\frac{y(s)}{x(s)}=\frac{b_m s^m+\cdots+b_1 s+b_0}{a_n s^n+\cdots+a_1 s+a_0} \tag{4-12}$$

传递函数是拉式变换算子 s 的有理分式，系数 a_n，…，a_1，a_0 及 b_n，…，b_1，b_0 都是实数，分母的阶次代表传感器的特性，$n=0$ 时称为零阶，$n=1$ 时称为一阶，$n=2$ 时称为二阶，$n\geqslant 3$ 时称为高阶，高阶传感器一般可分解为若干个二阶环节和一阶环节。在实际测量中，要根据不同传感器的特性，建立具体的数学模型和传递函数，讨论和处理它们的动态特性。

（2）数字式传感器的动态特性

对于数字式传感器，主要问题是在工作中不能丢失数据，为达到这一目的，输入量的变

化速度是一个关键性的因素。因此，对数字式传感器动态特性的主要要求是输入量的临界速度。

数字式传感器可分为增量码式、绝对码式、频率式几种。不同形式的电路不尽相同，后续电路也不相同，影响临界速度的因素也不相同。一般来说，主要影响因素有：

ⅰ. 模拟环节的频率特性；

ⅱ. 细分电路的影响能力；

ⅲ. 逻辑部件的响应时间；

ⅳ. 采样频率等。

4.1.4 传感器的主要性能指标

传感器是非电量电测的首要环节和关键部件。传感器质量的好坏一般通过若干个性能指标来表示，主要有基本参数、环境参数、可靠性、稳定性、使用条件、经济性等指标。其中，基本参数包括量程、灵敏度、静态精度、动态频率特性、动态阶跃特性等。环境参数包括温度、振动与冲击、抗潮湿、耐蚀、抗干扰能力等。

对于不同传感器，应根据实际需要，确定其主要性能指标参数。有些指标可以要求低些或不予考虑。应注意稳定性指标，这样才有可能利用电路或微机对传感器误差进行补偿和修正，使传感器成本低又能达到较高精度。

各种传感器的变换原理、结构、使用目的、环境条件虽不相同，但对它们的主要性能指标要求却是一致的。这些主要性能指标要求如下。

ⅰ. 高精度、低成本。根据实际要求合理确定静态精度与成本的关系，尽量提高精度及降低成本。

ⅱ. 高灵敏度。根据需要合理确定。

ⅲ. 工作可靠。根据实际要求必须保证传感器工作可靠。

ⅳ. 稳定性好。应长期工作稳定，耐蚀性好。

ⅴ. 抗干扰能力强。根据实际要求采取对电压、磁场、温度等干扰的措施。

ⅵ. 动态特性良好。即动态测量应具有良好的动态特性。

ⅶ. 结构简单、小巧，使用维护方便，通用性强，功耗低等。

4.1.5 传感器的输入、输出特性和对环境的要求

(1) 输入特性

传感器的输入特性用来衡量传感器对被测对象的影响（称为负荷效应）程度。其主要参数是输入阻抗或静态刚度。

① 广义输入阻抗　由于传感器输入量不是电量，用电阻抗推广而来的广义输入阻抗为

$$Z=\frac{q_1}{q_2} \tag{4-13}$$

式中　Z——广义输入阻抗；

q_1——示强变量，表示在某种场合下作用强度的量，如力、压力、温度等；

q_2——示容变量，表示状态变化多少的量，如位移、速度、体积等。

q_1 和 q_2 的乘积为与能量有关的量，如力和位移的积为功，力与速度的积为功率，即

$$P=q_1 q_2 \tag{4-14}$$

$$P=\frac{q_1^2}{Z} \quad 或 \quad P=q_2^2 Z \tag{4-15}$$

所以当被测量为作用变量（力、温度等）时，传感器的广义输入阻抗 Z 越大，对被测对象的干扰就越小，带来的误差也就越小。反之，被测量为流通变量（速度、质量等）时，传感器的广义输入阻抗 Z 越小，负荷效应也越小。

② 静态刚度　某些传感器在静态工作时，例如力传感器测静态力，处于平衡状态时，传感器受力点的速度为零。因此，输入阻抗将为无穷大。用静态刚度 k 表示输入特性，即

$$k=\frac{F}{x} \tag{4-16}$$

式中　F——作用力；

x——位移。

相应能量为

$$P=\frac{F^2}{k} \tag{4-17}$$

所以传感器的刚度越大，从被测对象上获取的能量就越小，负荷效应也就越小。

（2）输出特性

非电量电测传感器的输出为电量与测量电路之间有电阻抗匹配问题。因此，传感器的输出特性的主要参数为输出阻抗。

（3）对电源的要求

能量控制型传感器需外接电源。为了不让电源影响传感器的精度，根据不同情况，要求电源的电压或电流、频率恒定。

（4）对环境的要求

环境变化（温度、振动、噪声等）将改变传感器的某些特性，如灵敏度、线性度等特性指标，造成与被测参数无关的输出，如零点漂移。为了保证测量精确度，根据使用目的，可对环境条件提出一定的要求，或采取一定的措施，如隔振；也可根据环境条件和传感器的环境参数指标，如零点温漂、加速度、灵敏度等，合理选用传感器；还可采用反馈环节或微机系统来补偿甚至消除环境因素的影响。

4.1.6　传感器的标定与校准

（1）传感器的标定

利用标准设备产生已知的非电量（标准量），用基准量来确定传感器电输出量与非电输入量之间关系的过程称为标定（计量学称为定度）。

工程测试中，传感器的标定应在使用条件相似的环境状态下进行，并将传感器所配用的滤波器、放大器及电缆等和传感器连接后一起标定。标定时应按照传感器规定的安装条件进行安装。

① 静态标定　输入已知标准非电量，测出传感器的输出，给出标定曲线、标定方程和标定常数，计算灵敏度、线性度、滞差、重复性等传感器的静态特性指标。

传感器的静态标定设备有力标定设备（测力砝码、拉压式测力计）、压力标定设备（活塞式压力计、水银压力计、麦氏真空计）、位移标定设备（量块、直尺等）、温度标定设备（铂电阻温度计、铂铑-铂热电偶、基准光电高温比较仪）等。对标定设备的要求是具有足够的精度，至少比被标定的传感器及其系统高一个精度等级，符合“国家计量及量值传递”的规定，或经计量部门检定合格；量程范围与被标定传感器量程相适应；性能稳定可靠，使用方便，能适用于多种环境。

② 动态标定　用于确定传感器动态性能指标。通过确定线性工作范围（用同一频率不

同幅值的正弦信号输入传感器测量输出)、频率响应函数、幅频特性和相频特性曲线、阶跃响应曲线，确定传感器频率响应范围、幅值误差和相位误差、时间常数、阻尼比、固有频率等。

传感器的种类繁多，动态标定方法各异。几种标定中常用的动态激励设备有激振器（电磁振动台、低频回转台、机械振动台等)、激波管、周期与非周期的函数压力发生器等。激振器用于加速度、速度、位移、力、压力传感器的动态标定。

(2) 传感器的校准

传感器需定期检测基本性能参数，判定是否可以继续使用，如能继续使用，应对有变化的主要指标（灵敏度）进行数据修正，确保传感器的测量精确度。校准与标定的内容基本相同。

4.2　常用传感器及应用

4.2.1　电阻式传感器

电阻式传感器是把被测量的变化转换成电阻变化的传感器。按工作原理分为变阻器式和电阻应变式传感器两类。电阻应变式又分为金属电阻应变片和半导体应变片两种类型。电阻式传感器与相应的测量电路可以组成测力、测压、称重、测位移、测加速度、测扭矩、测温度等测试系统。目前，它已成为生产过程检测及实现生产自动化不可缺少的手段之一。

4.2.1.1　变阻器式传感器

变阻器式传感器也称为电位器式传感器，是三端电阻器件，基本敏感量是位移。作用于动触头的位移被转换成电阻的变化。转换原理依据下式。

$$R=\rho\frac{l}{A} \tag{4-18}$$

式中　ρ——电阻率，$\Omega\cdot mm^2/m$；

l——电阻丝长度，m。

A——电阻丝截面积，mm^2。

当电阻丝直径与材料一定时，电阻 R 和电阻丝长度 l 成线性关系，即 $R=Kl$（K 为常数)。

常用变阻器式传感器有直线位移型、角位移型和非线性型等，如图 4-5 所示。

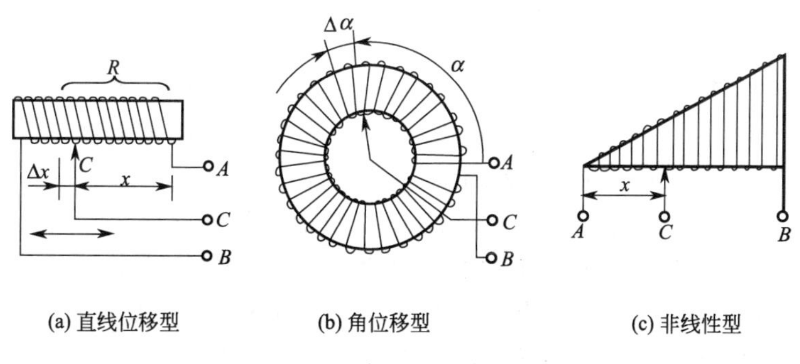

(a) 直线位移型　(b) 角位移型　(c) 非线性型

图 4-5　变阻器式传感器

图 4-5(a) 所示为直线位移型，被测位移使触点 C 沿变阻器移动，C 点与 A 点之间电阻为

$$R=k_1x \tag{4-19}$$

传感器灵敏度为

$$S=\frac{\mathrm{d}R}{\mathrm{d}x}=k_1 \tag{4-20}$$

当导线分布均匀时，单位位移的电阻值 k_1 为一常数，传感器的输出与输入成线性关系。

图 4-5(b) 所示为角位移型，电阻值随转角变化，故称为角位移型。灵敏度为

$$S=\frac{\mathrm{d}R}{\mathrm{d}\alpha}=k_\alpha \tag{4-21}$$

式中 α——转角，rad；

k_α——单位弧度对应的电阻值，当导线分布均匀时，k_α 为常数。

图 4-5(c) 所示是一种非线性型。当被测量与位移 x 成某种函数关系时，若要获得与被测量成线性关系的输出电阻，可采用非线性型变阻器式传感器。这种传感器的骨架形状需根据所要求的输出函数确定。例如，被测量为 $f(x)=kx^2$，输出电阻 $R(x)$ 与 $f(x)$ 为线性关系，则变阻器骨架应做成直角三角形。如 $f(x)=kx^3$，应采用抛物线形骨架。非线性型变阻器有时亦称为线性化装置，它能将输入（位移）的非线性关系转换成线性关系。

变阻器式传感器的优点是结构简单、使用方便、测量范围大。

变阻器式传感器按工艺特点有两种形式。

① 线绕电阻丝式变阻器　它的特点是受到电阻丝直径与线圈螺距的限制，电阻阻值是不连续的，一般分辨率不小于 20μm。另外，由于触点和电阻丝接触表面磨损、尘埃等，使触点移动的接触电阻发生不规则的变化，产生噪声。动态特性较差，只能测量变化较慢的信号。

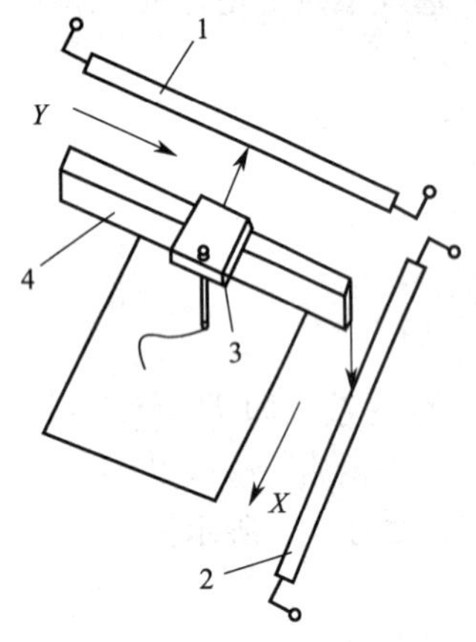

图 4-6　电位器式传感器测量记录笔位移

1—Y 方向位移；2—X 方向位移；3—笔架；4—横梁

② 非线绕导电塑料电位器　它是以新型合成材料为原材料做成的，是取代传统电阻丝式变阻器的新型传感器。优点是阻值连续、精度可达 0.1%、动态特性较好，适用测量变化较快的信号，结构紧凑、可靠性好、寿命长。

变阻器式传感器适用于自动化设备中的中小位移（几十毫米内的位移量）和角度、位置的测量。图 4-6 为用于伺服记录仪中测量记录笔位移示意图。

图 4-7 所示为膜盒电位器式压力传感器的原理。弹性敏感元件的内腔通入被测流体，在流体压力作用下，膜盒中心产生位移，推动连杆上移，使曲柄轴带动电刷在电位器电阻丝上滑动，从而输出与被测压力成正比的电压信号。

图 4-8 所示为电位器式加速度传感器结构原理。电位器的电刷 4 与惯性质量块 1 刚性连接，电位器 3 固定安装在传感器壳体 6 上。杯形惯性质量块由硬弹簧片 2 支承，内部装有与壳体相连的活塞。当质量块 1 感受加速度相对于活塞运动时，产生气体阻尼效应。可通过一个螺钉改变排气孔的大小调节阻尼系数。质量块带动电刷在电位器上滑动，从而输出与位移成比例的电压。因此，当质量块感受加速度并在系统处于平衡状态后，电位器的输出电压与质量块所感受的加速度成正比。电位器式加速度传感器主要用于测量变化很慢的线加速度和低频振动加速度。

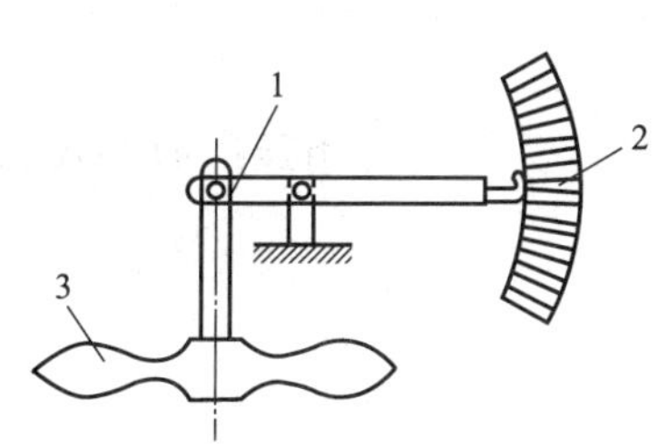

图 4-7 膜盒电位器式压力传感器原理
1—杠杆；2—电位器；3—膜盒

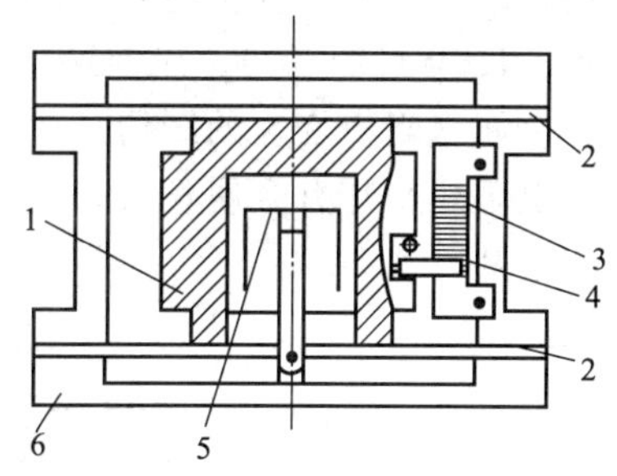

图 4-8 电位器式加速度传感器结构原理
1—惯性质量块；2—弹簧片；3—电位器；
4—电刷；5—阻尼器；6—壳体

4.2.1.2 电阻应变片式传感器

电阻应变片式传感器是以应变片为传感元件的传感器，具有体积小、结构简单、动态响应快、测量精度高、使用寿命长、性能稳定可靠等优点。可用于测量应变、力、位移、加速度、扭矩等参数。广泛用于机械、建筑、航空、船舶等许多领域。

(1) 电阻应变片的工作原理

工作原理基于电阻应变效应，即在导体产生机械变形时，它的电阻值相应变化。

设有一根电阻丝，如图 4-9 所示，它在没有受力时的原始电阻值为

$$R=\frac{L\rho}{S}=\frac{L\rho}{\pi r^2} \tag{4-22}$$

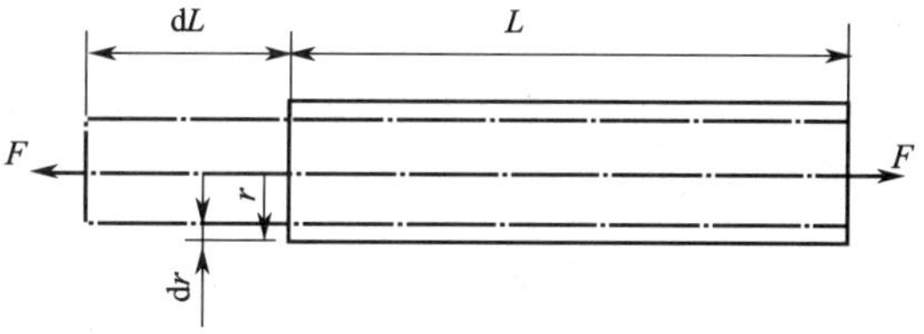

式中 R——电阻值，Ω；

ρ——电阻率，Ω·m；

L——金属丝的长度，m；

S——金属丝的横截面积，m^2；

r——金属丝的横截面的半径，m。

图 4-9 金属电阻丝在拉力作用下的几何尺寸变化

电阻丝在外力作用下引起轴向伸长 $\mathrm{d}L$ 时，横截面积相应减少 $\mathrm{d}S$，电阻率则因金属晶格畸变因素的影响也改变 $\mathrm{d}\rho$，从而引起金属丝的电阻改变 $\mathrm{d}R$。将式(4-22) 微分可得

$$\mathrm{d}R=\frac{L}{\pi r^2}\mathrm{d}\rho+\frac{\rho}{\pi r^2}\mathrm{d}L-2\frac{\rho L}{\pi r^3}\mathrm{d}r \tag{4-23}$$

$$\frac{\mathrm{d}R}{R}=\frac{\mathrm{d}\rho}{\rho}+\frac{\mathrm{d}L}{L}-2\frac{\mathrm{d}r}{r}$$

作为一维受力体的电阻丝，轴向应变 $\varepsilon_{\mathrm{L}}=\mathrm{d}L/L$ 与径向应变 $\varepsilon_{\mathrm{r}}=\mathrm{d}r/r$ 满足

$$\varepsilon_{\mathrm{r}}=-\mu\varepsilon_{\mathrm{L}} \tag{4-24}$$

式中 μ——金属电阻丝材料的泊松比。

由式(4-24) 可得

$$\frac{\mathrm{d}R}{R}=\frac{\mathrm{d}\rho}{\rho}+(1+2\mu)\varepsilon_{\mathrm{L}}=\left[\frac{\mathrm{d}\rho}{\varepsilon_{\mathrm{L}}\rho}+(1+2\mu)\right]\varepsilon_{\mathrm{L}}=K_0\varepsilon_{\mathrm{L}} \tag{4-25}$$

式中 K_0——金属材料的应变灵敏系数，表示单位应变引起的电阻变化率。

由式(4-25) 可知，K_0 越大，单位变形引起的电阻相对变化越大，即越灵敏。K_0 一方面受材料的几何尺寸变化的影响，即 $1+2\mu$；另一方面受电阻率变化的影响，即 $\mathrm{d}\rho/(\varepsilon_{\mathrm{L}}\rho)$，这一项很难用解析式描述，所以通常 K_0 由实验来确定。大量实验表明，在电阻丝拉伸的比

例极限内，电阻的相对变化与其轴向应变成正比，即 K_0 为一常数，$K_0=1.7\sim5$。例如，对康铜材料，$K_0=1.9\sim2.1$；对镍铬合金材料，$K_0=2.1\sim2.3$；对铂材料，$K_0=3\sim5$。

（2）金属电阻应变片的结构

金属电阻应变片有金属丝式、箔式两种。图 4-10 所示为几种应用最广的丝式和箔式金属电阻应变片。

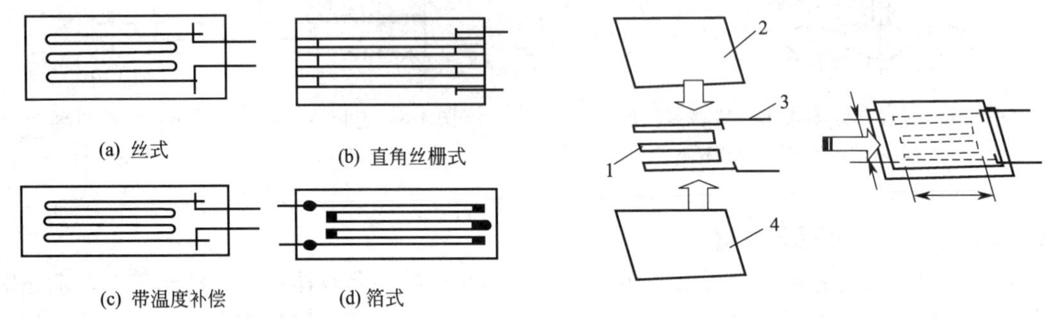

图 4-10　几种常用的应变片

图 4-11　电阻应变片的结构

1—敏感栅；2—覆盖层；3—引出线；4—基片

电阻应变片其基本构造大体相同，如图 4-11 所示。它是用高电阻率的细金属制成的敏感栅粘贴在绝缘基片与覆盖层之间，由引出线引出。金属箔式应变片的箔栅采用光刻技术，以大量生产方式制造，线条均匀，尺寸准确，阻值一致性好。箔栅的粘贴性能、散热性能均优于丝栅，允许通过较大电流。目前大多使用金属箔式应变片，图 4-12 所示为用光刻技术制成各种复杂形状的敏感栅。

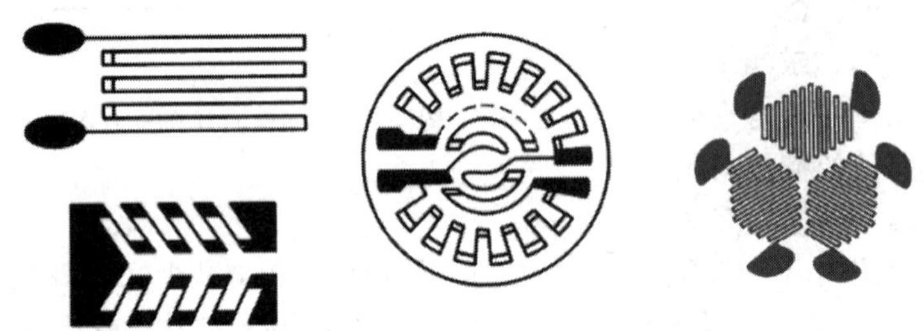

图 4-12　各种复杂形状的箔式敏感栅

（3）电阻应变片的应用

电阻应变片、应变丝除直接用以测量机械、仪器及工程结构等的应变外，还可以与某种形式的弹性敏感元件相配合，组成其他物理量的测试传感器，如力、压力、扭矩、位移、加速度等。应变式传感器的基本构成通常可分为两部分，弹性敏感元件和应变片（丝）。弹性敏感元件在被测物理量的作用下，产生一个与被测物理量成正比的应变，利用应变片（丝）作为传感元件将应变转换为电阻变化，然后利用电桥原理转换为电压或电流的变化。

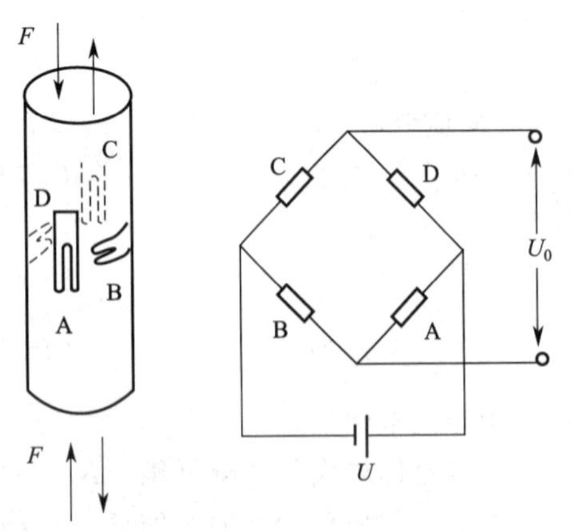

图 4-13　重力传感器的工作原理

图 4-13 所示为重力传感器的工作原理。为了用电阻应变片构成力传感器，要将电阻应变片贴在弹

性体的表面，当弹性体受力作用时就可以测量应变，从而得到所受力的大小。将 A、B、C、D 四个应变片（阻值相同）按图中所示的位置贴在弹性体上，电阻值的变化利用电桥测量。在弹性体上所施加的应力等于材料的弹性模量与应变的乘积，而荷重（力）等于弹性体的截面积与应力的乘积。通过改变应变片的粘贴方法，也可以测量扭矩。

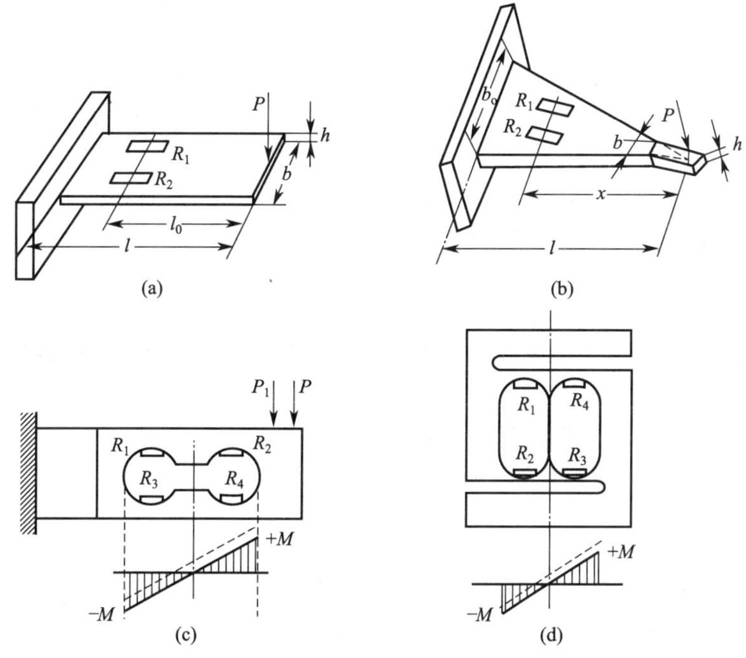

图 4-14　梁式力传感器

图 4-14 所示为梁式力传感器。梁有多种形式，图 4-14(a) 是等截面梁，适合于 5000N 以下的载荷测量。传感器结构简单，灵敏度高，也可用于小压力测量。图 4-14(b) 是等强度梁，集中力 P 作用于梁端三角形顶点上，梁内各断面产生的应力相等，表面上的应变也相等，与 l 方向的贴片位置无关。图 4-14(c) 为双孔梁，多用于小量程工业电子秤和商业电子秤。图 4-14(d) 为“S”形弹性元件，适于较小载荷。

图 4-15 所示为应变式扭矩传感器。测量扭矩可以直接将应变片粘贴在被测轴上或采用专门设计的扭矩传感器。工作原理是当被测轴受到纯扭力时，其最大剪切力 τ_{max} 不便于直接测量，但轴表面主应力方向与母线成 45°角，而且在数值上等于最大剪应力。因而，应变片沿与母线成 45°角方向粘贴，并接成桥式电路，如图 4-15(b) 所示。

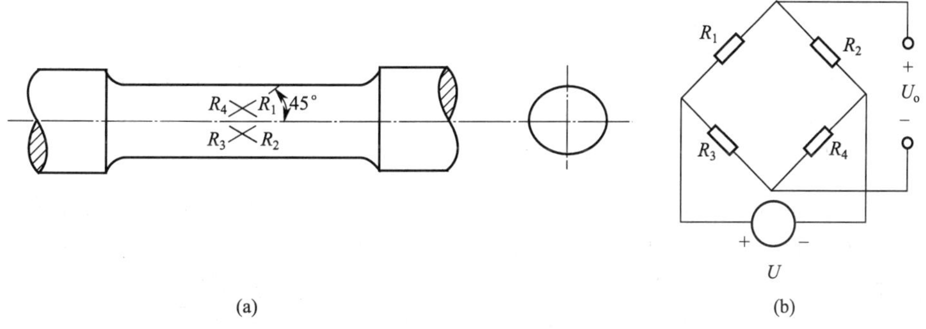

图 4-15　应变式扭矩传感器

4.2.1.3 半导体应变片式传感器

金属电阻应变片性能稳定、精度较高，应用广泛，至今还在不断地改进和发展。但这类应变片的主要缺点是应变灵敏系数较小。而半导体应变片可以弥补这一不足，其灵敏系数比金属电阻应变片约高 50 倍，主要有体型半导体应变片和扩散型半导体应变片。用半导体应变片制成的传感器属于压阻式传感器，工作原理是基于半导体材料的压阻效应。

半导体材料的压阻效应是指锗和硅等单晶体半导体材料沿其晶轴方向受到应力时，电阻率 ρ 发生变化的现象。压阻效应的机理是单晶体半导体受力变形时，原子点阵排列规律发生变化，导致载流子浓度和迁移率改变，引起其电阻率 ρ 变化。半导体应变片的典型结构如图 4-16 所示。

由式(4-25) 可以知道 $(1+2\mu)\varepsilon_L$ 是几何尺寸变化引起的，而 $d\rho/\rho$ 为半导体材料的电阻率相对变化，其值与条形半导体材料纵向所受的应力 σ 之比为一常数，即

$$\frac{d\rho}{\rho}=\lambda\sigma=\lambda E\varepsilon_L \tag{4-26}$$

式中 λ——半导体材料的压阻系数，与半导体材料种类及应力方向与晶轴方向之间的夹角有关；

E——半导体材料的弹性模量，与晶向有关。

实验表明，对半导体材料而言，λE 远大于 $1+2\mu$，故 $1+2\mu$ 可以忽略，式(4-25) 可简化为

$$\frac{dR}{R}\approx\lambda E\varepsilon_L \tag{4-27}$$

可见，半导体材料的电阻值变化主要是由电阻率变化引起的，而电阻率 ρ 的变化是由应变引起的。因此，半导体的应变灵敏系数 K_B 可表示为

$$K_B=\frac{\frac{dR}{R}}{\varepsilon_L}=\lambda E \tag{4-28}$$

半导体的应变灵敏系数 K_B 还与杂质掺杂浓度有关，它随杂质的增加而减小。其数值比金属电阻应变片的数值大 50～70 倍。

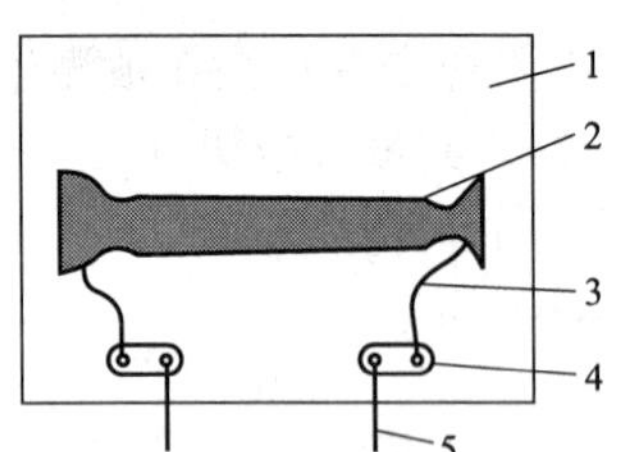

图 4-16 半导体应变片

1—胶膜基片；2—半导体敏感元件；3—内引线；4—焊盘；5—外引线

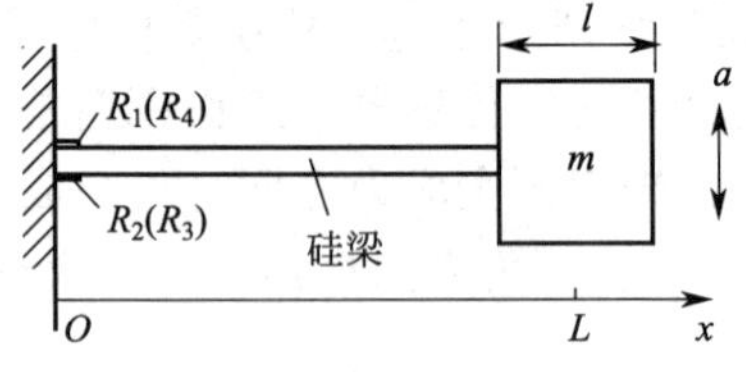

图 4-17 半导体应变片式加速度传感器

由上面的分析可以得出，金属应变片与半导体应变片的主要区别在于，前者利用导体变形引起电阻的变化，后者利用半导体电阻率变化引起电阻的变化。半导体应变片的优点是灵敏度高、机械滞后和横向效应小，测量范围大、频响范围宽。最大缺点是温度稳定性差、灵敏度分散性较大以及在较大应变作用下，非线性误差大等。现在已研制出集成应变组件，在传感器小型化和特性改善方面有了很大进展。

图 4-17 所示为半导体应变片式加速度传感器。它的悬臂梁直接用单晶硅制成，4 个扩散电阻扩散在其根部的两面（上、下面各两个等值电阻）。当梁的自由端的质量块受到加速度作用时，悬臂梁受到弯矩作用发生变形产生应力，使电阻值变化。由 4 个电阻组成的电桥产生与加速度成比例的电压输出。

4.2.2　电容式传感器

电容传感器是一种将被测非电量的变化转换为电容量变化的传感器。它的结构简单、体积小、分辨率高，具有平均效应，测量精度高，可实现非接触测量，并能在高温、辐射和强烈振动等恶劣条件下工作，广泛应用于压力、差压、液位、振动、位移、速度、加速度、成分含量等方面的测量。

(1) 工作原理

由两块平行金属极板组成的电容器，若忽略其边缘效应，其电容为

$$C=\frac{\varepsilon_0\varepsilon A}{\delta} \tag{4-29}$$

式中　ε_0——真空中介电常数，$\varepsilon_0=8.85\times10^{-12}$，F/m；

ε——极板间介质的相对介电常数，在空气中 $\varepsilon=1$；

δ——极距（极板间距离），m；

A——极板介质面积，m^2；

C——电容器电容量，F。

由上式可知，当被测量使 δ、A 或 ε 发生变化时，都能引起电容 C 的变化，即为电容传感器的工作原理。

(2) 类型

根据上述的原理，在实际应用中电容传感器可以有三种基本类型：变极距型、变面积型和变介电常数型。它们的电极形状又有平板形、圆柱形和球平面形三种。如图 4-18 所示，其中图(a)、图(e) 为变极距型，图(b)、图(c)、图(d)、图(f)、图(g)、图(h) 为变面积型，图(i)、图(j)、图(k)、图(l) 为变介电常数型。

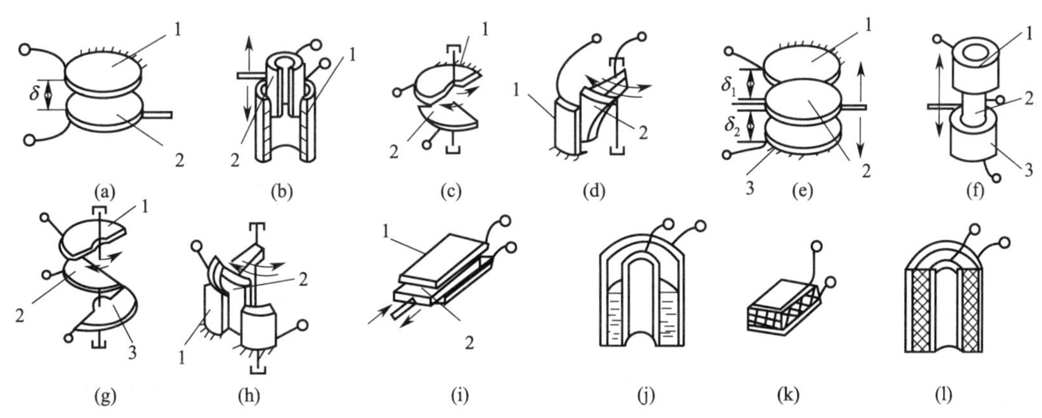

图 4-18　电容传感器的结构形式及类型

1,3—固定极；2—可动极

① 变极距型电容传感器　如图 4-18(a)、(e) 所示，位移是由被测量变化而引起的。当可动极板向上移动 Δd，图 4-18(a)、(e) 结构的电容增量为

$$\Delta C=\frac{\varepsilon S}{d-\Delta d}-\frac{\varepsilon S}{d}=\frac{\varepsilon S}{d}\times\frac{\Delta d}{d-\Delta d}=C_0\frac{\Delta d}{d-\Delta d} \tag{4-30}$$

式中　C_0——极距为 d 时的初始电容值。

式(4-30) 说明 ΔC 与 Δd 不是线性关系。但当 $\Delta d \ll d$ 时，即量程远小于极板间初始距离时，可以认为 ΔC 与 Δd 是线性的。因此，这种类型传感器一般用来测量微小变化的量，如 0.01μm～0.9mm 的线位移等。

在实际应用中，为了改善非线性、提高灵敏度和减少外界因素，如电源电压、环境温度等的影响，电容传感器也和电感传感器一样常做成差分形式，如图 4-18(e) 所示。当可动极板向上移动 Δd 时，上电容量增加，下电容量减小。

② 变面积型电容传感器　它的一些结构如图 4-18 中(b)、(c)、(d)、(f)、(g) 和(h) 所示，其中图 4-18(f)、(g) 为差分式。与变极距型相比，它们的测量范围大。可测较大的线位移或角位移。当被测量变化使可动极 2 产生位移时，就改变了电极间的遮盖面积，电容量 C 也就随之变化。对于电容间遮盖面积由 S 变为 S'时，电容变量为

$$\Delta C=\frac{\varepsilon S}{d}-\frac{\varepsilon S'}{d}=\frac{\varepsilon(S-S')}{d}=\frac{\varepsilon\Delta S}{d} \tag{4-31}$$

式中　d——初始极距，m。

由式(4-31) 可见，电容的变化量与面积的变化量呈线性关系。

③ 变介电常数型电容传感器　变介电常数型电容传感器的结构原理如图 4-18 中(i)、(j)、(k)、(l) 所示。这种传感器大多用来测量电介质的厚度或位移［图 4-18(i)］、液位、液量［图 4-18(j)］，还可根据极间介质的介电常数随温度、湿度、容量改变而改变来测量温度、湿度、容量［图 4-18(k)、(l)］等。以图 4-18(j) 所示测液面高度为例，其电容量与被测量的关系为

$$C=\frac{2\pi\varepsilon_0 h}{\ln(r_2/r_1)}+\frac{2\pi(\varepsilon-\varepsilon_0)h_r}{\ln(r_2/r_1)}=C_0+\frac{2\pi(\varepsilon-\varepsilon_0)h_r}{\ln(r_2/r_1)} \tag{4-32}$$

式中　h——极筒高度，m；

r_1，r_2——内极筒外半径和外极筒内半径，m；

h_r——被测液面高度，m；

ε——被测液体的介电常数；

ε_0——间隙内空气的介电常数；

C_0——传感器的基本尺寸决定的初始电容值，$C_0=\frac{2\pi\varepsilon_0 h}{\ln(r_1+r_2)}$。

由式(4-32) 可知，传感器的电容量正比于被测液位的高度 h_r。

④ 应用举例　随着新工艺、新材料的问世，特别是电子技术的发展，电容式传感器应用越来越广泛，图 4-19 所示为电容式转速传感器的结构原理，当电容极板 1 与齿顶 2 相对时，电容量最大；而电容极板 1 与齿隙相对时，电容量最小。当齿轮旋转时，电容量发生周期性变化，通过电路即可得到脉冲信号，由频率计 3 显示的频率可计算转速大小。设齿数为 Z，则转速为

$$n=\frac{60f}{Z} \tag{4-33}$$

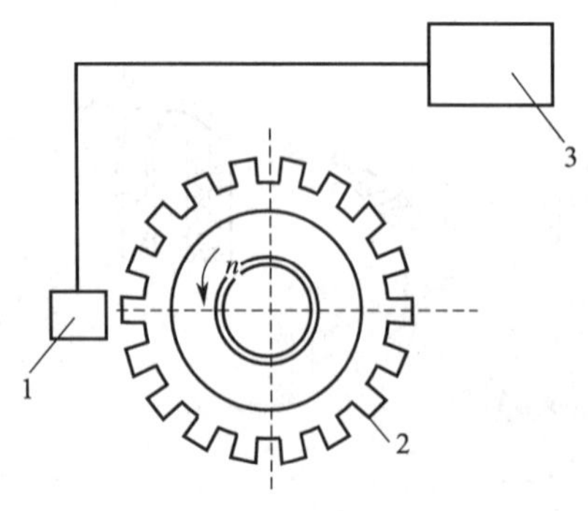

图 4-19　电容式转速传感器结构原理

1—电容极板；2—齿顶；3—频率计

式中 f——频率计显示的频率，Hz；

n——被测齿轮的转速，r/min。

图 4-20 所示为电容式料位传感器的结构原理，采用电容传感器测量固体块状、颗粒体及粉料料位。由于固体摩擦力较大，容易“滞留”，所以一般采用单电极式电容传感器，可用电极棒及容器壁组成的两极测量非导电固体的料位，或在电极外套以绝缘套管测量导电固体的料位。此时，电容的两极由物料及绝缘套中电极组成。图 4-20 中(a) 所示为用金属电极棒插入容器测量料位，它的电容变化与料位的升降关系为

$$C=\frac{2\pi(\varepsilon-\varepsilon_0)h}{\ln\frac{D}{d}} \tag{4-34}$$

式中 D，d——容器的内径和电极的外径，m；

h——容器内物料的高度，m；

ε——被测物料的介电常数；

ε_0——间隙内空气的介电常数。

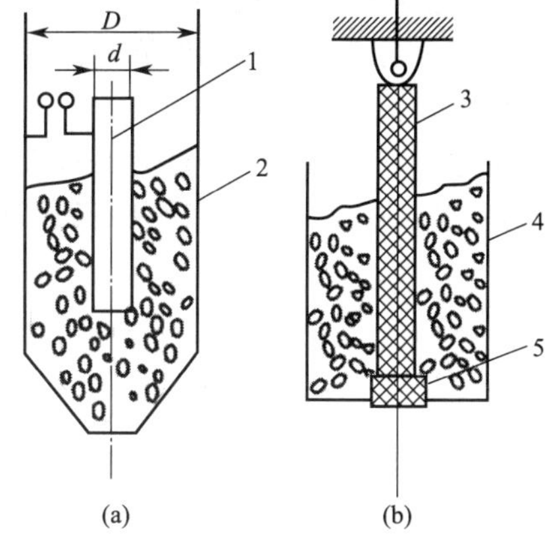

图 4-20 电容式料位传感器结构原理

1—电极棒；2,4—容器壁；3—钢丝绳内电极；5—绝缘材料

图 4-21 所示为电容式压力传感器的结构原理，膜片作为电容的动极板，在单向流体压力作用下，膜片变形引起极距变化，导致电容量改变。在静压力下膜片背面空气层的气垫影响可忽略不计。在动压力作用时，气垫将会增加膜片的刚度，降低传感器灵敏度。为了减小气垫的影响，可把固定极板 2 制成穿孔板，使气流通畅，使动态灵敏度增加到 20 倍以上。此外，必须注意在高频情况下，贴近振动膜片的空气层的惯性将会影响动态灵敏度。

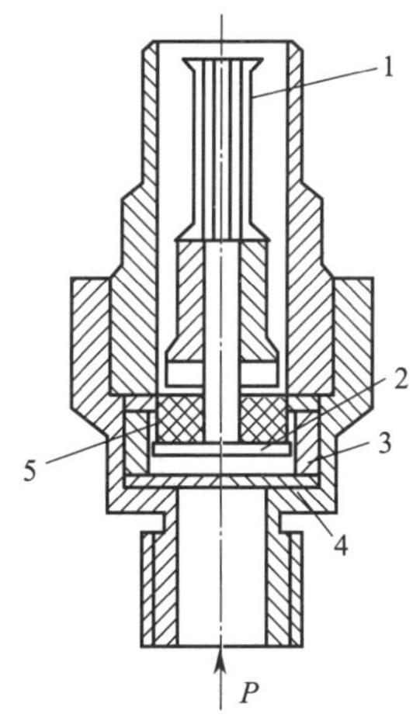

图 4-21 电容式压力传感器结构原理

1—同轴电缆；2—固定极板；3—云母片；4—膜片；5—绝缘垫

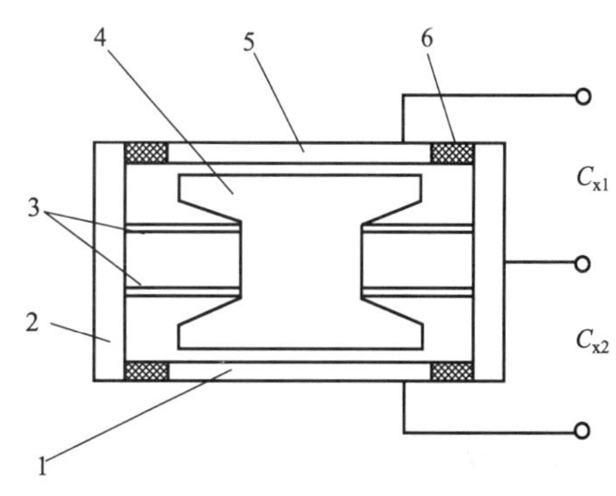

图 4-22 电容式加速度传感器结构原理

1,5—固定极板；2—壳体；3—弹簧片；4—质量块；6—绝缘体

图 4-22 所示为电容式加速度传感器的结构原理，它有两个固定极板 1 和 5，中间有用弹簧片支撑的质量块 4，此质量块的两个端面经磨平抛光后可作为可动极板。当传感器壳体随被测对象沿垂直方向做直线加速运动时，质量块在惯性空间中相对静止，两个固定电极将相

对于质量块，在垂直方向产生大小正比于被测加速度的位移。此位移使 C_{x1}、C_{x2} 值随之改变，一个增大，一个减小，它们的差值正比于加速度。此加速度传感器的精度较高、频率响应范围宽、量程大。

4.2.3 电感式传感器

电感式传感器是利用线圈自感或互感的变化来实现测量的一种装置，用来测量位移、振动、压力、流量、重量、力矩、应变等多种物理量。

电感式传感器的核心部分是可变自感或可变互感，在被测量转换成线圈自感或互感的变化时，利用磁场作为媒介或利用铁磁体的某些现象。电感式传感器的主要特征是具有线圈绕组，用于小位移量的测量，如尺寸偏差、形状误差、位置误差、表面粗糙度测量等。测量精度高，用于小偏差测量可达亚微米精度。传感器输出阻抗小，有较强抗干扰能力，广泛用于各种测量，包括加工中测量。能用于几赫[兹] 至几百赫[兹] 变化量的测量。凭借特殊设计，量程可达几毫米至几十毫米。也可用于能转换为位移量的各种物理量的测量。电感式传感器种类很多，有自感式、电涡流式、差动变压器式和压磁式传感器等。

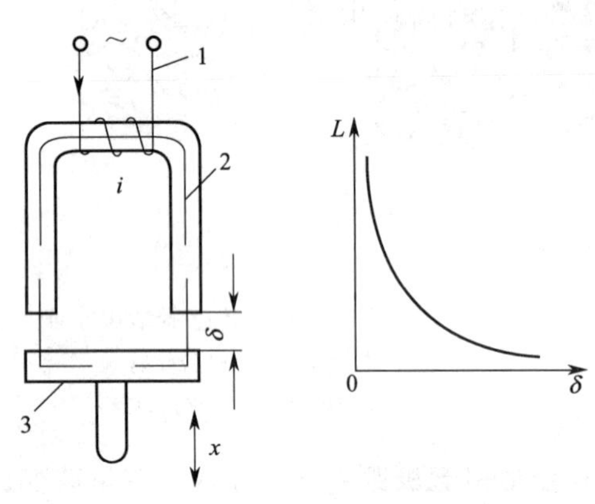

图 4-23 自感式传感器原理

1—线圈；2—铁芯；3—衔铁

(1) 自感式传感器

它是把传感器转换成自感 L 的变化，通过转换电路转换成电压或电流输出。图 4-23 所示为自感式传感器的原理，它由线圈 1、铁芯 2 和衔铁 3 组成，铁芯与衔铁之间有空气间隙 δ。当线圈中通以电流 i 时，由此产生的磁通 Φ_m 的大小与电流成正比，即

$$Li=W\Phi_m \tag{4-35}$$

式中 W——线圈匝数；

L——线圈自感，H。

根据磁路欧姆定律，有

$$\Phi_m=\frac{Wi}{R_m} \tag{4-36}$$

式中 R_m——磁阻，H^{-1}。

将式(4-36) 代入式(4-35) 可得

$$L=\frac{W^2}{R_m} \tag{4-37}$$

对于气隙厚度 δ 较小时，可以认为气隙磁场是均匀的，若忽略磁路铁损，则总磁阻为

$$R_m=\sum_{i=1}^{n}\frac{l_i}{\mu_i A}+\frac{2\delta}{\mu_0 A_0} \tag{4-38}$$

式中 l_i——各段铁芯导磁长度，m；

μ_i——各段铁芯磁导率，H/m；

A——铁芯导磁截面积，m^2；

δ——空气间隙长度，m；

μ_0——空气隙磁导率，$\mu_0=4\pi\times10^{-7}$，H/m；

A_0——空气隙导磁截面积，m^2。

铁芯磁阻相对于空气隙磁阻小很多，计算时可以忽略，于是得到

$$R_m \approx \frac{2\delta}{\mu_0 A_0} \tag{4-39}$$

将上式代入式(4-37)中，得

$$L = \frac{W^2 \mu_0 A_0}{2\delta} \tag{4-40}$$

由此可以得知，自感 L 与气隙长度成反比，与气隙导磁截面积 A_0 成正比。当线圈的匝数确定后，只要气隙长度或气隙导磁截面积发生变化，自感 L 就发生变化。因此，自感式传感器变换元件，主要有变气隙式和变截面积式两种，前者主要用于测量线位移及与其有关的物理量，后者主要用于测量角位移及其有关物理量。图 4-24 所示为自感式传感器的几个典型结构。

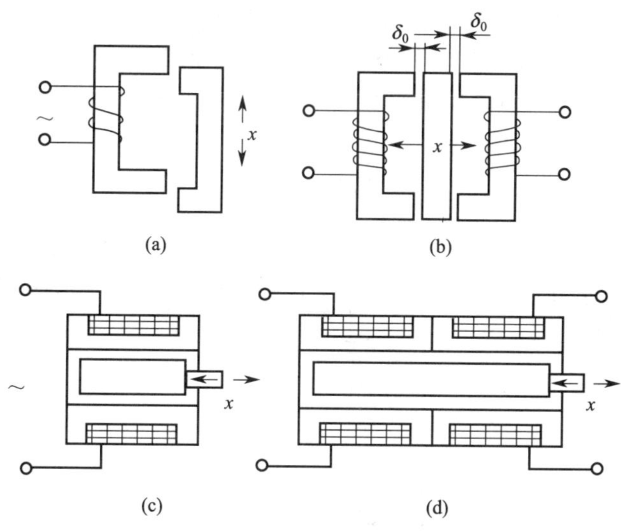

图 4-24 自感式传感器的典型结构

图 4-24(a) 为可变导磁面积型传感器，自感 L 与气隙导磁截面积 A_0 呈线性关系。这种结构形式的传感器灵敏度比变气隙型低。

图 4-24(b) 为差动变气隙型传感器。衔铁的位移可以使两个磁路的气隙按 $\delta_0+\Delta\delta$、$\delta_0-\Delta\delta$ 变化，使一个线圈的自感增加，另一个线圈的自感减小。将两线圈接于电桥的相邻桥臂时，其灵敏度可提高一倍，并使其线性区扩大。

图 4-24(c) 为螺管线圈型传感器。当铁芯在线圈内运动时，改变磁阻，使线圈自感产生相应变化。其特点是结构简单，但灵敏度低。

图 4-24(d) 为双螺管线圈差动型传感器，与单螺管线圈型相比，灵敏度高，线性区更大。是目前最常用的一种电感传感器。

(2) 电涡流式传感器

当导体置于交变磁场或在固定磁场中运动时，导体内引起感应电流，它在导体内闭合称为电涡流。电涡流式传感器是建立在电涡流效应原理上的传感器，具有结构简单、频率响应宽、灵敏度高、测量线性范围大、抗干扰能力强、体积小等优点。对物体表面为金属导体的多种物理量可以实现非接触测量。它用于测量位移、振幅、厚度、工件表面粗糙度、导体的

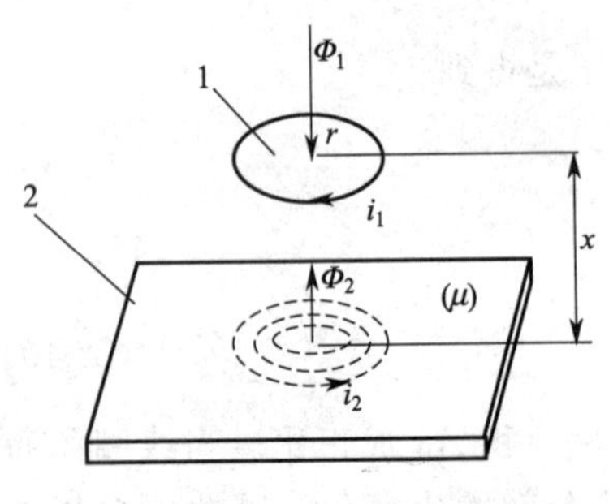

图 4-25 电涡流式传感器基本原理

1—线圈；2—金属导体

温度、金属表面裂纹及材质的鉴别等。

图 4-25 所示为电涡流式传感器的基本原理。金属导体放置于一个扁平线圈附近，相互不接触，当线圈中通有高频交变电流 i_1 时，在线圈周围产生交变磁场 Φ_1，交变磁场 Φ_1 将通过附近的金属导体产生电涡流 i_2。同时，产生交变磁场 Φ_2，并且 Φ_1 与 Φ_2 的方向相反。Φ_2 对 Φ_1 也有反作用，使线圈中的电流 i_1 的大小和相位均发生变化，即线圈中的等效阻抗发生变化。这就是电涡流效应。线圈阻抗 Z 的变化与电涡流效应密切相关，即与线圈的半径 r、激磁电流 i_1 的幅值 A、频率 ω、金属导体的电阻率 ρ、磁导率 μ 以及线圈到导体的距离 x 有关，可以写为

$$Z=f(r,i_1,A,\omega,\rho,\mu,x) \tag{4-41}$$

如果能控制其中大部分参数恒定不变，只改变其中一个参数，这样阻抗就能成为这个参数的单值函数。例如，被测材料的情况不变，激励电流的角频率不变，则阻抗 Z 就成为距离 x 的单值函数，便成为电涡流位移传感器。图 4-26 所示为电涡流式传感器的几个应用实例。

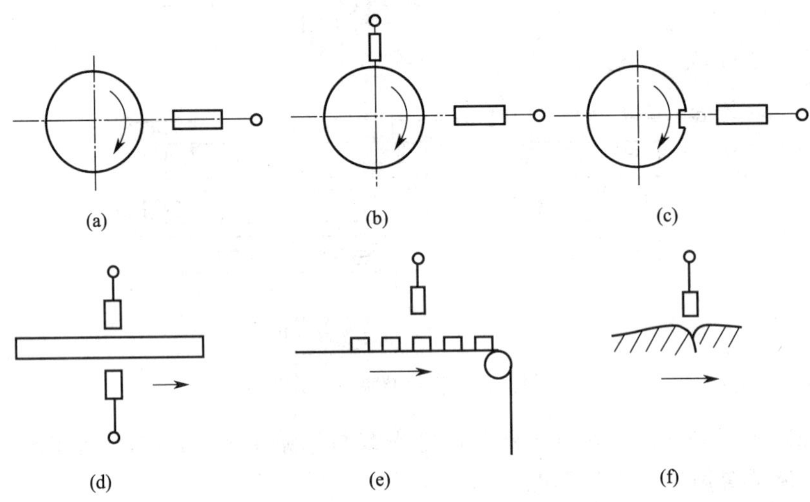

图 4-26 电涡流式传感器的应用实例

图 4-26(a) 为回转轴振动测量；图 4-26(b) 为回转轴误差运动测试；图 4-26(c) 为转速测量；图 4-26(d) 为金属材料厚度测量；图 4-26(e) 为零件基数测量；图 4-26(f) 为探伤检测。

(3) 差动变压器式传感器

差动变压器式传感器是把被测的非电量变化转换成线圈互感量的变化。这种传感器是根据变压器的基本原理制成的，并且次级绕组用差动的形式连接，故简称差动变压器。

图 4-27 所示为差动变压器的典型结构原理。其中，A、B 为两个“山”字形固定铁芯，并且各绕有两个线圈，W_{1a} 及 W_{1b} 为一次绕组，W_{2a} 及 W_{2b} 为二次绕组，C 为衔铁。在没有非电量输入时，衔铁 C 与铁芯 A、B 的间隔相同，即 $\delta_{a0}=\delta_{b0}$。则绕组 W_{1a} 和 W_{2a} 间的互感 M_a 与绕组 W_{1b} 和 W_{2b} 间的互感 M_b 相等。

当衔铁的位置改变（$\delta_{a0}\neq\delta_{b0}$）时，则 $M_a\neq M_b$，互感的差值可反映被测量的大小。为

反映差值互感，将两个一次绕组的同名端顺向串联，并施加交流电压 U，而两个二次绕组的同名端反向串联，同时测量串联后的合成电动势 E_2，E_2 值的大小取决于被测位移的大小，E_2 的方向取决于位移的方向。

$$E_2=E_{2a}-E_{2b} \tag{4-42}$$

式中　E_{2a}——二次绕组 W_{2a} 的互感电动势，V；

E_{2b}——二次绕组 W_{2b} 的互感电动势，V。

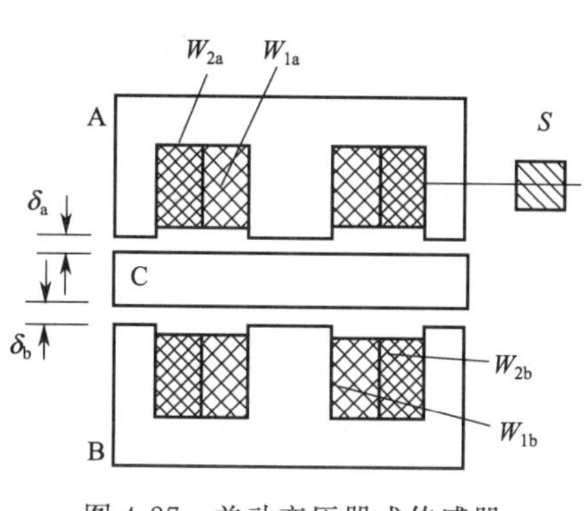

图 4-27　差动变压器式传感器典型结构原理

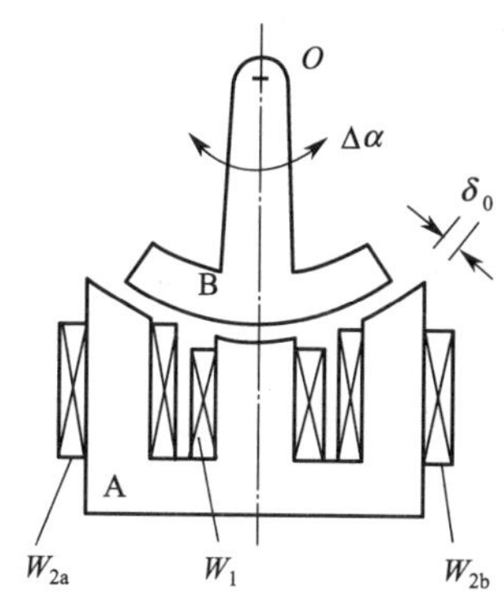

图 4-28　变截面式差动变压器

图 4-28 所示为改变气隙有效截面积型差动变压器式传感器。输入非电量为角位移 $\Delta\alpha$，传感器的山字形铁芯上绕有三个绕组，W_1 为一次绕组，W_{2a} 及 W_{2b} 为两个二次绕组；衔铁 B 以 O 为轴转动，衔铁转动时由于改变了铁芯与衔铁间磁路上的垂直有效截面积 S，也就改变了绕组间的互感，使其中一个增大，另一个减小。因此，两个二次绕组中的感应电动势也随之改变。将绕组 W_{2a} 及 W_{2b} 反相串联并测量合成电动势 E_2 就可以判断出非电量的大小及方向。

差动变压器式传感器稳定性好、使用方便、线性范围大、小位移测量精度高，常作为测微仪的传感器。通过弹性元件把其他量转换成位移，这种传感器也可使用于力、压力、流体参数等测量。

4.2.4　磁电式传感器

磁电式传感器是通过磁电作用将被测量（如振动、位移、转速等）转换成电信号的一种传感器。磁电感应式传感器、霍尔式传感器都是磁电式传感器。磁电感应式传感器利用导体和磁场发生相对运动产生感应电动势；霍尔式传感器因为载流半导体在磁场中有电磁效应（霍尔效应）而输出电动势。它们的原理并不完全相同，有各自的特点和应用范围。

4.2.4.1　磁电式传感器

磁电式传感器是应用导体和磁场发生相对运动而在导体两端输出感应电动势，故又称电动式传感器。

如果线圈的匝数为 N，当穿过该线圈的磁通 Φ 发生变化时，整个线圈中所产生的感应电动势 E 为

$$E=-N\frac{\mathrm{d}\Phi}{\mathrm{d}t}=-NBl_a v \tag{4-43}$$

式中　B——磁场强度，T；

l_a——每匝线圈的平均长度，m；

v——线圈相对磁场运动的速度，m/s。

磁通量 Φ 的变化可以通过很多办法实现，如磁铁与线圈之间的相对运动、磁路中磁阻的变化、恒定磁场中线圈面积的变化等。因此，可以制造不同类型的磁电式传感器。

由式(4-43) 可知，磁电式传感器直接应用时，它是用来测定速度的传感器，由于速度与加速度间有积分或微分的关系。因此，在传感器的信号调节电路中接一个积分电路或微分电路，磁电式传感器可以用来测量位移或加速度。磁电式传感器可分为动圈式和磁阻式。

(1) 动圈式磁电传感器

动圈式磁电传感器的工作原理如图 4-29 所示。在永久磁铁（或电磁铁）产生的磁场中放置匝数为 N 的可动线圈，每匝线圈的平均长度为 l_a，在线圈运动部分的磁场强度 B 是均匀的，当线圈与磁场的相对速度为 v 时，线圈的感应电动势为

$$E=NBl_a v\sin\alpha \tag{4-44}$$

式中 E——感应电动势，V；

α——运动方向与磁场方向间夹角。

当 $\alpha=90°$时，线圈的感应电动势为

$$E=NBl_a v \tag{4-45}$$

当 N、B 和 l_a 恒定不变时，E 与 v 成正比，根据感应电动势 E 的大小，可知被测速度的大小。

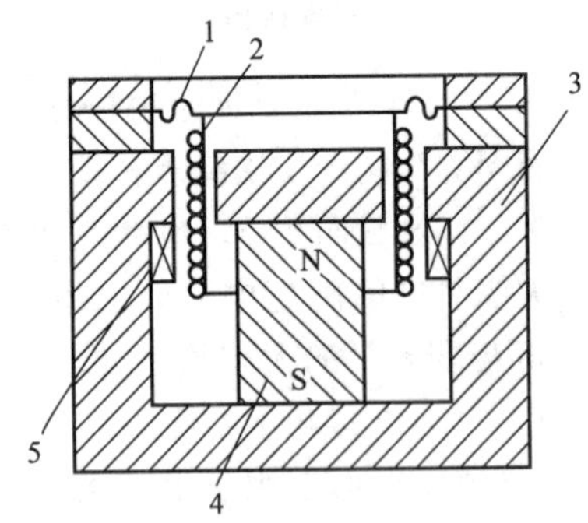

图 4-29 动圈式磁电传感器原理

1—弹簧；2—线圈；3—磁轭；
4—永久磁铁；5—补偿线圈

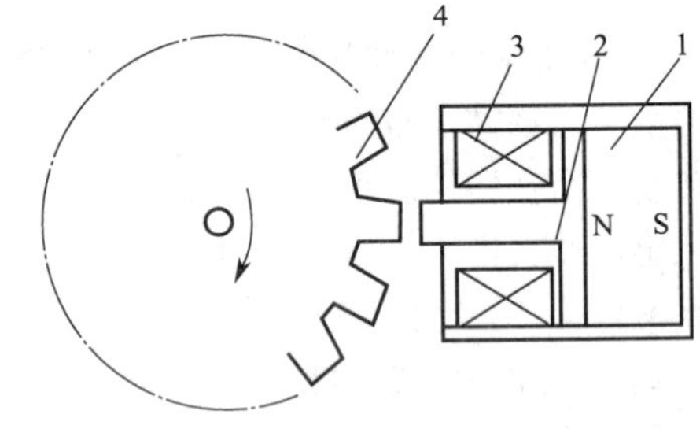

图 4-30 开磁路磁阻式转速传感器

1—永久磁铁；2—软铁；
3—感应线圈；4—齿轮

式(4-45) 中的速度 v 通常指线速度，如需要测量线圈在磁场中的转动速度时，则式(4-45)应为

$$E=NBA\omega \tag{4-46}$$

式中 A——每匝线圈的截面积，m^2；

ω——线圈转动角速度，rad/s。

在 B、N、A 为常数时，感应电动势的大小与线圈转动角速度成正比。

(2) 磁阻式磁电传感器

磁阻式磁电传感器线圈和磁铁部分都是静止的，与被测物连接而运动的部分是用导磁材料制成的，在运动中改变磁路的磁阻，因而改变贯穿线圈的磁能量，在线圈中产生感应电动势。磁阻式传感器一般用来测量转速，线圈中产生感应电动势的频率作为输出，而电动势的频率取决于磁通变化的频率。

图 4-30 所示是一种开磁路磁阻式转速传感器。传感器由永久磁铁 1、感应线圈 3、软铁 2 组成，齿轮 4 安装在被测转轴上与其一起旋转。安装时使永久磁铁产生的磁力线通过软铁

端部对准齿轮的齿项。当齿轮旋转时，齿的凹凸引起磁阻的变化，使磁通量发生变化，因而在线圈中感应出交变的电动势，其频率 f 等于齿轮的齿数 z 和转速 n 的乘积，即

$$f=\frac{zn}{60} \tag{4-47}$$

当已知齿轮的齿数 z 时，测得感应电动势频率 f 就可得出被测轴的转速 n。

磁电式传感器具有不需要供电电源，电路简单，性能稳定，输出阻抗小，负载效应对其输出的影响可以忽略等特点。同时，它又具有一定的频率响应范围（一般为 10～1000Hz)，故适用于转速、位移、加速度、振动、扭矩等测量。

4.2.4.2　霍尔传感器

霍尔传感器是利用霍尔元件基于霍尔效应原理而将被测量，如电流、磁场、位移、压力等转换成电动势输出的一种传感器。根据霍尔效应制成的元件称为霍尔元件，它是一种半导体磁电转换元件，一般由锗（Ge)、锑化铟（InSb)、砷化铟（InAs)、硅（Si）等半导体制成，如图 4-31 所示。

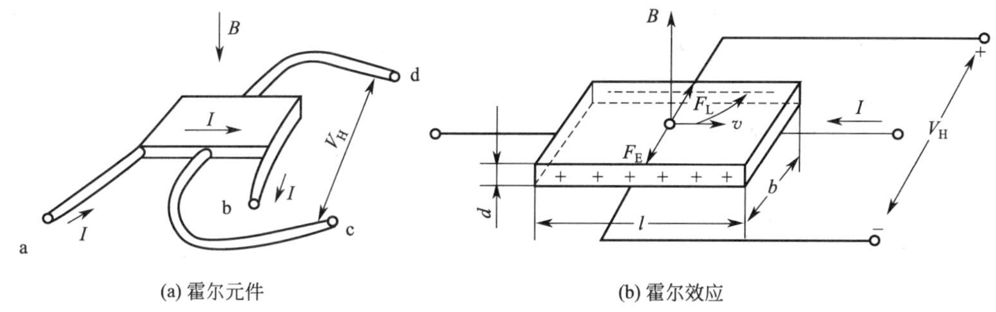

(a) 霍尔元件　　(b) 霍尔效应

图 4-31　霍尔元件及霍尔效应原理

将霍尔元件置于磁感应强度为 B 的磁场中，在激励电流端 a、b 通以电流 I，在 c、d 端将产生霍尔电势 V_H，这种现象称为霍尔效应。如图 4-31(b) 所示，设薄片为 N 型半导体，在其左右两端通以电流 I（称为控制电流)，半导体中的载流子（电子）将沿着与电流 I 相反的方向运动。由于外磁场 B 的作用，使电子受到洛仑兹力 F_L 作用而发生偏转。在半导体的后端面上电子有所积累，而前端面缺少电子。因此，后端面带负电，前端面带正电，在前、后端面间形成电场。该电场产生的电场力 F_E 阻止电子继续偏转。当 F_L 与 F_E 相等时，电子积累达到动态平衡。这时，在半导体前、后两端面之间（即垂直于电流和磁场方向）建立的电场，称为霍尔电场 E_H，相应的电势称为霍尔电势 V_H，其大小为

$$V_H=K_H BI\sin\alpha \tag{4-48}$$

式中　K_H——霍尔系数，取决于材质、温度、元件尺寸；

α——电流与磁场方向的夹角。

根据式(4-48)，如果改变 B、I，或者两者同时改变，就可以改变 V_H 值，运用这一特性可把被测参数转换为电压量的变化。

霍尔元件具有结构简单、体积小、重量轻、频带宽、动态特性好和寿命长等优点，因而得到广泛的应用。在电磁测量中，用它测量恒定的或交变的磁感应强度、有功功率、无功功率、相位、电能等参数。根据霍尔电势 V_H 与磁感应强度 B 方向（即磁场方向与霍尔基片法线方向之间的夹角 θ）的关系，$V_H=K_H IB\sin\alpha\cos\theta$，可以制成霍尔式磁罗盘、霍尔式方位传感器、霍尔式转速传感器等测量装置。在自动检测中，多用于位移、压力、振动等测量。

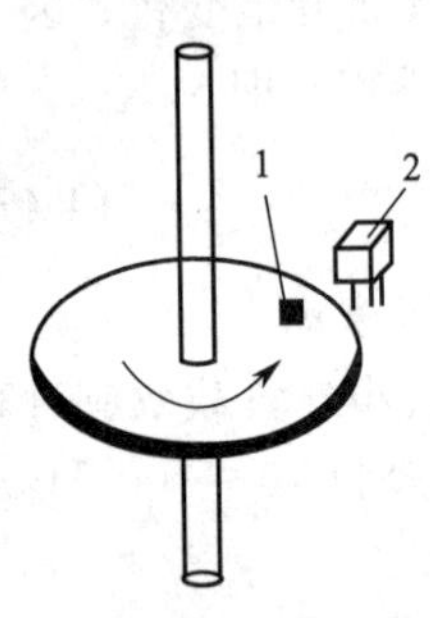

图 4-32 霍尔转速测量原理
1—小磁钢；2—霍尔元件

图 4-32 所示为霍尔元件测量转速的原理，在被测物体上粘上多对小磁钢，霍尔元件固定在小磁钢的附近。被测物体转动时，当一个小磁钢转过霍尔元件，磁场方向与霍尔基片法线方向的夹角 θ 为 90°，霍尔电势 V_H 最大，霍尔元件输出一个相应的脉冲。测量单位时间内的脉冲个数，就可以计算出被测物体的转速。

图 4-33 所示为霍尔式测振传感器的结构原理。霍尔元件 1 固定在非磁材料制成的平板 2 上，平板用螺钉固紧在顶杆 3 上，顶杆 3 通过触头 4 与被测对象相接触，随其做机械振动。霍尔元件 1 置于磁路系统 5 中，当触头 4 靠在被测物体上时，经顶杆 3、平板 2 而使霍尔元件在磁场中按被测振动频率往复运动，霍尔元件输出的电势就反映了被测振动的频率和振幅。

霍尔元件组成的压力传感器包括两部分。一部分是弹性元件，如弹簧管或膜盒等，用来感受压力，并把它转换成位移量。另一部分是霍尔元件和磁路系统。图 4-34 所示为霍尔式压力传感器的结构原理。其中，弹性元件是一个弹簧管，当被测压力发生变化时，弹簧管端发生位移，带动霍尔片在均匀梯度磁场中移动，作用在霍尔片上的磁场发生变化，输出的霍尔电势随之改变，位移（压力）也发生变化。霍尔电势与位移（压力）呈线性关系，其位移量在±1.5mm 范围内输出的霍尔电势约为±20mV。

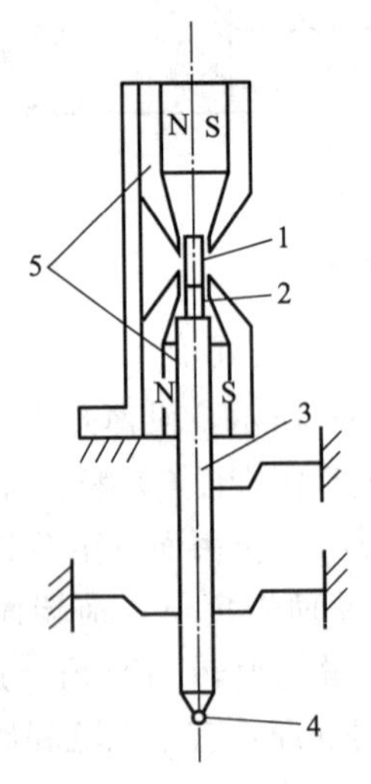

图 4-33 霍尔式测振传感器的结构原理
1—霍尔元件；2—平板；3—顶杆；4—触头；5—磁路系统

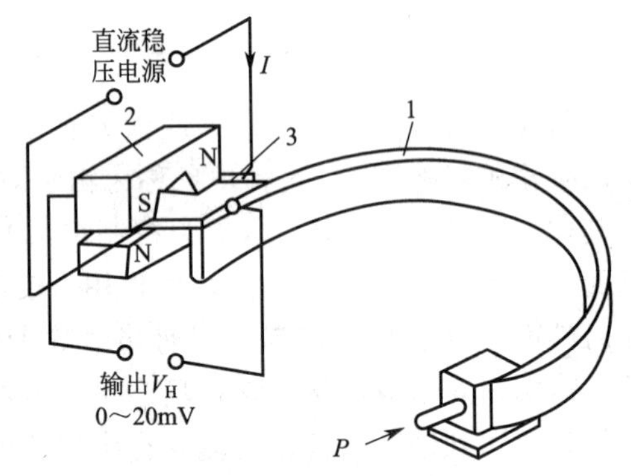

图 4-34 霍尔式压力传感器的结构原理
1—弹簧管；2—磁铁；3—霍尔片

4.2.5 压电式传感器

压电式传感器的工作原理是基于压电材料的压电效应，它是以压电晶片作为传感元件将力转换为电荷量的传感器。压电式传感器具有体积小、重量轻、结构简单、工作可靠、动态特性好、静态特性差等特点，多适用于加速度和动态力或压力的测量。

（1）压电式传感器的工作原理

它的工作原理以晶体的压电效应为理论依据。某些物质在沿一定方向受到压力或拉力作用发生改变时，其表面上会产生电荷，若将外力去掉，它们又重新回到不带电的状态，这种现象称为正压电效应。在压电材料的两个电极面上，若加交流电压，压电片产生机械振动，即压电片在电极方向上有伸缩的现象，压电材料的这种现象称为电致伸缩效应，也称为逆压电效应。具有压电效应的物体称为压电材料。常见的压电材料有石英、钛酸钡、锆钛酸铅等。

图 4-35 所示为天然结构的石英晶体，它是个六角形晶柱。在直角坐标系中，x 轴平行于正六面体的棱线称为电轴；y 轴垂直于正六面体棱面称为机械轴；z 轴表示其纵向轴称为光轴。通常把沿电轴（x 轴）方向的力作用下，产生电荷的压电效应称为纵向压电效应；而把沿机械轴（y 轴）方向的力作用下，产生电荷的压电效应称为横向压电效应；当作用力沿光轴（z 轴）方向时，不产生压电效应。

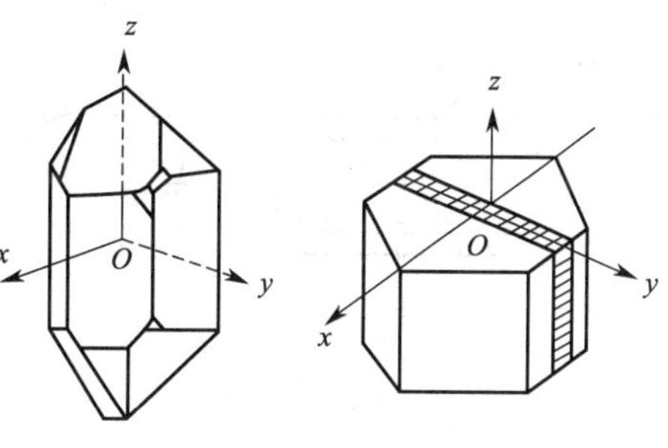

图 4-35 石英晶体

如果从石英晶体中切下一个平行六面体，使其表面分别平行于电轴、机械轴和光轴。这个晶片在正常状态下不呈现电性。在垂直于光轴的力作用下，晶体发生极化现象，在垂直于 x 轴线的平面上出现电荷。沿 x 轴施加力将产生纵压电效应，沿 y 轴加力产生横压电效应，沿 z 轴加力不呈现任何极化现象。沿相对两平面施加力则产生切向压电效应，如图 4-36 所示。

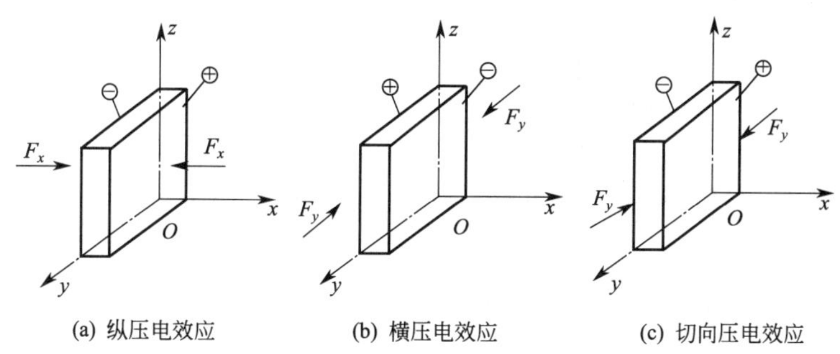

(a) 纵压电效应　(b) 横压电效应　(c) 切向压电效应

图 4-36 石英晶体切片的压电效应

(2) 压电元件的等效电路

如图 4-37 所示，当压电晶体片受力时，在晶体片的两表面上聚集等量的正、负电荷，晶体片的两表面相当于一个电容的两个极板，两极板间的物质等效于一种介质。因此，压电片相当于一只平行板介质电容器，其电容量为

$$C_e=\frac{\varepsilon_0\varepsilon A}{d} \tag{4-49}$$

式中 A——极板面积，m^2；

d——压电片厚度，m；

ε_0——真空中介电常数，$\varepsilon_0=8.85\times10^{-12}$，F/m；

ε——压电材料的介电常数，对于石英晶体 $\varepsilon=4.5$。

把压电传感器等效为一个电压源 $U=q/C_e$ 和一只电容 C_e 串联的电路，如图 4-38(a) 所示。由图可知，只有在外电路负载无穷大，且内部无漏电时，受力产生的电压 U 才能长期保持不变；如果负载不是无穷大，则电路以时间常数 R_LC_e 按指数规律放电。压电式传感器也可以等效为一个电荷源与一个电容并联的电路，此时，该电路可视为一个电荷发生器如图 4-38(b) 所示。

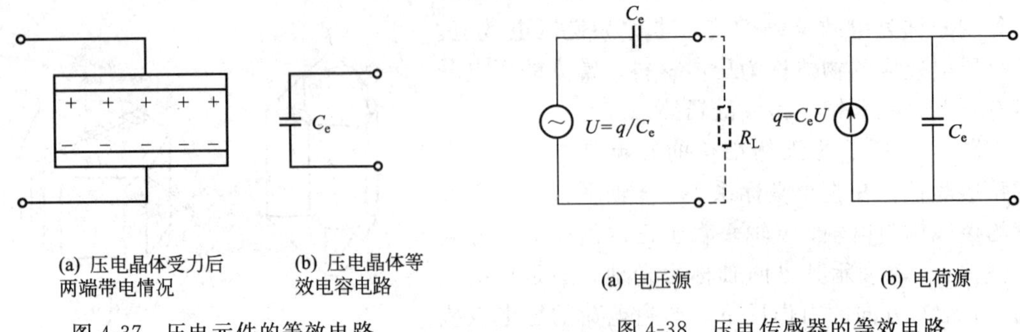

(a) 压电晶体受力后两端带电情况　(b) 压电晶体等效电容电路

图 4-37　压电元件的等效电路

(a) 电压源　(b) 电荷源

图 4-38　压电传感器的等效电路

压电传感器在实际使用时，总要与测量仪器或测量电路相连接，因此还必须考虑连接电缆的等效电容 C_e、放大器的输入电阻 R_i 和输入电容 C_i，这样压电式传感器在测量系统中的等效电路应如图 4-39 所示。图中 C_e、R_d 分别为传感器的电容和漏电阻。

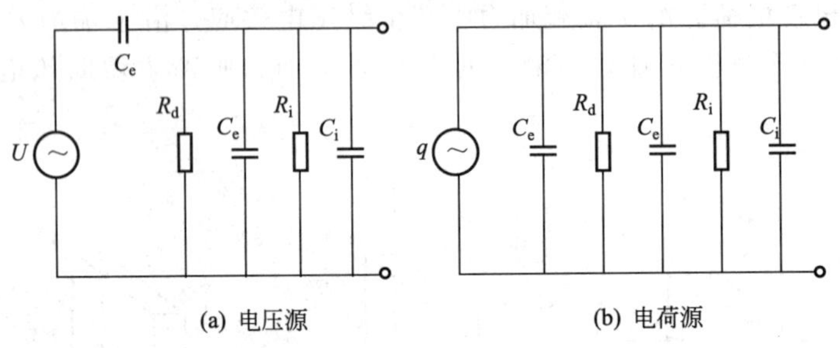

(a) 电压源　(b) 电荷源

图 4-39　压电传感器在测量系统中的等效电路

实验证明，压电晶片上所受作用力与由此产生的电荷量成正比。若沿单一晶轴 x 轴施加外力，则在垂直于 x 轴的晶片表面上积聚的电荷量为

$$q=dF \tag{4-50}$$

式中　q——电荷量，C；

d——压电常数，与材质及切片方向有关，C/N；

F——作用力，N。

若压电晶片受多方向的力，其内部应力则是一个复杂的应力场。压电晶片各个表面都会积聚电荷，每个表面上的电荷量不仅与各表面上的垂直力有关，而且还与其他面上的受力有关，即有交叉耦合现象。这时应用矩阵形式表示，即

$$Q=DF \tag{4-51}$$

式中　Q——电荷量；

D——压电常数；

F——作用力矩阵。

由以上可知，无论被测量如何，关键在于电荷量的测量。基于这一点，用压电式传感器进行静态测量时，必须采取措施，使电荷漏失减小到较低的程度。在动态测量时，由于电荷可以不断补充，对此要求并不高。

(3) 压电式传感器的应用

广义地讲，利用压电材料各种物理学效应构成的各种传感器都称为压电式传感器，它们已被广泛地应用在工业、军事和民用等领域。其中，以力敏类型应用最多，利用压电传感器

测量力、压力、加速度、位移等物理量。表 4-2 列出了压电式传感器的主要应用类型。

表 4-2　压电式传感器的主要应用类型

传感器类型	生物功能	转换	用　途	压电材料
力敏	触觉	力→电	微拾音器、声纳、应变仪、点火器、血压计、压电陀螺、压力和加速度传感器	SiO_2、ZnO、$BaTiO_3$、PAT、PMS
热敏	触觉	热→电	温度计	$BaTiO_3$、PZO、TGS、$LiTiO_3$
光敏	视觉	光→电	热电红外探测仪	$LiTaO_3$、$PbTiO_3$
声敏	听觉	声→电 声→压	振动器、微音器、超声探测器、助听器	SiO_2、压电陶瓷
		声→光	声光效应器	$PbTiO_3$、$LiNbO_3$、$PbMoO_4$

4.2.6　光电式传感器

光电式传感器是自动测试中一种常用的传感器，在现代测量与控制系统中，应用非常广泛。

光电式传感器是将光能转换为电能的一种器件，简称光电器件。它的物理基础是光电效应。在光线作用下使物体的电子逸出表面的现象称为外光电效应，如光电管、光电倍增管属于这类光电器件。在光线作用下使物体电阻率改变的现象称为内光电效应，如光电池、光敏晶体管等属于这类光电器件。

用光电器件测量非电量时，首先要将非电量的变化转换为光量的变化，然后通过光电器件的作用，将非电量的变化转换为电量的变化。

由于光电元件响应快、结构简单、而且有较高的可靠性等优点，在自动测试中得到广泛应用。

4.2.6.1　光电器件

（1）光敏电阻

光敏电阻由内光电效应的光导材料制成，为纯电阻元件，阻值随光照增强而减小。光敏电阻具有灵敏度高、体积小、重量轻、光谱响应范围宽、机械强度高、耐冲击和振动、寿命长等优点。但是，使用时需要有外部电源，同时当有电流通过它时，会产生发热的问题。光敏电阻除用硅、锗制造外，还可用硫化镉、硫化铝、锑化铟、硒化铟、硒化镉、碲化铅及硒化铅等材料制造。

光敏电阻的典型结构如图 4-40(a) 所示，常称光导管，光敏电阻制成图 4-40(b) 所示

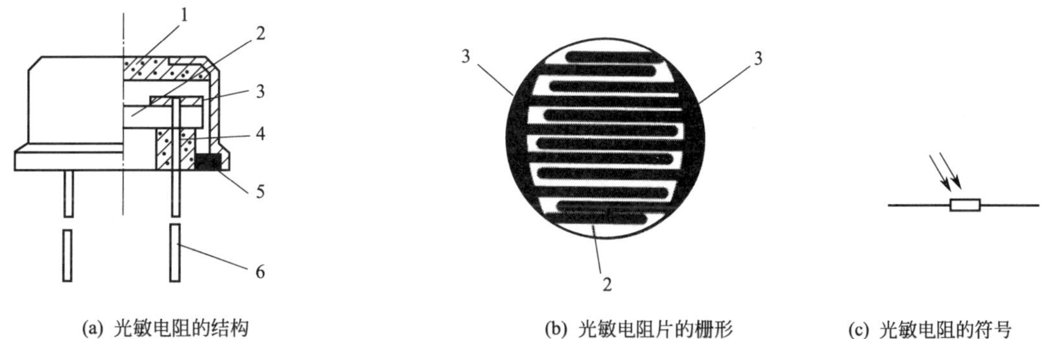

(a) 光敏电阻的结构　(b) 光敏电阻片的栅形　(c) 光敏电阻的符号

图 4-40　光敏电阻的结构及表示符号

1—玻璃；2—光电半导体；3—电极；4—黑色绝缘体；5—外壳；6—引线

的栅形，装在外壳中。两极间既可加直流电压，也可加交流电压。图 4-40(c) 所示为光敏电阻的表示符号。

(2) 光电池

光电池是在光线照射下，直接将光量转变成为电动势的光电元件。这种光电器件是基于阻挡层的光生伏特效应，即在半导体与金属或半导体 PN 结的结合面处受到光的照射，发生电子与空穴的分离现象，从而在接触面两端产生电势，这种现象称为光生伏特效应。P 型半导体内具有过剩的空穴，N 型半导体内具有过剩电子。当两者结合时，在结合面上将产生载流子的扩散现象，即 N 区的电子向 P 区扩散，而 P 区的空穴向 N 区扩散。结果使 N 区失去电子带正电，P 区失去空穴带负电，并形成一个电场，称为 PN 结，如图 4-41 所示。如用光照射 PN 结，在 PN 结附近由于吸收了光子能量，因而产生空穴与电子。这种由于光照射而产生的载流子称为光生载流子。光生载流子在 PN 结电场作用下，产生与扩散运动相反的漂移运动。电子被推向 N 区，而空穴被拉进 P 区，使 P 区带正电，而 N 区带负电，两区之间产生电位差，即构成了光电池。光电池受光照后在电路中产生电流。

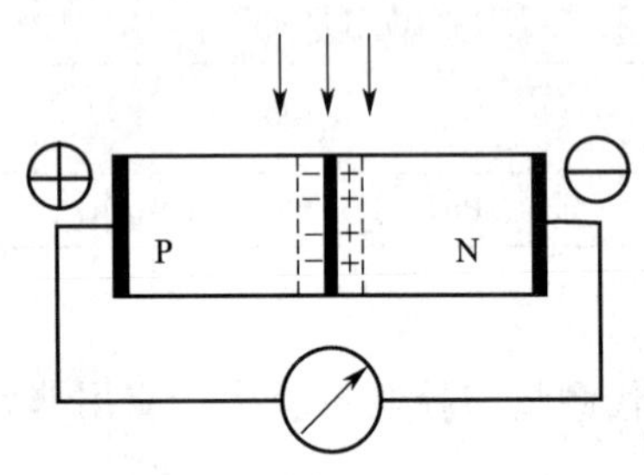

图 4-41 具有 PN 结的光电池原理

光电池的种类很多，有硒光电池、氧化亚铜光电池、锗光电池、硅光电池等。其中，硅光电池和硒光电池具有性能稳定、光谱范围宽、频率特性好、转换效率高、能耐高温辐射等优点，得到广泛应用。另外，由于硒光电池的光谱峰值位置在人眼的视觉范围内，很多分析仪器、测量仪表也常常用到它。

(3) 光敏二极管及光敏三极管

大多数半导体二极管和三极管都是对光敏感的。即当二极管和三极管的 PN 结受到光照射时，通过 PN 结的电流将增大，具有一个 PN 结的为光敏二极管，具有两个 PN 结的为光敏三极管。

图 4-42 所示为光敏二极管的结构、表示符号及基本接线图。为了便于接受光照，光敏二极管的 PN 结装在管的顶部，上面有一个用透镜制成的窗口，以便使入射光集中在 PN 结上。光敏三极管的结构与光敏二极管相似，不过它具有两个 PN 结，大多数光敏三极管的基极无引出线。

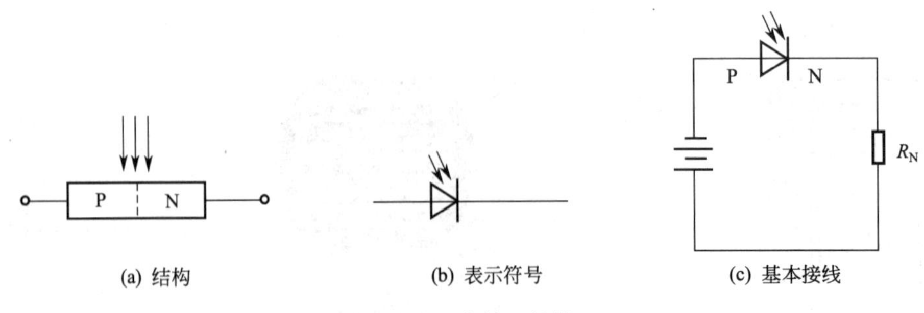

图 4-42 光敏二极管

光敏二极管和光敏三极管体积很小，所需偏置电压不大于几十伏。光敏二极管有很高的带宽，它在光耦合隔离器、光学数据传输装置和测试技术中得到广泛应用。光敏三极管的带宽较窄，但作为一种高电流响应器件，应用十分广泛。

4.2.6.2 光电码盘

光电码盘式传感器是用光电方法，把被测角位移转换成以数字代码形式表示的电信号的转换部件。光电码盘角度检测传感器可分为两种，绝对式光电码盘和增量式光电码盘。光电码盘是非接触式的，广泛应用于角度、距离、位置、转速等的检测。

(1) 绝对式光电编码盘的结构和工作原理

绝对式光电码盘是由码盘和光电检测装置组成。码盘采用照相腐蚀工艺，在一块圆形光学玻璃上刻出透光与不透光的编码。

图 4-43 所示为一种 4 位二进制绝对式光电编码盘的结构与原理。图 4-43(a) 是编码盘，黑色代表不透光，白色代表透光。编码盘分成若干个扇区，代表若干个角位置。每个扇区分成 4 个码道，代表 4 位二进制编码。为了保证低位码的精度，将最外码道作为编码的低位，将最内码道作为编码的高位。

图 4-43(b) 所示是该编码盘的光电检测装置。光源位于编码盘的一侧，4 只光敏三极管位于另一侧，沿编码盘的径向排列，每一只光敏三极管对应一条码道。当码道透光时，该光敏三极管接收到光信号，由图中的电路可知，它输出低电平 0；当码道不透光时，光敏三极管收不到光信号，因而输出高电平 1。不管转动体怎样转动，都可以通过随转动体转动的编码盘获得转动体所在的确切位置。因为所测得的角位置是绝对位置，所以称这样的编码盘为绝对式编码盘。

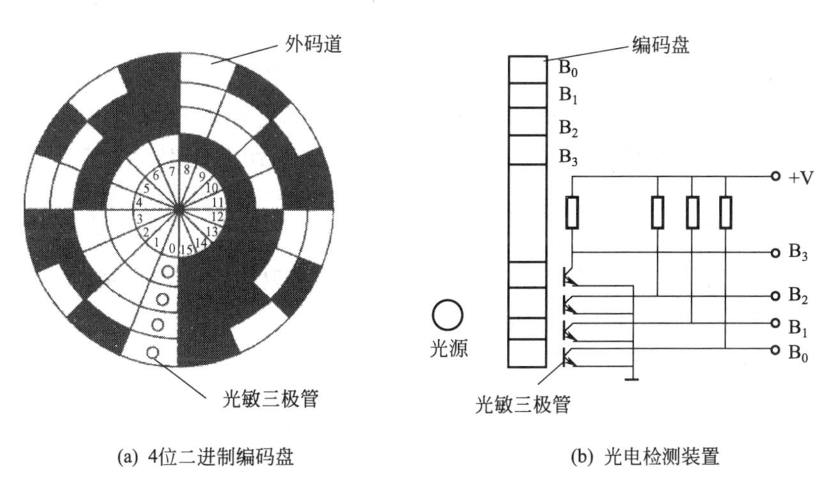

(a) 4位二进制编码盘　　(b) 光电检测装置

图 4-43 绝对式光电编码盘结构与原理

(2) 增量式光电编码盘的结构和工作原理

增量式光电编码盘不像绝对式光电编码盘那样测量转动体的绝对位置，而只测量转动体角位移的累计量。增量式光电编码盘是在一个码盘上开出 3 条码道，由内向外分别为 A、B、C，如图 4-44(a) 所示。在 A、B 码道的码盘上，等距离地开有透光的缝隙，2 条码道上相邻的缝隙互相错开半个缝宽，展开图如图 4-44(b) 所示。第 3 条码道 C 只开出一个缝隙，用来表示码盘的零位。在码盘的两侧分别安装光源和光敏元件，当码盘转动时，光源经过透光和不透光区域，每条码道将有一系列脉冲从光敏元件输出。码道上有多少缝隙，将会有多少个脉冲输出。将这些脉冲整形后，输出的脉冲信号如图 4-44(c) 所示。

4.2.6.3 光栅

在高精度的位置检测系统中，大量使用光栅作为检测反馈元件。光栅是利用莫尔条纹现

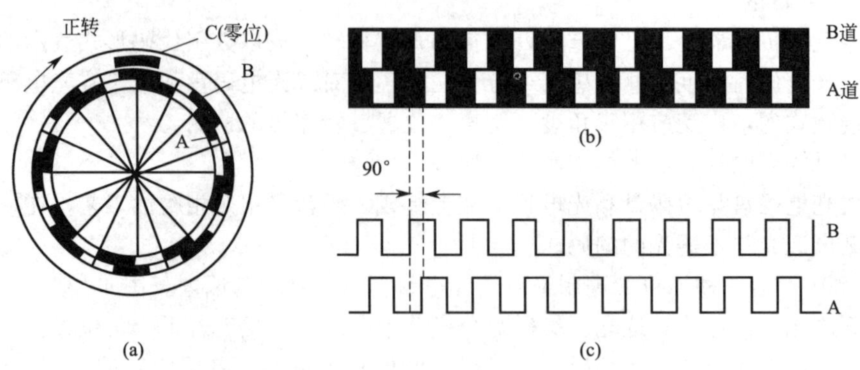

图 4-44 增量式光电编码盘结构与原理

象，将机械位移或模拟量转变为数字脉冲的精密测量装置。常见的光栅分为长光栅和圆光栅两种，分别用于测量直线位移和角位移。光栅的检测精度较高，可达$\pm 1\mu m$。光栅根据制造方法和光学原理不同，划分为以下两种。

① 透射光栅 在磨制的光学玻璃或玻璃表面感光材料的涂层上刻有光栅或纹，利用光的透射现象进行检测。

② 反射光栅 用不锈钢带经照相腐蚀或直接刻线制成，利用光的反射现象进行检测。

长光栅的纹路互相平行，线纹间的距离（栅距）相等。常用线路密度有每毫米 4、10、25、50、100、200、250 条等。一个光栅元件的主光栅和指示光栅的线纹密度必须相等。光栅的光敏元件将光强信号转变为电信号，供计算机处理。一个光敏元件只能用于计数，不能辨别方向。因此，为了确定运动方向至少应有两个光敏元件，一般采用 4 个光敏元件。

长光栅的结构原理如图 4-45 所示。光栅尺由主光栅和指示光栅组成，主光栅和指示光栅上面均匀地刻有许多线纹，形成明暗交错的线条。主光栅和指示光栅平行安装，使指示光栅相对主光栅倾斜一个很小的角度 θ，用于产生图 4-46 所示的莫尔条纹。

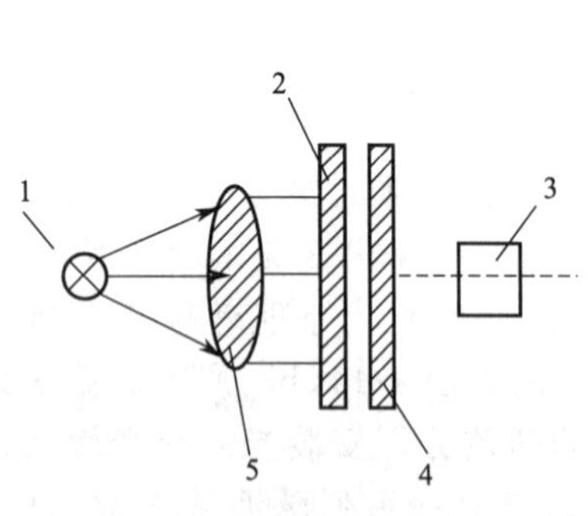

图 4-45 长光栅的结构原理

1—光源；2—主光栅；3—光电元件；4—指示光栅；5—聚光镜

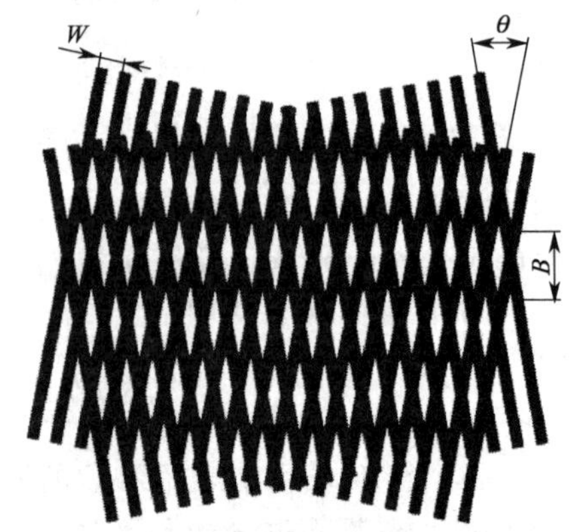

图 4-46 莫尔条纹

图 4-46 中光栅的栅距为 W，相邻两莫尔条纹的间距为 B。则它们之间满足如下关系

$$B=\frac{W}{2\sin\theta}\approx\frac{W}{\theta} \tag{4-52}$$

式(4-52) 表明，莫尔条纹的间距 B 只有光栅节距 W 的 $1/\theta$ 倍。当 θ 很小时，莫尔条纹的间距比光栅节距 W 放大很多倍。例如，$W=0.001\text{mm}$，$\theta=0.01\text{rad}$，莫尔条纹间距 $B=0.1\text{mm}$。放大倍数为 $B/W=100$。这表明光栅具有光学放大作用，可简化电子放大电路。

光栅的主尺通常安装在执行机构上。当主尺左右移动时，莫尔条纹则上下移动。用光敏元件检测明暗条纹，输出二进制代码，使测量结果数字化。明暗条纹的移动方向和主尺位移方向有确切的对应关系，所以辨向也十分容易。

4.2.7 热电式传感器

热电式传感器是将温度变化转换为电量变化的装置，它利用敏感元件的电磁参数随温度变化而变化的特性达到测量目的。通常把被测温度变化转换为敏感元件的电阻变化、电势的变化，再经过相应的测量电路输出电压或电流，然后由这些参数的变化来检测对象的温度变化。在实际工作中，除了用热电式传感器测温外，还可以利用物体的某些物理、化学性质与温度的一定关系进行测量。例如，利用物体的几何尺寸、颜色及压力的变化等进行测温。对于热电式传感器，常用的主要有热电偶、热电阻和热敏电阻。

（1） 热电偶

把两根不同材料的导体或半导体 A、B 连接成一个闭合回路，如图 4-47 所示，当两导体两个触点分别处于不同温度 T 和 T_0 时，在两导体间产生热电势，回路中有一定的电流。利用这种热电效应所构成的传感器称为热电偶。

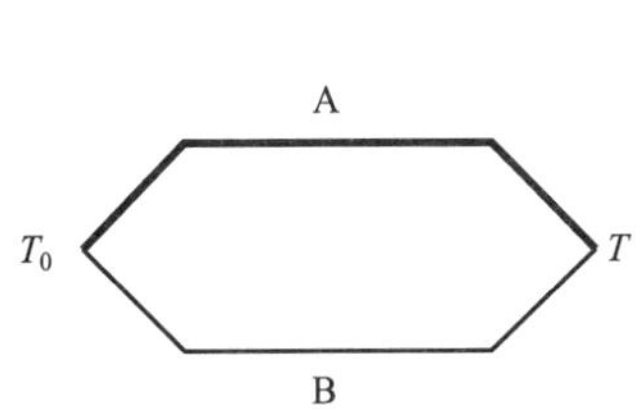

图 4-47 热电偶传感器

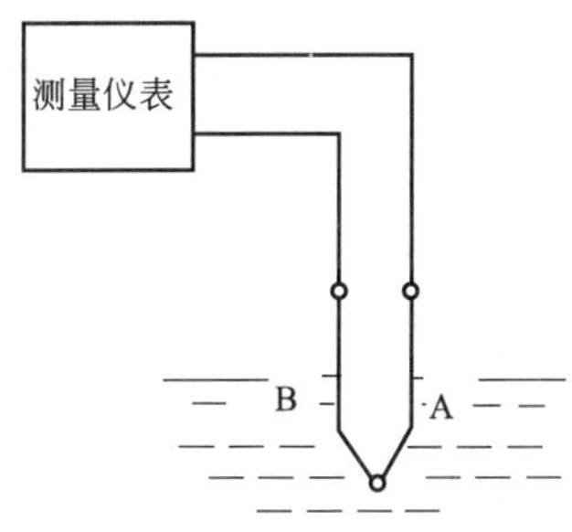

图 4-48 热电偶测温系统

如图 4-48 所示，常用的热电偶由两根不同的导线组成，它们一端焊接在一起，称为热端（又称测量端），放到被测介质中；不连接的两个自由端称为冷端（又称参比端），与测量仪表相连接。当热端与冷端有温度差时，回路中即有热电势产生，测量仪表便根据热电偶的热电势测出被测介质的温度。热电偶的热电势是随着介质的温度变化而变化的，其量值关系为

$$E_t=E_{AB}(T)-E_{AB}(T_0) \tag{4-53}$$

式中 E_t——热电偶的热电势，V；

$E_{AB}(T)$——温度为 T 时的热电势，V；

$E_{AB}(T_0)$——温度为 T_0 时的热电势，V。

热电偶的主要优点是测温范围广，可以在 $-272\sim2800$℃的范围内使用，精度高、性能稳定、结构简单、动态性能好，能把温度转换为电势信号便于处理和远距离传输，不足是存在冷端补偿的问题。在工业生产中，热电偶是应用最广泛的测温元件之一。

(2) 热电阻

导体或半导体的电阻随温度变化的现象称为热电阻效应，利用具有热电阻效应的导体或半导体制成的传感器称为热电阻传感器。

热电阻传感器按电阻-温度特性的不同，可分为金属热电阻和半导体热电阻两大类。金属热电阻其电阻-温度特性表现为当温度升高时其电阻增大，而半导体热电阻随温度升高其电阻减小。一般把金属热电阻称为热电阻，把半导体热电阻称为热敏电阻。

热电阻传感器的主要特点如下：

ⅰ. 测量精度高；

ⅱ. 测量范围大；

ⅲ. 易于在自动测量和远距离测量中使用；

ⅳ. 与热电偶传感器相比，没有参比端误差问题。

热电阻传感器一般常用于－200～500℃温度的测量，随着技术的发展，其测量范围也在不断扩展，低温端可达 1K 左右，高温端可测到 1000℃。

(3) 热敏电阻

半导体热电阻称为热敏电阻。它具有灵敏度高、输出电压大（幅值在Ⅴ级）、寿命长、价格便宜、适于远距离传送等优点。但也存在稳定性较差，线路需要进行线性化补偿等缺点。从特性上看，热敏电阻可分为两类。

① 负温度系数的热敏电阻（NTC）。其阻值随着温度的上升而下降，主要适用的测量温度范围为－50～300℃。

② 正温度系数的热敏电阻（PTC）。其阻值随着温度的上升而上升，具有开关作用，主要用于温度报警、电器设备过热保护、彩电消磁等。测量温度范围－50～150℃。

4.2.8 其他传感器

(1) 感应同步器

感应同步器用于大线位移与角位移的测量，可测量长达几米的线位移与 360°内角位移的测量。输出阻抗低，抗干扰能力强，对环境要求不高，广泛用于各种数控机床的数显装置上，也常用于中低精度的坐标测量机上，精度可达每米几微米或几秒。通过接长或采用三重型感应同步器，可实现长达几十米的线位移测量。一般感应同步器为增量码系统，即位置与编码有一一对应的关系，有很强的抗干扰能力，不受移动速度限制，停电后能恢复读数。

(2) 激光式传感器

激光干涉传感器主要用于大量程、高精度的系统位移测量，每米可以达到 0.1～0.2μm 的精度，采取特殊措施还可达到更高精度，量程可达数米。对环境有较严格的要求。激光干涉原理也可用于小角度、直线度、垂直度、表面粗糙度等精密测量。激光扫描与衍射可用于中小尺寸的测量。

(3) 超声波传感器

超声波传感器实质上是一种可逆的换能器，将电振荡的能量转变为机械振荡，形成超声波，或者由超声波能量转变为电振荡。超声波传感器分发送器和接收器，它们分别将电能转化为超声波以及将超声波转化为电能。超声波传感器用超声波检测距离，其工作原理如下。由发射器发射超声波，当超声波碰到物体后反射回来，被接收器接收，同时测定超声波从发射到接收的时间。因此，测量的距离为

$$L=\frac{\alpha T}{2} \tag{4-54}$$

式中　α——超声波速度，m/s；

T——往返的周期，s。

超声波传感器可用于危险场所非接触测量。例如，具有腐蚀性或侵蚀性介质的物位测量等，由于超声波在空气中传播与温度有关，因此 α 是变化的。另外，超声波的定向性较差，测量精度不高。其测量范围为 $10^{-2}\sim10^{4}$ m，精度为 0.1%。

（4）光纤传感器

光纤传感器的迅速发展始于 1977 年，至今光纤传感器已日趋成熟，这一新技术的影响目前已十分明显。光纤传感器具有许多优点。其灵敏度较高，几何形状具有多方面的适应性，可以制成任意形状的光纤传感器；可以传感多种不同物理信息（声、磁、温度、旋转等）；光纤传感器可以用于高压、电气噪声、高温、腐蚀或其他的恶劣环境；具有与光纤遥测技术的内在相容性。目前已研制了多种不同的光纤传感器，用于磁、声、压力、温度、加速度、陀螺、位移、液面、转矩、光声、电流和应变等物理量的测量。

（5）视觉传感器

视觉传感器在机电一体化系统中用于机器人视觉、零件尺寸和缺陷检测等方面。以光电变换为主的视觉传感器，包括照明、摄像、光电变换和扫描 4 个部分。视觉传感器早期采用光导摄像管，20 世纪 70 年代后逐步被电荷耦合器件 CCD（charge coupled devices）所代替。电荷耦合器件 CCD 是典型的固体图像传感器，具有尺寸小、工作电压低（DC 7～9V）、寿命长、坚固耐冲击、信息处理容易等特点。它具有光电转换、信号存储和信号传输（自扫描）的功能，可方便地应用在图像传感、信息处理和信息存储等方面，因而发展非常迅速，尤其在工业检测和机器人视觉中得到广泛应用。

4.3　传感器的选用

传感器是机电一体化系统的一个重要组成部分，其性能对机电系统有直接的影响。传感器种类繁多，而且许多传感器的应用范围又很宽，如何合理选用传感器是自动控制与检测中的一个重要问题。对传感器的要求，因使用的技术领域、对象特性、环境和精度等要求的不同而有很大区别，对其共性而言，选择传感器应主要考虑以下几个方面：

ⅰ. 输入与输出之间成比例关系，直线性好，灵敏度高；

ⅱ. 动态特性优良，滞后、漂移误差小，重复精度高；

ⅲ. 内部噪声小，抗干扰能力强，稳定性好，测量时对被测对象影响小；

ⅳ. 横向灵敏度、交叉灵敏度小；

ⅴ. 功耗小，易于维修和校准，使用方便。

选用传感器的基本原则是选用的传感器（电测量仪器）其性能应与被测信号的性质相匹配，具体可从三个方面考虑：

ⅰ. 被测信号的时域特性；

ⅱ. 被测信号的频域特性；

ⅲ. 工作环境和条件的要求。

同时，还要考虑传感器的价格、互换性等因素。表 4-3 列出了常用传感器及其应用和基本参数指标。

表 4-3 常用传感器及其应用和参数指标

类型	名称	变换量	被测量	用途举例	性能指标(简单参考)
电磁及电子式	电位计	位移→电阻	位移	直线电位计	分辨力 0.02～0.05mm、直线性 0.05%～0.1%
	电阻应变片	形变→电阻	力、位移、应变	应变仪	最小应变 1～2μm、最小测力 0.1～1N
	半导体应变片	形变→电阻	力、位移、应变	应变仪	最小应变 1～2μm、最小测力 0.1～1N
	电容	位移→电容	力、加速度	电容测微仪	分辨力 0.025μm
	电涡流	位移→自感	位移、力、声	涡流式测振仪	测量范围 0～15mm、分辨力 1μm
	电感	位移→自感	位移、厚度	电感测微仪	分辨力 0.5μm
	差动变压器	位移→互感	位移、力	电感比较仪	分辨力 0.5μm
	压电元件	力→电荷	位移、力	测力计、加速度计	分辨力 0.01N、频率 0.1Hz～20kHz
	压磁元件	力→磁导率	力、加速度	测力计	分辨力 0.01N、频率 0.1Hz～20kHz
	热电偶	温度→电势	力、扭矩	热电温度计	测量范围 0～1600℃
	霍尔元件	位移→电势	位移	位移传感器	测量范围 0～2mm、直线性 1%
	热敏电阻	温度→电阻	温度	半导体温度计	测量范围 −10～300℃
	气敏电阻	气体→电阻	可燃气体	气敏检测仪	测量范围 0～150MPa
	光敏电阻	光→电阻	开、关量	热电红外探测仪	直流、交流
	光电池	光→电压	开、关量	硒光电池	灵敏度 500μA/m
	光敏晶体管	光→电流	转速、位移	光电转速仪	最大截止频率 50kHz
辐射式	红外	热→电	温度、物体有无	红外测温仪	测量范围 −10～1300℃
	X 射线	散射干涉	厚度、探伤、应力	X 射线应力仪	分辨力不小于 0.1
	γ射线	对物质穿透	厚度、探伤	γ射线测厚仪	分辨力不小于 0.1
	激光	光波干涉	长度、位移、转角	激光测长仪	测距 2m、分辨力 0.2μm
	超声	超声波反射、穿透	厚度、探伤	超声波测厚仪	测量范围 4～40mm
	β射线	穿透作用	厚度,成分分析	β射线测厚仪	测量精密度±0.25mm
液体式	气动	尺寸→压力	尺寸、物体大小	气动量仪	可测最小直径 0.05～0.076mm、测量间隙 6mm
	气动	间隙→压力	距离	气动量仪	可测量小直径 0.05～0.076mm、测量间隙 6mm
	液体	压力平衡	压力	活塞压力计	分辨力 0.025mm、测量精密度 0.02%～0.2%
	液体	液体静压变化	流量	节流式流量计	测量范围 0～120L/min
	液体	液体阻力变化	流量	转子式流量计	测量范围 0～120L/min

4.4 基于传感器的计算机检测系统及应用实例

此处通过地下穿孔机器人气动冲击头性能测试系统实例，简述基于传感器的气动冲击头性能的测试原理及测试方法，根据设计要求正确选择传感器。

4.4.1 基于传感器的计算机检测系统的基本组成

测试系统是机电一体化系统中的前端检测装置。在现代测试系统中，微型计算机、单片计算机已经成为不可缺少的部分。微型计算机能对数据进行自动采集、分析、判断、报警、输出等，使测试系统实现智能化、自动化。计算机辅助检测系统（CAT）的一般工作过程是：传感器把被测非电量转换成电量，经过信号调理后，由接口电路转换成数字量（A/D 转换）输入微型计算机，由计算机对信号进行分析处理，进而由计算机一方面输出结果，一方面输出控制信息。

计算机检测系统的基本组成如图 4-49 所示。传感器把被测非电量转换成电量，经过信号调理及处理后，进入 A/D 转换器将模拟量转换成数字量输入微型计算机。计算机对信号进行分析处理，操作键盘和显示器通过计算机总线与接口电路和单片机相连，同时可扩展多个接口芯片连接对外通信、故障诊断、报警、控制驱动电路等。RAM 芯片存放测试数据和中间结果，ROM 芯片存放管理和测量程序。

如图 4-49 所示，测试电路的信号进入计算机要经过接口电路（信号调理、取样、A/D 转换）。测试电路的信号大多是模拟信号，接口电路将模拟信号转换为相应的计算机可识别的数字信号。此过程称为数据采集（data acquisition，简称 DAQ），相应的接口电路称为数据采集电路或数据采集卡（DAS）。数据采集是计算机辅助检测系统的关键，其中的一个主要任务是将模拟量转换为数字量（A/D）转换。A/D 转换过程包括采样、量化和编码几个步骤。

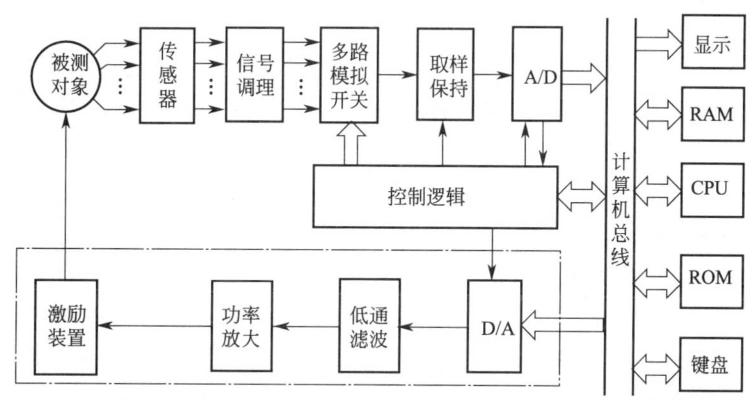

图 4-49　计算机检测系统的基本组成

（1）采样

从理论上讲，采样是把一个连续时间函数离散化，即以一定的时间间隔从连续信号中取值构成离散时间序列的过程。数学上相当于用一脉冲序列函数和连续信号相乘。为了不丢失信息，要规定采样频率 f_c 的大小。如果被采样的连续信号中的最高频率分量的频率为 f_s，则根据采样定理，应使 $f_c \geqslant 2f_s$。采样定理是根据采样后的频谱不混叠的原则推导出来的最低条件，实际使用中 f_c 根据具体情况应选择大一些，常取 $f_c=(3\sim4)f_s$。采样频率高可以精确地再现原信号，但是会使数据量增大，由此增加存储器的负担和数据处理的工作量，降低信号处理的速度。同时，采样频率越高对 A/D 转换器的速度要求越高，价格越高。

（2）量化

量化是将信号用有限个级（量化单位）逼近。例如把被转换的信号电压的最大值 10V 分成 256 级，则量化单位 $\Delta=10/256$。当被转换的信号不是整数级，就要进行舍入、截尾（例如十进制的四舍五入）。这样会带来量化误差，最大值为 $\pm\Delta/2$。量化单位愈大，量化误差愈大。量化单位是由 A/D 转换器的位数决定的，量化单位

$$\Delta=\frac{V_{FSR}}{2^N} \tag{4-55}$$

式中　V_{FSR}——满量程电压值（通常是信号最大值），V；

N——A/D 转换器的位数。

（3）编码

编码是用二进制数对应输入信号的值，从而形成数字量（数字信号）。A/D 转换器的分辨率是指它对模拟输入量微小变化的分辨能力，定义为 A/D 转换器的输出数码变动一个 LSB（二进制数码的最低有效位）时输入模拟量的最小变动。例如，12 位 A/D 转换器，当输入模拟量的量程为 0～10V 时，其分辨率为 $10/2^{12}$ V=0.00244V。

选择 A/D 转换器时主要根据测量误差要求确定 A/D 转换器的位数，根据采样频率 f_c 确定 A/D 转换器的转换速度。

4.4.2 地下穿孔机器人气动冲击头性能测试系统

在城市管线铺设作业中，摒弃传统的开槽埋设，利用一些特殊的机械设备直接从地下穿越进行施工，即陆地不开挖技术。地下穿孔机器人就是为了满足陆地不开挖需要而研究的特种机器人。在工作过程中，机器人从道路的一侧开始拱泥打洞，按预先规划的运动轨迹工作，再从指定的位置钻出。同时，在这个过程中将所需铺设的管线由机器人牵引带动，铺设在相应的位置，完成整个作业过程。

地下穿孔机器人由机械本体结构、气压驱动装置、传感器检测系统和计算机控制系统四部分组成。机械本体结构由气动冲击头和转向机构组成。在机器人机械本体结构中，气压冲击头的性能优劣，直接决定了机器人拱泥打洞的效果。气动冲击头是以气压为动力具有冲击功能的设备，分析气动冲击头的性能，以科学的实验方法测试其性能参数，对设计气动冲击头有重要的指导作用。

4.4.2.1 气动冲击头性能的测试方法

气动冲击头冲击性能是衡量其水平和质量的一个重要方面，主要参数由科学试验手段进行测量，以数据、曲线或图形表示结果。冲击性能的考核，主要是测定冲击功、冲击频率。目前，气动冲击头性能测试方法主要有触点法、电磁感应法和冲击力法等。

(1) 触点法

触点法是利用气动冲击头撞击被打击物时的末速度计算冲击能量的方法。用触点法测试气动冲击头性能的缺点主要表现为：

ⅰ. 触点位置的设置与打击点位置难以精确地统一，触点位置误差与触发时间误差对测试结果影响较大；

ⅱ. 只能获得气动冲击头在打击点的冲击速度，不能全面获得冲击头在整个运动周期内的运动状态，不能通过此方法对冲击机构的性能做全面的分析。

(2) 电磁感应法

电磁感应法是将磁体固定在气动冲击头上，当气动冲击头运动时，磁体随着运动，形成线圈与磁场间的相对运动而产生电动势。气动冲击头运动速度（v）与所产生的电动势（U）成比例关系，即 $U=Kv$（K 为常数），由磁体和线圈确定，根据动能定理 $E=mv^2/2$ 可以得出单次冲击功。

此种测试方法受外界干扰因素较大，其结果不能很好地反映气动冲击头的工作性能，同时磁棒安装方式的要求比较高，使传感器安装与拆卸工作复杂，试验准备周期长，不是较理想的测试方法。

(3) 冲击力法

冲击力法直接应用传感器测得的气动冲击头的冲击力，再换算成对应的单次冲击功。它简化了测试工序，能准确地反映冲击头的工作情况，是一种比较理想的测试方法。

分析上述几种测试方法后，可以得出应用冲击力法测定气动冲击头的单次冲击功是比较合理的方法。

4.4.2.2 用冲击力法测试气动冲击头性能参数

(1) 测试原理

为准确反映气动冲击头在最佳工作状态时的性能，采用 BK-2F 型测力传感器作为机-电信号转换元件，采集气动冲击头打击传感器受力端面的冲击力信号，对气动冲击头的单次冲击功进行测试。BK-2F 型测力传感器的工作原理是根据电阻应变原理把力矩产生的应变转换成与其呈线性关系的电信号。该传感器采用双梁式结构，安装使用方便，精度高。在实际测量时，通过对压力变化的精确测量算出冲击力的值。由于其线性度非常好，可不必对压力传感器进行标定，直接利用制造厂商的标定结果对压力传感器实行即插即用，可大大简化测试过程。

测力传感器在冲击力作用下，输出的电压信号经变送器放大和对传感器的归一化处理，可直接反映气动冲击头的冲击力值。此外，据动量原理

$$M\Delta v=F\Delta t \tag{4-56}$$

式中 M——气动冲击头质量，kg；

Δv——冲击速度的变化，m/s；

F——冲击力，N；

Δt——作用时间，s。

可以得到

$$F=M\frac{\Delta v}{\Delta t} \tag{4-57}$$

式(4-57) 反映了运动速度与力之间的关系，引入到气动冲击头性能的测试中，即当气动冲击头的质量一定，击打传感器的时间一定时，每一次冲击，其冲击力与一个冲击速度相对应，由此可计算出气动冲击头的单次冲击功。

(2) 测试系统组成

根据测试原理建立的测试系统，由以下几个基本部分组成，如图 4-50 所示。

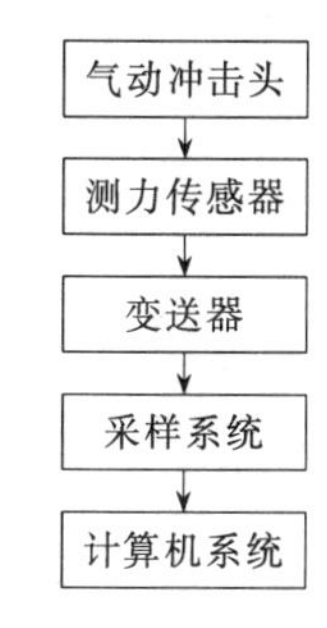

图 4-50 测试系统

① 变送器 BK-2F 型测力传感器测得的电压信号为 0～22mV，直接将其作为单片机系统的 A/D 输入电压信号会造成测力误差过大。因此，必须用变送器将其线性放大到 0～5V 的电压信号。

② 采样系统 从压力传感器输出的模拟电压信号，经变送器放大后送入模数转换器（A/D）进行转换，转换结果由 AT89C51 用中断方式经串口送入计算机中。采样系统电路的原理如图 4-51 所示。

③ 计算机系统 主要包括微处理器、键盘、打印机、CRT 显示终端、I/O 接口及丰富的系统软件和应用软件。利用计算机系统，用 Visual C＋＋ 6.0 语言编制程序，完成接受串口数据及相关数据的处理等工作。

(3) 气动冲击头采样频率（采样周期）的确定

为保证数据采集的准确性（不发生频混现象），采样时间必须遵守采样定律。采样频率必须大于被采信号频率的两倍以上，这是保证测试数据处理正确的前提条件。

确定采样周期时，必须考虑采样程序的运转周期和 A/D 转换器件的速度。本系统采用常用的 AD0809 芯片，转换速度在 0.1ms 左右。气动冲击头的冲击频率通常在 10Hz 以内，完成一次冲击行程的时间大约为 200ms，在采样系统的下位机程序中设定 AD0809 芯片连续转换信号 50 次。然后，将其转换结果的最大值通过串口送入计算机系统中，这样可以减少转换结果上传的数据量，提高系统的采样速度。同时，将最大值变换为力值，若在 300N 以上，则为冲击力信号，否则就是传感器的零点漂移信号，这一过程的时间大约需要 5ms，符合采样定律的要求，实践证明这种措施可行。

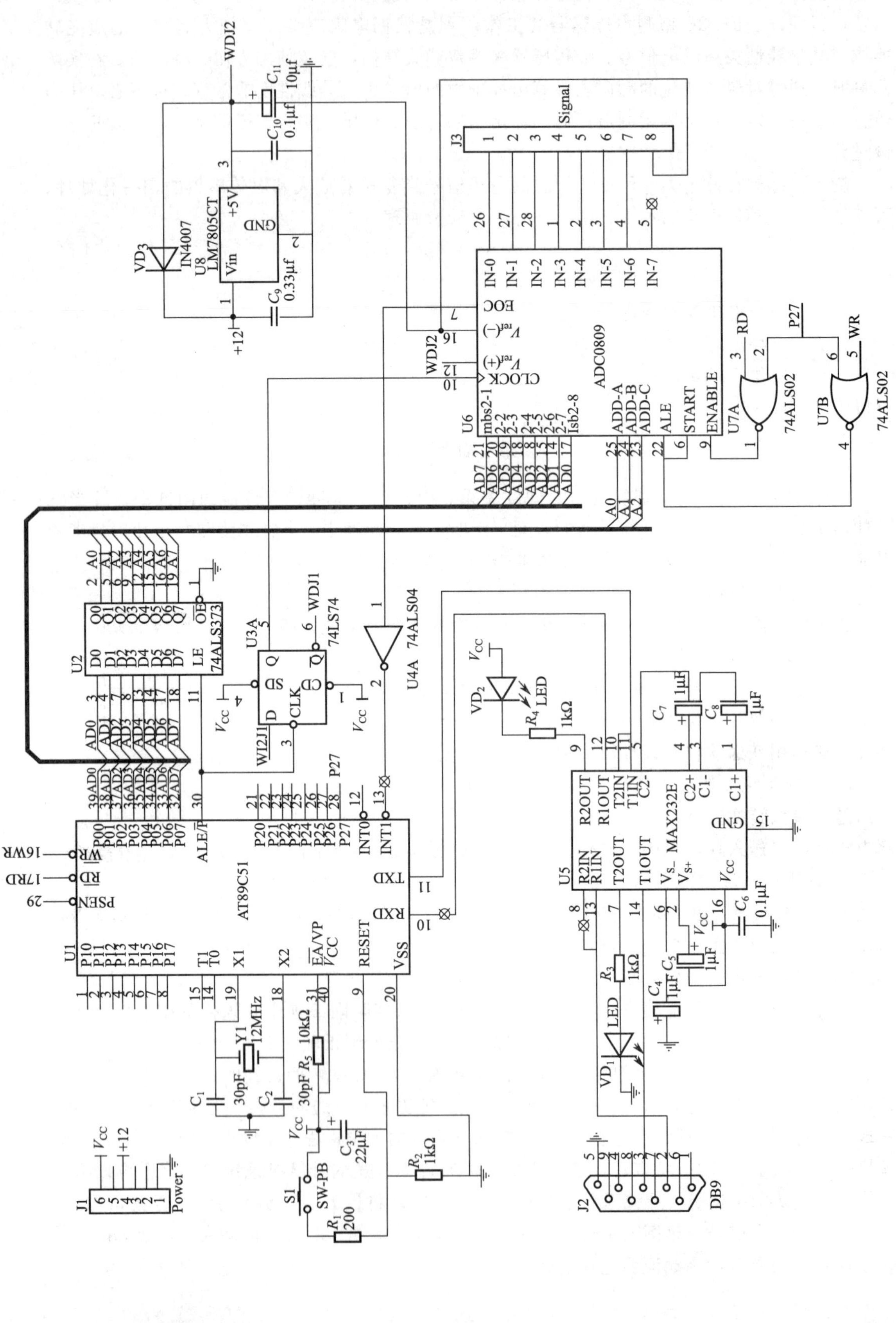

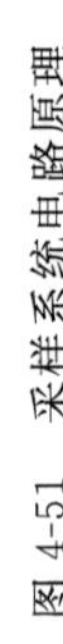

图 4-51 采样系统电路原理

(4) 测试数据处理

为了处理实验所得的测试数据，利用计算机系统，采用 Visual C++ 6.0 语言编制的数据处理系统软件。该数据处理系统主要由交互界面的设计、数据曲线显示、相关参数设置、冲击能和频率计算等模块组成。系统实现框架如图 4-52 所示。

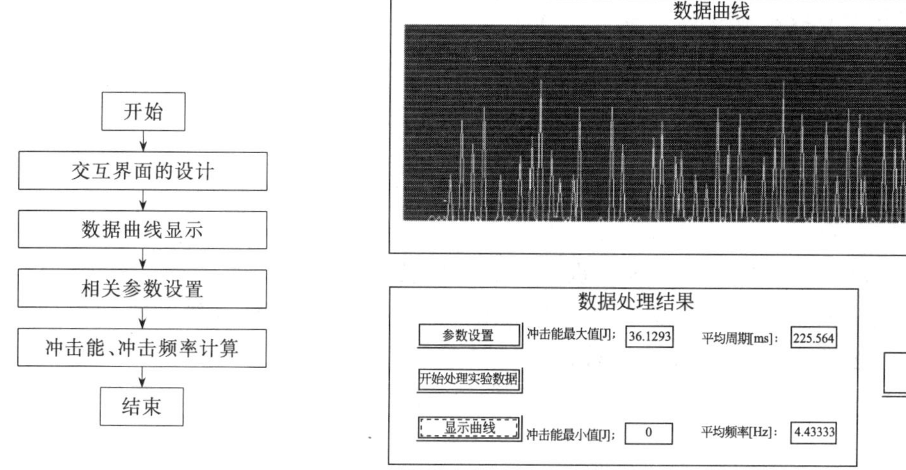

图 4-52 数据处理系统逻辑框架

图 4-53 气动冲击头冲击能实测结果

以测试直径为 ϕ60mm 的气动冲击头为例，它的总质量为 13kg，空气泵提供的气压为 0.7MPa。通过数据采集系统得到测试结果，气动冲击头单次冲击的最大冲击力为 625.5N，频率为 4.433Hz。根据冲击力法的测试原理，冲击能 $E=\frac{1}{2}Mv^2=\frac{1}{2}M\left(\frac{Ft}{M}\right)^2$。其中，$M$ 为冲击头的质量（13kg），t 为力作用时间（5×10^{-3}s），F 为测得的冲击力。通过上式，可以计算出气动冲击头的冲击能，实测中冲击能的最大值为 36.1J。测力系统的冲击能实测结果如图 4-53 所示。

习题与思考题

4-1 传感器的定义是什么？具有哪些特点？

4-2 典型传感器由几部分组成？试画出其组成框图，并说明各部分的作用。

4-3 传感器是如何分类的？

4-4 传感器的主要性能指标有哪些？都有什么要求？

4-5 分别说明变阻器式、电阻应变片式、半导体应变片式传感器的原理及应用。

4-6 分别说明电容式、电感式、磁电式、压电式及光电式传感器的变换原理。

4-7 举例说明基于传感器的计算机检测系统的基本组成。

4-8 试用某传感器设计一种测量电动机转速的原理方案，并加以说明。

4-9 有一批涡轮机叶片需要检测是否有裂纹，请列举出两种以上方法，并阐明所用传感器的工作原理。

4-10 选用传感器主要考虑哪些方面？其基本原则是什么？

5　机电一体化中的伺服传动技术

本章要求掌握伺服系统的基本组成部分及其作用；熟悉常用的直流伺服电动机误差分析及动态校正，交流伺服电动机变频调速，步进电动机驱动和控制；通过典型实例了解电液位置、速度控制系统，电液力控制系统。

5.1　概述

伺服传动技术是指执行系统和机构中的一些技术问题。伺服（servo）即“伺候服侍”的意思，是在控制指令的指挥下控制驱动元件，使机械系统的运动部件按指令要求进行运动。伺服系统主要用于机械设备位置和速度的动态控制，在数控机床、工业机器人、坐标测量机以及自动导引车等自动化制造、装配及测量设备中，已经获得非常广泛的应用。

5.1.1　伺服系统的结构组成及分类

伺服系统的结构类型繁多，其组成和工作状况也不尽相同。一般来说，伺服系统包含控制器、功率放大器、执行机构和检测装置四大部分，如图 5-1 所示。

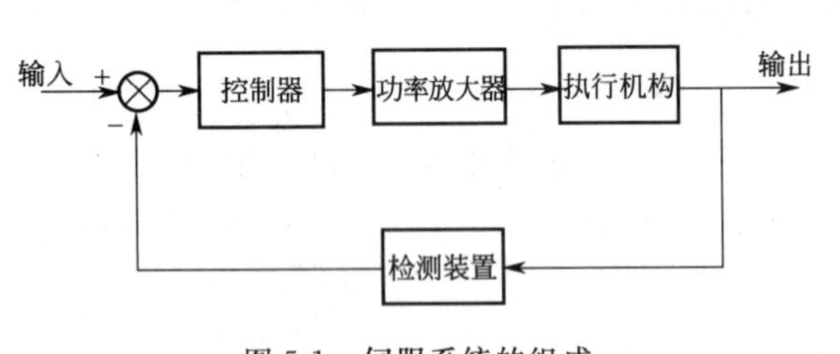

图 5-1　伺服系统的组成

（1）控制器

控制器的主要任务是根据输入信号和反馈信号决定控制策略。常用的控制算法有 PID（比例、积分、微分）控制和最优控制等。控制器通常由电子线路和计算机组成。

（2）功率放大器

伺服系统中的功率放大器的作用是将信号进行放大，驱动执行机构完成某种操作。现代机电一体化系统中的功率放大装置主要采用各种电力电子器件组成。

（3）执行机构

执行机构主要由伺服电动机或液压伺服机构和机械传动装置等组成。目前，采用电动机作为驱动元件的执行机构占较大的比例。伺服电动机包括步进电动机、直流伺服电动机、交流伺服电动机等。

（4）检测装置

检测装置的任务是测量被控制量（即输出量）实现反馈控制。伺服传动系统中，用来检测位置量的检测装置有自整角机、旋转变压器、光电码盘等。用来检测速度信号的检测装置有测速发电机、光电码盘等。应当指出，检测装置的精度至关重要，无论采用何种控制方案，系统控制精度总是低于检测装置的精度。对检测装置的要求除精度高外，还要求线性度好、可靠性高、响应快等。

伺服系统的种类很多，按其驱动元件性质划分，可分为液压（或气动）伺服系统和电气伺服系统。电气伺服系统又包括直流伺服系统、交流伺服系统和步进伺服系统。按其控制方式划分，可分为开环伺服系统和闭环伺服系统。

开环伺服系统优点是结构较为简单，技术容易掌握，调试、维护方便，工作可靠，成本低。缺点是精度低、抗干扰能力差。适用于精度、速度要求不高，成本要求低的机电一体化系统。闭环伺服系统采用反馈控制原理，具有精度高、调速范围宽、动态性能好等优点。缺点是系统结构复杂、成本高等。适用于高精度、高速度的机电一体化系统。

5.1.2 伺服电动机

伺服电动机是电气伺服系统的执行元件，其作用是把电信号转换为机械运动。各种伺服电动机各有特点，适用于不同性能的伺服系统。电气伺服系统的调速性能、动态特性、运动精度等，均与该系统的伺服电动机的性能有着直接的关系。通常伺服电动机应符合如下基本要求：

ⅰ. 具有宽广而平滑的调速范围；

ⅱ. 具有较硬的机械特性和良好的调节特性；

ⅲ. 具有快速响应特性；

ⅳ. 空载始动电压小。

以下仅对目前常用的直流伺服电动机、交流伺服电动机、步进电动机的结构特点及应用范围等做一基本的介绍。

5.1.2.1 直流伺服电动机

直流伺服电动机分为永磁直流伺服电动机、无槽电枢直流伺服电动机、空心杯电枢直流伺服电动机、印制绕组直流伺服电动机等。

(1) 永磁直流伺服电动机（图 5-2）

永磁直流伺服电动机，指以永磁材料获得磁场的一类直流电动机。永磁直流伺服电动机的结构与一般直流电动机相似，只是电枢铁芯长度与直径的比较大，气隙较小。永磁直流伺服电动机具有体积小、转矩大、力矩和电流成比例、伺服性能好、功率体积比大、功率重量比大、反应迅速、稳定性好等优点。目前广泛应用于国防工业、工厂自动化、仪表、家用电器、办公自动化等领域，是机电一体化系统中重要的执行元件。

(2) 无槽电枢直流伺服电动机

无槽电枢直流伺服电动机的励磁方式为电磁式或永磁式，其电枢铁芯为光滑圆柱体，电枢绕组用耐热环氧树脂固定在圆柱铁芯表面，气隙大。无槽电枢直流伺服电动机，除具有一般直流伺服电动机的特点外，其转动惯量小、机电时间常数小、换向良好，一般用于需要快速动作、功率较大的伺服系统。

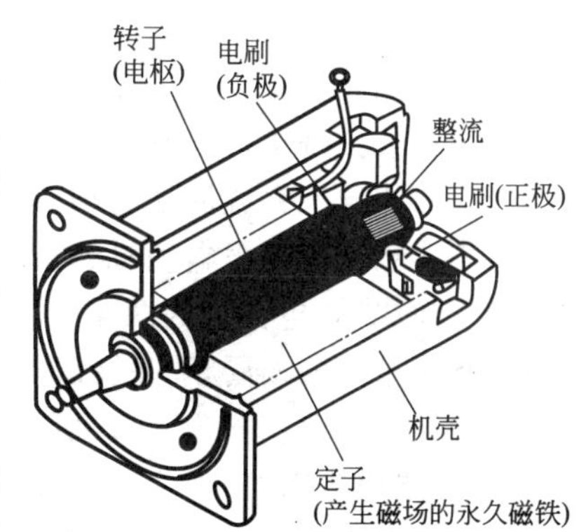

图 5-2 永磁直流伺服电动机结构

(3) 空心杯电枢直流伺服电动机（图 5-3）

空心杯电枢直流伺服电动机的励磁方式采用永磁式，其电枢绕组用环氧树脂浇注成杯形，空心杯电枢内外两侧均有铁芯构成磁路。空心杯电枢直流伺服电动机，除具有一般直流伺服电动机的特点外，其转动惯量小、机电时间常数小、换向良好、低速运转平滑、能快速响应、寿命长、效率高。空心杯电枢直流伺服电动机用于快速动作的伺服系统，如机器人的腕关节、臂关节及其他高精度伺服系统。

(4) 印刷绕组直流伺服电动机（图 5-4）

印刷绕组直流伺服电动机的励磁方式采用永磁式，在圆形绝缘薄板上印刷裸露的绕组构成电枢，磁极轴向安装，具有扇面形极靴。印刷绕组直流伺服电动机换向性能好、旋转平稳、机电时间常数小、具有快速响应特性、低速运转性能好、能承受频繁的可逆运转，适用于低速和启动、反转频繁的伺服系统，如机器人关节控制。

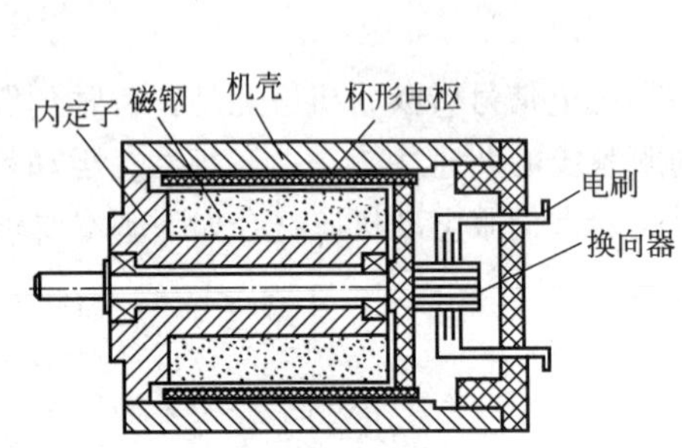

图 5-3 空心杯电枢直流伺服电动机结构

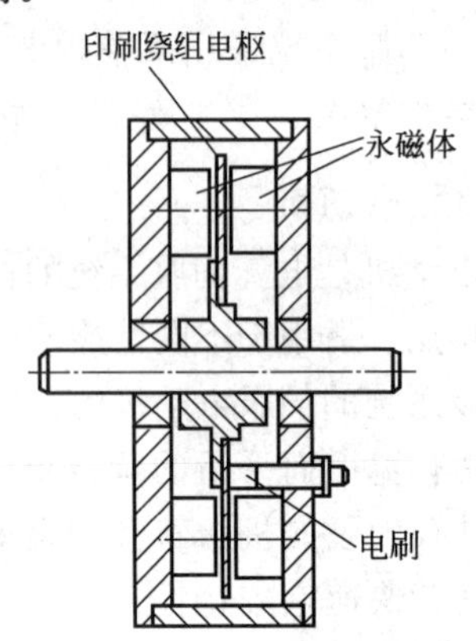

图 5-4 印刷绕组直流伺服电动机结构

5.1.2.2 交流伺服电动机

交流伺服电动机，由于克服了直流伺服电动机存在的电刷和机械换向器而带来的各种限制，特别适用于一般直流伺服电动机不能胜任的工作环境。随着电力电子技术、计算机技术和控制理论的发展，交流伺服系统控制困难问题得到了解决。因此，在机电一体化系统中获得了广泛的应用。交流伺服电动机主要有异步型交流伺服电动机和同步型交流伺服电动机。

（1）永磁同步伺服电动机

同步伺服电动机主要由转子和定子两大部分组成。在转子上装有特殊形状的高性能永磁体，用以产生恒定磁场，无需励磁绕组和励磁电流。电动机的定子铁芯上，绕有三相电枢绕组，接在可控的变频电源上。为使电动机产生稳定的转矩，电枢电流磁动势必须与磁极同步旋转。因此，在结构上必须装有转子永磁铁的磁极位置检测器，随时检测出磁极的位置，并以此为依据使电枢电流实现正交控制。即同步伺服电动机实际上包括定子绕组、转子磁极、磁极位置传感器三大部分。为了检测电动机的实际运行速度或进行位置控制，通常在电动机轴的非负载端，安装速度传感器和位置传感器，如测速电动机、光电码盘等。永磁同步伺服电动机，在数控机床、工业机器人等小功率控制系统中，获得了较为广泛的应用。

（2）两相异步交流伺服电动机

两相异步交流伺服电动机的结构分为两大部分，即定子部分和转子部分。在定子铁芯中安放着空间成 90°电角度的两相定子绕组，其中一相为励磁绕组，始终通以交流电压；另一相为控制绕组，输入同频率的控制电压，改变控制电压的幅值或相位可实现调速。转子的结构通常为笼形。两相异步交流伺服电动机主要用于小功率控制系统中。

5.1.2.3 步进电动机

步进电动机是一种将脉冲信号转换成角位移的执行元件。对这种电动机施加一个电脉冲后，其转轴转过一个角度，称为一步；脉冲数增加，角位移随之增加；脉冲频率高，则电动机旋转速度就高，反之则慢；分配脉冲的相序改变后，电动机反转。这种电动机的运动状态与通常均匀旋转的电动机有一定的差别，是步进形式运动，故称其为步进电动机。步进电动机的种类很多，这里就工业广泛应用的三种步进电动机的结构特点做一简单介绍。

（1）反应式步进电动机

反应式步进电动机亦称磁阻式（VR）步进电动机，其基本结构主要由定子和转子两部分组成。其定子和转子磁路均由软磁材料制成，定子有若干对磁极，磁极上有多相励磁绕组，在转子的圆柱面上有均匀分布的小齿。利用磁阻的变化产生转矩。励磁绕组的相数，一般为三相、四相、五相、六相等。反应式步进电动机有如下特点：

ⅰ. 气隙小，为了提高反应式步进电动机的输出转矩，气隙都取得很小；

ⅱ. 步距角小，因反应式步进电动机定子和转子采用软磁材料制成，依靠磁阻变化产生转矩，在机械加工所能允许的最小齿距情况下，转子的齿距数可以做得很多；

ⅲ. 励磁电流较大，要求驱动电源功率较大；

ⅳ. 电动机的内部阻尼较小，当相数较少时，单步运行振荡时间较长；

ⅴ. 断电时没有定位转矩。

(2) 永磁式步进电动机

永磁式步进电动机中转子或定子的某一方为永磁体，而另一方由软磁材料和励磁绕组制成，绕组轮流通电，建立的磁场与永磁体的恒定磁场相互作用产生转矩。励磁绕组一般做成两相或四相控制绕组。永磁步进电动机有如下特点：

ⅰ. 步距角大，一般为 15°、22.5°、30°、45°、90°等，这是因为在一个圆周上受到极弧尺寸的限制，磁极数不能太多；

ⅱ. 控制功率较小，效率高；

ⅲ. 电动机的内部阻尼较大，单步运行振荡时间短；

ⅳ. 断电时有一定的定位转矩。

(3) 永磁感应式步进电动机

这种电动机在转子上有永磁体，可以看做永磁式步进电动机。但是，从定子的导磁体来看，又和反应式步进电动机相似。因而，它既具有反应式步进电动机步距角小、响应频率高的优点，又具有永磁式步进电动机励磁功率小、效率高的优点。它是反应式和永磁式步进电动机的结合。因此，又称为混合式步进电动机。

5.1.3　电力电子技术简介

电气控制系统中功率放大器的实质是实现对电能的变换和控制，故也称为变流器。它包括电压、电流、频率、波形和相数等变换。各种功率放大器按其功能可分成下列几种类型。

① AC/DC 变流器　把交流电变换成固定的或可调的直流电，也称为整流器。

② DC/AC 变流器　把固定的直流电变换成固定或可调的交流电，也称为逆变器。

③ AC/AC 变流器　把固定的交流电变换成可调的交流电，包括改变频率或电压。

④ DC/DC 变流器　把固定的直流电变换成可调的直流电，也称为斩波器。

功率放大器由开关器件、电感、电容以及保护电路和驱动电路组成。开关器件性能的优劣在很大程度上由功率放大器的技术经济指标决定。常用的电力电子器件有：晶闸管 SCR、功率晶体管 GTR，功率场效应晶体管 MOSFET、绝缘栅双极晶体管 IGBT、MOS 栅控晶闸管 MCT 以及智能功率集成电路。下面就 SCR、GTR 和 IGBT 及线路做简单介绍。

5.1.3.1　晶闸管 SCR

晶闸管是三端四层器件，如图 5-5(a) 所示，其电路符号如图 5-5(c) 所示，A 为阳极、K 为阴极，G 为门极（或控制极）。若把晶闸管看成由两个晶体管（$P_1N_1P_2$、$N_1P_2N_2$）构成，如图 5-5(b) 所示，则其等效电路可表示为图 5-5(d)。

晶闸管的开关特性如下：

ⅰ. 起始时，若控制极 G 不加电压，则不论阳极 A 加正向电压还是加反向电压，晶闸

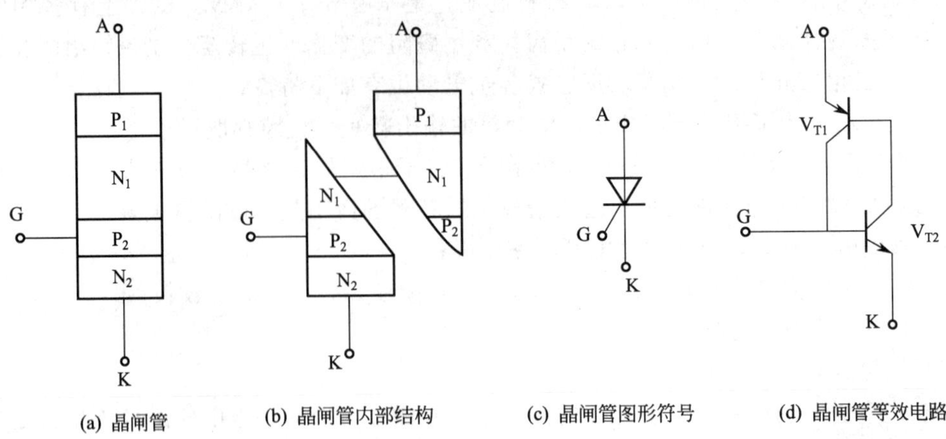

(a) 晶闸管 (b) 晶闸管内部结构 (c) 晶闸管图形符号 (d) 晶闸管等效电路

图 5-5 晶闸管结构、等效电路及符号

管均不导通，这说明晶闸管具有正、反向阻断能力；

ⅱ. 晶闸管的阳极 A 和控制极 G 同时加正向电压时晶闸管才能导通，这是晶闸管导通必须具备的条件；

ⅲ. 在晶闸管导通之后，其控制极 G 就失去了控制作用，欲使晶闸管恢复阻断状态，必须把阳极电流降低到一定值（小于维持电流）。

图 5-6 所示为单相桥式全控整流电路及电阻性负载下波形。当变压器 T 二次电压 u_2 处于正半周时（即 a 端正，b 端负），在控制角为 α 的瞬间给 VT_1 和 VT_4 加触发脉冲。VT_1 和 VT_4 即导通，这时电流从电源 a 端经 VT_1、R、VT_4 流回电源 b 端。这期间 VT_2 和 VT_3 均承受反向电压而截止。当电源电压过零，电流也降到零时，VT_1 和 VT_4 即关断。

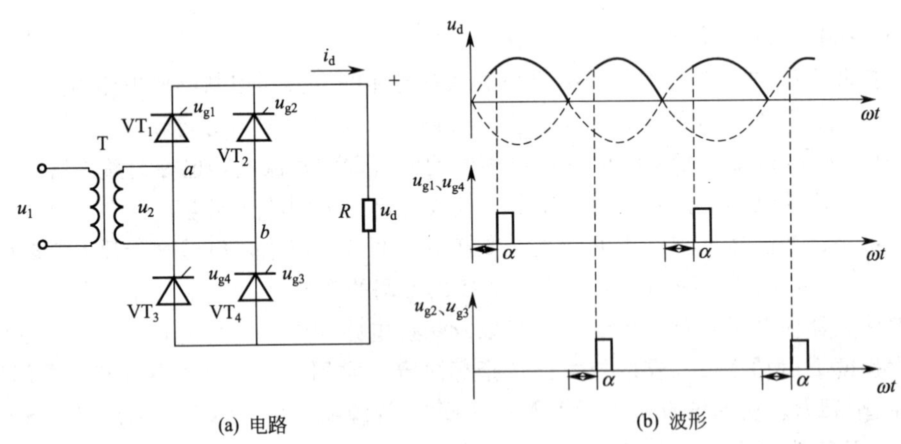

(a) 电路 (b) 波形

图 5-6 单相桥式全控整流电路及电阻性负载下波形

当电源电压为负半周期时，如仍相应地在控制角为 α 时，触发晶闸管 VT_2 和 VT_3，则 VT_2 和 VT_3 导通。电流从电源 b 端经 VT_2、R、VT_3 流回电源的 a 端。一周期完毕电压过零时，电流亦降到零。在负半周期，VT_1 和 VT_4 均承受反向电压而截止。很显然，两组触发脉冲的相位相差 180°。再使 VT_1 和 VT_4 导通，如此循环工作。通过改变触发控制角 α 就可获取负载所需的不同大小的整流电压。所以，整流电路的控制实际上就是触发控制角 α 的控制。晶闸管整流器还有许多形式，如三相半波、三相全控桥式整流器等。按负载性质则有电阻性、电容性、电感性、反电动势以及混合性整流器等。

5.1.3.2 功率晶体管 GTR

GTR 是指双极型功率晶体管，它由三层半导体（两个 PN 结）构成，有 PNP 型和 NPN 型两种，图 5-7 所示为 NPN 型功率晶体管的结构和图形符号。N^+P 构成发射结，PN 构成集电结；N^+ 为发射区，e 为发射极；c 为集电极；P 为基区，b 为基极。功率晶体管的工作原理与普通晶体管相同，此处不再赘述。

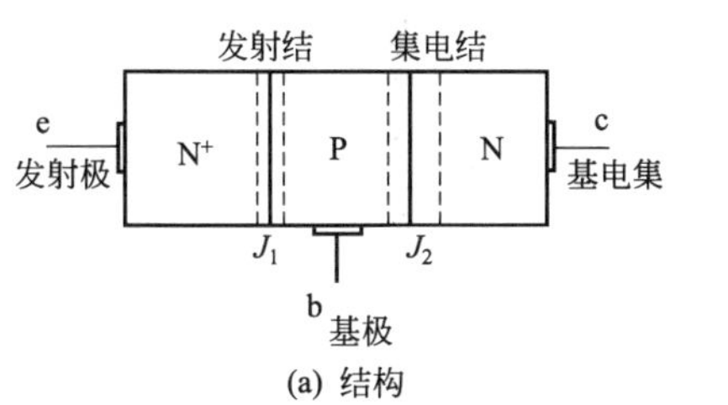

(a) 结构

(b) 图形符号

图 5-7 NPN 型功率晶体管的结构和图形符号

为了扩大晶体管容量和简化驱动电路，经常将晶体管做成模块结构形式，用集成电路工艺将达林顿功率晶体管、续流二极管、加速二极管等集成在同一芯片上而做成模块，如图 5-8 所示。

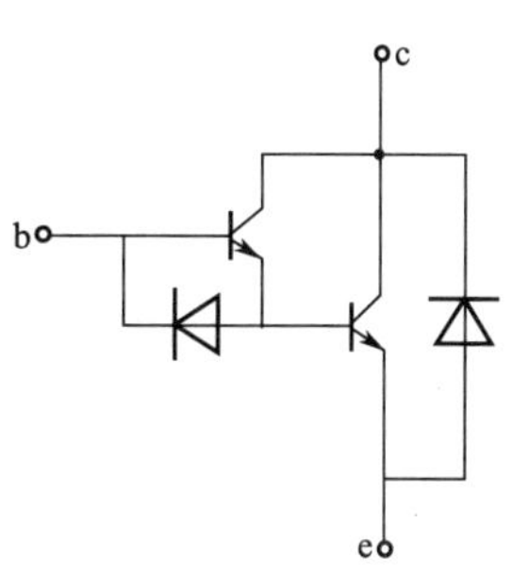

图 5-8 晶体管模块

晶体管可以工作在截止、有源放大、饱和三种工作状态。在变流技术应用中，晶体管只作为开关使用，工作于截止、饱和状态。在状态转换过程中，为了使晶体管快速地通过有源放大区、功率损耗最低而又安全可靠，必须合理地设计基极驱动电路。理想的基极驱动电路应满足如下条件：开通时要过驱动；正常导通时要浅饱和；关断时要反偏。基极驱动电路依据被驱动的晶体管或模块的要求而有所不同。图 5-9 所示为一种基极驱动电路和波形图。目前，已经开发出混合集成驱动电路模块，并已形成系列化产品。

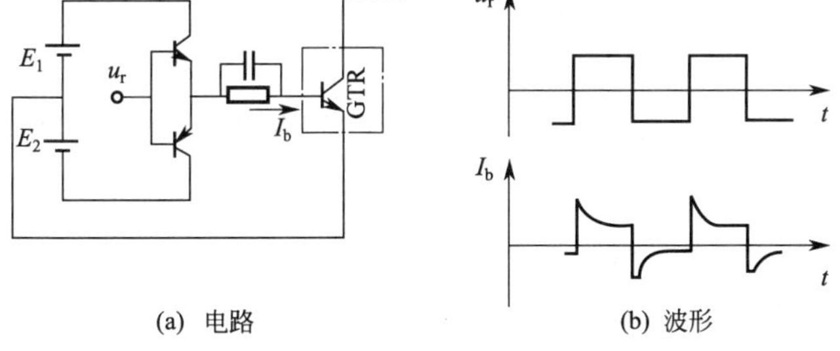

(a) 电路

(b) 波形

图 5-9 基极驱动电路和波形图

5.1.3.3 绝缘栅双极晶体管 IGBT

IGBT 是一种既具有功率晶体管的高电流密度、低饱和电压，又具有功率场效应晶体管的高输入阻抗、高速特性的一种新型复合功率开关器件。

IGBT 的基本结构是在 N 沟道 MOSFET 的漏极（N^+ 基板）加一层 P^+ 基板（IGBT 的集电极）形成由 PNP-NPN 晶体管互补联结的四层结构，如图 5-10 所示。这种结构恰似

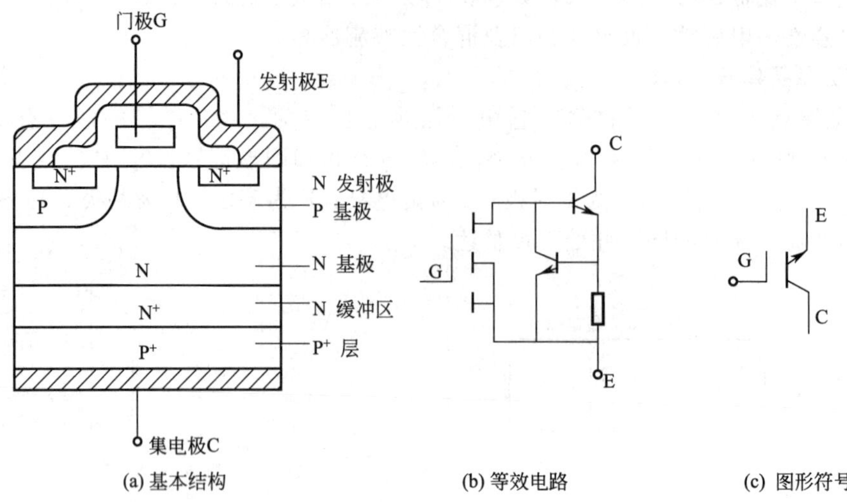

图 5-10 IGBT 基本结构、等效电路和图形符号

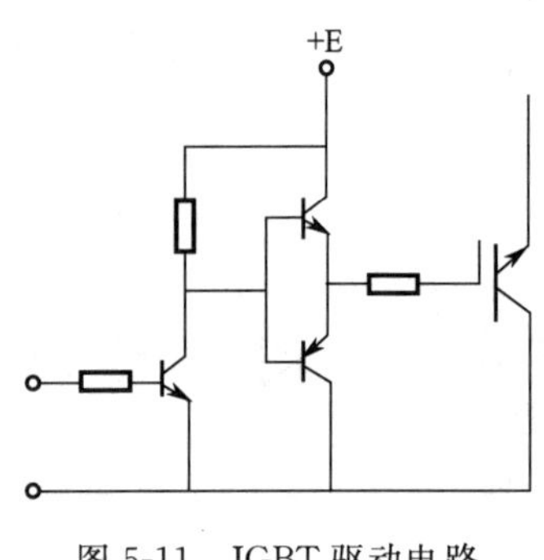

图 5-11 IGBT 驱动电路

P-N-P-N 晶闸管的等效电路。在制造时，NPN 晶体管的基极和发射极由铝电极短路，尽可能使 NPN 不起作用。因此，IGBT 的工作基本与 NPN 晶体管无关，可以认为是将 N 沟道 MOSFET 作为输入级，PNP 晶体管作为输出级的单向达林顿晶体管。

IGBT 的开关作用是通过加正向门电压形成沟道，给 PNP 晶体管提供基极电流，使 IGBT 导通。反之，加反向门极电压消除沟道，流过反向基极电流，使 IGBT 关断。

IGBT 的驱动电路的方式有很多种，图 5-11 所示为一种驱动电路。

5.2 直流伺服系统及应用

采用直流伺服电动机作为执行元件的伺服系统，称为直流伺服系统。直流伺服系统种类繁多，根据伺服电动机、功率放大器、检测元件、控制器的种类，以及反馈信号与指令比较方式等，可分为不同类型的直流伺服系统。本节以鉴幅型位置直流伺服系统为例，介绍其工作原理和静态、动态分析。

5.2.1 直流伺服系统结构和原理

如图 5-12 所示为鉴幅型直流伺服系统的原理图。现将图中各环节的工作原理介绍如下。

5.2.1.1 位置检测与信号综合环节

（1）旋转变压器

旋转变压器是一种输出电压随转角变化的角位移测量装置。它的结构通常做成两极电动机的形式，其定子、转子均由硅钢片叠压而成，定子和转子上各有两套在空间上完全正交的绕组。

旋转变压器的工作原理与普通变压器相似。普通变压器的输入、输出两个绕组的位置是固定的，所以输出电压与输入电压之比为一个常数。由于旋转变压器的输入、输出绕组分别固定在定子和转子上，所以输出电压大小与转子位置有关。图 5-13 所示为旋转变压器原理。

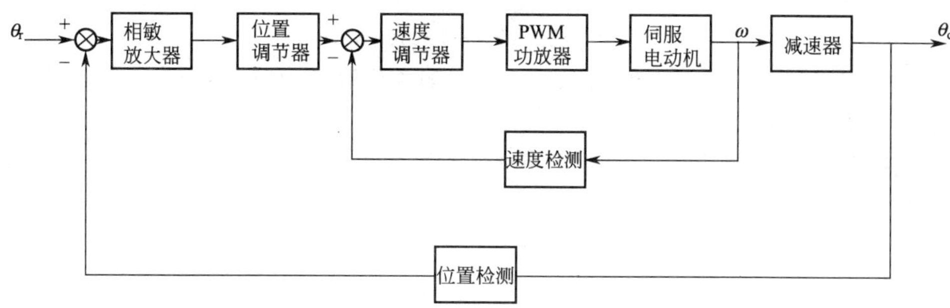

图 5-12 鉴幅型直流伺服系统原理

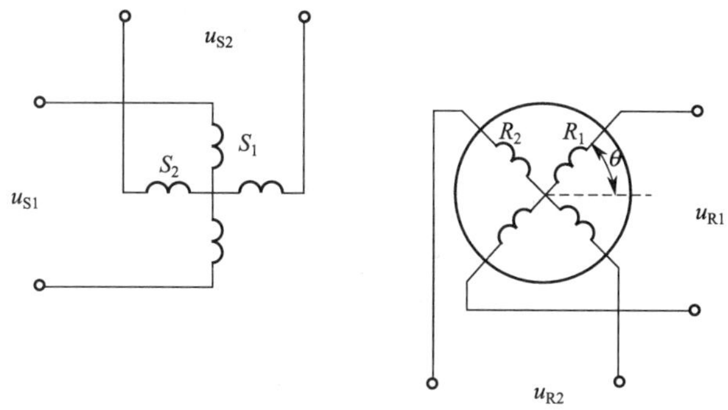

图 5-13 旋转变压器原理

当定子绕组 S_1 和 S_2 分别由两个幅值相等、相位相差 90°的正弦交流电压 u_{S1}、u_{S2}励磁，即

$$u_{S1}=u_m\sin\omega t \tag{5-1}$$

$$u_{S2}=u_m\cos\omega t \tag{5-2}$$

在气隙中产生旋转磁场。转子绕组 R_1 和 R_2 中分别产生感应电压为

$$u_{R1}=m(u_{S1}\cos\theta+u_{S1}\sin\theta) \tag{5-3}$$

$$u_{R2}=m(u_{S2}\cos\theta+u_{S2}\sin\theta) \tag{5-4}$$

式中 m——旋转变压器变压比；

θ——旋转变压器转子相对定子的转角。

上式是余弦旋转变压器的基本运算关系。采用旋转变压器测量转角有多种方式，通常有相位工作方式和幅值工作方式。随着大规模集成电路的发展，已有专门集成电路，可把旋转变压器的转角直接转换成数字量输出，可以方便地输入计算机中。

下面介绍用一对旋转变压器检测给定轴（系统的输入轴）与执行轴（系统的输出轴）角差的原理，原理如图 5-14 所示。旋转变压器 BRT 的转子与给定轴连接，其转角为 θ_r（即系统的输入量），旋转变压器 BRR 的转子与执行轴连接，其转角为 θ_c（即系统的输出量）。在 BRT 定子绕组加一交流励磁电压 u_f，其运算关系如下。

$$u_f=U_m\sin\omega t \tag{5-5}$$

$$u_{RT1}=u_{RR1}=mu_f\sin\theta_c \tag{5-6}$$

$$u_{RT2}=u_{RR2}=mu_f\cos\theta_c \tag{5-7}$$

$$\begin{aligned}u_{RT1}&=\frac{1}{m}u_{RR1}\cos\theta_c-\frac{1}{m}u_{RR2}\sin\theta_c\\&=u_f\sin(\theta_r-\theta_c)\end{aligned} \tag{5-8}$$

当 $\theta_r-\theta_c$ 较小时，$\sin(\theta_r-\theta_c)\approx\theta_r-\theta_c$

$$u_B\approx u_f K_B(\theta_r-\theta_c)=U_m K_B\Delta\theta\sin\omega t \tag{5-9}$$

式中 K_B——比例系数，由 $\Delta\theta$ 单位决定，若 $\Delta\theta$ 的单位取 deg(°)，$K_B=1/57.3$，V/(°)；

$\Delta\theta$——角差，(°)。

从上式可见，输出电压 u_B 的幅值正比于角差 $\Delta\theta$。当 $\theta_r<\theta_c$ 时，u_B 反相位，即 $u_B=U_m|\Delta\theta|\sin(\omega t+\pi)$。

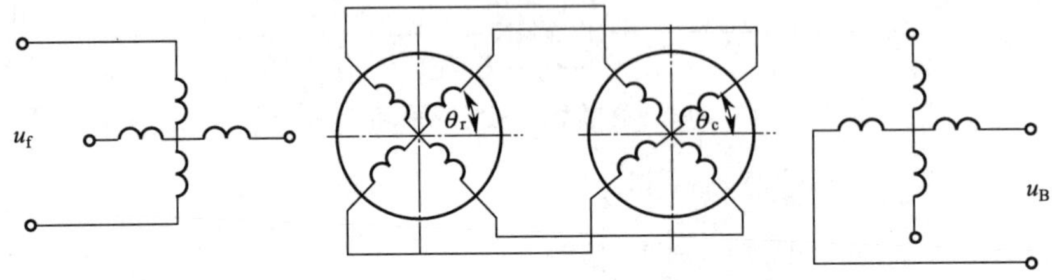

图 5-14 旋转变压器角差测量原理

上述检测角差方式中，其输入信号 θ_r 必须是机械量（转角）。但是，许多情况下输入信号 θ_r 的形式是电信号。例如，工业机器人或数控车床伺服系统的输入信号，是来自上一级计算机或电子控制装置的电信号（如数码或电压信号）。此时，可以采用电子线路来实现图 5-15 中旋转变压器 BRT 的运算功能。

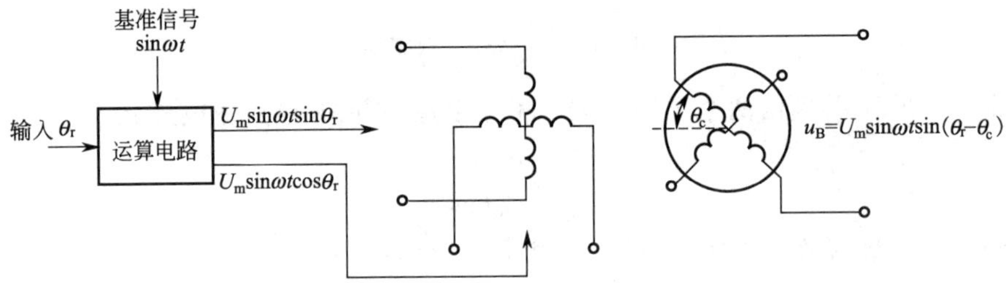

图 5-15 由电子线路和旋转变压器构成的角差测量原理

两极旋转变压器测角精度可达几分，对于高精度的要求，可选用多极旋转变压器，其最高精度可达 3″～7″。

（2）相敏放大器

相敏放大器也称为鉴幅器。它的功能是将交流电压转换为与之成正比的直流电压，并使它的极性与输入的交流电压的相位相适应。相敏放大器种类很多，现以图 5-16(a) 所示相敏放大器为例进行分析。图中输入信号 u_1 来自旋转变压器的输出并经过功率放大的信号，经变压器 T 耦合，其二次电压为 u_{21}、u_{22}，辅助电源电压 u_s 与旋转变压器的励磁电压 u_f 是同频率、同相位的交流电压。当 u_1 与 u_s 的相位相同时（即 $\Delta\theta>0$ 的情况），u_s 为正半周时 V_1 管导通，u_s 为负半周时 V_2 管导通。相敏放大器的输出电压 u_b 为正极性的直流电压，u_b' 的平均值与 u_1 的幅值成正比，波形如图 5-16(b) 中实线部分所示。若 u_1 与 u_s 的相位相差 π 时（即 $\Delta\theta<0$ 的情况），则相敏放大器的输出 u_b' 为负极性的直流电压，波形如图 5-16(b) 中虚线部分所示。

总之，相敏放大器的任务主要为：

ⅰ. 将输入交流电压变换成直流电压；

ⅱ. 当输入交流电压相位相差 π 时，输出的直流电压极性亦随之改变，即输出直流电压的极性，反映了输入电流电压的相位；

ⅲ. 输出直流电压的数值与输入交流电压的幅值成正比。

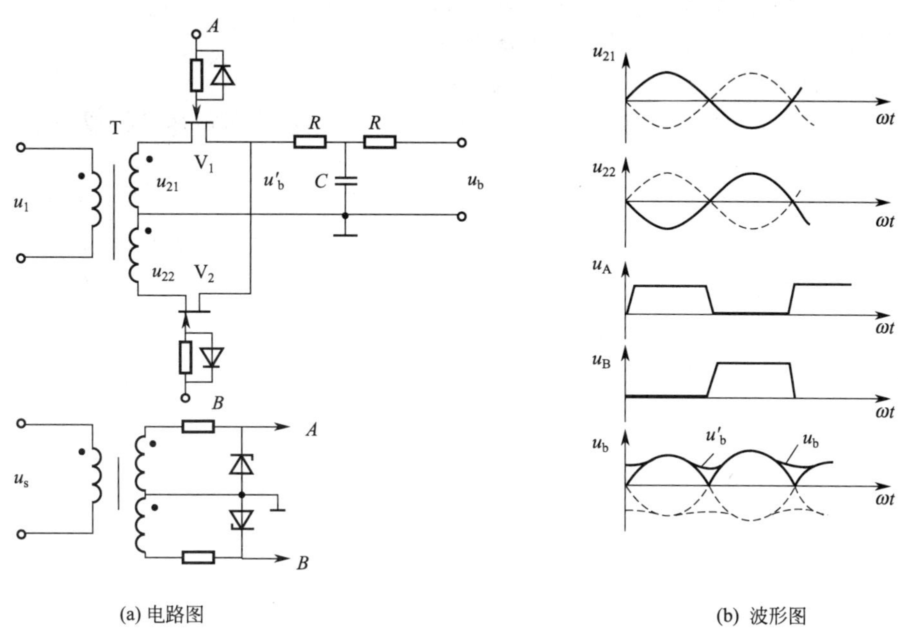

(a) 电路图　(b) 波形图

图 5-16　相敏放大器原理图及波形

相敏放大器输出是脉动的直流电压，必须采用滤波器，将其变成平滑的直流电压 u_b。应注意，滤波器的时间常数不能太大，否则将影响系统的快速性。旋转变压器的励磁电源通常采用中频交流电源供电，频率范围在 400～1000Hz，也可以更高。这一点有利于减小滤波时间常数。本例中采用 RC 电路组成的一阶滤波器。

(3) 位置检测与信号综合环节

位置检测与信号综合环节的原理如图 5-17(a) 所示。旋转变压器组完成位置检测与信号综合功能。放大器和相敏放大器承担信号变换任务。其传递函数为

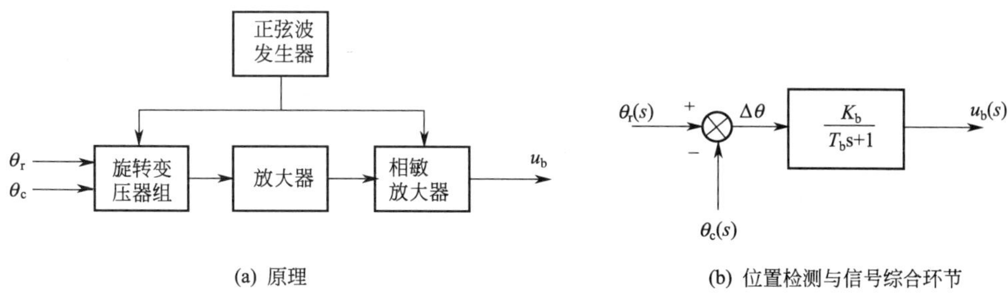

(a) 原理　(b) 位置检测与信号综合环节

图 5-17　相敏放大器原理及位置检测与信号综合环节

$$\Delta\theta(s)=\theta_r(s)-\theta_c(s) \tag{5-10}$$

$$G_b=\frac{U_b(s)}{\Delta\theta(s)}=\frac{K_b}{T_b s+1} \tag{5-11}$$

$$K_b=K_B K_a K_{p'}$$

式中　K_b——系数，V/(°)；

K_B——旋转变压器组的比例系数；

K_a——放大器的放大系数；

$K_{p'}$——相敏放大器的比例系数；

T_b——滤波时间常数，$T_b=RC$，s。

位置检测与信号综合环节如图 5-17(b) 所示。

5.2.1.2 脉宽调节型（PWM）功率放大器

PWM 功率放大器的基本原理是利用大功率开关作用，将直流电压转换成一定频率的方波电压，通过对方波脉冲电压的控制，改变输出电压的平均值。

(1) PWM 变换器

图 5-18 是利用 PWM 调速的原理示意图，将图 5-18(a) 中的开关 S 周期性地开关，在一个周期 T 内闭合的时间为 τ，则外加的固定直流电压 U，被按一定频率开闭的开关 S 加到电动机的电枢上，电枢上的电压波形将是一列方波，其高度为 U，宽度为 τ，如图 5-18(b) 所示。电枢两端的平均电压为

$$U_d = \frac{1}{T}\int_0^T U \mathrm{d}t = \frac{\tau}{T}U = \rho U \tag{5-12}$$

式中 ρ——导通率，或称占空比，$0<\rho<1$。

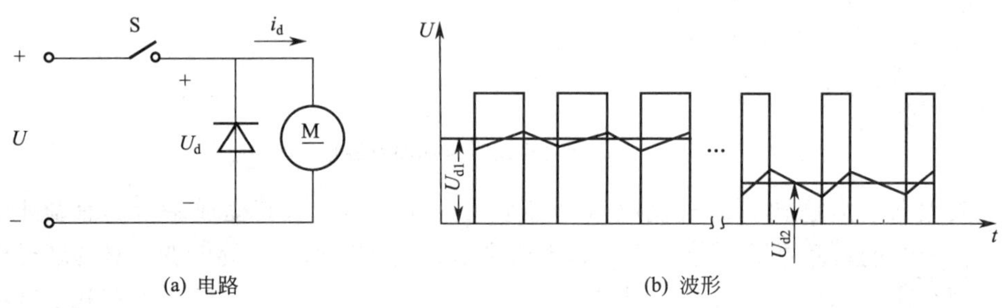

(a) 电路 (b) 波形

图 5-18 脉冲调速

当 T 不变时，只要改变导通时间 τ，就可以改变电枢两端的平均电压 U_d。当 τ 在 $0\sim T$ 范围内改变时，U_d 由零连续增大到 U。实际的 PWM 电路用自关断电力电子器件实现上述的开关作用，如 GTR、MOSFET、IGBT 等器件。

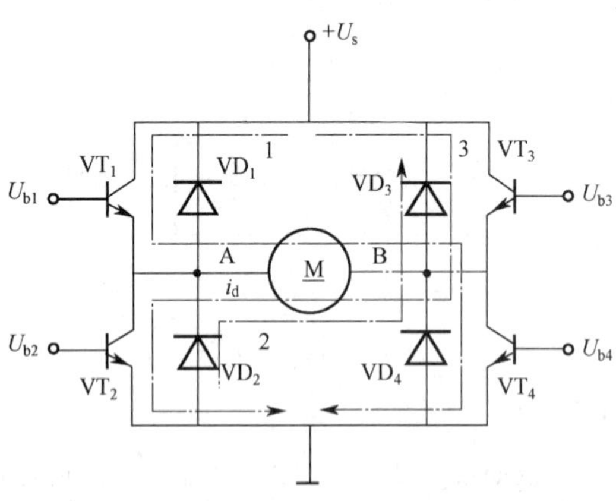

图 5-19 双极式 H 型可逆 PWM 变换器电路

图 5-18 中的二极管是续流二极管，当 S 断开时，由于电枢电感 L 的存在，电动机的电枢电流通过它形成续流回路。

可逆 PWM 变换器广泛采用双极式 H 型功率变换电路。图 5-19 所示为采用 GTR 的双极式 H 型可逆 PWM 变换器的电路原理。四个功率晶体管的基极驱动电压分为两组：VT_1 和 VT_4 同时导通和关断，其驱动电压 $U_{b1}=U_{b4}$，VT_2 和 VT_3 同时动作，其驱动电压 $U_{b2}=U_{b3}$。它们的波形如图 5-20 所示。

在一个开关的周期内，当 $0\leqslant t\leqslant t_{on}$ 时，U_{b1} 和 U_{b4} 为正，晶体管 VT_1 和 VT_4 饱和导通，而 U_{b2} 和 U_{b3} 为负，VT_2 和 VT_3 截止。这时正的电源电压（$+U_s$）加在电枢 A、B 两端，$U_{AB}=U_s$，电枢电流 i_d 沿回路 1 流通。当 $t_{on}\leqslant t\leqslant T$ 时，U_{b1} 和 U_{b4} 为负，VT_1 和 VT_4 截止；

U_{b2}和U_{b3}为正，但VT_2和VT_3不能立即导通，因为电枢电感释放储能形式的电流i_d沿回路2经VD_2、VD_3续流。VD_2、VD_3两端的电压降，使VT_2和VT_3的c-e极承受反压，这时$U_{AB}=-U_s$。在一个周期内，U_{AB}正负相间，这就是双极PWM变换器的特征。

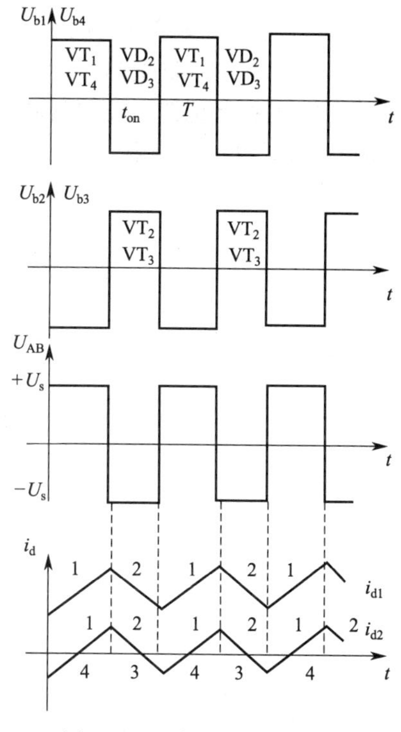

图 5-20　双极 PWM 变换器电压和电流波形

由于电压U_{AB}的正负变化，使电动机电流的波形根据负载轻重的不同分为两种情况：图5-20中的i_d表示电动机负载轻重的情况，这时平均负载电流大，在续流阶段（$t_{on}\leqslant t\leqslant T$），电流仍维持正方向，电动机始终工作在第一象限的电动状态（即正向电动状态）。i_{d2}表示电动机在轻载的情况，平均电流小，在续流阶段，电流很快衰减到零。于是VT_2、VT_3的c-e极反压消失，在负的电源电压（$-U_s$）和电枢反电动势的合成作用下，VT_2、VT_3导通，电枢电流方向沿回路3流通，电动机处于制动状态。同样可以分析，在$0\leqslant t\leqslant t_{on}$期间，负载轻时，电流也有一次倒向。

双极PWM变换器的特征就是在一个周期内，电压从$+U_s$变为$-U_s$。若想控制电动机的正转或反转，只需控制正、负脉冲的宽窄。当正脉冲较宽时，$t_{on}>2/T$，电枢两端的平均电压为正，电动机正转（图5-20的波形）。当正脉冲较窄时，$t_{on}<2/T$，平均电压为负，电动机反转。如果正、负脉冲宽度相等，$t_{on}=2/T$，平均电压为零，则电动机不转。

根据图5-20很容易导出，双极式可逆PWM变换器电枢两端平均电压的表达式为

$$U_d=\frac{t_{on}}{T}U_S-\frac{T-t_{on}}{T}U_S=\left(\frac{2t_{on}}{T}-1\right)U_S$$

仍定义占空比$\rho=U_d/U_S$，则ρ与t_{on}的关系为

$$\rho=\frac{2t_{on}}{T}-1$$

调速时ρ值的变化范围变成$-1\leqslant\rho\leqslant1$。当$\rho$为正时，电动机正转；$\rho$为负时，电动机反转；$\rho=0$时，电动机停止。

需要注意，$\rho=0$时电动机的停止与四个晶体管不导通时的电动机停止是有区别的。四个晶体管均不导通时，电动机是真正的停止；而$\rho=0$时电动机虽然不动，但是，电枢两端的瞬时电压和瞬时电流都不是零而是交变的，该电流的平均值为零，产生的平均力矩也为零，但电动机带有高频微振，能克服静摩擦阻力，消除正、反向的静摩擦死区。

双极式PWM变换器主要有如下优点：

ⅰ. 电流是连续的；

ⅱ. 可使电动机在四个象限中运行；

ⅲ. 电动机停止时，有微振电流，能消除摩擦死区；

ⅳ. 低速时每个晶体管的驱动脉冲仍较宽，有利于晶体管的可靠导通；

ⅴ. 低速时平稳性好，调速范围宽。

双极式PWM变换器的缺点：在工作过程中，四个功率晶体管都处于开关状态，开关损

耗大，且容易发生上、下两晶体管直通的事故。为了防止上、下两晶体管同时导通，在一晶体管关断和另一晶体管导通的驱动脉冲之间，应设置逻辑延时。

(2) PWM 的控制电路

PWM 的控制电路主要包括脉冲调制器、逻辑延时环节和晶体管基极驱动器等。其中最关键的部件是脉冲调制器。

① 脉冲调制器 是电压-脉冲变换器装置，输入是电压量 U_c，输出是宽度受 U_c 控制的脉冲量。

脉冲调制器有许多种类，下面以锯齿波脉宽调制器为例说明脉宽调制器原理。原理图如图 5-21 所示，运算放大器工作在开环状态，输出值总是在负饱和值与正饱和值之间跳变。

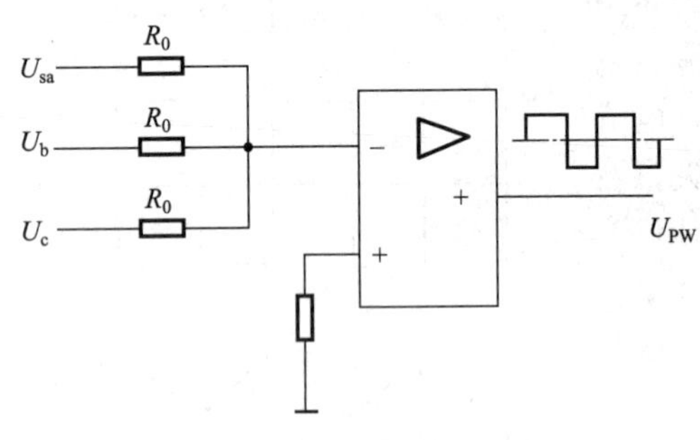

图 5-21 锯齿波脉宽调制器

加在运算放大器反相输入端的三个输入信号，一个是锯齿波调制信号，由锯齿波发生器提供，其频率是主电路所需要的开关调制频率。另一个是控制电压 U_c，其极性和大小可变。U_c 和 U_{sa} 相减，从而在运算放大器的输出端得到周期不变、脉冲宽度可变的调制输出电压 U_{PW}。对于不同控制方式的 PWM 变换器，对调制脉冲电压 U_{PW} 的要求不同。对于双极式可逆变换器，要求当输入平均电压 U_d 为零时，U_{PW} 的正、负脉宽相等，这就要求控制电压 U_c 也恰好为零。为此，在运算放大器的输入端引入第三个输入信号——负偏移电压 U_b，其值为

$$U_b = -\frac{1}{2}U_{samax} \tag{5-13}$$

这时 U_{PW} 的波形如图 5-22(a) 所示。

当 $U_c>0$ 时，$+U_c$ 和 $-U_c$ 的作用相减（即与 U_{sa} 相加），则在运算放大器输入端的三个信号合成，电压为正，宽度变大，经运算放大器倒相后，输出脉冲电压 U_{PW} 的正半波变窄，如图 5-22(b) 所示。

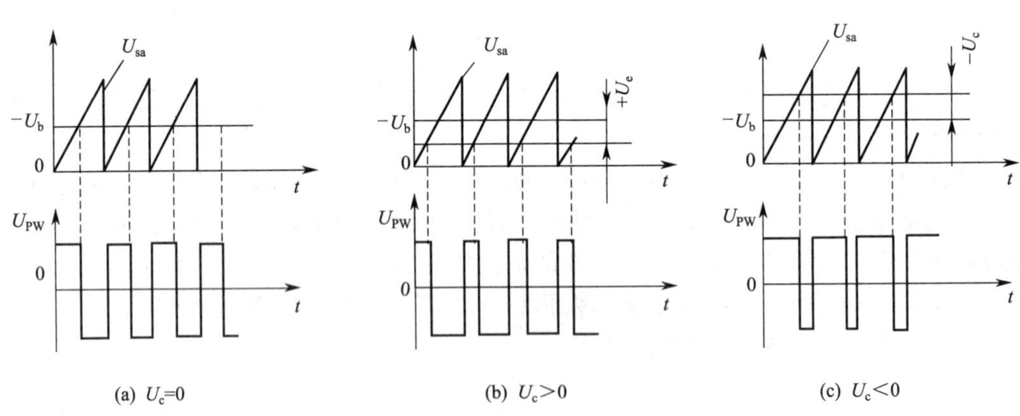

图 5-22 锯齿波脉宽调制波形

当 $U_c<0$ 时，$-U_c$ 和 $+U_c$ 的作用相加，则情况相反，输出脉冲电压 U_{PW} 的正半波变宽，如图 5-22(c) 所示。这样，改变控制电压 U_c 的极性，也就改变了双极式 PWM 变换器输出平均电压的极性，因而改变了电动机的转向。改变 U_c 的大小，可调节输入脉冲的宽

度，从而调节电动机转速的高低。只要锯齿波的线性度足够好，输出脉冲的宽度和控制电压 U_c 的大小成正比。

② 逻辑延时环节　在可逆 PWM 变换器中，跨接在电源两端的上、下两个晶体管，经常交替导通和截止。由于晶体管的关断过程中有一段关断时间 t_{off}，在这段时间内晶体管并未完全关断，如果在此期间，另一个晶体管已经导通，则将造成上、下两晶体管直通，从而使电源正负极短路。为了避免发生这种情况，设置了逻辑延时环节 DLD，保证在对一个晶体管发出关闭脉冲后（图 5-23 中的 U_{b1}），延时 t_{id} 后再发出对一个晶体管的开通脉冲（如 U_{b2}）。

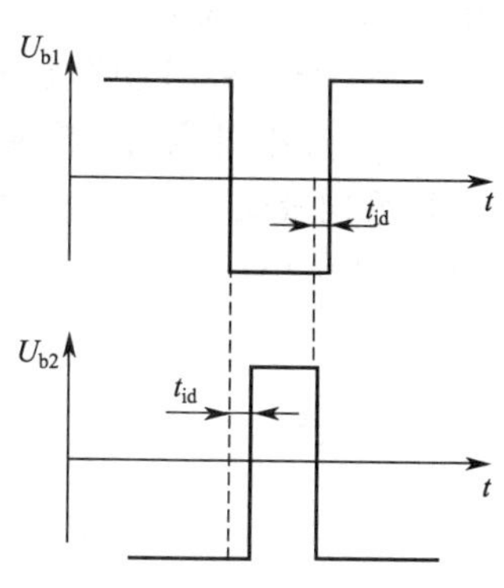

图 5-23　考虑开通延时的基极脉冲电压信号

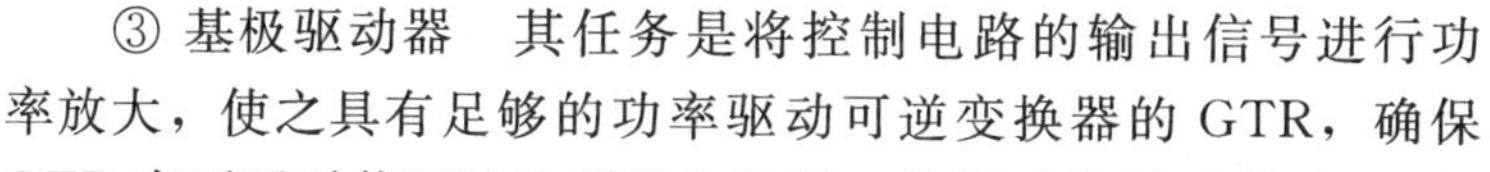

③ 基极驱动器　其任务是将控制电路的输出信号进行功率放大，使之具有足够的功率驱动可逆变换器的 GTR，确保 GTR 在开通时能迅速达到饱和导通，关闭时能迅速截止。因此，凡能达到这个目标的电路均可选用。

需要注意的是在 PWM 可逆线路中，各个功率晶体管没有公共的接地端。因此，每只功率晶体管都必须有各自的独立驱动器。而控制电路是公共的，通常采用光电耦合器实现控制电路和主电路之间信号的传递和电气隔离。图 5-24 所示是一种采用光电耦合器控制的具有反偏压的基极驱动电路。图中 A 点接受来自逻辑延时环节的脉冲宽度调制信号，经光电耦合器 GD 和功率放大器 VT_1～VT_5 加到功率开关晶体管 VT_6 的基极回路，实现开关功能。

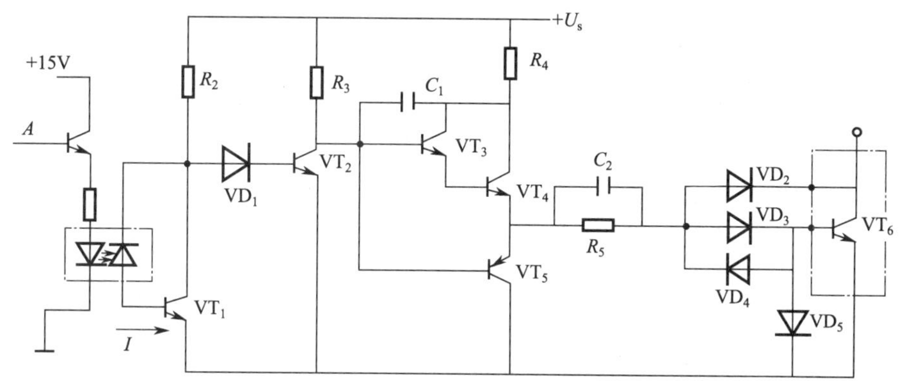

图 5-24　具有反偏压的基极驱动电路

（3）PWM 功率放大器的传递函数

根据 PWM 功率放大器的工作原理，当控制电压 U_c 改变时，PWM 变换器的输出电压要到下一个周期方能改变。因此，PWM 变换器是一个滞后环节，它的延时最大不超过一个开关周期 T，一般 T 较小时（小于 1ms），当整个系统开环频率特性截止频率 ω_c 满足下式时

$$\omega_c \leqslant \frac{1}{3T} \tag{5-14}$$

可将滞后环节看成一阶惯性环节。因此，PWM 功率放大器的传递函数可近似看成

$$G_G = \frac{U_d(s)}{U_c(s)} = \frac{K_s}{T_s s + 1} \tag{5-15}$$

式中 T_s——近似后惯性环节时间常数，可取 $T_s=T$；

K_s——PWM 功率放大器的比例系数，$K_s=U_d/U_c$。

5.2.1.3 直流伺服电动机和减速器的传递函数

直流伺服电动机与一般直流电动机的基本原理完全相同，当直流电动机电枢绕组加电压 U_d 时，绕组中有电流 i_d 流过（图 5-25），使转子受到电磁转矩 T 作用，即

$$T=k_m i_d \tag{5-16}$$

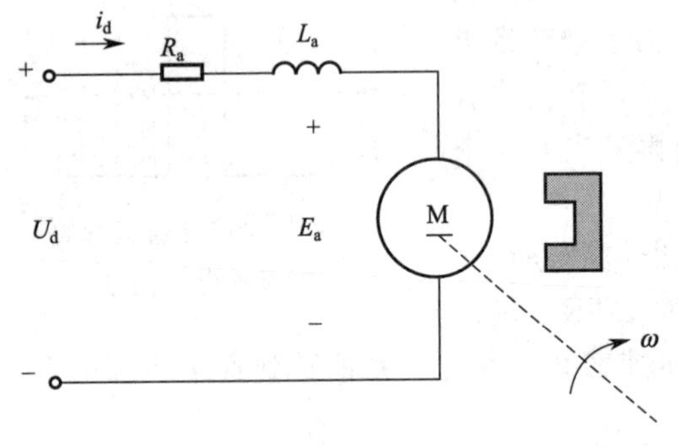

图 5-25 直流电动机原理

式中 k_m——电动机的转矩系数，$k_m=C_m\Phi$。

电枢转动后，因导体切割磁力线而产生反电动势 E_a，其值为

$$E_a=C_e\Phi n=k_e\omega \tag{5-17}$$

式中 n——电动机的转速，r/min；

ω——电动机的角速度，rad/s；

C_e——电动机结构常数；

k_e——电动势系数，$k_e=C_e\Phi\frac{2\pi}{60}$。

如图 5-25 所示，电枢回路电压平衡方程为

$$U_d=E_a+R_a i_a+L_a\frac{\mathrm{d}i_d}{\mathrm{d}t} \tag{5-18}$$

式中 R_a——电枢回路总电阻，Ω；

L_a——电枢回路总电感，H。

电动机轴上的转矩和角速度遵循运动方程式为

$$T-T_L=J\frac{\mathrm{d}\omega}{\mathrm{d}t} \tag{5-19}$$

式中 J——电动机本身和所带负载、传动链折算到电动机轴上的转动惯量；

T_L——负载转矩（包括电动机本身的空载转矩）。

若以电枢电压 U_d 为输入量，负载转矩 T_L 为扰动输入量，电动机角速度 ω 为输出量，根据式(5-16)～式(5-19)，消去中间变量可得电动机的微分方程

$$\frac{L_aJ}{k_ek_m}\times\frac{\mathrm{d}^2\omega}{\mathrm{d}t^2}+\frac{R_aJ}{k_ek_m}\times\frac{\mathrm{d}\omega}{\mathrm{d}t}+\omega=\frac{1}{k_e}U_d-\frac{L_a}{k_ek_m}\times\frac{\mathrm{d}T_L}{\mathrm{d}t}-\frac{R_a}{k_ek_m}T_L$$

或

$$T_aT_m\frac{\mathrm{d}^2\omega}{\mathrm{d}t^2}+T_m\frac{\mathrm{d}\omega}{\mathrm{d}t}+\omega=\frac{1}{k_e}U_d-\frac{T_aT_m}{j}\times\frac{\mathrm{d}T_L}{\mathrm{d}t}-\frac{T_m}{J}T_L \tag{5-20}$$

式中 T_a——电动机的电磁时间常数，$T_a=\frac{L_a}{R_a}$；

T_m——电动机的机电时间常数，$T_m=\frac{R_aJ}{k_ek_m}$。

在零初始条件下，取等式两侧的拉氏变换，得

$$(T_aT_ms^2+T_ms+1)\omega(s)=\frac{1}{k_e}U_d(s)-\left(\frac{T_aT_m}{J}s+\frac{T_m}{J}\right)T_L(s)$$

或

$$\omega(s)=\frac{\frac{1}{k_e}}{T_aT_ms^2+T_ms+1}U_d(s)-\frac{\frac{T_m}{J}(T_as+1)}{T_aT_ms^2+T_ms+1}T_L(s) \tag{5-21}$$

当 $T_L(s)=0$ 时，电动机的传递函数为

$$G_M(s)=\frac{\omega(s)}{U_d(s)}=\frac{\frac{1}{k_e}}{T_aT_ms^2+T_ms+1} \tag{5-22}$$

直流电动机的传递函数如图 5-26 所示。

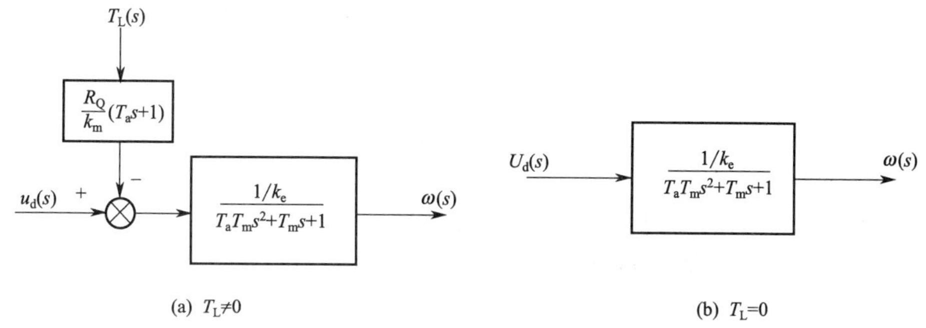

(a) $T_L\neq0$ (b) $T_L=0$

图 5-26 直流电动机传递函数

减速器的任务是实现电动机与负载之间的匹配。应合理地选择减速器及传动比，以获得良好的伺服性能。以电动机的角速度 ω 为输入，以执行轴的转角 θ_c 为输出，则

$$\theta_c=\int\frac{1}{i}\omega\mathrm{d}t \tag{5-23}$$

在零初始条件下，上式取拉氏变换，则

$$\theta_c(s)=\frac{1}{i}\times\frac{1}{s}\omega(s) \tag{5-24}$$

所以减速器的传递函数可以表示为

$$G_i(s)=\frac{\theta_c(s)}{\omega(s)}=\frac{1}{is}=\frac{K_i}{s} \tag{5-25}$$

式中 K_i——减速器的比例系数，$K_i=1/I$。

5.2.2 直流伺服系统的稳态误差分析

在位置伺服系统的稳态运行时，总是希望其输出量尽可能复现输入量，即要求系统具有一定的稳态精度，产生的位置误差越小越好。不同的控制对象，对系统的精度要求也不同，因此对位置伺服系统进行稳态误差分析就显得十分重要。影响伺服系统的稳态精度，导致系统产生稳态误差的因素有以下几个方面。由检测元件引起的检测误差，由系统的结构和输入信号引起的原理误差，由负载扰动引起的扰动误差。

(1) 检测误差

检测误差取决于检测元件本身的精度，在位置伺服系统中，常用的位置检测元件（如旋转变压器）都有一定的精度等级。检测误差是系统稳态误差的主要部分，是系统无法克服的。

(2) 原理误差

原理误差是由系统本身结构形成、系统特征参数和输入信号形式决定的。根据控制系统的开环传递函数中含有积分环节的数目，把系统分成不同类型，开环传递函数中不含积分环节称为 0 型系统，含一个积分环节称为Ⅰ型系统，含两个积分环节称为Ⅱ型系统，以此类推。常见的三种典型输入信号控制系统的稳态误差终值见表 5-1。

表 5-1 稳态误差

系统类型 \ 输入信号	阶跃信号 $R(t)$	斜坡信号 Rt	抛物线信号 $\frac{R}{2}t^2$
0 型系统	$\frac{R}{1+K}$	∞	∞
Ⅰ型系统	0	$\frac{R}{K}$	∞
Ⅱ型系统	0	0	$\frac{R}{K}$

注：表中 K 是系统的开环放大系数。

由表 5-1 可以看出，欲减小由输入信号引起的稳态误差，应增加系统开环传递函数中积分环节数目和提高开环放大系数，但二者的增加不利于系统的稳定。

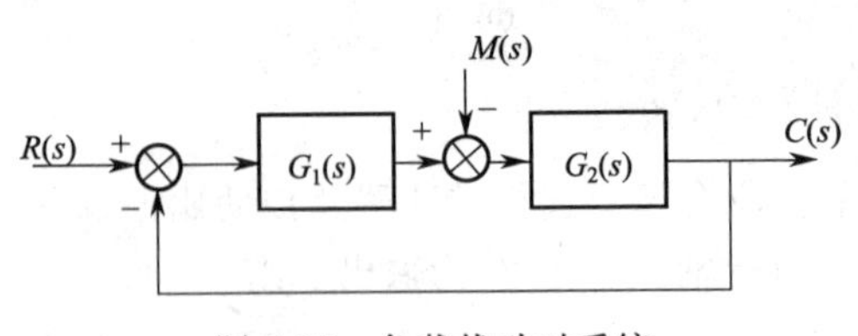

图 5-27 负载扰动时系统

(3) 扰动误差

在分析原理误差时，仅仅考虑了给定输入信号的影响，实际上伺服系统所承受的各种扰动作用，都会影响系统的跟踪精度。常见的扰动有负载扰动、电网波动引起的扰动和噪声干扰等。若伺服系统如图 5-27 所示，图中 $M(s)$ 为扰动信号，由控制原理分析可知，欲减少由扰动引起的稳态误差，必须增加扰动作用点之前的传递函数 $G_1(s)$ 中积分环节的数目和放大系数，增加扰动作用点之后传递函数 $G_2(s)$ 中积分环节和放大系数是没有效果的。通常在设计伺服系统时，从减少扰动稳态误差的角度考虑，调节器的传递函数中最好包含有积分环节。

5.2.3 直流伺服系统的动态校正

前面讨论了系统各环节的原理和传递函数，若暂不考虑负载转矩的影响（设 $T_L=0$），可以得到位置伺服系统的动态框图，如图 5-28 所示。为了提高系统的动态性能，采用双闭环结构。内环是速度环，由测速发电机实现角速度 ω 的检测，并形成反馈回路，图中 α 为速度反馈系数。设计多环节系统的一般原则是：以内环开始，一环一环地逐步向外扩展。这里先从速度环入手，首先设计好速度调节器［传递函数为 $G_{ST}(s)$］，然后把整个速度环看做位置控制系统中的一个环节，再设计位置调节器［其传递函数为 $G_{WT}(s)$］。

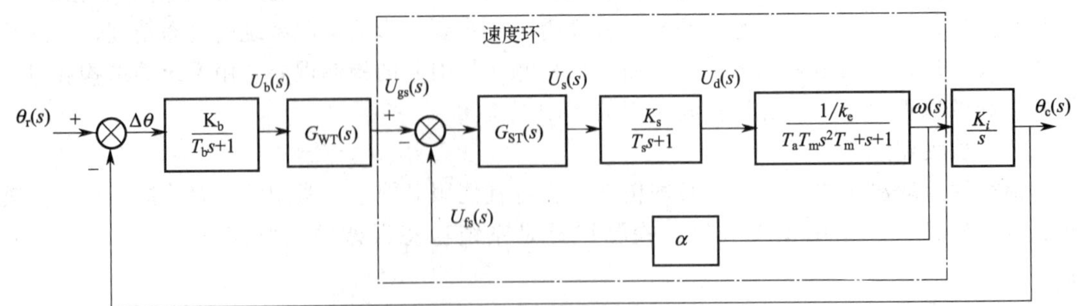

图 5-28 位置伺服系统动态框图

经典控制理论校正系统的方法通常有综合法和分析法两种。

① 综合法（又称预期特性法） 以闭环系统性能与开环系统特性有关的理念出发，根据性能指标要求，确定预期开环特性的形状，然后将预期特性与原有部分特性进行比较，确定

调节器的结构和参数。这种方法设计调节器的传递函数可能具有相当复杂的形式，必须在一定条件下进行简化，否则不便于物理实现。

② 分析法（又称试探法） 设计者采用这种方法时，首先根据经验确定校正的方式，选择一种调节器，然后根据性能指标要求和原有部分的特性，选择调节器的参数，最后验算性能指标是否满足要求。如果不能满足，则应改变调节器的参数和结构，直到校正后的系统全部满足给定的性能指标为止。所以，分析法实质上是一种试探法。不过，只要设计者具有一定的实践经验，无须多次试探，就能设计出较高性能指标的控制系统。

值得指出，不论是综合法还是分析法，它们都带有经验的成分，所得结果往往不一定是最优的。另外，能够满足性能指标的校正方案不是唯一的，在最终确定校正方案时，应根据技术和经济方面以及其他一些附加限制综合考虑。

(1) 速度调节器的设计

图 5-28 所示的点画线框内是速度环，图中 $G_{ST}(s)$ 是速度调节传递函数。控制对象传递函数为

$$G_{sg}(s)=\frac{K_{sg}}{(T_s s+1)(T_a T_m s^2+T_m s+1)} \tag{5-26}$$

式中 K_{sg}——控制对象的总放大系数，$K_{sg}=K_s/K_e$。

在伺服系统中，电枢回路的电感较小。因此，系统的电磁时间常数 T_a 一般很小，甚至可认为 $T_a\approx 0$。这时可将直流伺服电动机的传递函数简化为

$$\frac{1/K_e}{T_a T_m s^2+T_m s+1}\approx\frac{1/K_e}{T_a T_m s^2+(T_a+T_m)s+1}=\frac{1/K_e}{(T_m s+1)(T_a s+1)}$$

近似条件为 $T_a\leqslant T_m/10$。

式(5-26) 中 T_s 和 T_a 都是小时间常数。当两环节的交接频率 $1/T_s$ 和 $1/T_a$ 远离系统开环频率特性的截止频率 ω_{cs} 时，由于 T_s 和 T_a 所决定的小惯性环节的相频特性在截止频率 ω_{cs} 下所引起的相移很小，对系统的相角稳定裕度影响较小，所以可将其简化。近似处理的办法是

$$\frac{1}{(T_s s+1)(T_a s+1)}\approx\frac{1}{T_\mu s+1} \tag{5-27}$$

$$T_\mu=T_s+T_a$$

近似条件为

$$\omega_{cs}\leqslant\frac{1}{3}\sqrt{\frac{1}{T_a T_s}} \tag{5-28}$$

经上述近似处理后，控制对象的传递函数改写为

$$G_{sg}(s)=\frac{K_{sg}}{(T_\mu s+1)(T_m s+1)} \tag{5-29}$$

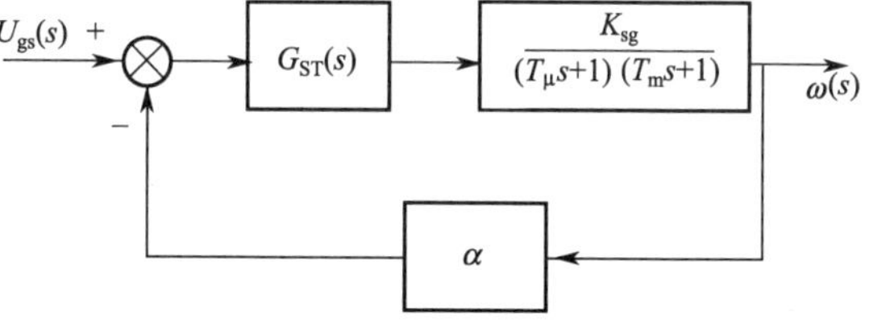

图 5-29 简化后速度环

简化后速度环框图如图 5-29 所示。对于这样一个控制对象，速度调节器可以选用比例-积分（PI）调节器，其传递函数为

$$G_{ST}(s)=\frac{K_{sT}(T_{sT}s+1)}{s} \tag{5-30}$$

从式(5-30) 可以看出，$G_{ST}(s)$ 中包含一个积分环节，从而提高了系统的无差度，降低

了稳态误差。另外，在速度环内，负载转矩 T_L 是主要的扰动信号，采用 PI 调节器也有利于减小扰动引起的稳态误差，设计时利用 $G_{ST}(s)$ 中的零点作用抵消控制对象中大惯性的极点，把系统校正成Ⅰ型系统，校正后系统的开环传递函数为

$$G_{so}(s)=\frac{K_{sT}(T_{sT}s+1)}{s}\times\frac{K_{sg}\alpha}{(T_{\mu}s+1)(T_{m}s+1)} \tag{5-31}$$

取

$$T_{sT}=T_{m} \tag{5-32}$$

则有

$$G_{so}(s)=\frac{K_{so}}{s(T_{\mu}s+1)} \tag{5-33}$$

式中 K_{so}——速度环的开环放大系数，$K_{so}=K_{sT}K_{sg}\alpha$。

于是，速度环的闭环传递函数为

$$\Phi_{s}(s)=\frac{\omega(s)}{U_{gs}(s)}=\frac{G_{so}(s)}{1+G_{so}(s)}\times\frac{1}{\alpha} \tag{5-34}$$

$$=\frac{\frac{1}{\alpha}}{\frac{T_{\mu}}{K_{so}}s^{2}+\frac{1}{K_{so}}s+1}$$

上式为二阶系统。二阶系统的标准形式为

$$\frac{K}{T^{2}s^{2}+2\xi Ts+1}=\frac{K\omega_{n}^{2}}{s^{2}+2\xi\omega_{n}s+\omega_{n}^{2}} \tag{5-35}$$

式中 T——二阶系统的时间常数，$T=1/\omega_{n}$；

ξ——二阶系统的阻尼比（阻尼系数）。

当取 $\xi=1/\sqrt{2}=0.707$ 时（称为最佳阻尼比），此时二阶系统也称为工程二阶最佳系统。由式(5-34) 和式(5-35) 可得

$$T=\sqrt{\frac{T_{\mu}}{K_{so}}}$$

$$\xi=\frac{1}{2T}\times\frac{1}{K_{so}}=\frac{1}{2\sqrt{T_{\mu}K_{so}}}=\frac{1}{\sqrt{2}}$$

则有

$$K_{so}=\frac{1}{2T_{\mu}}$$

于是，闭环传递函数为

$$\Phi_{s}(s)=\frac{\frac{1}{\alpha}}{2T_{\mu}^{2}s^{2}+2T_{\mu}s+1} \tag{5-36}$$

开环传递函数为

$$G_{so}(s)=\frac{\frac{1}{2T_{\mu}}}{s(T_{\mu}s+1)} \tag{5-37}$$

速度环开环对数频率特性如图 5-30 所示。开环截止频率 $\omega_{cs}=1/(2T_{\mu})$，相角稳定裕度 $\gamma=63.4°$，系统阶跃响应的超调量 $M_{p}=4.3\%$，过渡过程时间 $t_{s}=6T_{\mu}$。

速度调节器的参数为

$$K_{sT}=\frac{1}{2T_{\mu}K_{sg}\alpha}$$

$$T_{sT}=T_{m}$$

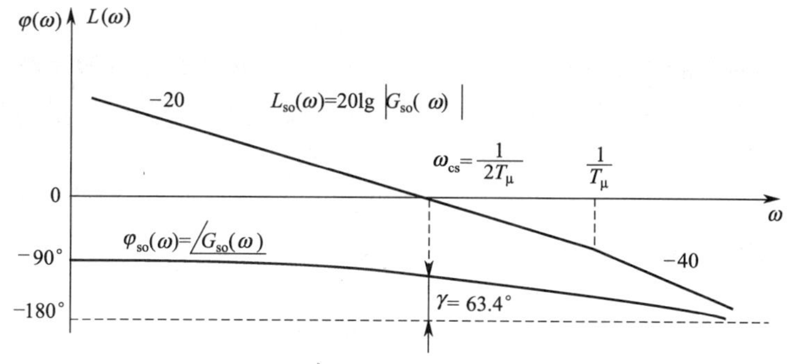

图 5-30 速度环开环对数频率特性

采用运算放大器组成的 PI 型速度调节器如图 5-31 所示，PI 调节器的传递函数为

$$G_{\mathrm{PI}}(s)=\frac{R_1C_1s+1}{R_0C_1s}$$

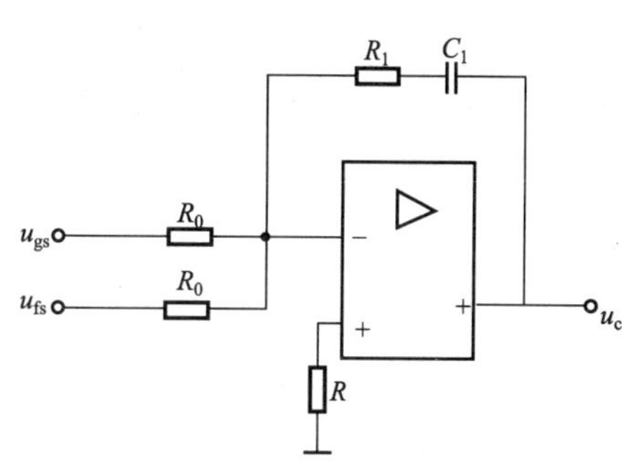

图 5-31 速度调节器

取 $T_{\mathrm{sT}}=R_1C_1$，$K_{\mathrm{sT}}=1/(R_0C_1)$。

(2) 位置调节器的设计

在设计位置调节器时，可以把设计好的速度环看成位置调节器系统中的一个环节。为此，须求出速度环的等效传递函数。当 $\Phi_{\mathrm{s}}(s)$ 的交点频率 $1/(\sqrt{2}T_\mu)$ 远离位置环的开环截止频率 ω_{CW} 时，速度环的等效传递函数可简化为

$$\Phi_{\mathrm{s}}(s)=\frac{\frac{1}{\alpha}}{2T_\mu^2s^2+2T_\mu s+1}\approx\frac{\frac{1}{\alpha}}{2T_\mu s+1} \tag{5-38}$$

近似条件为

$$\omega_{\mathrm{CW}}\leqslant\frac{1}{5T_\mu} \tag{5-39}$$

位置环原有部分的传递函数为

$$G_{\mathrm{wg}}(s)=\frac{K_{\mathrm{wg}}}{s(T_{\mathrm{b}}s+1)(2T_\mu s+1)} \tag{5-40}$$

$$K_{\mathrm{wg}}=K_{\mathrm{b}}K_{\mathrm{i}}/\alpha$$

若 $\omega_{\mathrm{cw}}\leqslant\dfrac{1}{3\sqrt{2T_{\mathrm{b}}T_\mu}}$，则式(5-40) 中两个惯性环节可按小惯性处理，即

$$G_{\mathrm{wg}}(s)\approx\frac{K_{\mathrm{wg}}}{s(T_\Sigma s+1)} \tag{5-41}$$

$$T_\Sigma=T_{\mathrm{b}}+2T_\mu$$

由此得到位置环，如图 5-32 所示。若仍按典型Ⅰ型系统校正位置环，并按二阶最佳参数整定系统，则位置调节器为比例调节器，其传递函数为

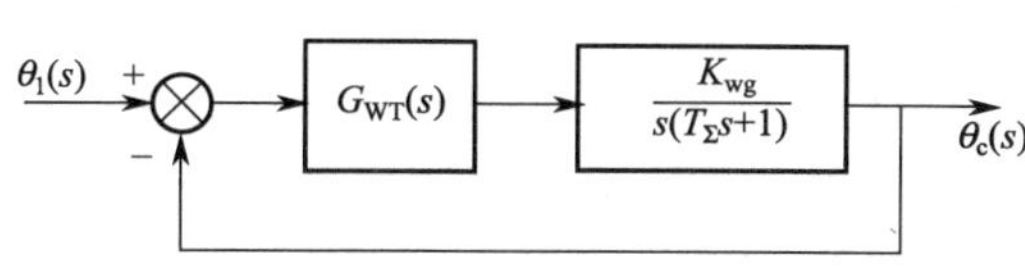

图 5-32 位置环

$$G_{\mathrm{wg}}=K_{\mathrm{wT}}=\frac{1}{2T_\Sigma K_{\mathrm{wg}}} \tag{5-42}$$

校正后位置环的开环传递函数为

$$G_{wo}(s)=\frac{1}{2T_{\Sigma}s(T_{\Sigma}s+1)} \tag{5-43}$$

校正后位置环的性能与速度环类似，此处不再重复。校正位置伺服系统的方法很多，这里仅简单介绍了其中的一种。但各种方法的思路大致相同，如果要进一步了解伺服系统的校正，请参考有关文献。

5.3 交流伺服系统及应用

采用交流伺服电动机作为执行元件的伺服系统，称为交流伺服系统。目前，常将交流伺服系统按其选用不同的电动机而分为两大类，同步型交流伺服电动机和异步型交流伺服电动机。采用同步型交流伺服电动机的伺服系统，多用于机床进给传动控制、工业机器人关节传动和其他需要运动和位置控制的场合。异步型交流伺服电动机的伺服系统，多用于机床主轴转速和其他调速系统。本节主要介绍异步型交流电动机的变频调速系统。

5.3.1 异步型交流电动机的变频调速的基本原理及特性

异步电动机的转速方程为

$$n=\frac{60f_1}{p}(1-s)=n_1(1-s) \tag{5-44}$$

式中 n——电动机转速，r/min；

n_1——定子同步转速，r/min；

f_1——定子供电频率，Hz；

s——转差率；

p——极对数。

由上式可知，改变异步电动机的供电频率 f_1，可以改变同步转速 n_1 实现调速运行，也称为变频调速。

对异步电动机进行变频调速控制时，希望电动机的每极磁通保持额定值不变。若磁通太弱，则铁芯利用不够充分，在同样的转子电流下，电磁转矩小，电动机的负载能力下降。若磁通太强，又会使铁芯饱和，励磁电流过大，严重时会因绕组过热而损坏电动机。异步电动机的磁通是定子和转子磁动势共同产生的，下面说明怎样才能使磁通保持恒定。

由电动机理论可知，三相异步电动机定子每相电动势的有效值为

$$E_1=4.44f_1N_1\Phi_m \tag{5-45}$$

式中 Φ_m——每极气隙磁通，Wb；

N_1——定子相绕组有效匝数。

由上式可见，Φ_m 的值由 E_1 和 f_1 共同决定，对 E_1 和 f_1 进行适当控制，就可以使气隙磁通 Φ_m 保持额定值不变。下面分两种情况说明。

(1) 基频以下的恒磁通变频调速

由基频（电动机额定频率 f_{1n}）向下调速。为了保持电动机的负载能力，应保持气隙磁通 Φ_m 不变，这就要求降低供电频率的同时降低感应电动势，保持 E_1/f_1＝常数，即保持电动势与频率之比为常数进行控制。这种控制又称为恒磁通变频调速，属于恒转矩调速方式。

但是，E_1 难于直接检测和直接控制。当 E_1 和 f_1 的值较高时，定子的漏阻抗压降相对比较小，如忽略不计，则可近似地保持定子相电压 U_1 和频率 f_1 的比值为常数，即认为 $U_1\approx E_1$，保持 E_1/f_1＝常数即可。这就是恒压频比控制方式，是近似的恒磁通控制。

当频率较低时，U_1 和 E_1 都变小，定子漏阻抗压降（主要是定子电阻压降）不能忽略。在这种情况下，可以适当提高定子电压以补偿定子电阻压降的影响，使气隙磁通基本保持不变。如图 5-33 所示，其中曲线 a 为 U_1/f_1＝常数时电压、频率关系，曲线 b 为有电压补偿时近似（E_1/f_1＝常数）的电压、频率关系。

（2）基频以上的弱磁通变频调速

由基频（电动机额定频率 f_{1n}）向上调速。频率由额定值 f_{1n} 向上增大，但电压 U_1 受额定电压 U_{1n} 的限制不能再升高，只能保持 $U_1=U_{1n}$ 不变，必然会使磁通随着 f_1 的上升而减小，这属于近似的恒功率调速方式。

将上述两种情况综合起来，可知异步电动机变频调速的控制特性如图 5-34 所示。

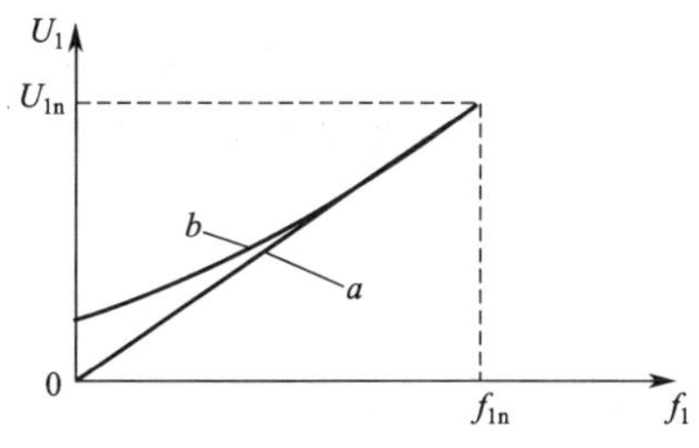

图 5-33　恒压频比控制特性

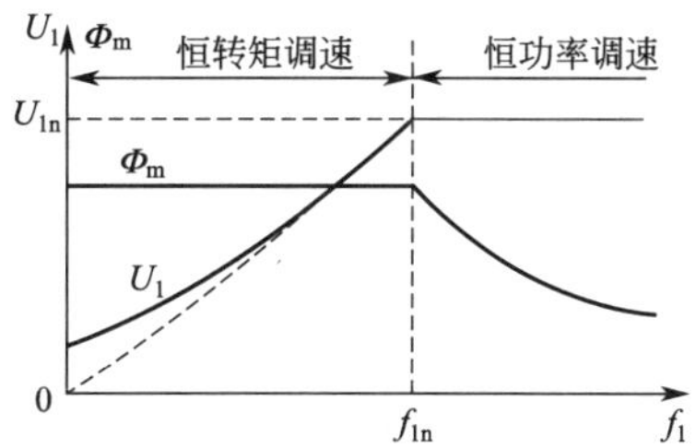

图 5-34　异步电动机变频调速控制特性

5.3.2　异步电动机变频调速系统

现以正弦波脉宽调制（SPWM）型 U/f（电压/频率）控制的变频调速系统为例，介绍系统的结构和工作原理。

（1）SPWM 变频器

SPWM 变频器主电路原理如图 5-35 所示。图中 VT_1～VT_6 是变频器的六个功率晶体管

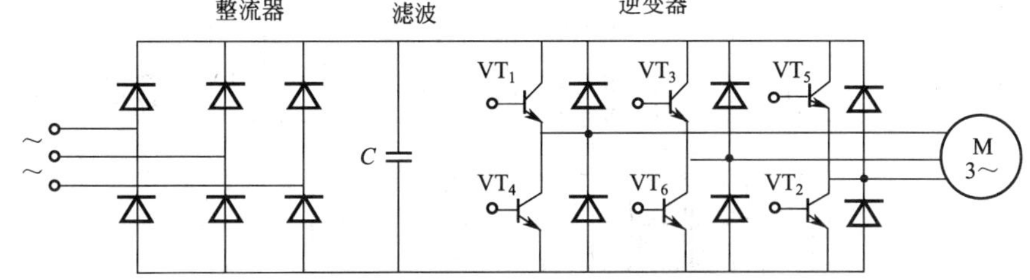

(a) 主电路图

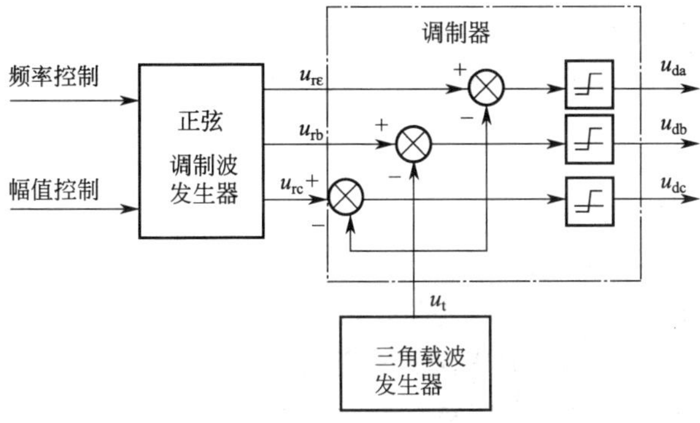

(b) 控制电路框图

图 5-35　SPWM 变频器主电路原理

开关器件（如GTR），各自反并联一个续流二极管，整个逆变器由三相整流器提供的恒值直流电压U_s供电，控制六个功率晶体管开关器件，可使电动机获得频率与电压可变的交流电。

脉宽调制技术中，以所期望的波形作为调制波，受其调制的信号称为载波。在SPWM中常用等腰三角形波作为载波，因为等腰三角形波是上下宽度线性对称变化的波形，它与光滑的正弦曲线相比，能得到一组等幅而脉冲宽度随时间按正弦规律变化的矩形脉冲。用三相正弦信号调制，便获得三相SPWM波形。图5-36所示为三相SPWM逆变器工作在双极控制方式的输出电压波形。输出基波电压的大小和频率可通过改变正弦调制信号的幅值和频率而改变。双极式控制时逆变器同一桥臂上下两个开关器件交替通断，处于互补的工作方式。例如图中u_{A0}波形，横轴以上对应于VT_1导通，横轴以下对应于VT_4导通。实现上述控制的电路如图5-35(b)所示。三相正弦波发生器产生一组三相对称的正弦调制波，其频率与幅值均由输入信号控制。三角波载波信号是共用的，分别与每相调制波比较后，获得SPWM波形。

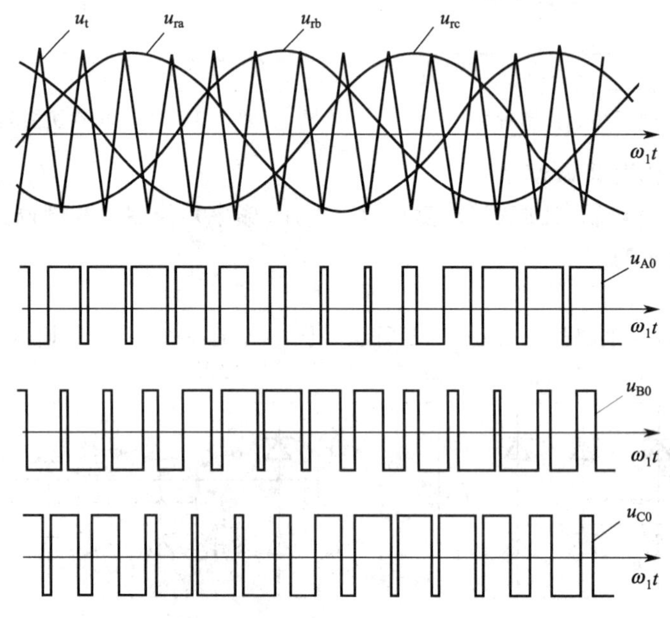

图5-36　双极式逆变器三相输出电压波形

（2）SPWM逆变器的同步调制与异步调制

SPWM逆变器的性能与载频比N有密切关系，载频比定义为

$$N=\frac{f_c}{f} \tag{5-46}$$

式中　f——正弦调制波的频率，Hz；

f_c——三角载波的频率，Hz。

在调速过程中，根据载波比N改变与否，可以分为同步调制和异步调制两种方式。

① 同步调制　在改变f的同时正比例改变f_c，使N保持不变，则称为同步调制。采用同步调制的优点可以保证输出波形的对称性。对于三相系统，为保持三相之间对称，互差120°相位角，N应取3的整数倍数；为保证双极性调制时每相波形的正负半波对称，该倍数应取奇数。由于波形的对称性，不会出现偶次谐波问题。但是，当输出频率很低时，若仍保

持 N 值不变，会导致谐波含量变大，使电动机产生较大的脉动转矩。

② 异步调制　在改变 f 的同时，f_c 的值保持不变，使 N 值不断变化，则称为异步调制。采用异步调制的优点是可以使逆变器低频运行时 N 加大。相应的减小谐波的含量，以减轻电动机的谐波损耗和转矩脉动。但是，异步调制可能使 N 值出现非整数，相位可能连续漂移并且正、负半波不对称。当 N 值不能足够大时（N 值的上限由逆变器功率开关器件的允许开关频率决定），将引起电动机工作的不平稳。

③ 分段同步调制　实用的 GTR 逆变器常采用分段同步调制的方案。图 5-37 是一个实例，恒转矩区的低速段采用异步调制，高速段分段同步化，N 值逐级改变。到了恒功率区，取 $N=1$，保持输出电压不变。这样，开关频率限制在一定的范围内，并且 f_c 相对变小后，N 在各个确定值的范围内，可以克服异步调制的缺点，保证输出波形对称。

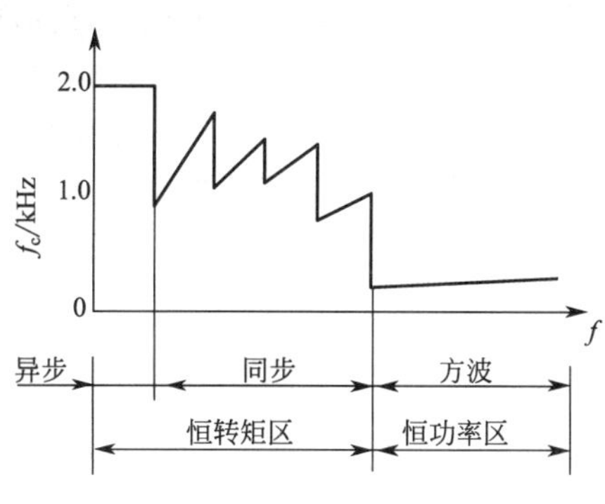

图 5-37　分段调制 f_c 与 f 的关系曲线

（3）SPWM 变频调速系统

图 5-38 所示为恒压频比控制 SPWM 变频调速系统的原理，此系统是转速开环控制系统。图内各框的作用原理简述如下。

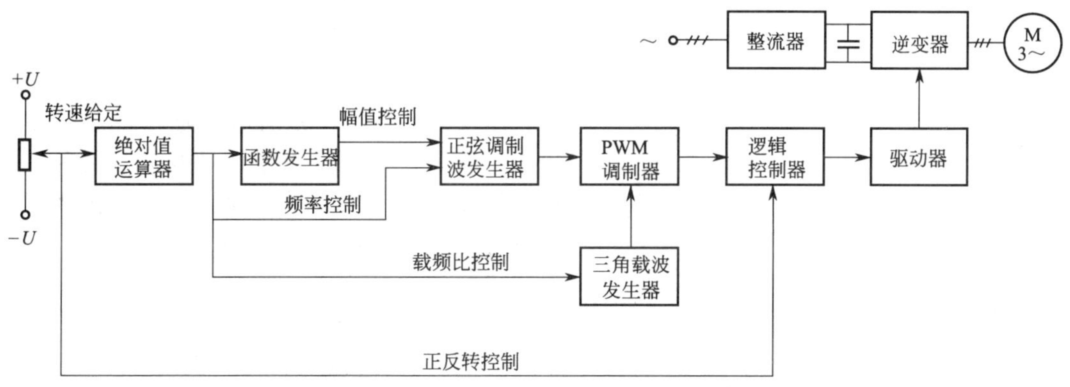

图 5-38　恒压频比控制 SPWM 变频调速系统的原理

① 绝对值运算器　根据电动机正、反转要求，给定电位器输出的正值或负值电压。但在系统调频的过程中，改变逆变器输出电压和频率仅需要单一极性的控制电压。因而设置了绝对值运算器。它输出单一极性的电压，输出电压的数值与输入电压相同。

② 函数发生器　用来实现调速过程中电压 U_1 和频率 f_1 的协调关系，即实现图 5-37 所示的控制特性。函数发生器的输入是正比于频率 f_1 的电压信号，输出是正比于 U_1 的电信号。

③ 逻辑控制器　根据来自给定电位器的正值、零值、负值电压，经过逻辑开关，使控制系统的 SPWM 波输出按正相序、停发或逆相序送到逆变器，可以实现电动机的正转、停止或反转。另外，逻辑控制器还要完成各种保护控制。

载频比控制主要作用是实现图 5-38 的控制。图中其他环节前面已述，此处不再重复。实际中，上述系统的控制部分可以用计算机或集成电路来实现，其性能更好，控制更灵活。

5.4 步进电动机的驱动和控制

步进电动机控制系统有开环和闭环两种控制方式。由于开环控制系统使用位置、速度检测及反馈，没有闭环系统的稳定性问题。因此，具有结构简单、使用维护方便、可靠性高及制造成本低等优点。另外，异步电动机受控于脉冲量，它比直流电动机或交流电动机组成的开环控制系统精度高，适用于精度要求不太高的机电一体化伺服传动系统。目前，一般数控机械和普通机床的微机改造中，大多数采用开环步进电动机控制系统。

图 5-39 所示为开环步进电动机控制系统，主要由环形分配器、功率驱动器、步进电动机等组成。

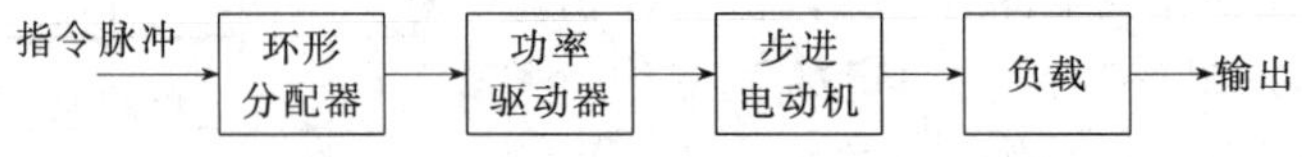

图 5-39 开环步进电动机控制系统

5.4.1 步进电动机

(1) 步进电动机的结构与工作原理

步进电动机按其工作原理，主要有磁电式和反应式两大类，这里只介绍常用的反应式步进电动机的工作原理，根据步进电动机简化图（图 5-40）加以说明。

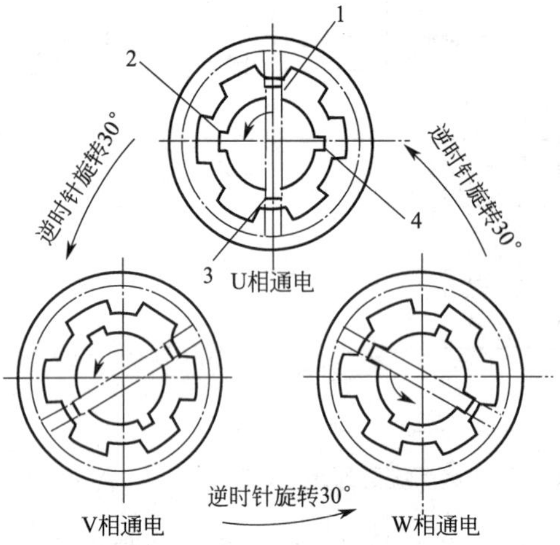

在步进电动机定子上有 U、V、W 三对磁极，磁极上有绕组，分别称之为 U 相、V 相和 W 相，而转子则是一个带槽的铁芯，这种步进电动机称之为三相步进电动机。如果在绕组中通过直流电，就会产生磁场，当 U、V、W 三对磁极的绕组依次轮流通电，则 U、V、W 三对磁极就会依次产生磁场吸引转子转动。

首先有一相绕组（设为 U）通电，则转子 1、3 两齿被磁极 U 吸住，转子就停留在 U 相通电的位置上。

然后 U 相断电，V 相通电，则磁极 U 的磁场消失，磁极 V 产生了磁场，磁极 V 的磁场把离它最近的 2、4 两齿吸引过去，停止在 V 相通电的位置上，这时转子逆时针转了 30°。

图 5-40 步进电动机简化图

之后 V 相断电，W 相通电，根据同样的道理，转子又逆时针转了 30°，停止在 W 相通电位置上。

若 U 相通电，W 相断电，则转子再逆转 30°，磁极 U 的磁场把 2、4 两齿吸引住。定子各相轮流通电一次，转子转一个齿。这样按 U→V→W→U→V→W→U→…次序轮流通电，步进电动机就一步一步地按逆时针方向旋转。通电绕组每转换一次步进电动机旋转 30°，步进电动机每步转过的角度称为步距角。如果步进电动机通电绕组转换的次序倒过来换成 U→W→V→U→W→V→U→…的顺序，则步进电机顺时针方向旋转。

对于步进电动机，为了减少每次通电的转角，在转子和定子上开有很多定分的小齿，定子上开的齿有意错开一个角度，当 U 相定子齿对正转子小齿时，V 相和 W 相定子上的齿则处于错开状态，如图 5-41 所示。

(2) 步进电动机的使用特性

① 步距误差　直接影响执行部件的定位精度。步进电动机单相通电时，步距误差取决于定子和转子的分齿精度和各项定子错位角度的精度。多相通电时，步距角不仅和加工装配精度有关，还和各相电流的大小、磁路性能等因素有关。国产步进电动机的步距误差一般为±(10′～15′)，功率步进电动机的步距误差一般为±(20′～25′)。

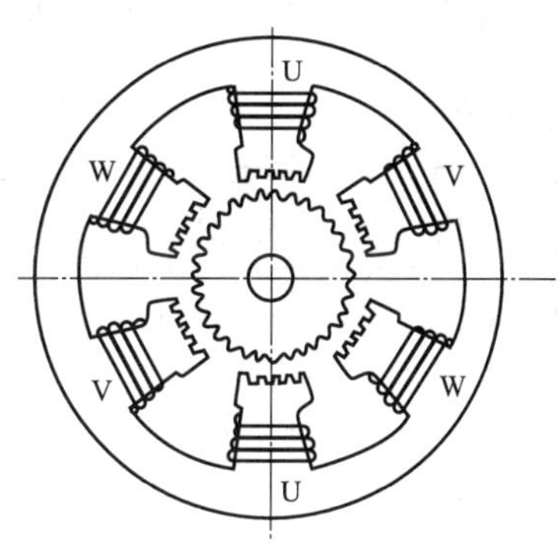

图 5-41　三相反应式步进电动机原理

② 最高启动频率和最高工作频率　空载时步进电动机由静止突然启动，并不失步地进入稳速运行，所允许的启动频率的最高值称为最高启动频率。启动频率大于此值时步进电动机不能正常运行。最高启动频率 f_g 与步进电动机的负载惯性 J 有关，J 增大 f_g 将下降。国产步进电动机 f_g 最大为 1000～2000Hz，功率步进电动机的 f_g 一般为 50～800Hz。步进电动机连续运行时所能接受的最高频率称为最高工作频率，它与步距角一起决定执行部件的最大运行速度，也和 f_g 一样取决于负载惯量 J，还与定子的相数、通电方式、控制电路的功率驱动器等因素有关。

③ 输出的转矩-频率特性　步进电动机的定子绕组本身就是一个电感性负载，输入频率越高，励磁电流越小。另外，频率越高，由于磁通量的变化加剧，以致铁芯的涡流损失加大。因此，输入频率增高后，输出转矩 T_d 会降低。功率步进电动机最高工作频率(f_{max}) 的输出转矩只能达到低频转矩的 40%～50%，应根据负载要求参照高频输出转矩选用步进电动机的规格。

5.4.2　环形分配器

步进电动机在一个脉冲的作用下，转过一个相应的步距角。因此，只要控制一定的脉冲数，即可精确控制步进电动机转过相应的角度。但步进电动机的各绕组必须按一定的顺序通电才能正确工作，这种使电动机绕组的通电顺序按输入脉冲的控制而循环变化的装置称为脉冲分配器，又称为环形分配器。

步进电动机在运行中的通电顺序称为一个节拍，若干个节拍组成一个循环，即使是同一种步进电动机也能有不同的通电规律。例如，三相步进电动机就有三种通电规律，即三种分配方式，分别为三相三拍、三相六拍和双三拍。如果三相步进电动机绕组为 U、V、W，则三相三拍的通电顺序为

正转　→U→V→W→（循环）

反转　←U←V←W←（循环）

三相六拍的通电顺序为

正转　→U→UV→V→VW→W→WU→（循环）

反转　←U←UV←V←VW←W←WU←（循环）

双三拍的通电顺序为

正转　→UV→VW→WU→（循环）

反转　←UV←VW←WU←（循环）

实现环形分配的方法有三种。一种是采用计算机软件分配，采用查表或计算的方法产生相应的通电顺序。这种方法能充分利用计算机软件资源，以减少硬件成本，尤其是多相电动机的脉冲分配更显示出它的优点。但由于软件分配会占用计算机的运行时间，因而会使插补一次的总时间增加，从而影响步进电动机的运行速度。

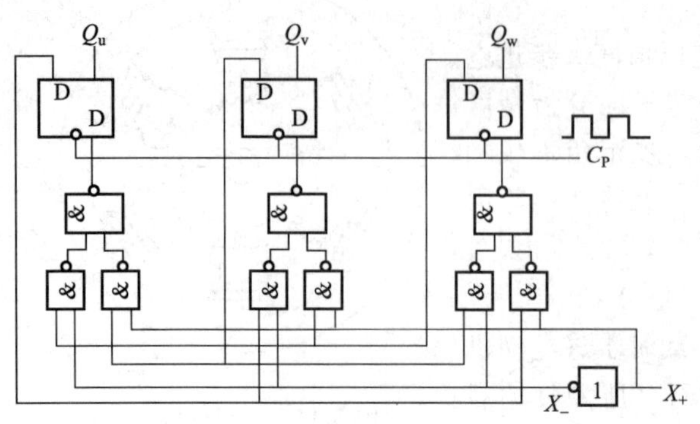

图 5-42 双三拍环形分配器的原理

另一种是采用小规模集成电路搭接一个硬件分配器，图 5-42 所示即为双三拍环形分配器的原理图。采用小规模集成电路搭接的环形分配器灵活性很大，可搭成任意相任意通电顺序的环形分配器，同时在工作时不占用计算机的工作时间，使插补的速度有所加快。

第三种即采用专用的环形分配器。目前应用的三相步进电动机的环形分配器，如 CMOS 电路 CH250 即为专用环形分配器，它的引脚功能及三相六拍线路图如图 5-43 所示，其真值表如表 5-2 所示。

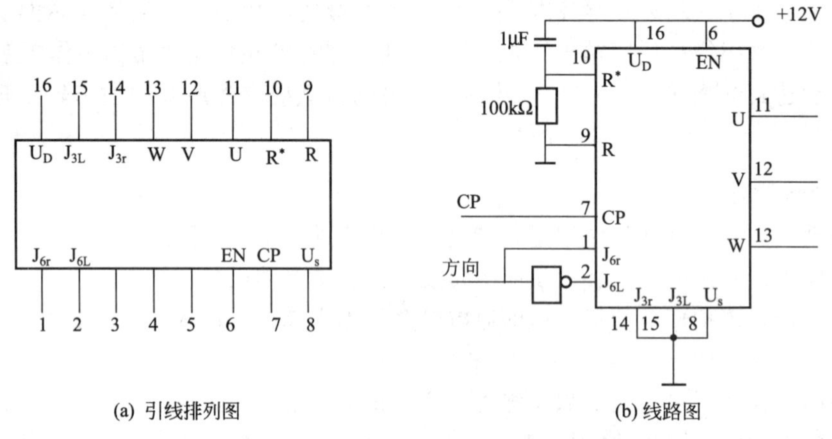

图 5-43 CH250 引脚功能及三相六拍线路图

表 5-2 CH250 真值表

CP	EN	J_{3r}	J_{3L}	J_{6r}	J_{6L}	功 能
	1	1	0	0	0	双三拍正转
	1	0	1	0	0	双三拍反转
	1	0	0	1	0	单六拍正转
	1	0	0	0	1	单六拍反转
0		1	0	0	0	双三拍正转
0		0	1	0	0	双三拍反转
0		0	0	1	0	单六拍正转
0		0	0	0	1	单六拍反转
	1	φ	φ	φ	φ	不变
φ	0	φ	φ	φ	φ	不变
0		φ	φ	φ	φ	不变
1	φ	φ	φ	φ	φ	不变

这种方法的优点是使用方便、接口简单，但是它仅适合于三相步进电动机，三相以上的步进电动机不能采用这种方法。

5.4.3 功率驱动器

功率驱动器实际上是一个功率开关电路，其功能是将环形分配器的输出信号进行功率放大，得到步进电动机控制绕组所需要的脉冲电流（伺服步进电动机的励磁电流为几安，功率步进电动机的励磁电流可达十几安）及所需的脉冲波形。步进电动机的工作特性，在很大程度上取决于功率驱动器的性能，对于每一相绕组来说，理想的功率驱动器应使通过绕组的脉冲电流尽量接近矩形波。由于步进电动机绕组有很大的电感，要做到这一点有一定困难。

步进电动机驱动电路的种类很多，按其采用的功率元件分，有晶闸管功率驱动器和晶体管功率驱动器等；按其主电路结构分，有单电压驱动和高、低压双电压驱动两种。目前，广泛应用的是晶体管功率驱动器，它具有控制方便、调试容易、开关速度快等优点。

（1）单电压驱动电路

图 5-44 所示是用大功率三极管组成的单电压驱动电路（一相）。整个驱动电路共分二级：第一级（VT_1、VT_2）是射极跟随器，用作电流放大；第二级（VT_3）是功率放大，直接用来驱动电动机绕组。下面以 U 相为例，对电路的工作原理分析如下。

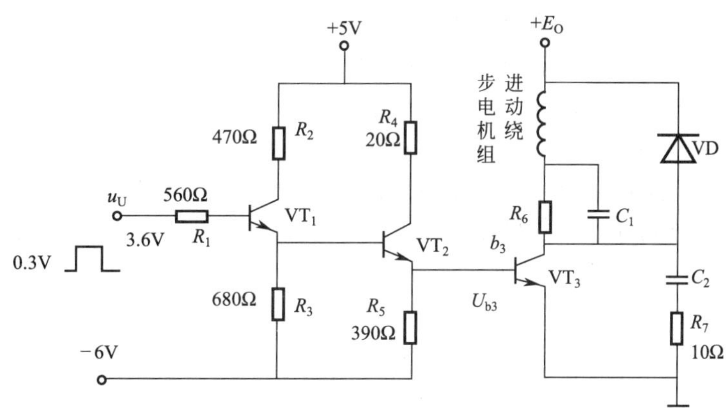

图 5-44 单电压驱动电路

当输入信号 u_U（即环形分配器输出的脉冲信号）为低电平（逻辑 0）时，虽然 VT_1、VT_2 都导通，但只要适当选择 R_1、R_3、R_5 的阻值，使 $U_{b3}<0$（约为−1V），则 VT_3 处于截止状态，U 相绕组断电。当输入信号 u_U 为高电平 3.6V（逻辑 1）时，使 $U_{b3}>0$（约为 0.7V），VT_3 饱和导通，步进电动机的 U 相绕组通电。

同理 V 相和 W 相，只要某相为逻辑 1，该相绕组即通电。这种单向电压驱动电路，因其线路简单，常被用于驱动所需电流较小的步进电动机。

（2）高、低压双电压驱动电路

为了改善步进电动机的频率响应和电流波形，往往采用高、低压双电压驱动电路，如图 5-45 所示（一相）。当分配器输出 u_U 为高电平（即要求该相绕组通电）时，三极管 VT_g、VT_d 的基极都有信号电压输入，使 VT_g、VT_d 均导通。于是在高压电源作用下（这时二极管 VD_1 两端承受的是反向电压，处于截止状态，可使低压电源不对绕组作用）绕组电流迅速上升，电流前沿很陡。当电流达到或稍微超过额定稳态电流时，利用定时电路或电流检测器等措施切断 VT_g 基极上的信号电压，VT_g 截止，但此时 VT_d 仍然导通，因此绕组电流立

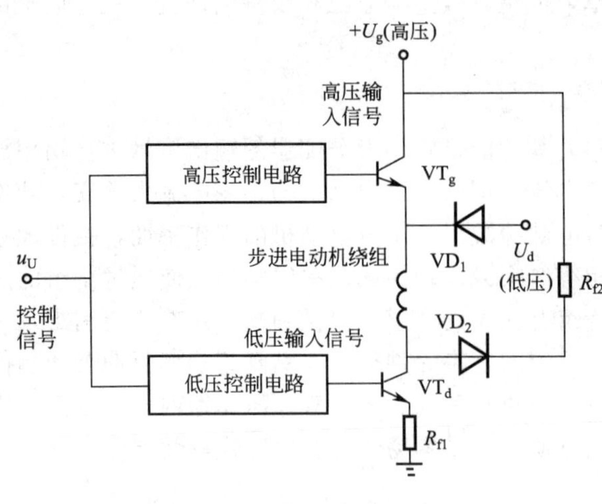

图 5-45 高、低压驱动电路

即转而由低压电源经过二极管 VD_1 供给。

当环形分配器输出端的电压 u_U 消失（要求绕组断电）时，VT_d 基极上的信号电压消失，VT_d 截止，绕组中的电流经二极管 VD_2 及电阻 R_{f2} 向高电压电源放电，电流迅速下降。采用这种高、低压切换型电源，电动机绕组上不需要串联电阻或者串联一个很小的电阻 R_{f1}（为平衡各相的电流），所以电源的功耗较小。由于这种供压方式使电流波形得到很大改善，所以步进电动机的转矩-频率特性好，启动和运行频率得到很大的提高。

（3）伺服控制

以步进电动机为驱动装置的伺服系统，包括驱动控制系统和步进电动机两大部分。驱动控制系统的作用是把脉冲源发出的进给脉冲进行重新分配，并把此信号转换为控制步进电动机各定子绕组依次通、断电的驱动信号，使步进电动机运转。步进电动机的转子通过传动机构（如丝杠）与执行部件连接在一起，将转子的转动转换成执行部件的移动。下面从执行部件的位移量、速度和移动方向三个方面，对伺服系统的控制原理进行介绍。

① 执行部件的位移量控制　脉冲源发出 n 个进给脉冲，经驱动控制线路之后，变成控制步进电动机定子绕组通、断电的电平信号的变化次数 N，使步进电动机定子绕组的通电状态变化 N 次，从而决定了步进电动机角位移 $\Phi=N\theta$（θ 为步进角）。该角位移经传动机构转变为执行部件的位移 L

$$L=\frac{\Phi t}{360°} \tag{5-47}$$

式中　t——丝杠螺距，mm。

显然，L、Φ 和 N 三者之间成正比关系。

② 执行部件移动速度的控制　脉冲源发出频率为 f 的连续电脉冲信号，经驱动控制电路后，表现为定子绕组通电状态的变化频率，并决定了步进电动机转子的角速度 ω，经丝杠等传动机构后，ω 体现为执行部件的移动速度 v，即进给脉冲频率 f→定子绕组通电状态的变化频率 f→步进电动机的角速度 ω→执行部件的移动速度 v。

③ 执行部件移动方向的控制　当控制系统发出进给脉冲是正向时，经驱动控制线路后使步进电动机正转，带动执行部件正向移动。当进给脉冲是反向时，经驱动控制线路后使步进电动机反转，从而使执行部件反向移动。

综上所述，在步进电动机伺服系统中，用输入脉冲的数量、频率和方向控制执行部件的位移量、移动速度和移动方向，从而实现对位移控制的要求。

5.4.4 提高系统精度的措施

在开环系统中信号是单向传递的，为了改善步进电动机的控制性能，必须选择良好的控制方式和高性能的驱动放大电路，以提高步进电动机的动态转矩性能。然而，由于步进电动机在启动和停止时都有惯性，尤其在步进电动机加带负载以后，当进给脉冲突变或启动频率提高时，步进电动机可能失步，甚至无法运转。为此，应设计一种自动升降速电路，使进给脉冲在进入分配器之前，由较低的频率逐渐升高到所要求的工作频率，或者由较高的频率逐渐降低，以便步进电动机在较高的启动频率或进给脉冲突变时均能正常工作。

步进电动机在低速运行时转动是步进式的，这种步进转动势必产生振动和噪声。为此可采用细分电路，以解决微量进给与快速移动的矛盾。

此外机械传动及轴承部件的制造精度和刚度直接影响驱动位移的精度。为了提高系统的精度，应适当地提高系统各组成环节的精度，其中包括机械传动与支撑装置的精度。

5.5 电液伺服系统

电液伺服系统是由电信号处理部分和液压的功率输出部分组成的控制系统，系统的输入是电信号。由于电信号的传输、运算、参量转换等方面具有快速和方便等特点，且液压元件是理想的功率执行元件，把电、液结合起来，在信号处理部分采用电元件，在功率输出部分使用液压元件，两者之间利用电液伺服阀作为连接的桥梁，有机地结合起来，构成电液伺服系统。系统综合电、液两种元件的长处，具有响应速度快、输出功率大、结构紧凑等优点，因而得到了广泛的应用。

电液伺服系统根据被控制物理量的不同可以分为位置伺服控制系统，速度伺服控制系统，力或压力伺服控制系统。其中，最基本和应用最广泛的是电液位置伺服控制系统。

5.5.1 电液位置伺服控制系统

电液位置伺服控制系统，常用于机床工作台的位置控制、机械手的定位控制、稳定平台水平位置控制等。在电液位置控制系统中，按控制元件的种类和驱动方式分为节流式控制（阀控式）系统和容积式控制（泵控式）系统两类。目前，广泛应用的是阀控系统，它包括阀控液压缸和阀控液压马达系统。

（1）阀控液压缸电液位置伺服控制系统的工作原理

阀控液压缸电液位置伺服控制系统如图 5-46 所示。它采用双电位器作为检测和反馈元件，控制工作台的位置，使之按照给定指令运动。

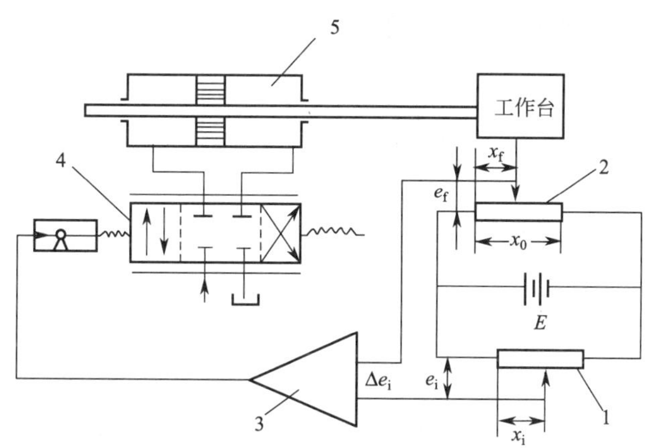

图 5-46 阀控液压缸电液位置伺服控制系统

1—指令电位器；2—反馈电位器；3—放大器；4—电液伺服阀；5—液压缸

该系统由指令电位器 1、反馈电位器 2、放大器 3（由电子线路组成的放大器）、电液伺服阀 4 和液压缸 5 组成。指令电位器将滑臂的位置指令 x_i 转换成电压 e_i，被控制的工作台位置 x_f 由反馈电位器检测，并转换成电压 e_f。两个电位器接成桥式电路，电桥的输出电压为

$$\Delta e_i = e_i - e_f = k(x_i - x_f) \tag{5-48}$$

式中 k——电位器增益，$k=E/x_0$；

E——电桥供电电压；

x_0——电位器滑臂的行程。

工作台的位置随指令电位器滑臂的变化而变动。当工作台位置 x_f 与指令位置 x_i 一致时，电桥输出的偏差电压 $\Delta e_i=0$，此时放大器输出为零，电液伺服阀处于零位，没有流量输出，工作台不动，系统处于一个平衡状态。

若反馈电位器滑臂电位与指令电位器的滑臂电位不同时，例如指令电位器的滑臂右移一个位移 Δx_i，在工作台位置变化之前，电桥输出偏差电压，经过放大器放大并转换成电流信号，控制电液伺服阀，经电液伺服阀转换并输出液压推动液压缸，驱动工作台向消除偏差的右移方向运动。随着工作台的移动，电桥输出偏差电压逐渐减小，当工作台位移 Δx_f 等于指令电位器滑臂 Δx_i 时，电桥又重新处于平衡状态，输出偏差电压等于零，工作台停止运动。如果指令电位器滑臂反向运动时，则工作台也反向跟随运动。在该系统中，工作台位置能够精确地跟随指令电位器滑臂位置任意变化，实现位置的伺服控制。图 5-47 所示为该系统的工作原理。

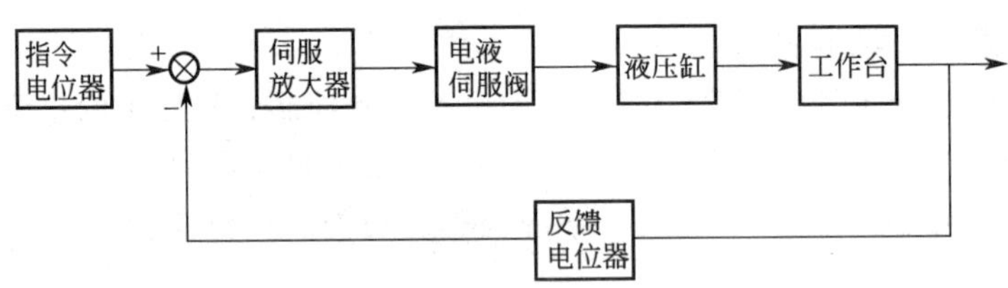

图 5-47 位置伺服控制系统工作原理

(2) 阀控液压马达电液位置伺服控制系统的工作原理

图 5-48 所示为阀控液压马达电液位置伺服控制系统，该系统采用一对旋转变压器作为角差测量装置，图中通过圆心的点画线表示转轴。

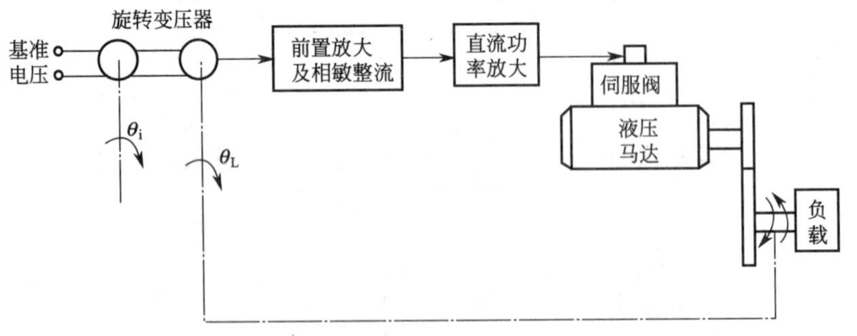

图 5-48 阀控液压马达电液位置伺服控制系统原理

输入轴与旋转变压器发送机轴相连，负载输出轴与旋转变压器接收机轴相连。旋转变压器检测输入轴和输出轴之间的角位置误差，并将此误差信号转换成电压信号输出。即

$$e_s = k(\theta_i - \theta_L) \tag{5-49}$$

式中　θ_i——输入轴转角，即系统的输入信号，rad；

θ_L——输出轴转角，即负载输出转角（系统的反馈量），rad；

k——取决于旋转变压器的常数。

当输入轴转角 θ_i 和输出转角 θ_L 一致时，旋转变压器的输出电压 $e_s=0$，此时功率放大器输出电流为零，电液伺服阀处于零位，没有电流输出，液压马达停转。当给输入轴一个角位移时，在液压马达没有转动之前，旋转变压器有一电压信号 $e_s=k(\theta_i-\theta_L)$ 输出，该电压经放大变为电流信号控制电液伺服阀，推动液压马达转动。随着液压马达的转动，旋转变压器的输出信号逐渐减小，当输出轴转角 θ_L 等于指令输出轴转角 θ_i 时，输出偏差电压为零，液压马达停转。如果输入角位移反向，液压马达也跟随反向转动。

上述两个系统虽然采用的检测装置不同，执行元件不同，但其原理相似。

（3）电液位置伺服系统应用实例

随着轧钢向自动化、连续化、高速化方向的发展，利用液压伺服控制系统，对张力、位置、厚度和速度等参数进行控制的应用非常广泛。带材跑偏控制就是其中一种，图 5-49 所示是轧钢机上的电液位置伺服跑偏控制系统。

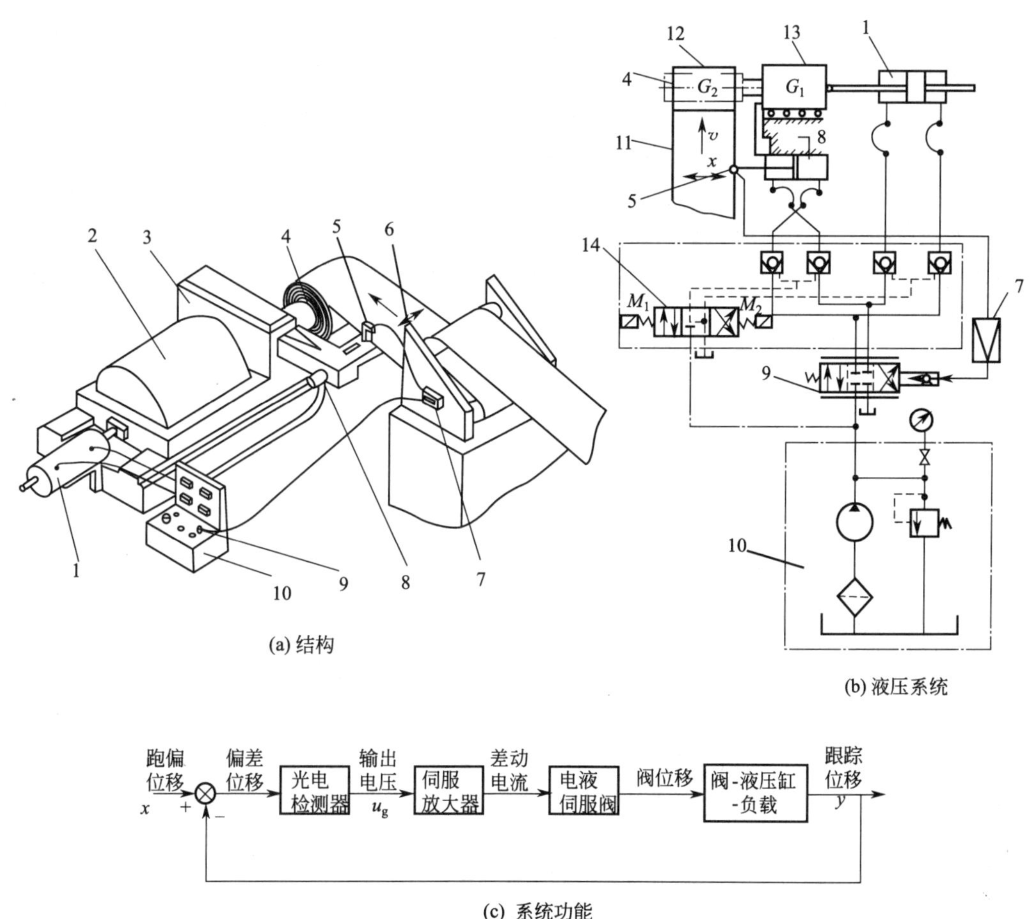

(a) 结构　(b) 液压系统

(c) 系统功能

图 5-49　跑偏控制系统

1—伺服液压缸；2—电动机；3—传动装置；4—卷筒；5—光电检测器；6—跑偏方向；7—伺服放大器；8—辅助液压缸；9—伺服阀；10—能源装置；11—钢带；12—钢卷；13—卷取机；14—电磁换向阀

引起跑偏的主要原因有张力不适应或张力太大、辊系的不平行、辊子偏心或有锥度、带材厚度不均匀及横向弯曲等，跑偏控制的作用在于使机组中被轧带钢定位，避免带材跑偏过大，撞坏设备或造成断带停产。同时由于实现了自动卷齐，使带钢可以立放，因而使得成品钢卷整齐，包装运输及使用方便。

常见的跑偏控制系统有气液和光电液伺服控制系统。两者工作原理相同，区别仅在于检测装置和伺服阀不同。前者为气动检测装置和气、液伺服阀，后者为光电检测装置和电液伺服阀，各有所长。图 5-49 系统采用光电检测装置和电液伺服控制系统。系统具有信号传输快、反馈方便、光电检测装置安装方便等优点，但系统较复杂。下面对该系统的控制原理进行简要分析。

跑偏控制系统由光电检测装置、电放大器、电液伺服阀、液压缸、卷取机和液压能源装置（简称液压站）组成。光电检测装置用来检测带钢的横向跑偏及方向，它由电源和光电管接收器组成。如图 5-50 所示，利用光电管作为一个桥臂构成的电桥电路，输出的电压信号是反映带边偏离的偏差信号，送入放大器。当带钢正常运行时，光电管的一面接受光照，其电阻为 $R_1=a$，调整电阻 R_2、R_3，使 $R_1R_3=R_2R_4$，电桥平衡无输出。当带钢跑偏带边偏离检测装置的中央位置时，光电管接收的光照发生变化，电阻也随之变化使电桥失去平衡，产生反映带边偏离值的偏差信号 u_s，此信号经放大器放大后输入电液伺服阀，伺服阀输出与输入信号成正比的流量，使伺服液压缸拖动卷取机的卷筒向跑偏的方向跟踪，当跟踪位移和跑偏位移相等时，偏差信号等于零，卷筒停止移动，在新的平衡状态下卷取，完成了自动纠偏过程。本系统中，由于检测装置安装在卷取机移动部件上，与卷筒机一起移动，实现了直接位置反馈。此外，在图 5-49 中，电磁换向阀的作用是使伺服液压缸 1 与辅助液压缸 8 互锁，正常工作时，M_2 通电，辅助液压缸锁紧。在卷取结束时，M_1 通电使液压缸 1 锁紧，用辅助液压缸 8 使检测装置退出工作位置，以便切断带钢；而在卷取开始前，仍由辅助液压缸 8 使检测器自动对准带边。

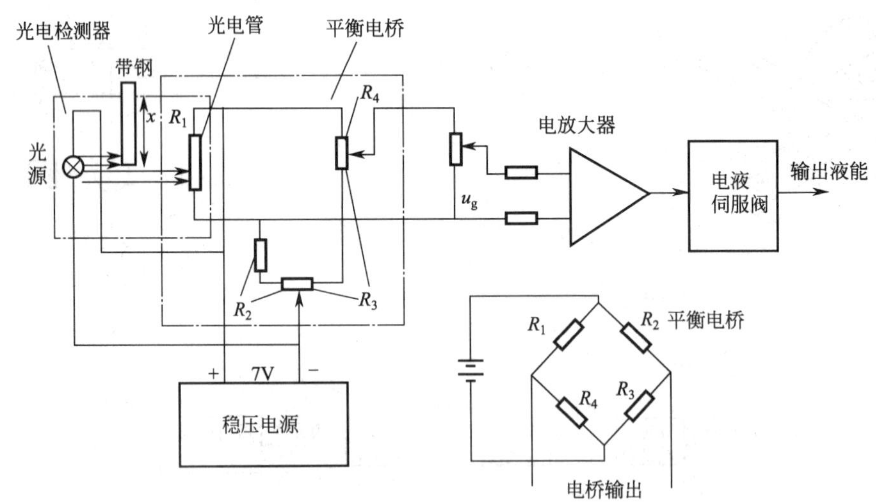

图 5-50 跑偏控制系统电路

5.5.2 电液速度伺服控制系统

若系统的输出量为速度，将此速度反馈到输入端，并与输入量比较，实现对系统的速度控制，这种控制系统称为速度伺服控制系统。电液速度伺服控制系统广泛应用于发电机组、雷达天线等转速需要进行控制的装置中。此外，在电液位置伺服系统中，为改善主控回路的性能，也常采用局部速度反馈的校正。图 5-51 所示为某电液速度控制系统。

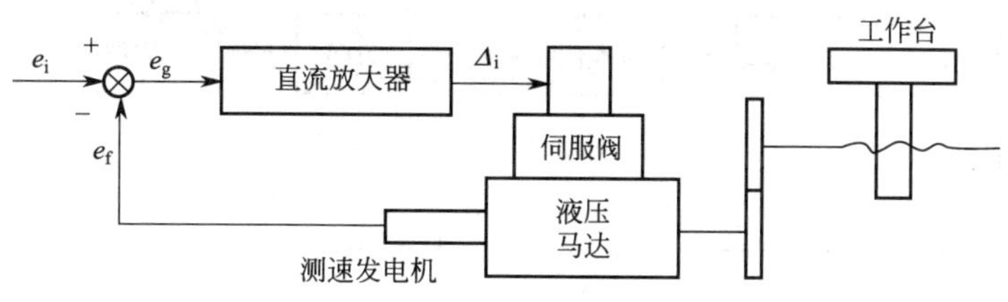

图 5-51　电液速度控制系统

这是一个简单的电液速度控制系统。输入速度指令用电压量 e_i 表示，液压马达的实际速度由测速发电机测出，并转换成反馈电压信号 e_f。当实际输出速度信号 e_f 与指令速度信号 e_i 不一致时，则产生偏差信号 e_g，此信号经放大器和电液伺服阀，使液压马达的转速向减小偏差的方向变化，以达到所需的进给速度。

5.5.3　电液力控制系统

以力或压力为被控制物理量的控制系统即力控制系统。在工业上，经常需要对力或压力进行控制。例如材料疲劳实验机的加载控制、压力机的压力控制、轧钢机的张力控制等都采用电液力（压力）控制系统。

下面以液压带钢张力系统为例，介绍电液力控制系统的工作原理。

在轧钢过程中，热处理炉内的带钢张力波动对钢材性能有较大影响。因此，对薄带材连续生产提出了高精度恒张力控制的要求。图 5-52 所示为带钢张力控制系统的原理；图 5-53 所示为张力控制系统功能。

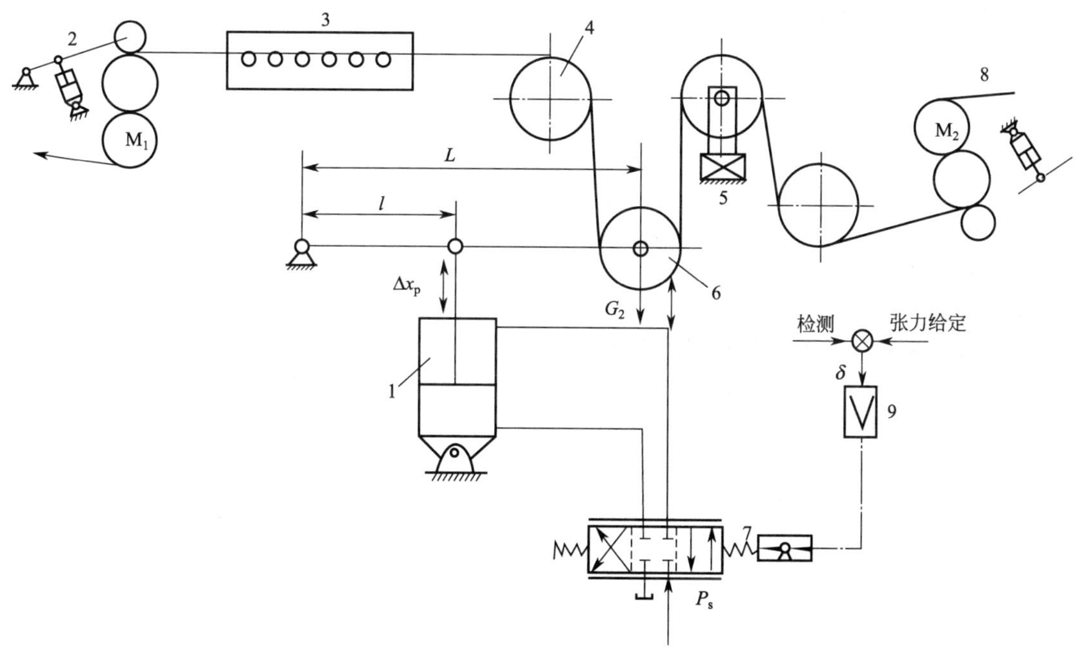

图 5-52　带钢张力控制系统原理

1—液压缸；2，8—张力辊组；3—热处理器；4—转向辊；5—力传感器；6—浮动辊；7—电液伺服器；9—伺服放大器

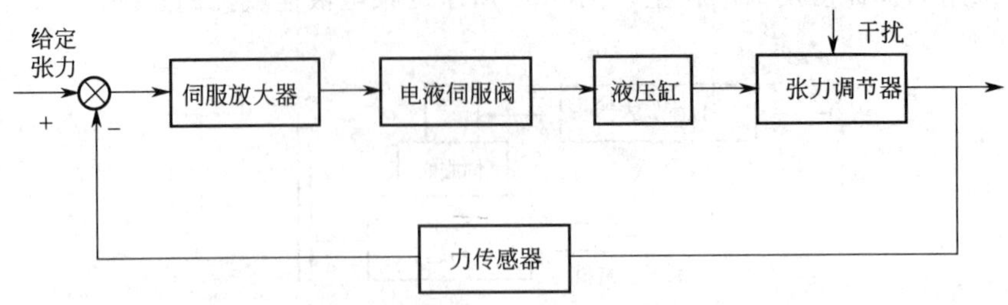

图 5-53 张力控制系统功能框图

如图 5-52 所示，炉内带钢张力由张力辊组 2 和 8 建立。以直流电动机 M_1 进行牵引，直流电动机 M_2 作为负载以造成所需张力。由于系统各部件惯性大，时间滞后大，当外界干扰引起带钢内张力波动时，不能及时进行调整。其控制精度低，不能满足要求。为了满足张力波动在 2%～3%范围内的要求，在两张力辊组之间设立一液压张力控制系统来提高控制精度。它的工作原理如下：在转向辊左右两轴承座下各装一力传感器 5 作为检测装置。两传感器检测所得信号的平均值与给定信号值相比较。出现偏差时，信号经伺服放大器放大后输入伺服阀。若实际张力与给定值相等，则偏差信号为零，伺服阀无输出，液压缸 1 保持不动。当张力增大时，偏差信号使伺服阀在某一方向产生开口量，输出一定流量，使液压缸 1 向上移动，抬起浮动辊 6，张力减少到额定值；反之，当张力减少时，产生的偏差信号使伺服阀控制液压缸向下运动，浮动辊下移张紧带钢，张力升高到额定值。因此，系统是一个恒值控制系统，它保证了带钢张力符合要求，提高了钢材质量。

习题与思考题

5-1 伺服的含义是什么？

5-2 伺服系统有哪些基本组成部分？

5-3 简述伺服电动机的种类、特点及应用。

5-4 功率放大器按其功能可分成哪几种类型？由哪几部分组成？

5-5 简述鉴幅型位置直流伺服系统由哪些环节组成，PWM 直流驱动调速换向的工作原理。

5-6 简述异步电动机变频调速系统的结构和工作原理。

5-7 步进电动机有哪几种控制方式？每种控制方式有哪些优缺点？

5-8 简述步进电动机的种类及其特点。

5-9 简述步进电动机的工作原理。

5-10 简述以步进电动机为驱动装置的伺服系统的控制原理。

5-11 电液伺服系统由哪几部分组成？分为哪几种类型？应用最广泛的为哪种类型？

5-12 举例说明电液位置伺服系统的应用。

6　机电一体化中的计算机技术

本章要求掌握工业控制机的组成及分类；熟悉常用单片机、可编程控制器（PLC）的工作原理；熟悉单片机应用系统设计、PLC控制系统的设计方法、计算机接口技术；通过典型实例了解单片机、可编程控制器、计算机接口技术。

6.1　工业控制机

在工业环境中使用的计算机控制系统，除去被控对象、检测仪表和执行机构外，其余部分称工业控制计算机，简称工业控制机或工控机。用在工业环境、适应工业要求的计算机系统，是处理来自检测传感装置的输入，把处理结果输出到执行机构，控制生产过程，同时对生产进行监督、管理的计算机系统。

6.1.1　工业控制机的组成

工业计算机测控系统如图6-1所示。在图中除测控对象、执行机构和传感器以外，其余均属于工业控制机系统的组成部分。可见，工业控制机系统由两大部分组成，即计算机基本系统，过程输入/输出（I/O）子系统。

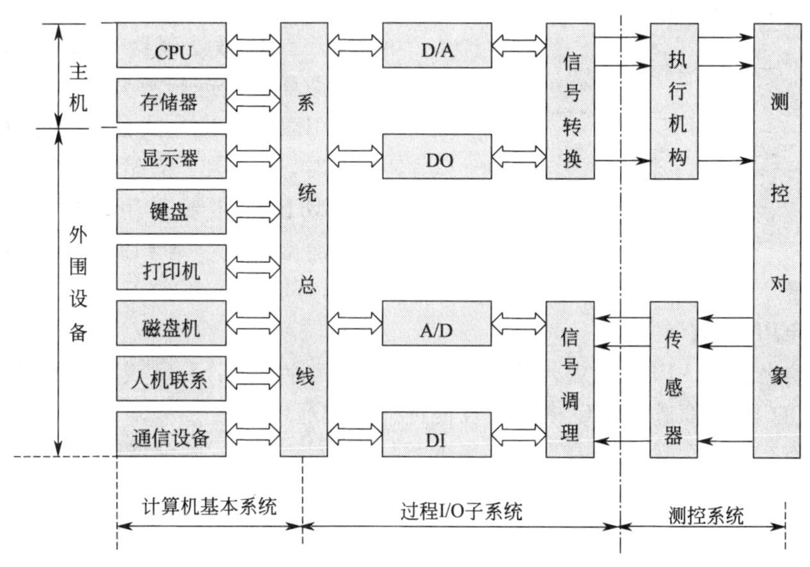

图6-1　工业计算机测控系统

（1）计算机基本系统

① 主机　由中央处理器（CPU）和存储器组成，它是控制系统的核心。主机根据输入设备送来的实时反映测控对象工作状况的各种信息以及预定的控制算法，自动地进行信息处理和运算，及时地选定相应的控制策略，通过输出设备向测控对象发送控制命令。

② 外围设备　常用的外围设备可按功能分为输入设备、输出设备、外存储器和通信设备等。输入设备有键盘、专用操作台等，用来输入程序、数据和操作命令。输出设备有打印

机、绘图机和CRT显示器等，以字符、曲线、表格、图形和声音等形式，反映过程工况和控制信息。外存储器有磁盘、磁带等，用来存放程序和数据。通信设备可实现多个不同的控制系统进行信息交换，或构成计算机通信网络。

(2) 过程I/O子系统

过程I/O子系统可实现计算机与过程对象之间的信息传递，包括过程输入设备和过程输出设备。

① 过程输入设备　由信号预处理、A/D接口、开关量输入接口（DI）等组成，把反映过程状况的各种物理量，转换成数字量信号和开关量信号。

② 过程输出设备　由信号转换、D/A接口、开关量输出接口（DO）等组成，把主机输出的二进制信息，转换为控制执行机构的相应信号。

6.1.2 工业控制机的分类

工业控制机根据控制方案和体系结构以及复杂程度，可以分为下述几种典型的类型。

(1) 可编程序控制器（PLC）

可编程控制器简称PC或PLC，是早期的继电器逻辑控制系统与微计算机技术相结合而发展起来的。其低端为继电器逻辑控制的代用品，高端是高性能的计算机实时控制系统。

PLC以顺序控制为特长，可以取代继电器控制，完成顺序控制和程序控制，能进行PID回路调节，实现闭环的位置和速度控制，也能构成高速数据采集与分析系统，与计算机联网使生产过程完全自动化等。

PLC是以微处理器为主的工业控制器，处理器以扫描方式采集工业现场的信号。任何一种PLC均由下列基本部分构成，如图6-2所示。

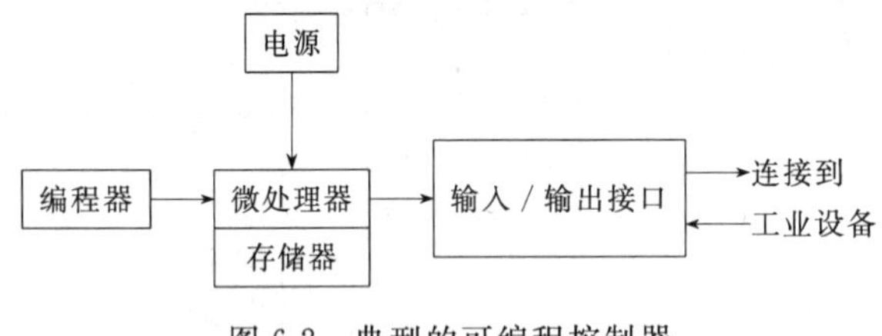

图6-2 典型的可编程控制器

① 微处理器　PLC的微处理器以循环方式进行操作。大型的PLC多采用双极型位片式处理器或16位微处理器，甚至32位超级微处理器，中、小型PLC主要采用8位通用微处理器，而微型及小型PLC基本上采用单片机。

② 存储器　PLC普遍应用的存储器有以锂电池为后备电源的CMOS型RAM，以及EPROM和EEPROM。

③ 输入输出设备　PLC的输入输出设备可分为三种形式：I/O模块、智能I/O模块和I/O站。一般的PLC都通过I/O模块与现场进行远程通信。

④ 编程器　PLC的编程器是人机联系的接口，包括键盘、显示器以及支持其工作的软、硬件。

PLC主要功能有条件控制即逻辑运算功能；定时控制；计数控制；步进控制；A/D、D/A转换；数据处理；级间通信等。

PLC的特点主要有：

ⅰ. 工作可靠；

ⅱ. 与工业现场信号直接连接；

ⅲ. 积木式组合；

ⅳ. 编程操作容易；

ⅴ. 易于安装及维修。

(2) 单回路调节器

单回路调节器的基本构成如图 6-3 所示。它要处理数字和模拟两种基本信号，检测通道的模拟通入信号 AI，经 A/D 转换器转换成数字信号，存入 RAM 备用。输入开关量信号 DI，通过光电隔离器，经 PIA（peripheral interface adapter，外部接口衔接器）进入 RAM 备用。CPU 将存入 RAM 的各种参数和 EPROM 中的各种算法程序，按照系统工艺流程进行运算处理，其结果经 D/A 转换器、多路输出切换开关、模拟保持器和 V/I 转换器，从 AO_1 输出至执行器。输出开关信号通过 PIA 及继电器隔离输出。现场整定参数、操作参数可通过侧面显示和键盘进行人机对话，并可显示各种复杂的程序设定。

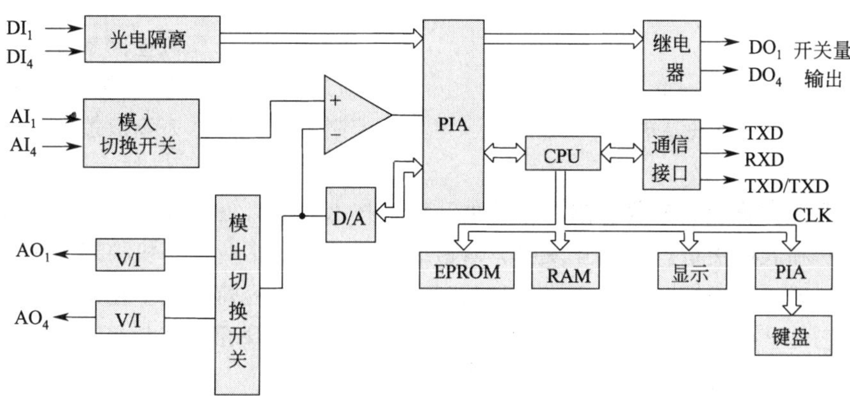

图 6-3 单回路调节器的结构

单回路调节器多用于过程控制系统，其控制算法多采用 PID 算法，可取代模拟控制仪表。单回路调节器的应用使一个大系统（即有多个调节回路的系统）分解成若干个子系统。子系统之间可以相互独立，也可有一定的耦合关系。复杂的系统可由上位计算机统一管理，组成分布式计算机控制系统。

单回路调节器的主要特点有：

ⅰ. 实现了仪表和微机一体化；

ⅱ. 具有丰富的运算和控制功能；

ⅲ. 有专用的系统组态器；

ⅳ. 人机接口灵活；

ⅴ. 便于级间通信。

ⅵ. 有继电保护和自诊断功能。

单回路调节器在控制算法上，实现了自适应、自校正、自学习、自诊断和智能控制等控制方式，提高了性能，加速了仪表的更新换代，成功地应用到各种过程控制领域。

(3) 总线式工业控制机

总线式工业控制机是依赖于某种标准总线，按工业化标准设计，包括主机在内的各种 I/O 接口功能模板的计算机。例如 PC 总线工业控制计算机，STD 总线工业控制计算机以及 Q-BUS、Multibus、VMEbus 等。

总线式工业控制机的典型结构如图 6-4 所示。总线式工业控制机与通用的商业化计算机比较取消了计算机系统母板，采用开放式总线结构，各种 I/O 功能模板可直接插在总线槽上，选用工业化电源；可按控制系统的要求配置相应的模板，便于实现最小系统。

目前，这类工业控制机应用较为广泛，如在过程控制、电力传动、数控机床、过程监控

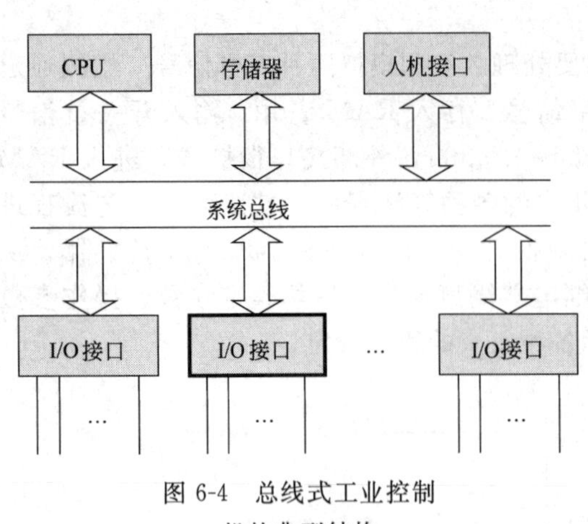

图 6-4 总线式工业控制机的典型结构

等方面，STD 总线工控机及 PC 总线工业控制机都有成功的经验。

特别需要指出的是，总线式工业控制机的软件极为丰富。如 PC 总线工业控制机上可运行各种 IBM-PC 软件，STD 总线中工业控制机如选择 8088 芯片的主机板，在固化 MS-DOS 及 BIOS 的支持下，也可以用 IBM-PC 的软件资源。这给程序编制、复杂控制算法等的实现创造了方便的条件。

(4) 分布式计算机控制系统

分布式计算机控制系统也称为集散型计算机控制系统，简称为集散控制系统（DCS）。它实际上是利用计算机技术对生产过程进行集中监视、操作、管理和分散控制。它是由计算机技术、信号处理技术、检测技术、控制技术、通信技术和人机接口技术相互发展、渗透而产生的新型工业计算机控制系统。

集散控制系统采用标准化、模块化和系列化设计，由过程控制级、控制管理级和生产管理级组成，它是一个以通信网络为纽带，采用集中显示操作管理、控制相对分散的多级计算机网络系统结构。具有配置灵活、组态方便等优点。

集散型控制系统目前已形成产业，国外的一些厂家已生产出许多型号的产品，如美国 Honeywetl 公司的 TDC3000/PM，Foxboro 的 Spctrun，I/ASeriesWesting-house 的 WDPF，日本 Hatachi 的 HIACS3000，YOKOGAWA 的 CENTUM、CENTUM-XL，TOSHIBA 的 TOSDIC、TDSDIC-CIEDCS 及德、英、荷兰等公司的系列产品。图 6-5 为典型集散系统

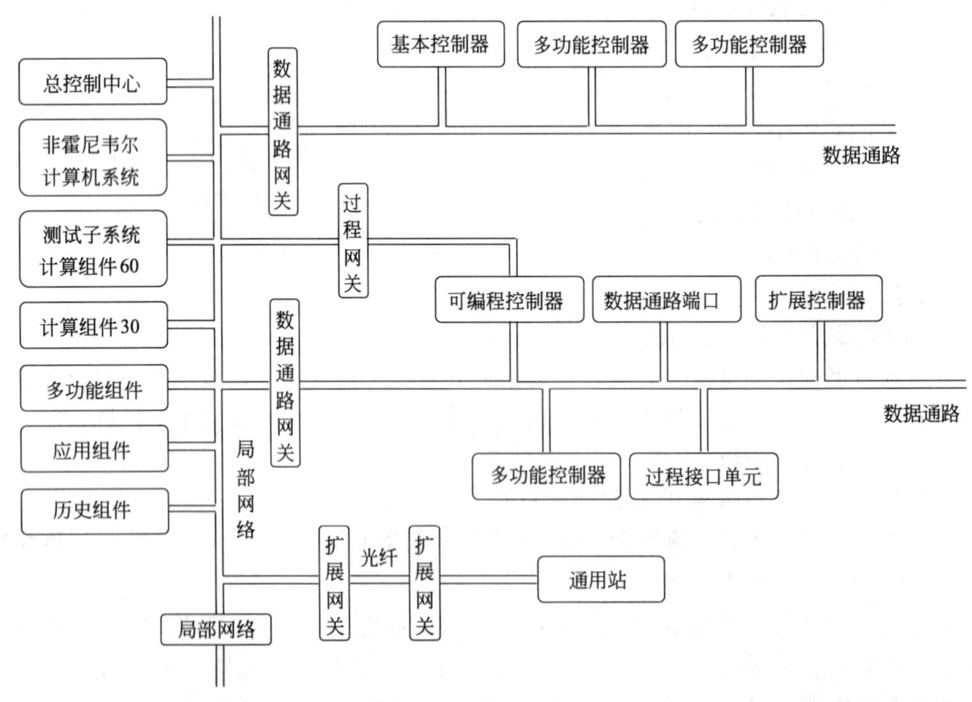

图 6-5 TDC3000 系统

TDC3000 系统的组成示意图。

近些年，国内的一些厂家通过合资，引进联合生产出许多集散型控制系统的产品。如上海福克斯波罗有限公司的 Spectrum、I/DSerise，西安横河控制有限公司 YEWPAK，北京贝利控制有限公司的 N-90、INFI-90 等。

集散型控制系统目前已广泛地应用于大型工业生产过程控制及监测系统中，特别是在大型钢铁厂、电站、机械生产、石油化工过程控制中都有成功应用的实例。

工业自动化水平的提高及大规模集成电路集成度的提高和成本的不断降低，将会推动集散型控制系统的应用及技术水平的提高。集散型控制系统将会成为工业控制计算机家族的一个主要的成员。

(5) 单片微计算机

单片微计算机将 CPU、RAM、ROM、定时/计数、多功能 I/O (并行、串行、A/D)、通信控制器，甚至图形控制器、高级语言、操作系统等，都集成在一块大规模集成电路芯片上。由于单片微计算机的高度集成化，它具有体积小、功能强、可靠性高、功耗小、价格低廉、易于掌握、应用灵活等多种优点。目前已越来越广泛地应用于工业测控领域。

工业控制机的迅速发展，为从事机电一体化领域工作的工程技术人员提供了有力的硬件支持。如何更灵活、有效地使用工业控制机，以最好的功能、最低的成本、最可靠的工作完成机电一体化系统的设计，选择合适的工业控制机及配置是非常重要的。因此，工程技术人员应不断地了解、掌握工业控制机发展的动态及产品的更新换代。表 6-1 列出了三种常用工业控制机的性能对比。

表 6-1 三种常用工业控制机的性能对比

控制装置 / 比较项目	普通微机系统		工业控制机		可编程序控制器	
	单片(单板)系统	PC 扩展系统	STD 总线系统	工业 PC 系统	小型 PLC (256 点以内)	大型 PLC
控制系统的组成	自行研制(非标准化)	配置各类功能接口板	选购标准化 STD 模板	整机已成系统，外部另行配置	按使用要求选购相应的产品	
系统功能	简单的逻辑控制或模拟量控制	数据处理功能强，可组成功能完整的控制系统	可组成从简单到复杂的各类测控系统	本身已具备完整的控制功能，软件丰富，执行速度快	逻辑控制为主，也可组成模拟量控制系统	大型复杂的多点控制系统
通信功能	按需自行配置	已备 1 个串行口，可根据需要另行配置	选用通信模板	产品已提供串行口	选用 RS-232C 通信模块	选取相应的模块
硬件制作工作量	多	稍多	少	少	很少	很少
程序语言	汇编语言	汇编和高级语言均可	汇编语言和高级语言均可	高级语言为主	梯形图编程为主	多种高级语言
软件开发工作量	很多	多	较多	较多	很少	较多
执行速度	快	很快	快	很快	稍慢	很快
输出带负载能力	差	较差	较强	较强	强	强
抗电干扰能力	较差	较差	好	好	很好	很好
可靠性	较差	较差	好	好	很好	很好
环境适应性	较差	差	较好	一般	很好	很好

续表

控制装置 / 比较项目	普通微机系统		工业控制机		可编程序控制器	
	单片(单板)系统	PC扩展系统	STD总线系统	工业PC系统	小型PLC(256点以内)	大型PLC
应用场合	智能仪器,单机简单控制	实验室环境的信号采集及控制	一般工业现场控制	较大规模的工业现场控制	一般规模的工业现场控制	大规模工业现场控制,可组成监控网络
价格	最低	较高	稍高	高	高	很高

6.1.3 工业标准总线

下面介绍在工业控制机中使用广泛的STD总线、PC总线和RS-232C总线。

(1) STD总线

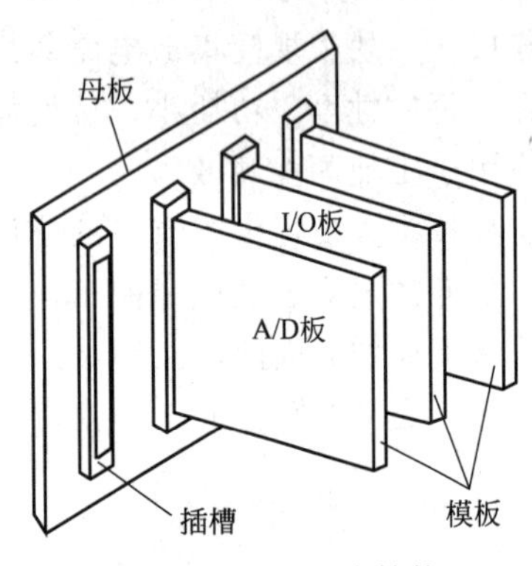

图6-6 STD总线结构

STD总线（standard bus）是美国Prolog公司1978年推出的总线标准，1987年被批准为IEEE 961标准。STD总线主要用于以微处理机为中心的工业测控领域，如工业机器人、数控机床、数据采集系统、仪器仪表等。STD总线采用底板总线结构，如图6-6所示。在一块底板上并行布置了数据总线、地址总线、控制总线和电源线。底板上安装若干个56脚插座，56个插脚分别和底板上的56条信号线相连。母板上只有总线，没有其他元器件，因此称之为无源底板。其他的模板，如CPU、A/D等都可以挂接在母板上。这些挂接模板必须符合STD总线的规范，即满足STD总线的电气特性和机械特性。

STD总线是56条信号线的并行底板总线，每条信号线的定义见表6-2。56条信号线分为如下4个功能组。

表6-2 STD总线端子及信号定义

项目	元件侧				电路侧			
	插脚	信号名称	信号流向	说明	插脚	信号名称	信号流向	说明
逻辑电源	1	+5V DC	入	逻辑电源 V_{CC}	2	+5V DC	入	逻辑电源 V_{CC}
	3	GND	入	逻辑地	4	GND	入	逻辑地
	5	VBAT	入	电池电源	6	VBB	入	逻辑电压
数据总线	7	D3/A19	入/出	数据总线/地址总线的扩展	8	D7/A23	入/出	数据总线/地址总线地址扩展
	9	D2/A18	入/出		10	D6/A22	入/出	
	11	D1/A17	入/出		12	D5/A21	入/出	
	13	M/A16	入/出		14	D4/A20	入/出	
地址总线	15	A7	出	地址总线	16	A15/D15	出	地址总线/数据总线
	17	A6	出		18	A14/D14	出	
	19	A5	出		20	A13/D13	出	
	21	A4	出		22	A12/D12	出	
	23	A3	出		24	A11/D11	出	数据总线扩展
	25	A2	出		26	A10/D10	出	
	27	A1	出		28	A9/D9	出	
	29	A0	出		30	A8/D8	出	

续表

项目	元件侧				电路侧			
	插脚	信号名称	信号流向	说明	插脚	信号名称	信号流向	说明
控制总线	31	WR	出	写存储器或 I/O	32	RD	出	读存储器或 I/O
	33	IORQ	出	I/O 地址选通	34	MEMRQ	出	存储器地址选通
	35	IOEXP	入/出	I/O 扩展	36	MEMEX	入/出	存储器扩展
	37	REFRESH	出	刷新定时	38	MCSYNC	出	机器周期同步
	39	STATUS1	出	CPU 状态	40	STATUS0	出	CPU 状态
	41	BUSAK	出	总线响应	42	BUSRQ	入	总线请求
	43	INTAK	出	中断响应	44	INTRQ	入	中断请求
	45	WAITRQ	入	等待请求	46	NMIRQ	入	非屏蔽中断请求
	47	SYSRESET	出	系统复位	48	PBRESET	入	按钮复位
	49	CLOCK	出	处理器时钟	50	CNTRL	入	辅助定时
	51	PCO	出	优先级链输出	52	PCI	入	优先级链输入
辅助电源	53	AUXGND	入	辅助地	54	AUXGND	入	辅助地
	55	AUX+V	入	辅助正电源(+12V DC)	56	AUX-V	入	辅助负电源(−12V DC)

① 8 根双向数据总线　插脚 7～14。

② 16 根地址线　插脚 15～30。

③ 22 根控制线　插脚 31～52。

④ 10 根电源线　插脚 1～6、插脚 53～56。

STD 总线模板的机械结构和尺寸如图 6-7 所示。

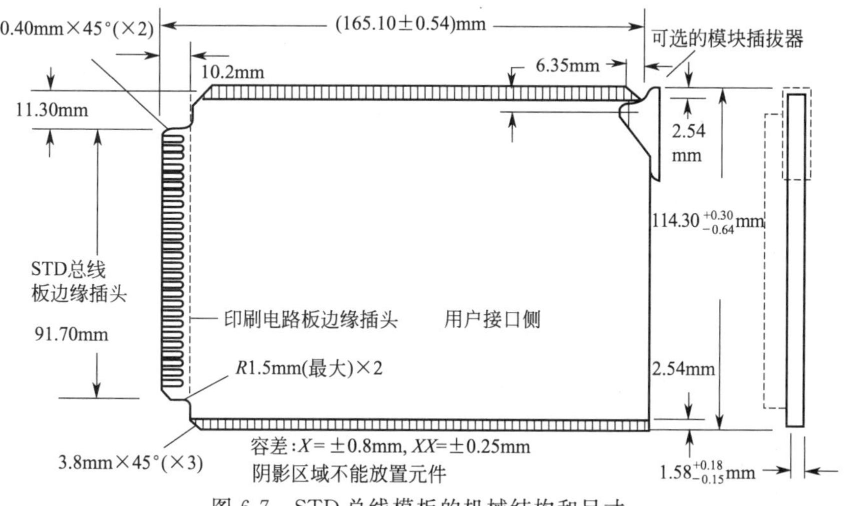

图 6-7　STD 总线模板的机械结构和尺寸

由于 STD 总线的模板式结构使用方便，设计和制造成本较低，已成为目前发展最快的总线之一。基于 STD 总线的工控机成为在 20 世纪 80 年代中后期的主流机型之一。STD 总线具有以下特点。

① 小板结构　STD 总线采用小模板结构，在机械强度、抗断裂、抗振动、抗老化和抗干扰等方面具有优越性。STD 总线将大母板的功能划分为单一功能的小板结构，如 CPU 板、A/D 板、D/A 板、存储器板、I/O 板等。用户可根据实际需要选用不同的模板组合成系统。这种积木式的结构，硬件冗余少、开发周期短、使用维护方便、可靠性高、抗干扰能力强。图 6-8 所示为 STD 总线搭建系统。

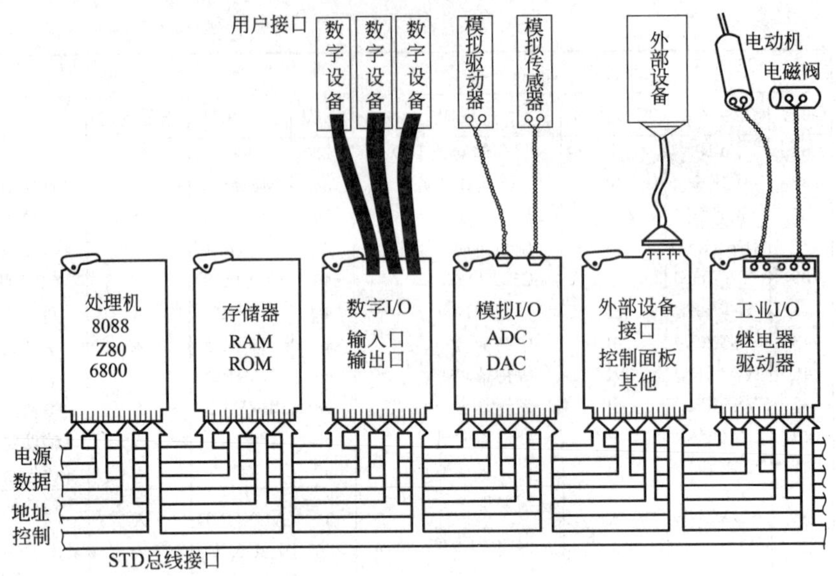

图 6-8　STD 总线搭建系统

② 面向 I/O 的设计　STD 总线有很强大的 I/O 扩展能力，能满足用户的工业控制要求。

③ 严格的规范和标准化　STD 总线严格的规范及标准化规定了各条信号线的功能，用户不能随意改动。严格的规范带来广泛的兼容性。不同的兼容厂家，只要按照 STD 总线的规范生产板卡，都能保证兼容。因此，市场上的货源十分丰富，给用户自行组建系统带来方便和实惠。

④ 高可靠性　STD 总线是面向工业应用而设计的。产品在布线、元器件筛选、测试等方面严格保证质量，在抗干扰设计方面也采取了相应的措施。

(2) IBM PC 总线

IBM PC 总线是 IBM PC/XT 个人计算机采用的微型机总线，它是针对 Intel 8088 微处理器设计的，具有 62 条总线，以适应 8088 的 8 位数据线和 20 位地址线。IBM PC 总线的端子及信号定义见表 6-3。

表 6-3　IBM PC 总线的端子及信号定义

端子	信号	端子	信号	端子	信号	端子	信号
B1	GND	B17	DACK1	A1	I/O CHCK	A17	A14
B2	RESETDRV	B18	DRQ1	A2	SD7	A18	A13
B3	+5V DC	B19	DACK0	A3	SD6	A19	A12
B4	IRQ2	B20	CLK	A4	SD5	A20	A11
B5	−5V DC	B21	IRQ7	A5	SD4	A21	A10
B6	DRQ2	B22	IRQ6	A6	SD3	A22	A9
B7	−12V DC	B23	IRQ5	A7	SD2	A23	A8
B8	OWS	B24	IRQ4	A8	SD1	A24	A7
B9	+12V DC	B25	IRQ3	A9	SD0	A25	A6
B10	GND	B26	DACK2	A10	I/O CHRDY	A26	A5
B11	MEMW	B27	T/C	A11	AEN	A27	A4
B12	MEMR	B28	ALE	A12	A19	A28	A3
B13	IOW	B29	+5V DC	A13	A18	A29	A2
B14	IOR	B30	OSC	A14	A17	A30	A1
B15	DACK3	B31	GND	A15	A16	A31	A0
B16	DRQ2			A16	A15		

为了与 80286 等新的芯片兼容，IBM 又在 PC 总线的基础上增加了 36 条端子的扩展插槽而形成 AT 总线。在 IBM PC/AT 及其兼容机中，在母板上分别设置数目不等的 AT 及 XT 插槽，这就是 ISA 结构。

(3) RS-232C 总线

RS-232C 总线是美国电子工业协会 EIA 于 1969 年最后确定的串行总线的物理接口标准。该标准规定了串行通信中，主控模板与从属模块间的物理连接线路的机械、电气、功能和过程特性，两端都必须遵循的共同约定。RS-232C 总线最初是为了促进数据通信在公用电话网上的应用，主要是为连接计算机主机与 CRT 终端的通信，后来也用于计算机之间的通信。

计算机或终端		连线		modem或其他通讯设备
RI	22	振铃提示	22	RI
DTR	20	数据终端就绪	20	DTR
CD	8	载波检测	8	CD
地	7	信号地	7	地
DSR	6	数据装置就绪	6	DSR
CTS	5	清除发送	5	CTS
RTS	4	请求发送	4	RTS
RXD	3	接收数据	3	RXD
TXD	2	发送数据	2	TXD
	1	保护地	1	

图 6-9 RS-232R 总线串行通信连接

RS-232C 总线有 25 条线，但在实际使用中只用了 10 条线，如图 6-9 所示。RS-232C 总线有两条地线——保护地（端子 1）和信号地（端子 7）。保护地接设备的机架，信号地是所有信号的公共基准。由于保护地和信号地没有隔离，存在潜在的回流问题。在近距离保护地接机架是有利的，但在远距离情况下，有可能降低可靠性甚至出现故障。因此，很多场合不用保护地，所以 RS-232C 总线在实际中只有 9 根线。表 6-4 对 9 根线的功能进行了说明。

表 6-4 RS-232C 串行通信芯片端子功能

端子号	端子名称	说　明
2	TXD	发送数据，由计算机到 modem
3	RXD	接收数据，modem 将另一端 modem 发送的数据送到计算机
4	RTS	请求发送，高电平有效，由计算机送到 modem
5	CTS	清除发送，高电平有效，由 modem 发送到计算机。CTS 是 RTS 的应答信号，当 modem 认为可以接收数据时，置 CTS 高电平，允许计算机发送数据
6	DSR	数据装置就绪，表明 modem 以准备好，高电平有效。允许线路传输数据
7	信号地	所有信号的公共端
8	CD	载波检测，由 modem 到计算机。当 CD 高电平，表明 modem 已接收到通信线路另一端的 modem 送来的信号，通信线路连接好
20	DTR	数据终端就绪，由计算机到 modem。计算机接到 RI 信号即发出 DTR 信号到 modem，表明通信联系建立
22	RI	振铃提示，由 modem 到计算机

注：modem 为调制解调器。

如果发送和接受端之间无需联络信号，则用 3 根线就可以实现近距离的通信。图 6-10 所示是 RS-232C 总线的 3 线连接方式。一方的发送端 TXD、接受端 RXD 和另一方的接收端

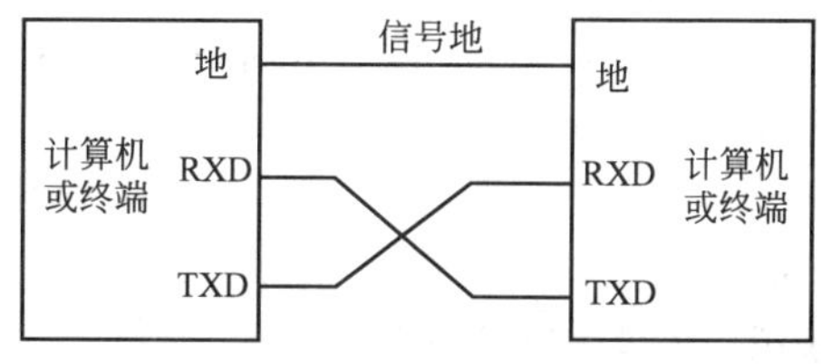

图 6-10 RS-232C 总线的 3 线连接方式

RXD、发送端 TXD 相连，信号地互连。这样就构成半双工通信方式。

6.2 单片机在机电一体化产品中的应用

单片机将 CPU、RAM、ROM、I/O 口和定时器/计数器等集成在一个硅片上，由于具有体积小、质量轻、抗干扰能力强、可靠性高、环境适应性好、价格低廉等优点，受到工业界的普遍重视，其应用范围日益扩大。单片机种类很多，世界上一些著名的计算机厂家已投放市场的产品有 50 多个系列，400 多个品种。单片机有 8 位、16 位和 32 位，但 8 位单片机仍是工业检测与控制的主角。Intel 公司的 MCS-51 系列单片机，是最早在中国推广应用的一种。

6.2.1 MCS-51 单片机组成控制系统

MCS-51 单片机典型硬件结构如图 6-11 所示。按功能将整个单片机分成 8 个部件，即微处理器、数据存储器、程序存储器、I/O 口、定时器/计数器、串行口、中断系统、特殊功能寄存器。通过片内总线连在一起，其结构仍是传统的 CPU 加外围芯片的结构模式。对于程序存储器，某些型号的单片机有 ROM，如 8051；有的则是 EPROM，如 8751；而 8031 单片机则没有程序存储器，需要外扩程序存储器。程序存储器的容量也不尽相同。下面对单片机的部件进行简单的介绍。

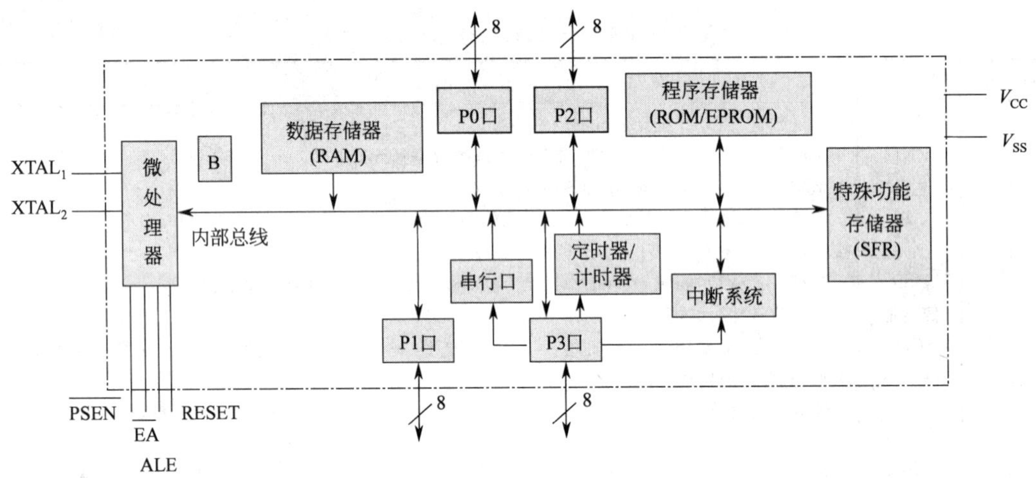

图 6-11 MCS-51 单片机典型硬件结构

① 微处理器 8 位微处理器，内含一个 1 位 CPU，不仅可以处理字节，还可以处理位变量。

② 数据存储器（RAM） 片内 128 个字节，外扩可达 64KB。

③ 程序存储器（ROM/EPROM） 8031 没有此部件；8051 为 4KB 的 ROM；8751 则有 4KB 的 EPROM。程序存储器外扩可至 64KB。

④ 定时器/计数器 2 个 16 位的定时器/计数器，具有 4 种工作方式。

⑤ 串行口 1 个全双工的串行口，有 4 种工作方式。

⑥ 中断系统 5 个中断源，2 级中断优先级。

⑦ 输入输出口（I/O） 4 个 8 位输入/输出口，即 P0、P1、P2、P3。

⑧ 特殊功能寄存器 21 个特殊功能寄存器，用于管理各个模块。

单片机的I/O口是很紧张的资源。对于MCS-51系列单片机，虽然有4个I/O口，但用户能够使用的只有P1口和部分P3口或者P2口（对于8051/8751，如果没有系统扩展，允许用户使用该口）。因此，在设计测控系统时，I/O口常常需要外扩。

单片机组成的实时控制系统原理如图6-12所示。用MCS-51单片机，特别是8031单片机构成测控系统，硬件设计简单灵活、系统成本低，在机电一体化系统（或产品）中得到广泛的应用。

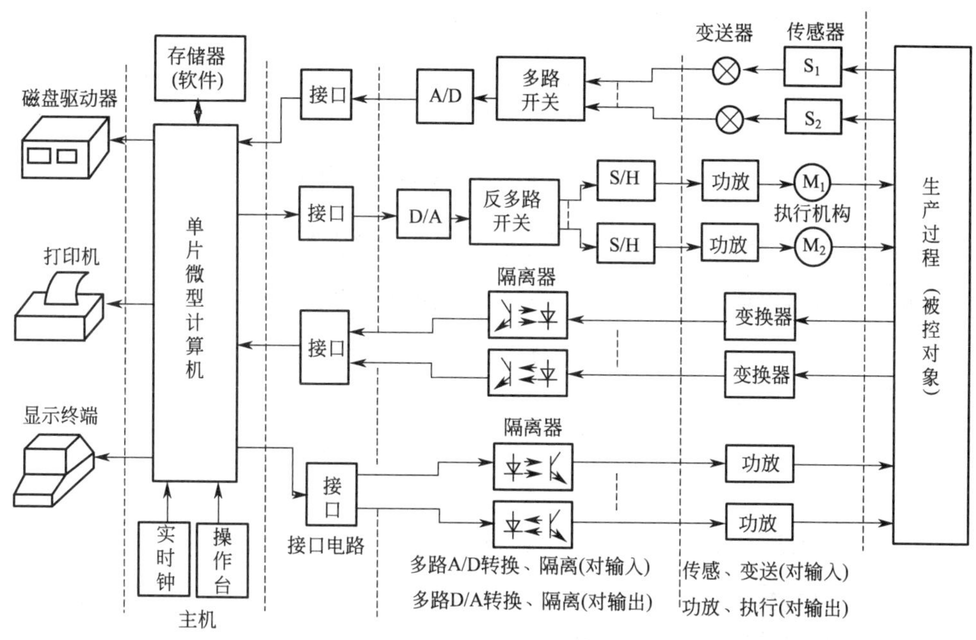

图6-12　单片机组成的实时控制系统原理

6.2.2　单片机控制系统信息输入通道设计

在机电一体化产品中需用各种传感器，将外界的信息进行采集、处理和存储，然后输入到计算机中进行分析和判断，控制执行机构动作，完成特定的任务。因此，由单片机构成的控制系统中，首先要进行信息输入通道的设计。

传感器输出信号大致有3类，模拟量（电压或电流信号）、频率量和开关量。对于模拟信号，需要用A/D转换器进行数字量转换，然后输入计算机。频率量和开关量经过放大、整形等预处理，直接输入到单片机。

（1）8031单片机与A/D转换器的接口

ADC0809是8位逐次逼近型A/D转换器，28端子双列直插式封装。该A/D转换器由单一+5V电源供电，片内有带锁存功能的8路模拟多路开关，可对8路0～5V模拟电压信号分时进行转换，完成一次转换的时间为100μs。输出具有TTL三态锁存缓冲器，可直接连接到单片机数据总线上。

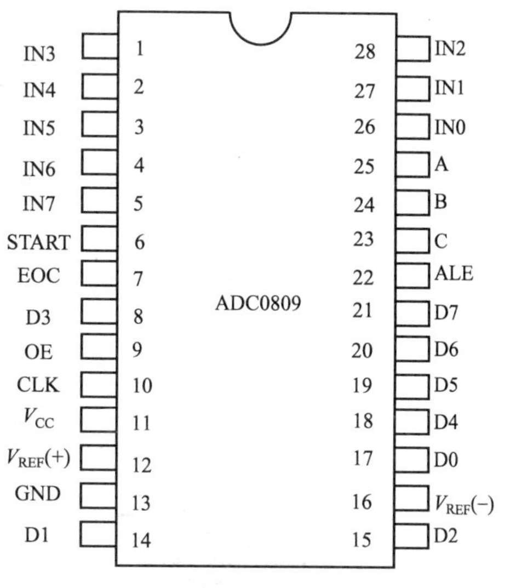

图6-13　ADC0809端子

图 6-13 所示为 ADC0809 端子，各端子的功能见表 6-5。

表 6-5 ADC0809 各端子的功能

端子名称	端子号	功能
D0～D7	21～17、15、14、8	8 位数字量输出
IN0～IN7	1～5、26～28	8 路模拟量输入
V_{CC}	11	+5V 工作电压
$V_{REF}(+)$	12	参考电压正端
$V_{REF}(-)$	16	参考电压负端
GND	13	地
START	6	A/D 转换启动信号输入端
ALE	22	地址锁存允许信号输入端
EOC	7	A/D 转换结束信号，转换结束后高电平
OE	9	输出允许控制端，打开三态数据输出锁存器
CLK	10	时钟信号输入端
A、B、C	23～25	地址输入线，用于选通 8 路模拟输入通道

用于选通 8 路模拟输入的地址线 A、B、C 的逻辑真值见表 6-6。

表 6-6 地址线 A、B、C 的逻辑真值表

选中的模拟通道	C	B	A	选中的模拟通道	C	B	A
IN0	0	0	0	IN4	1	0	1
IN1	0	0	1	IN5	1	0	1
IN2	0	1	0	IN6	1	1	0
IN3	0	1	1	IN7	1	1	1

ADC0809 与 8031 的查询接口如图 6-14 所示。ADC0809 有输出锁存缓冲器，可以直接和单片机的数据总线相连。端子 A、B、C 分别与地址总线的低 3 位 A0、A1、A2 相连，用于选通模拟通道 IN0～IN7 的任何一个通道。将 P2.7（A15）作为片选信号，启动 A/D 转换时，由单片机的写信号和 P2.7 控制 ADC 的地址锁存和转换。ALE 和 START 连在一起。因此，ADC 0809 在锁存通道地址的同时，启动 A/D 转换器并进行转换。在读取 A/D 转换

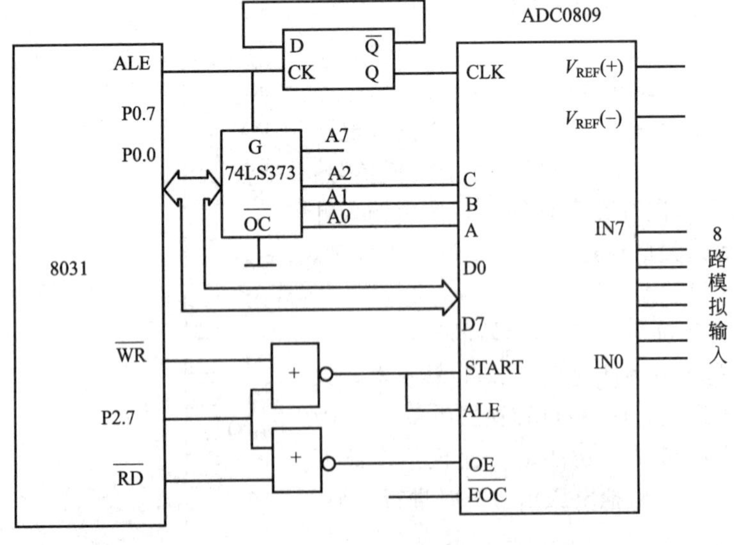

图 6-14 ADC0809 与 8031 的查询接口

结果时，用低电平的读信号和 P2.7 端子经或非门，产生正脉冲作为 OE 信号，用来打开三态输出锁存器。由图 6-14 可知，P2.7 应设置成低电平。用查询方式读取 A/D 转换结果，并存储到数据存储区的程序片段如下。

```
MAIN：MOV R1，#DATA          //置数据存储区首地址
      MOV DPTR，#7FF8H       //指向通道 0
      MOV R7，#08H           //置通道数
NEXT：MOVX @DPTR，A          //启动 A/D 转换
      MOV R6，#0AH           //软件延时，等待转换结束
DELAY：NOP
       NOP
       NOP
       DJNZ R6，DELAY
       MOVX A，@DPTR         //读取转换结果
       MOV @R1，A            //转存
       INC DPTR              //指向下一个通道
       INC R1
       DJNZR7，NEXT          //8 个通道采集完否?
```

(2) 8031 单片机与 V/F 转换器的接口

A/D 转换技术被广泛应用。但在某些要求数据长距离传输、精确度和精密度要求高、资金有限的场合下，使用 A/D 转换技术不方便。此时使用 V/F 转换技术可以实现 A/D 转换。V/F 转换器将电压信号转化为频率信号，具有应用电路简单、外围器件性能要求不高、环境适应性强、转换速度不低于一般的双积分型 A/D 器件、价格低等优点。

常用的 V/F 转换器有 LM131、LM231 和 LM331。下面以 LM331 为例介绍 V/F 转换接口。LM331 与单片机接口很简单，直接将频率信号接入单片机的定时器/计数器输入端即可。在一些电源干扰大、模拟电路部分对单片机产生电气干扰等恶劣环境中，可以采用光电隔离的方法，使 V/F 转换器与单片机无线信号联系。如果长距离传输，还需要增加线路驱动器以提高传输能力。图 6-15 所示为 LM331 与 8031 的接口电路。

6.2.3 单片机控制系统功率驱动接口设计

在机电一体化产品中，控制系统需要驱动执行机构或用模拟量显示设备（如指针式）对参数进行显示等。因此，D/A 转换器是必不可少的器件。D/A 转换器简称 DAC，按照输出量位数划分，有 8 位、10 位、12 位、16 位；按照输出极性划分，有单极性输出和双极性输出；按照工作原理划分，有电流型和电压型等。表 6-7 列出了常用 8 位 DAC 的参数。

(1) 8031 单片机与 PWM 功率放大器的接口

图 6-16 所示是 8031 单片机和 PWM 功率放大器的接口。控制伺服电动机在控制系统计算出控制量后，把控制数据送到 D/A 转换器 DAC0832 中，将数字量转换为模拟电压，控制 PWM 驱动器工作。

DAC0832 是 8 位 T 型电阻网络式的 D/A 转换器。DAC0832 的基准电压 $V_{REF}=-10\sim+10V$，通过改变 V_{REF}的符号改变输出的极性，即 DAC0832 有单极性输出和双极性输出两种。DAC0832 采用一组电源供电，其值在 $-5\sim+10V$ 之间。DAC0832 在使用时，可以采用双缓冲方式和单缓冲方式（只用一级锁存，另一级直通），也可以采用直通方式。

在图 6-16 中，单片机的数据总线 D0～D7 和 8032 的数据输入端 D10～D17 直接相连。

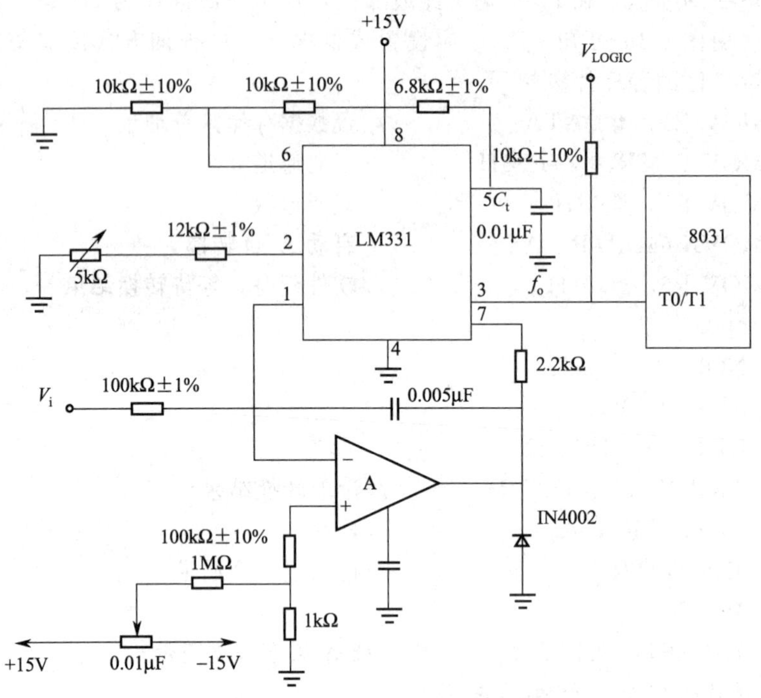

图 6-15　LM331 与 8031 的接口电路

表 6-7　常用 8 位 DAC 的参数

型号	分辨率/位	精度	非线性	建立时间/ns	基准电压/V	供电电压/V	输入寄存器	功耗/mW	说明
AD　1048	8		±0.1%	250	+5	+5,−15	无	33	均为电阻型
DAC　0808	8	±0.19%	150	150		+4.5～	无	33	
DAC　0800 0801 0802	8	±1LSB	±0.1%	100		+18 −4.5～ −18	无	20	
AD　754	8		±0.1%		−10～+10	−15～+15	单缓冲	20	均为 T 型电阻型
DAC　0830 0831 0832	8		8 9 10	1000	−10～+10	−15～+5	双缓冲		
DAC　32	8	±1LSB			内有	−15,+15			

单片机的写信号$\overline{WR}$直接和 0832 的写控制端$\overline{WR1}$、$\overline{WR2}$、传送控制端$\overline{XFER}$连接。单片机的高位地址 AD15 用于产生片选信号$\overline{CS}$。D/A 转换器 0832 和运算放大器组成完整的 D/A 转换电路。它可以将 00H～0FFH 的数字量转化为−2.0～+2.0V 的模拟电压信号。

DAC0832 接成电压开关方式。在 I_1、I_2 之间接 $V_{DC}=2V$ 的稳压源作为参考电压，则在输出端有

$$V_{REF}=V_{DC}D/256 \tag{6-1}$$

式中　D——二进制转换为十进制的数。

运算放大器的同相端接 V_{REF}，反相端接电阻 R_3 和稳压管 VS_1 形成 1V 的恒压源。运算

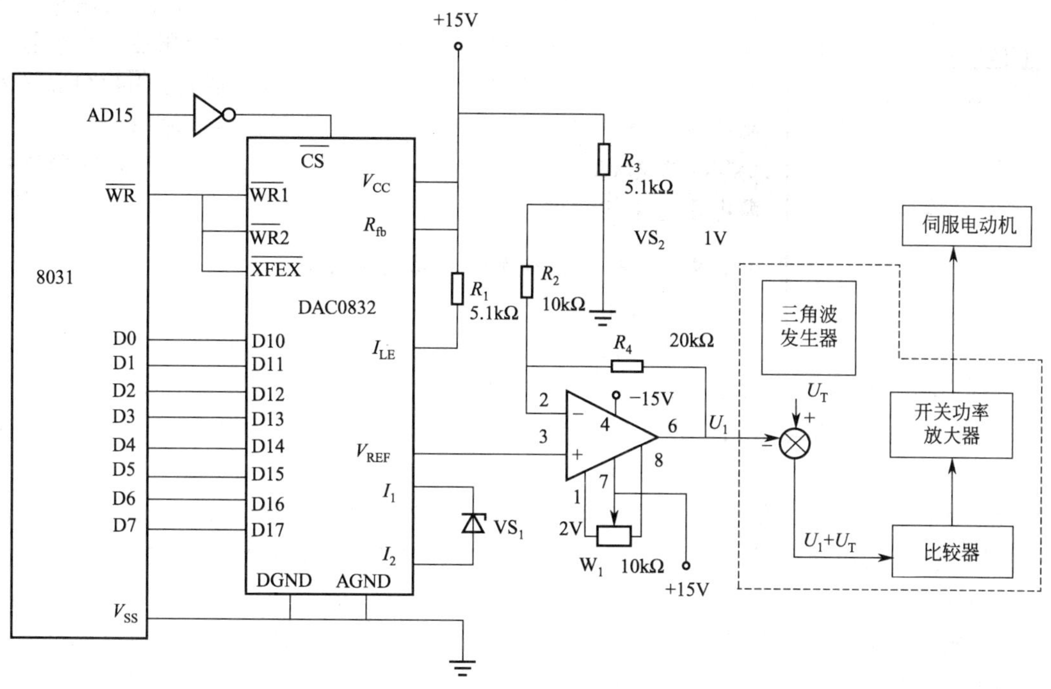

图 6-16　8031 单片机与 PWM 功率放大器的接口

放大器的放大倍数为 2，则输出电压

$$U_1=V_{DC}\left(\frac{D}{128}-1\right) \tag{6-2}$$

当单片机的数据在 00H～0FFH 范围变化时，电压 U_1 从−2～+2V 变化。

(2) 8031 单片机与开关型功率的接口

图 6-17 所示为白炽灯驱动接口电路。接口电路使用光电耦合器 MOC3021 用于隔离高、低压系统并驱动双向晶闸管。MOC3021 由 8031 的 P1.0 端经 7407 控制。当 P1.0 输出低电平，双向晶闸管导通，白炽灯亮。当 P1.0 输出高电平，双向晶闸管关断，白炽灯不亮。晶

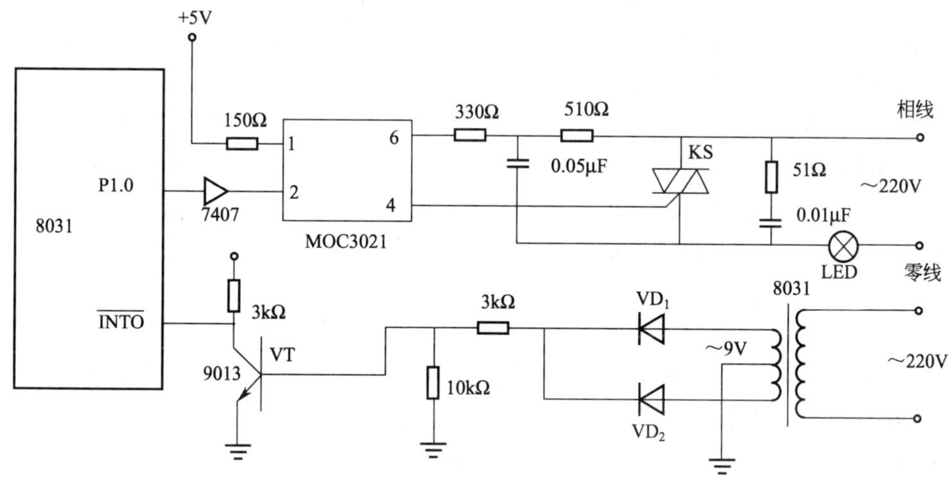

图 6-17　白炽灯驱动接口电路

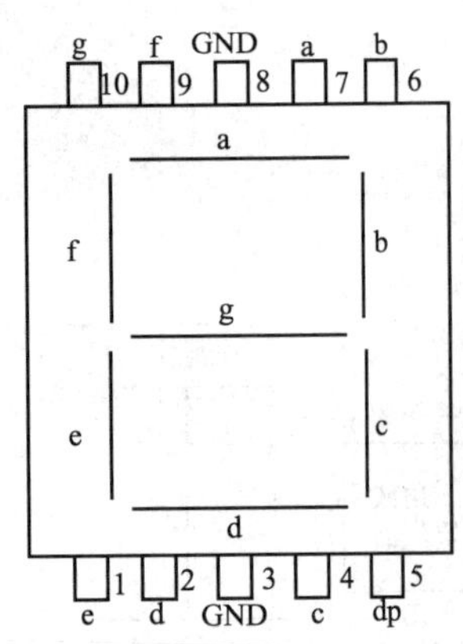

图 6-18 7 段二极管的结构

闸管控制过程中，需要由电源电压过零时开始计算控制角。因此，需要一个过零检测电路。过零检测电路由变压器、二极管和晶体管组成。当电源电压为零，晶体管 VT 截止，$\overline{\text{INTO}}$端输入高电平，不产生中断。当电源电压过零，晶体管 VT 导通，$\overline{\text{INTO}}$端输入低电平，电平跳变产生中断，使单片机 8031 得知电源电压过零的时刻。

6.2.4 单片机控制系统人机界面设计

（1）显示器

在单片机应用系统中，常用的显示器有发光二极管 LED、液晶显示器 LCD 和荧光管显示器。近年来逐渐采用简易的阴极射线管 CRT 显示器显示一些汉字和图形。其中 LED、LCD 成本低，配置灵活，与单片机接口方便，因而应用最广。LED 是最廉价的数字显示器件。它由 8 个发光二极管组成，形成 8 字形或“米”字形的显示字段，当发光二极管导通，相应的笔画点亮，控制不同组合的发光二极管，就能显示特定的字符。7 段二极管的结构如图 6-18 所示。如果发光二极管的阳极连在一起作为公共端，构成共阳极显示器；若发光二极管的阴极连在一起作为公共端，构成共阴极显示器。LED 与单片机的接口很容易，只要将单片机的 8 位 I/O 口与 LED 的 a～g 端子相连即可。输出 8 位字节数据，就可以显示不同的数字或字符，但 LED 显示字符的数量有限。

LED 显示有静态显示和动态显示两种。静态显示即需要显示的字符的各组成字段连续通过电流，因而所显示的字段连续发光。动态显示即所需要显示的字段断续通过电流，因而其发光是不连续的。例如，在需要显示多个字符时，可以轮流给每个字符通以电流，逐次把需要显示的字符显示出来。在每点亮一个 LED 后，必须持续通电一段时间使发光稳定，然后再点亮另外一个 LED，如此循环扫描所有的 LED。由于巡回扫描的速度很快（20 次/s 以上），加上人眼的视觉暂留和发光二极管的余辉作用，人眼感觉所有的 LED 都是同时点亮的。这种动态显示需要程序控制。静态显示比较简单，但占用的 I/O 资源较多。

从 7 段 LED 显示器的结构可看出，显示的数字与所驱动的字段之间没有直接的联系，因此必须进行数码与显示码之间的译码。常用的转换方法有硬件译码法和查表法。硬件译码法采用译码集成电路，直接将 BCD 码译成 7 段显示码。查表法就是将数码和显示码之间的对应关系列成表格，通过查表的方法找到数码所对应的显示码。

图 6-19 所示是利用 MC14511 实现显示 2 个 LED 的 LED 静态显示接口。每个 LED 使用一片集成电路 MC14511，MC14511 的功能包括锁存、译码和驱动，锁存功能由锁存允许 LE 端控制，当 LE 为高电平时，MC14511 的输出保持不变；当 LE 为低电平时，MC14511 的输出状态由输入端决定。译码和驱动功能就是将输入的 BCD 码转换为 7 段显示码再驱动 LED 显示器。输出高电平有效，所以使用共阴极显示器。单片机的 P1.0～P1.3 接两片 MC14511 的输入端 A～D，作数据端。P1.4 和 P1.5 分别控制两片 MC14511 的 LE，用于选择不同的显示位。当 P1.4 或 P1.5 的电平由低变为高时，P1.0～P1.3 输出的数字就在对应的 LED 上显示出来。小数点用定点显示，通过接电阻后与＋5V 连接。

与静态显示相比，动态显示可以节约硬件资源。图 6-20 所示为利用 8155 扩展的 8 位 LED 动态显示接口。

（2）键盘

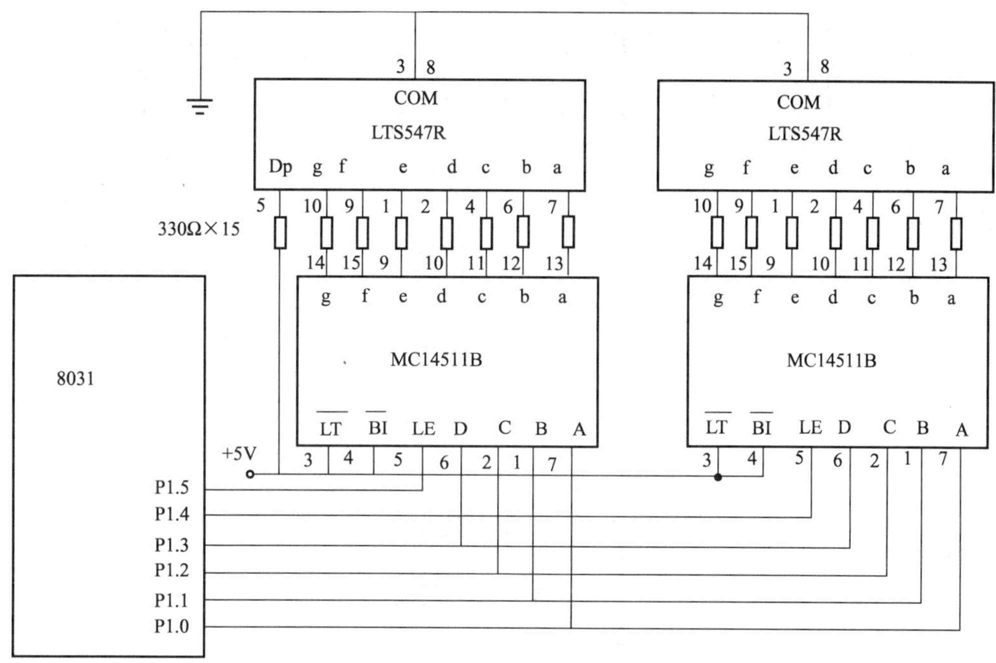

图 6-19　LED 静态显示接口

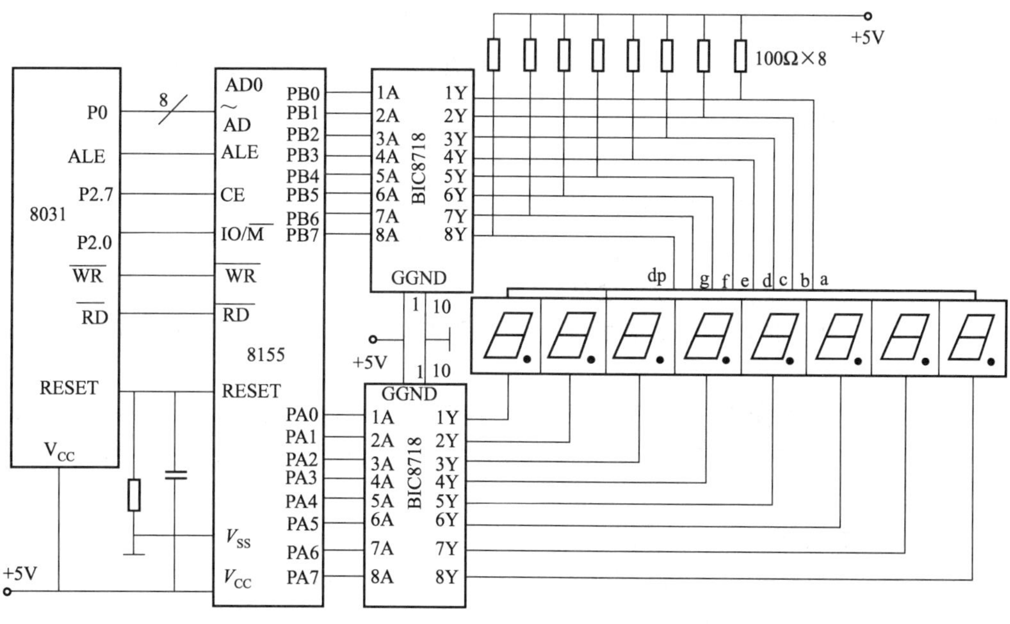

图 6-20　8 位 LED 动态显示接口

利用键盘、显示专用芯片 8279，能够以简单的硬件电路和软件开销，实现单片机与键盘和 LED 的接口的连接。利用 8279 组成的键盘、显示电路请参见相关书籍，在此不再叙述。另外，也可以使用 I/O 口扩展芯片构成键盘、显示电路。图 6-21 所示是利用 8155 构成 32 键和 6 位 LED 的键盘、显示电路。

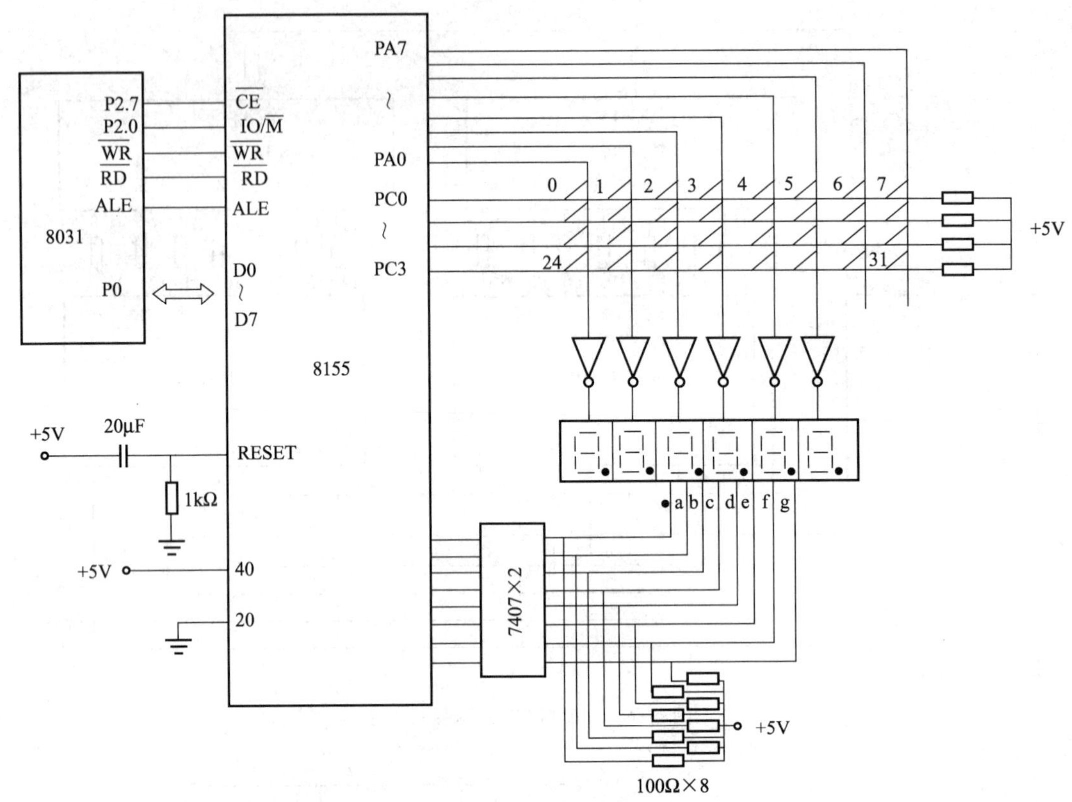

图 6-21 8155 构成的键盘、显示电路

6.2.5 单片机应用系统设计

（1）应用系统设计步骤

设计单片机控制系统的步骤如下。

① 方案设计 设计单片机应用系统，首先分析用户的需求。需求分析包括被控参数的形式（电量、非电量、模拟量、数字量等）、参数的范围、性能指标、工作环境等。根据需求进行方案的设计和论证，制定方案的原则是既要满足用户对功能的需求，又要使系统简单、经济、可靠。

② 应用系统的硬件设计 方案论证后，先要将方案具体化，设计出应用系统的电路原理图和 PCB 图。用软件工具对电路图进行仿真，确认无误后制作电路板。其次，选择和购买电子元器件。

③ 应用系统的软件设计 硬件制作完成后，进行软件的编制。

④ 系统调试与性能测定 编制的软件和焊接的电路板不能按照预定的设计要求工作是很正常的事情。这时需要耐心寻找差错，进行反复调试，直至符合设计要求为止。软件调试先模块调试，然后联调。如果系统能够正常工作，还要在实验室模拟工业现场环境，测试系统的工作可靠性是否达到预定的性能。

⑤ 文档编制 编制文档是系统维护所必需的一项工作。文档包括：需求分析与说明、设计方案、性能测试报告、使用指南、软件流程图和源代码、电路原理图和 PCB 图等。

（2）硬件设计方法

单片机应用方案确定后，进入具体的设计阶段。设计包括硬件设计和软件设计。硬件设计主要集中在项目的初期，而软件设计贯穿于整个设计过程中。为了使硬件设计尽可能合理，应重点考虑以下几点。

ⅰ. 尽量采用集成度高、功能强的芯片，简化电路设计。

ⅱ. 为将来的扩展和修改留有余地。ROM 尽量选用 2764 以上的 EPROM，使将来软件扩展和升级方便。RAM 尽量在单片机外部扩展 RAM 芯片，弥补片内 RAM 的不足。工业控制中 I/O 口往往不够用，应多预留一些 I/O 口。

ⅲ. A/D 和 D/A 通道。与 I/O 口同样的道理，应多预留一些 A/D 和 D/A 通道，以方便后绪工作。

ⅳ. 以软代硬。单片机 CPU 芯片的处理速度越来越快，能用软件完成的任务就不要用硬件。硬件多了不仅增加电路板的体积、成本，还会使出现故障的概率增多。

ⅴ. 工艺设计。要求考虑安装、维修和调试的方便，硬件抗干扰的措施也应考虑。

(3) 软件设计方法

① 软件需求分析　分析用户的需求，将设计方案“自顶向下”逐层分解细化，直到功能单一的模块，将每个模块的功能描写清楚。

② 软件设计　将需求分析转化为具体的设计方案，画出软件的流程图和功能描述。

③ 编写软件代码　用汇编语言或 C 语言编写代码。

④ 软件调试　对软件进行测试，发现并修改软件代码存在的错误。

6.2.6　单片机应用系统实例

以单片机驱动直流微型电动机为例，介绍单片机与电动机驱动的接口电路和对电动机转向的控制方法。

6.2.6.1　实例功能

控制电动机运动，例如转向、速度和角度的控制是单片机在机电控制中的典型应用。直流电动机的控制性能优越，特别适合点位和速度控制。为了实现直流电动机的正、反转运行，只需要改变电动机电源电压的极性。这种电压极性的变化和运转时间的长短由单片机实现，而提供直流电动机正常运转的电流则需要驱动电路实现。图 6-22 所示为微型直流电动机的实物，这类微型直流电动机通常用在玩具和一般的微型驱动装置中。

图 6-22　微型直流电动机实物

驱动电路是指连接单片机的控制指令和电动机的接口电路。在单片机无法带动负载的情况下，由驱动电路使电动机能够在单片机的控制指令下，完成规定的动作。本例中主要介绍两个方面的内容。一是单片机的电动机驱动接口电路的设计即桥式驱动电路，并给出一款具体的驱动芯片 TA7267BP 的使用方法；二是单片机对电动机转向的控制，即通过单片机定时 1s，完成直流微型电动机的一次转向变化。本例的功能模块分为以下三个方面。

① 单片机系统　单片机的 I/O 口输出，控制直流微型电动机的转向。

② 外围电路　直流微电动机和单片机之间的接口电路。

③ 单片机 MCS-C51 程序　编写单片机控制直流微型电动机转向的驱动程序，实现单片机的控制功能。

6.2.6.2 器件和原理

(1) 直流微型电动机的驱动电路

单片机本身具备一定的驱动能力，其 I/O 口的电流在 10mA 左右，驱动发光二极管之类负载较小的器件不需要特殊电路。但是，对于直流电动机这类负载较大的器件，单片机无法为其提供足够的电流，尤其是在直流电动机启动时，其启动电流往往达到其正常工作电流的数倍。因此，这一类的电路需要专门的驱动电路完成对电动机的驱动，而单片机只是完成逻辑控制部分的工作。

目前，越来越多的单片机集成了特殊的功能。例如，MOTOROLA、PIC 等公司的大量单片机中集成了 A/D、PWM 输出等功能，但是很少有集成电动机驱动电路的。这主要是因为电动机的驱动电路所需的电流较大，有些器件属于大功率器件，难以和单片机集成。所以，在实际应用中，电动机驱动电路是单片机控制回路中的常用接口电路。

(2) 驱动电路的基本原理

驱动电路的基本功能是有足够的电流驱动电动机转动，并利用单片机的逻辑电平输出控制电动机的正、反转。

这里，将分 H 桥式电路的驱动原理、实用电路和专用芯片进行阐述，说明单片机中常用驱动电路的构成和使用方法。

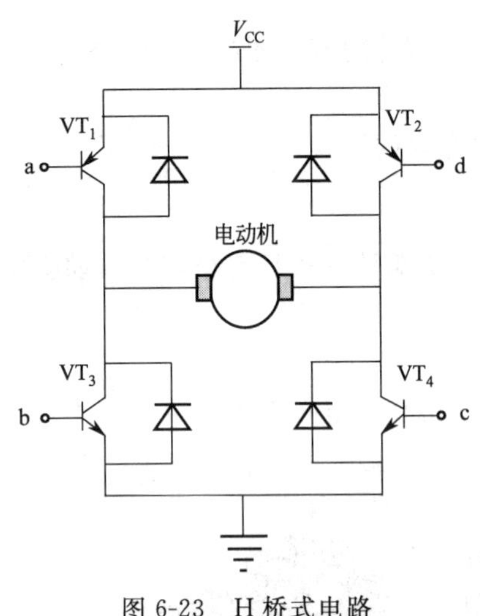

图 6-23 H 桥式电路

① H 桥式电路原理 桥式电路是一种最基本的驱动电路结构。控制电动机正、反转的桥式驱动电路有单电源和双电源两种驱动方式。由于采用单电源的驱动方式可以满足实际的应用需要，所以这里只介绍单电源的驱动方式，其电路如图 6-23 所示。

注意，在图 6-23 中的 4 个二极管为续流二极管。如果选用的驱动电路中使用的是晶体三极管，则这 4 个二极管是必须使用的，其作用是消除电动机所产生的反向电动势，避免反向击穿晶体三极管。

单电源方式的桥式驱动电路又称为全桥方式驱动或 H 桥方式驱动。电动机正转时，三极管 VT_1 和 VT_4 导通；反转时 VT_2 和 VT_3 导通。上述两种情况下，加在电动机两端的电压极性相反。当 4 个晶体三极管全部关断时，电动机停转。若是 VT_1 与 VT_3 关断，而 VT_2 与 VT_4 同时导通时，电动机处于短路制动状态，将在瞬时停止转动。这 4 种状态所对应的 H 桥式驱动电路状态如图 6-24 所示。

在图 6-24 中，从左至右分别表示 H 桥式驱动电路的开关工作状态的切换，电动机分别处于正转、反转、停止和短路制动 4 个状态。其驱动电路可以完成本例的两个基本要求。一是通过三极管的放大保证了电动机的驱动电流；二是通过桥式电路对不同开关进行选择，可以实现单片机的数字电平控制三极管的导通和截止，从而控制电动机的正转、反转、停止。

② 实用电路 考虑到器件的性能和与数字电平的具体连接方式，桥式驱动电路在实际使用中往往需要做一些变化。图 6-25 所示为一种使用功率 MOSFET 单电源方式正、反转驱动电路。对电路中的器件做如下简单的说明。

ⅰ. PC0～PC3 是单片机的输出控制端口，通过该端口的高、低电平，控制桥式电路的导通方式，从而控制电动机的正转、反转、停止。

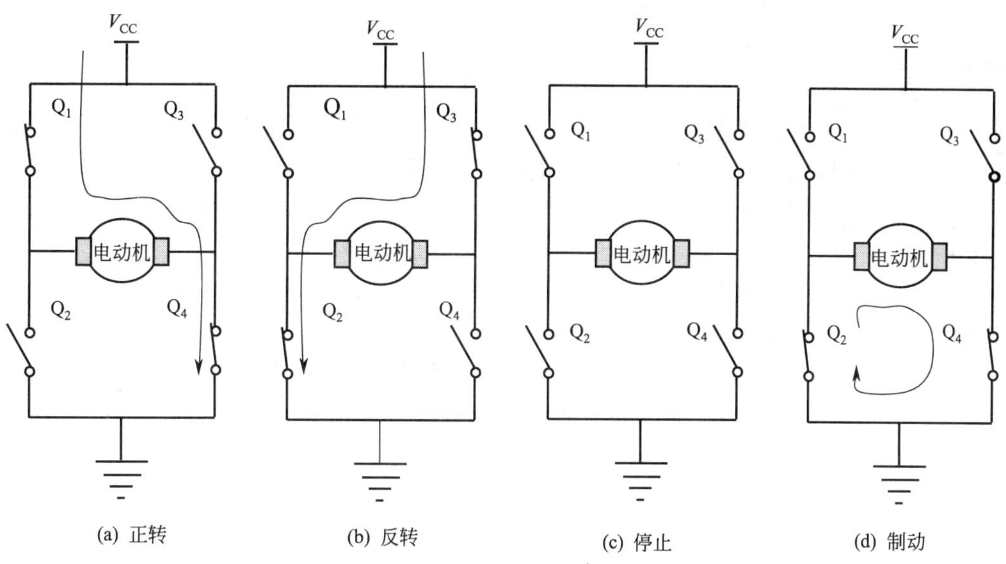

图 6-24　H 桥式电路的 4 种状态

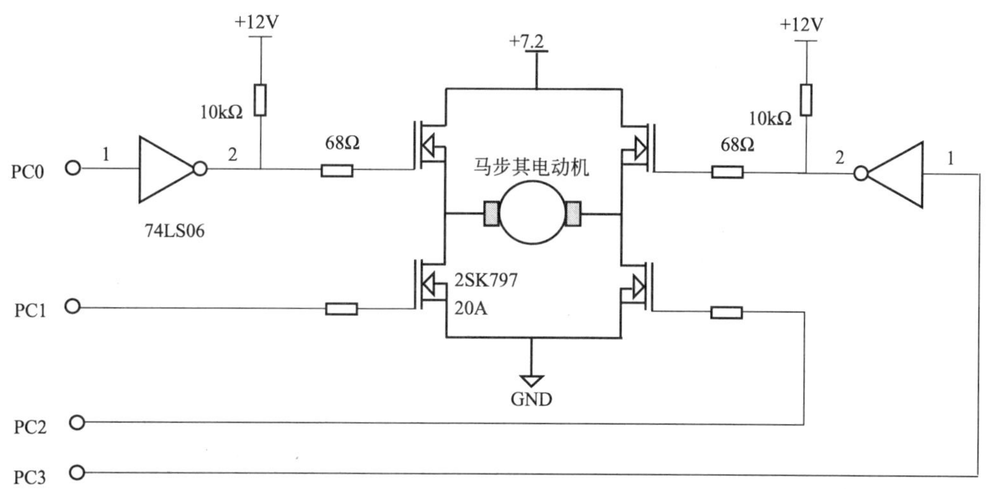

图 6-25　实用的桥式电路

ⅱ. 74LS06 控制单片机输出端口的驱动和隔离，为使高位开关（上侧的 MOSFET）完全饱和，实现完全的开关功能，需要由 74LS06 提高电平，保证输出电平的稳定性和可靠性。

ⅲ. 2SK797 是功率 MOSFET，可以用逻辑电平直接驱动。

ⅳ. 马步其电动机是微型电动机。

电路可以由微机或者是单片机控制。图 6-25 中的功率 MOSFET，可以用逻辑电平直接驱动，也可与微机或单片机的输出管脚直接相连。由于功率 MOSFET 内部的漏极和源极之间设置了寄生二极管，因此不需要外接续流二极管，电路更加简单。

③ 专用芯片 TA7267BP 的使用　如果用户对成本的要求不高，选用专用的电动机驱动芯片则是一种较为理想的选择。目前，专用的电动机驱动芯片很多，需要针对使用的电动机型号和额定输入进行选择。对于本例使用的微电动机而言，其逻辑输入为 5V，而驱动电压

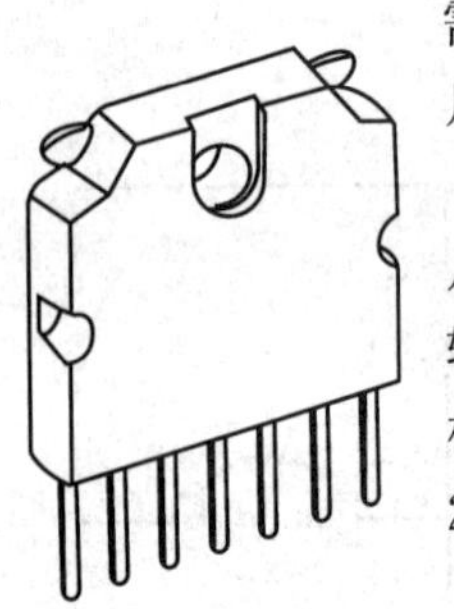

图 6-26 TA7267BP 驱动芯片

需要 12V 左右。根据这个要求，选择东芝公司的 TA7267 系列芯片 TA7267BP。

TA7267BP 是东芝公司生产的用于微型直流电动机驱动的专用芯片。该芯片在相应的逻辑电平的控制下，能够实现电动机的正转、反转、停止和制动 4 种动作。其逻辑电平的工作电压为 6～18V，驱动电动机工作的电压为 0～18V，是单电源供电的芯片。该芯片的外形如图 6-26 所示。

实际上，TA7267BP 的驱动原理和上述的桥式电路并没有很大不同，只是该芯片将桥式电路中所用的分离器件集成为一体，并定义了相关的管脚的逻辑电平，从而使得驱动部分模块化，便于用户使用。

表 6-8 所示为 TA7267BP 中 7 个管脚的名称和作用。这 7 个管脚中的 1 和 2 连接到单片机的逻辑控制指令输出管脚，而 3、5 管脚则分别连接到所要控制的电动机上。

表 6-8 TA7267BP 管脚的名称和作用

管脚号	名 称	作 用
1	IN1	控制指令输出 1
2	IN2	控制指令输入 2
3	OUT1	电动机输出 1
4	GND	地信号
5	OUT2	电动机输出 2
6	VS	驱动级电源
7	V_{CC}	逻辑电路电源

TA7267BP 是依靠单片机输入到 1、2 管脚上的逻辑电平变化实现电动机的正转、反转、停止、制动 4 个状态的选择。这 4 种状态的变化所对应的逻辑电平如表 6-9 所示。

表 6-9 TA7267BP 输出电动机状态的变化

IN1	IN2	OUT1	OUT2	电动机状态
1	1	L	L	制动
0	1	L	H	正转
1	0	H	L	反转
0	0	H	H	停止

在 TA7267BP 中，施加在 6、7 管脚上的电源电压最大不能超过 25V，常规的数字电路电源应在 6～18V 之间，不能超出这个范围。工作电流平均为 1A，峰值为 3A，TA7267BP 在电动机启动时的电流不能超过这个峰值。根据 TA7267BP 各管脚对电平的控制，可以很方便地利用单片机实现对微电动机的转动状态控制。需要做的只是选择电动机在何时采用何种状态，并编制相应的单片机程序即可。

(3) 单片机和微型电动机的接口电路

以 TA7267BP 电动机驱动芯片为例，提供了具体的单片机和微型电动机的驱动电路和相关的控制电动机转向的 MCS-C51 程序（图 6-25）。

本例的主要功能是 1s 改变一次电动机的转向，通过单片机的定时器控制转向时间，并发送输出到 TA7267BP 的控制字，改变和驱动电动机转向。

6.2.6.3　电路设计

以上分别介绍了微型电动机的驱动电路原理和几种简单的驱动电路，并给出了单片机和微型电动机的接口原理，现给出以 TA7267BP 电动机驱动芯片为例的基本的电路，如图 6-27 所示。可以根据该电路设计印刷电路板。

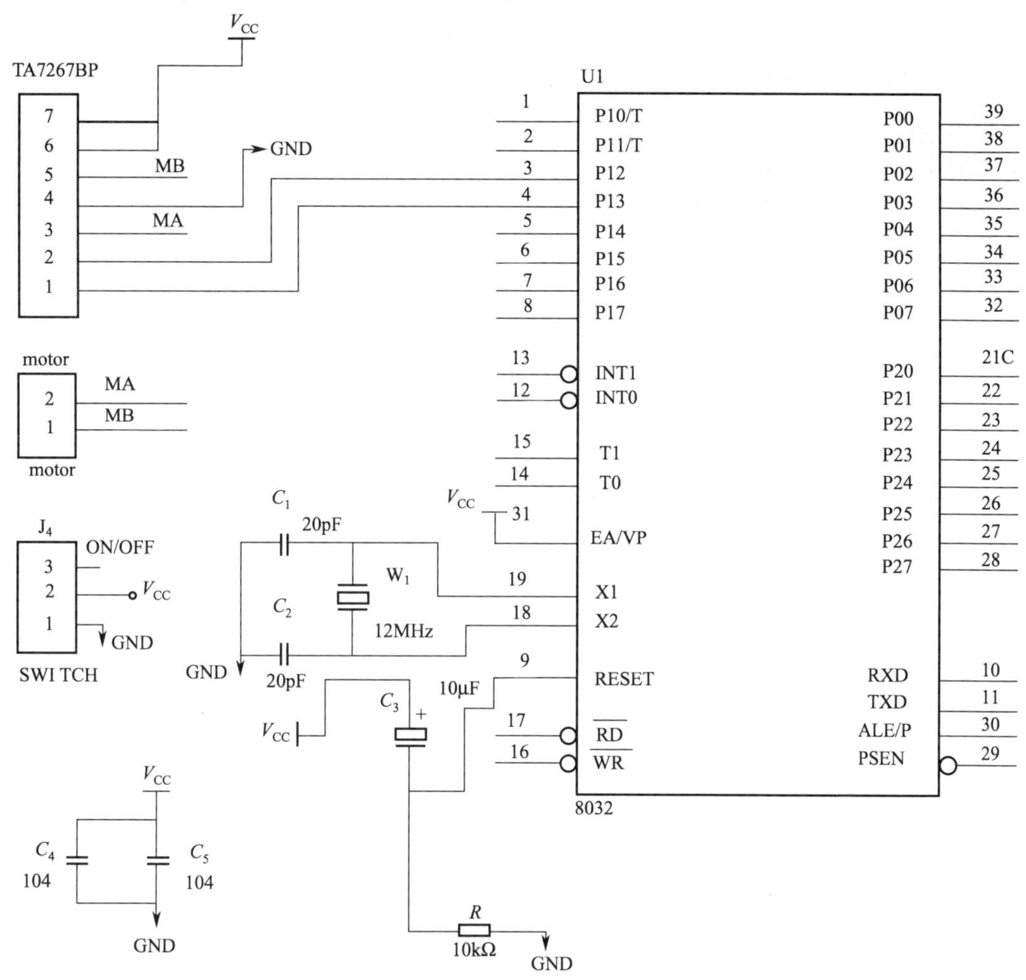

图 6-27　单片机和微型电机的接口电路

(1) 电路原理和器件选择

在这里列出和本例相关的关键部分的器件名称及其在电路中的主要功能。

① 单片机　ATMEL89C52，主要完成对各个端口状态信号的监测、控制信号的发送以及驱动电路和单片机程序的通信。

② 驱动电路　东芝公司的 TA7267BP，驱动微型电动机，完成对活动门的开关动作。

(2) 地址分配和连接

这里只列出和本例相关的关键部分的单片机与各个功能管脚的连接和相关的地址分配。

① 输入管脚 P02　连接活动门的开关，通过活动门开关的电平变化触发单片机的中断，执行开关门控制指令的输出。

② 输入管脚 P20　连接活动门的状态按键，单片机读取 P2.0 口的电平，判断活动门的

当前状态。

③ 输出管脚 P12、P13 连接驱动芯片 TA7267BP 的 1、2 管脚。单片机通过改变这两个管脚的电平，实现 4 种电动机状态的控制指令。

6.2.6.4 程序设计

(1) 程序功能

本程序的功能是定时 1s 控制电动机转向的变化。其主要功能包含两个方面。

ⅰ. 单片机定时 1s，改变 I/O 口输出。

ⅱ. 通过单片机的 I/O 口输出到 TA7267BP 的控制字，通过 TA7267BP 驱动电动机，并控制电动机的转向。

(2) 主要器件和变量的说明

本例中使用的主要功能器件是 TA7267BP 芯片。程序中的变量及功能如表 6-10 所示。

表 6-10 变量及功能

变　量	说　明
gate	定时转向标志位
direct	电动机正、反转标志
motor1	10——正转 01——反转
motor2	

(3) 程序代码

利用单片机控制转向的流程如图 6-28 所示，代码如下。

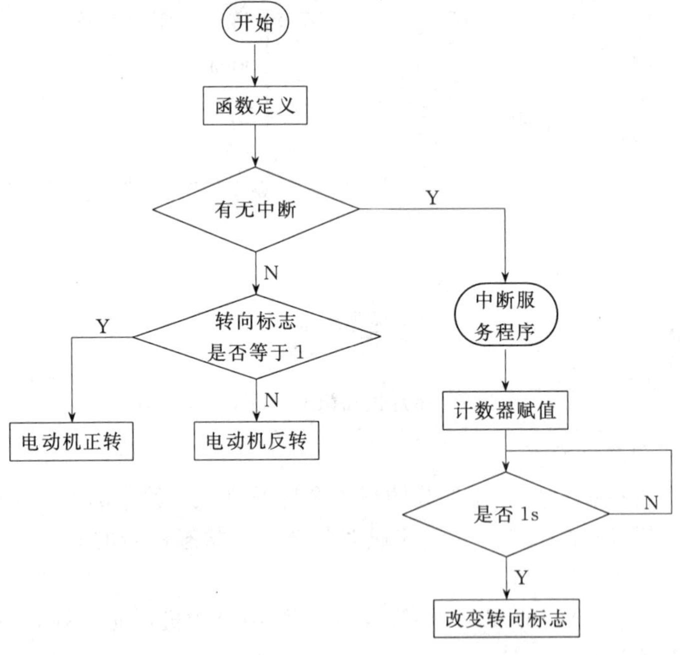

图 6-28 单片机控制电动机转向流程

```
//定义头文件、单片机的输入端口和变量
#include<reg52.h>
#include<absacc.h>
```

```
#define uchar unsigned char
#define uint unsigned int
bit gate;                          //定时标志位
bit direct;                        /*设置电动机正反转标志，1——正转；0——反转*/
sbit motor1=p1^2;
sbit motor2=p1^3;                  /*10——正转；01——反转*/
uchar data BUFFER [1] = {0};       /*定时器计数变量*/
//主程序，定义中断源和串口工作方式。
void main (void)
{
    p2=0x0f;                       //初始化端口
    EA=1; IT1=1; ET0=1;
    TMOD=0x01;                     /*T0方式1计时1s*/
    TH0=-5000/256;
    TL0=-5000%256;
    TR0=1;                         /*开中断，启动定时器*/
    gate=1;                        //依据转向状态决定电动机的动作
    for (; ;)
    {
        If (gate)
         {
          motor1=1;
          motor2=0;
          }
          else
           {
              motor1=0;
              motor2=1;
        }
    }
}
void timer0 (void) interrupt 1 using 1          /*定时计数器0的中断服务子程序*/
{
    TH0=-5000/256;                              //定时器T0的高4位赋值
    TL0=-5000%256;
    BUFFER [0] =BUFFER [0] +1;                  //定时器T0的低4位赋值
    If (BUFFER [0] ==100)                       //百分秒进位
    {
          gate=! gate;                          //转向标志取反
    }
}
```

6.3 可编程逻辑控制器（PLC）及其应用

6.3.1 PLC的结构

可编程序控制器（programmable logic controller，PLC）是在继电器控制和计算机控制的基础上开发的，并逐渐发展成以微处理器为核心，把自动化技术、计算机技术、通信技术融为一体的新型工业自动控制装置。早期的PLC只能进行逻辑控制，现在的PLC都采用了微型机的CPU。因此使得PLC不仅能进行简单的逻辑控制，还能完成模拟量控制、数值控制、过程监控、通信联网等功能。由于PLC具有程序可变、可靠性高、功能强、编程简单、环境适应性好、抗干扰能力强以及体积小、质量轻等特点，PLC在机电一体化系统中得到广泛的应用。图6-29所示为PLC的系统。

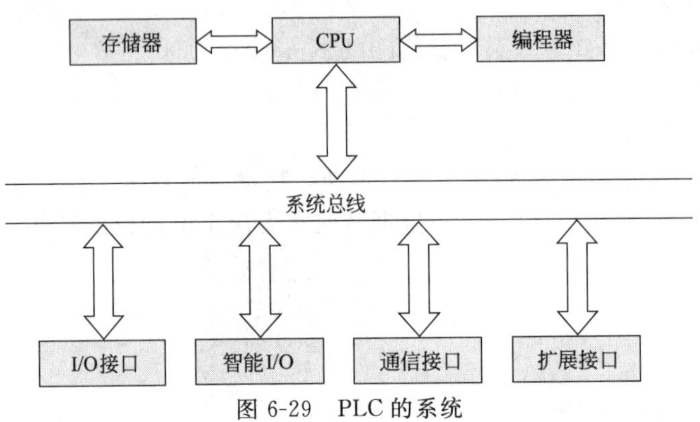

图6-29 PLC的系统

中央处理器（CPU）是PLC的核心。一般中型的PLC都有两个处理器：字处理器和位处理器。字处理器以字为单位进行信息的加工和存储，这是和其他微处理机的不同之处。位处理器是用专用芯片设计而成的，主要用于处理位操作以及将梯形图等PLC编程语言转换为机器语言。PLC的处理器一般用16位或32位单片机实现。

I/O接口模板是PLC与工业现场进行信号联系，并完成电平转换的桥梁。I/O模板包括数字量I/O板、模拟量I/O板、通信I/O板、智能I/O板等。这些I/O板可分为直流（交流）型或电压（电流）型。现介绍PLC最常用的I/O板。

（1）数字量输入板

数字量I/O板用于工业控制过程中的各种转换开关、限位开关等设备。图6-30所示为数字量输入板示意。

图6-30(a)所示为24V直流信号输入模板，带光电隔离，点数为8、16、32。当现场开关Q闭合时，光电耦合器的光电二极管发光，光敏三极管导通，A点有电压输入，为高电平，同时LED亮；反之，当现场开关Q断开，光电耦合器的光电二极管不发光，光敏三极管截止，A点无电压输入，为低电平。2.5kΩ和1.3kΩ电阻分别起分压和限流的作用，光电耦合器的光敏三极管的开关信息通过150kΩ电阻和22nF的电容滤波，形成CPU所需要的标准电平，接到PLC用户数据区，供CPU进行逻辑或数值运算使用。

图6-30(b)所示为220V交流信号输入模板，CPU只能接受0～5V的直流信号。220V交流信号通过240Ω限流电阻和桥式整流电路，将交流信号整流成直流信号，经阻容滤波后送入光电耦合器输入端。工作过程同直流信号，不再赘述。

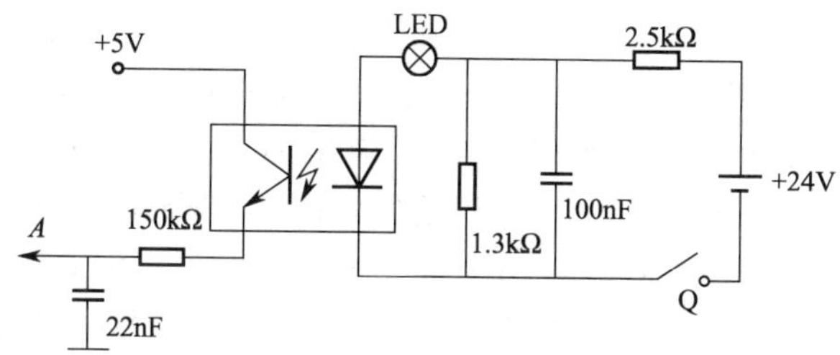

(a) 24V直流信号输入模块

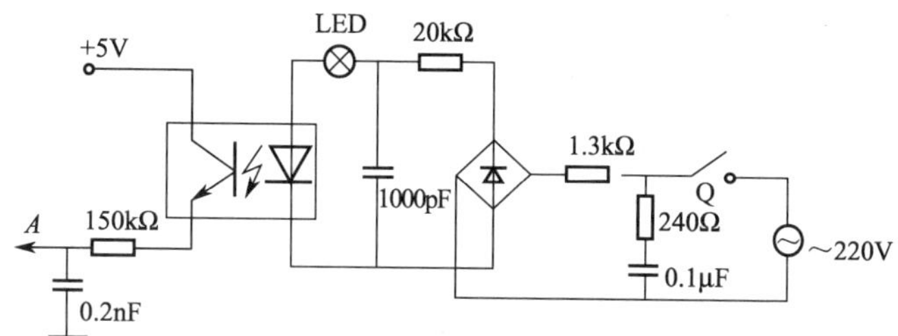

(b) 220V交流信号输入模块

图 6-30 数字量输入板

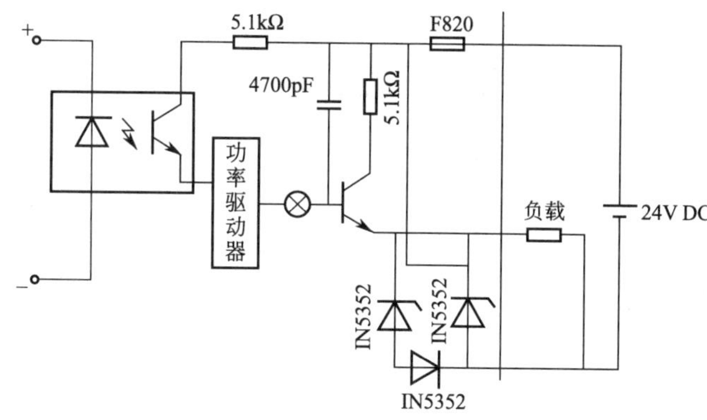

(a) 直流输出模块

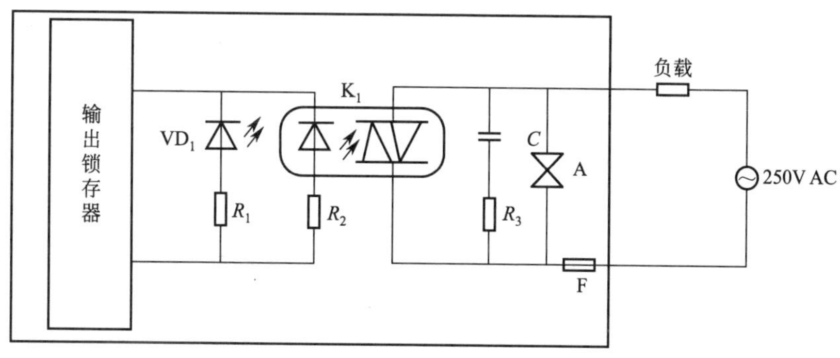

(b) 交流输出模块

图 6-31 交、直流数字输出模板原理

(2) 数字量输出板

图 6-31(a) 所示为 24V 直流输出模块，适合工业过程中各种显示灯的驱动，模块带光

电隔离。当需要产生输出时，CPU 将相应的数据送到输出模块。当输出高电平时，光电耦合器导通，用户提供的＋24V DC 电压通过功率驱动器的驱动功率管，把＋24V DC 电压加在负载上。LED 为有无负载的指示灯，F820 为熔断器，保护过流。稳压管 IN4055 和 IN4005 分别起保持电源和使输出端恒压的作用，防止过压导致模块和外设的破坏。

图 6-31(b) 所示为交流输出模块，用于各种中间继电器、电磁铁线圈等负载，将 PLC 内部信号转换为外部工业过程所需要的信号。交流输出模块的驱动电路，采用光控双向可控硅进行驱动放大，交流数字量输出模块又称可控硅输出模块。该模块外加交流负载电源，带负载能力一般为每个输出点 1A 左右，每个模块 4A 左右。不同型号的交流开关量输出模块的外加交流负载电源电压和带负载能力有所不同。可控硅输出模块为无触点输出模块，使用寿命较长。图 6-31(b) 中，VD_1 为输出指示灯，R_1、R_2 为限流电阻，K_1 为光控双向可控硅，A 为浪涌吸收器，F 为熔断器，R_3 和 C 构成阻容吸收电路。

(3) 模拟量输入板

模拟量输入板将外部的模拟信号（如压力、流量、温度等）转换为 PLC 能够接受的数字信号。模板有 0～5V、0～10V、±10V、4～20mA 等各种类型，可连接各种外部传感器。模拟量输入板将模拟信号转换为 12 位的二进制数，送到 PLC 的内部总线上。图 6-32 所示是日本立石公司的模拟量输入模板 CH200H-AD001 的内部结构。此模板内部有多路选通器、放大器、A/D 转换器、光电耦合器等模块，还有自身的 CPU、ROM 或 RAM。

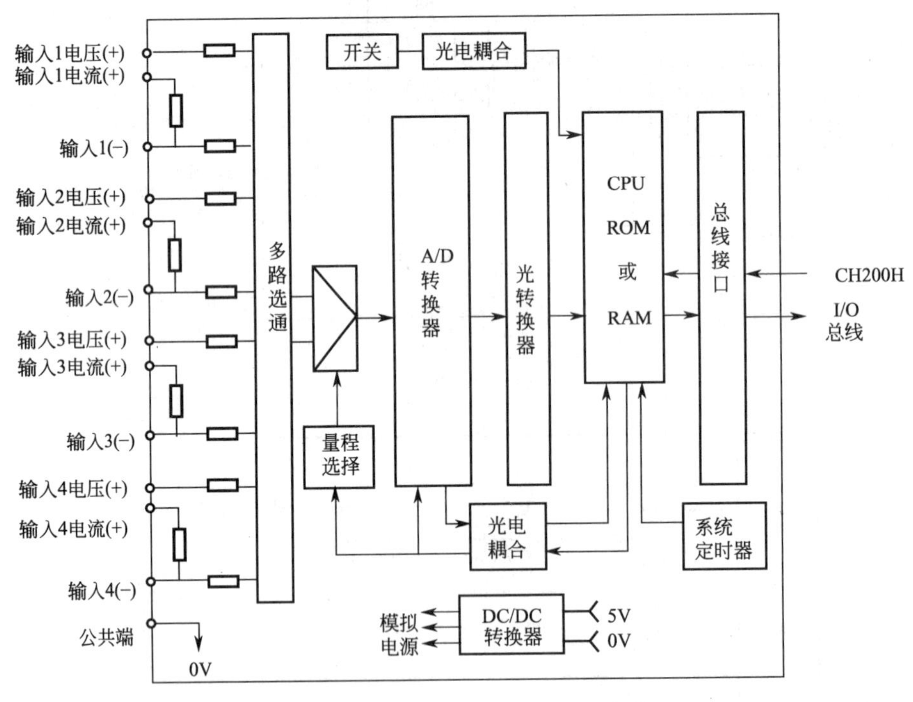

图 6-32 CH200H-AD001 的内部结构

(4) 模拟量输出板

模拟量输出板将 PLC 内部的数字信号转换为外部生产过程所需要的模拟信号。模板有 0～5V、0～10V、±10V、4～20mA 等各种类型。图 6-33 所示是日本立石公司模拟量输出模板 CH200H-DA001 的内部结构。模板内部有光电耦合器、D/A 转换器、功率放大器等模块，也有自身的 CPU、ROM 或 RAM。

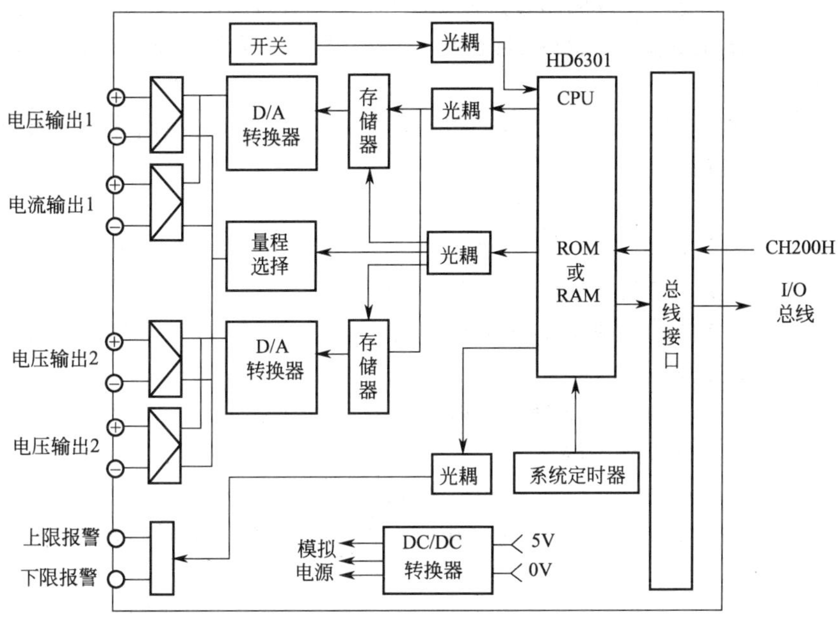

图 6-33 CH200H-DA001 的内部结构

6.3.2 PLC 的工作原理

PLC 通过 I/O 接口（开关量 I/O、模拟量 I/O、脉冲量输入口以及串行口、并行口等）与被控对象连接。PLC 采用面向控制过程、面向问题的“自然语言”作为编程语言。这种语言简单、易学、易记。梯形图、语句表、控制系统流程图等是 PLC 常用的编程语言。有些 PLC 还尝试使用高级语言编程。用户使用 PLC 进行顺序控制时，首先应根据控制动作的顺序画出梯形图，然后将其翻译成相应的 PLC 指令，用编程器将程序写入 PLC 的内存 RAM 中，对程序进行调试，发现错误可用编程器进行修改，直到程序调试正确无误为止，最后将程序烧写到 PLC 的只读存储器 EEPROM 中。PLC 投入运行后，进入程序执行过程。在一个扫描周期内，程序执行过程分 3 个阶段：输入采样、程序执行和输出刷新。在输入采样阶段，PLC 以扫描方式将所有输入端的输入信号状态读入到输入映像寄存器中寄存。接着转入执行程序阶段。在程序执行阶段，PLC 按照顺序进行扫描。如果程序是用梯形图表示的，则扫描顺序总是先上后下、先左后右。每扫描到一条指令，所需要的状态分别由输入映像寄存器中读出，并将执行结果写入元素映像寄存器中。当程序执行完成后，进入最后一个阶段——输出刷新。将元素映像寄存器中所有输出继电器的状态转存到输出锁存电路，驱动用户设备（或负载）工作。PLC 存储器 EEPROM 中的程序随时可以擦除和修改。如果改变程序和外部端口接线，又可以重新组成一个新的控制系统。

6.3.3 PLC 控制系统的设计方法和步骤

(1) PLC 控制系统设计的基本内容

一个 PLC 控制系统由信号输入元件、输出执行器件、显示器件和 PLC 构成。因此，PLC 控制系统的设计包括这些器件的选取和连接等。

① 选取信号输入器件、输出执行器件、显示器件等　输入信号在进入 PLC 后，可以在 PLC 内部多次重复使用，而且还可获得其常开、常闭、延时等各种形式的触点。因此，信号输入器件只要有一个触点即可。输出器件应尽量选取相同电源电压的器件，并尽可能选取

工作电流较小的器件。显示器件应尽量选取 LED 器件，其寿命较长，而且工作电流较小。

② 设计控制系统主回路　根据执行机构是否需要正、反向动作，是否需要高、低速，设计控制系统主回路。

③ 选取 PLC　根据输入、输出信号的数量，输入输出信号的空间分布，程序容量的大致情况等条件选择 PLC。

④ 进行 I/O 分配　绘制 PLC 控制系统硬件原理图。

⑤ 程序设计及模拟调试　设计 PLC 控制程序，并利用输入信号开关板进行模拟调试，检查硬件设计是否完整、正确，软件是否满足工艺要求。

⑥ 设计控制柜　在控制柜中，强电和弱电控制信号应尽可能进行隔离和屏蔽，防止强电磁干扰影响 PLC 的正常运行。

⑦ 编制技术文件　包括电气原理图、软件清单、使用说明书、元件明细表等。

(2) PLC 控制系统的设计步骤

对控制任务的分析和软件的编制是 PLC 控制系统设计的两个关键环节。通过对控制任务的分析确定 PLC 控制系统的硬件构成和软件工作过程，通过软件的编制实现被控对象的动作关系。PLC 控制系统设计的一般步骤如下。

ⅰ. 对控制任务进行分析，对较复杂的控制任务进行分块，分成相对独立的子任务，以减小系统规模分散故障。

ⅱ. 分析各个子任务中执行机构的动作过程。通过对子任务执行机构动作过程的分析，画出动作逻辑关系图，列出输入信号和输出信号、要实现的非逻辑功能。对于输入信号，每个按钮、限位开关、开关式传感器等作为输入信号占用一个输入点，接触器的辅助触点不需要输入 PLC，故不作为输入信号。对于输出信号，每个输出执行器件，如接触器、电磁阀、电铃等，均作为输出信号占用一个输出点，对于状态显示，若是输出执行器件的动作显示，可与输出执行器件共用输出点，不再作为新的输出信号。如果是非动作显示，如“运行”、“停止”、“故障”等指示，应作为输出信号占用输出点。

ⅲ. 根据输入/输出信号的数量、要实现的非逻辑功能、输入/输出信号的空间分布情况，选择 PLC。

ⅳ. 根据 PLC 型号，选择信号输入器件、输出执行器件和显示器件等。

ⅴ. 进行输入/输出口的分配，绘出控制系统硬件原理图，设计控制系统主回路。

ⅵ. 利用输入信号开关板模拟现场输入信号，根据动作逻辑关系图编制 PLC 程序并进行模拟调试。

ⅶ. 制作控制柜。

ⅷ. 进行现场调试，对工作中可能出现的各种故障进行模拟，考察系统的可靠性。

ⅸ. 编制技术文件，进行控制系统现场试运行。

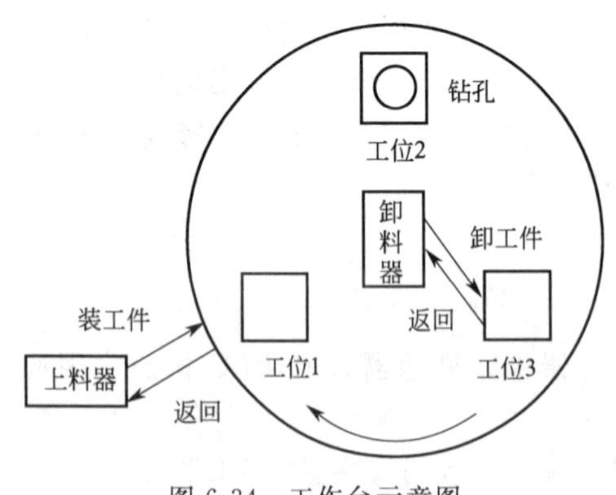

图 6-34　工作台示意图

6.3.4 PLC 应用实例

(1) 系统描述

设计一个 3 工位旋转工作台，其工作示意如图 6-34 所示。三个工位分别完成上料、钻孔和卸件。

① 动作特性　工位 1：上料器推进，料到位后退回等待。工位 2：将料夹紧后，钻头向下进给钻孔，下钻到位后退回，退回到位后，工件松开，放松完成后等待。工位 3：卸料器向前将加工完成的工件推出，推出到位后退回，退回到位后等待。

② 控制要求　通过选择开关可实现自动运行、半自动运行和手动操作。按下启动按钮后，系统开始运行，如果开关处于自动或半自动位置，且可动部分都在原位，则进入自动或半自动运行。3 个工位全部工作完毕，工作台旋转 120°，完成一个工作循环。此时，如果选择开关处于自动，则自动重复运行，即上料、钻孔和卸料 3 个工位同时工作。自动或半自动工作时，应考虑到 3 个工位时间不同。

(2) 制定控制方案

ⅰ. 用选择开关决定控制系统的全自动、半自动运行和手动调整方式。

ⅱ. 手动调整采用按钮点动的控制方式。

ⅲ. 系统处于半自动工作方式时，每执行完成一个工作循环，用一个启动按钮来控制进入下一次循环。

ⅳ. 系统处于全自动运行方式时，可实现自动往复地循环执行。

ⅴ. 系统运动不很复杂，采用 4 台电动机：主动电动机、液压电动机、冷却电动机和工作台旋转电动机。除了主轴转动和工作台转动用电动机拖动外，其他运动都采用液压传动。

ⅵ. 对于部分与顺序控制和工作循环过程无关的主令部件和控制部件，采用不进入 PLC 的方法以节省 I/O 点数。PLC 的输入点连接方式选择开关、点动按钮、启动按钮、行程开关和压力继电器的开关，共 22 点；输出点连接旋转接触器和电磁阀的开关，共 9 点。

ⅶ. 由于点数不多，所以用中小型 PLC 可以实现。可用 CPU224 与扩展模块，或用一台 CPU226。

(3) 系统配置及输入、输出信号对照表

用一台 CPU226 单机实现系统控制。数字量输入使用数字滤波、不使用脉冲捕捉功能。输出设置为封锁输出方式。

本系统为典型顺序控制，用功能流程图可以很容易地进行程序设计。建立所有现场信号与 PLC 的符号地址和 PLC 的直接地址的对照表。输入和输出信号对照表分别见表 6-11 和表 6-12。

表 6-11　输入信号对照表

信号名称	外部元件	内部命令	信号名称	外部元件	内部地址
总停按钮	SB1	不进 PLC	钻头上升按钮	SB7	I1.1
主动电动机启动停止	SA1	不进 PLC	卸料器推出按钮	SB8	I1.2
液压电动机启动停止	SA2	不进 PLC	卸料器退回按钮	SB9	I1.3
冷却电动机启动停止	SA3	不进 PLC	工作旋转按钮	SB10	I1.4
手动运行选择	SA4-1	I0.0	送料推进到位行程开关	SQ1	I1.5
半自动运行选择	SA4-2	I0.1	送料退回到位行程开关	SQ2	I1.6
全自动运行选择	SA4-3	I0.2	钻头下钻到位行程开关	SQ3	I1.7
半自动运行选择	SB11	I0.3	钻头上升到位行程开关	SQ4	I2.0
上料器推进按钮	SB2	I0.4	卸料器推出到位行程开关	SQ5	I2.1
上料器退回按钮	SB3	I0.5	卸料器退回到位行程开关	SQ6	I2.2
工件夹紧按钮	SB4	I0.6	工作台旋转到位行程开关	SQ7	I2.3
放松按钮	SB5	I0.7	工件夹紧完成压力继电器	SP1	I2.4
钻头下钻控制按钮	SB6	I1.0	工件放松完成压力继电器	SP2	I2.5

表 6-12 输出信号对照表

信号名称	元件	内部地址	信号名称	元件	内部地址
主轴电动机接触器	KM1	不进 PLC	工件夹紧电磁阀	YV3	Q0.2
液压电动机接触器	KM2	不进 PLC	工件放松电磁阀	YV4	Q0.3
冷却电动机接触器	KM3	不进 PLC	钻头下钻电磁阀	YV5	Q0.4
旋转电动机接触器	KM4	Q1.0	钻头退回电磁阀	YV6	Q0.5
送料推进电磁阀	YV1	Q0.0	卸料退出电磁阀	YV7	Q0.6
送料退回电磁阀	YV2	Q0.1	卸料退回电磁阀	YV8	Q0.7

(4) 设计主电路及 PLC 外部接线图

根据输入、输出信号对照表，可以设计出 PLC 的外部接线，如图 6-35 所示。实际接线时，还应考虑到以下几个方面。

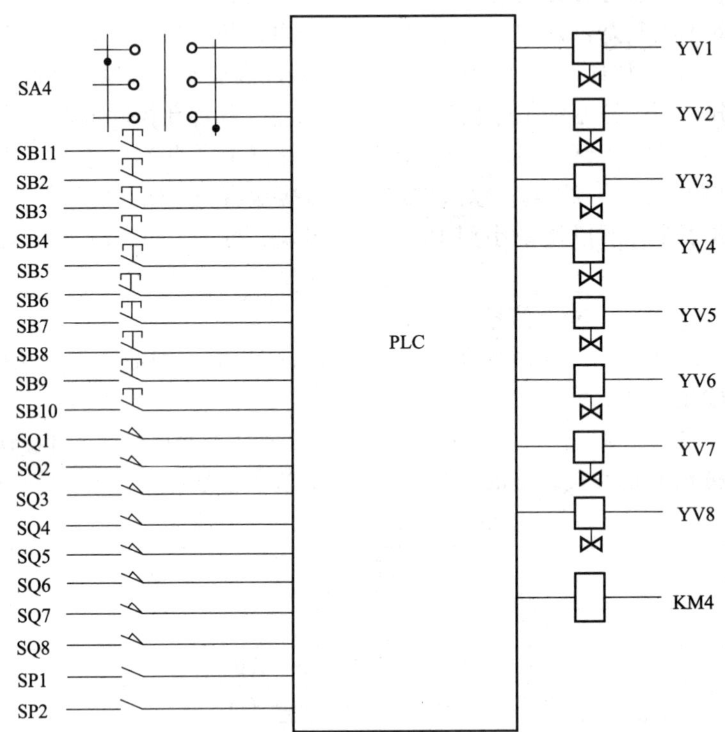

图 6-35 PLC 外部接线

ⅰ. 应有电源输入线。通常为 220V，50Hz 交流电源，允许电源电压有一定的浮动范围。

ⅱ. 输入和输出端子每 8 个为一组共用一个 COM 端。

ⅲ. 输出端的线圈和电磁阀必须加保护电路，如并接阻容吸收回路或续流二极管。

(5) 设计功能流程图

根据系统动作特性和控制要求，设计功能流程和工作步骤，实现 3 工位旋转工作台的上料、钻孔、卸件共需 24 步。图 6-36 所示是控制系统的工作顺序和循环过程，图 6-37 所示是控制系统的手动调整部分。

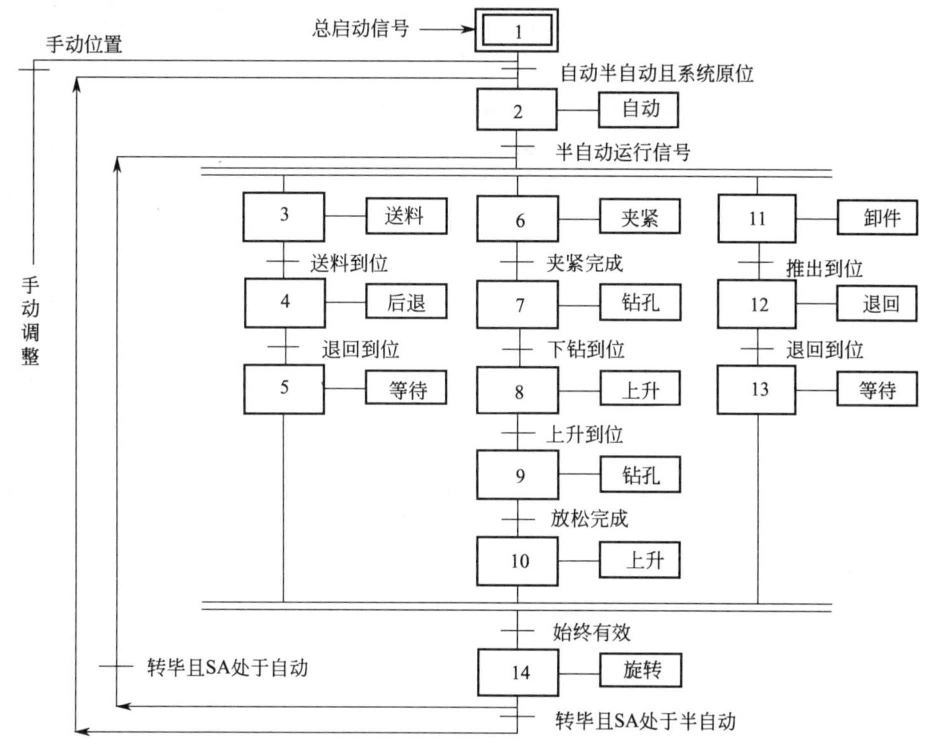

图 6-36 控制系统的工作顺序和循环过程

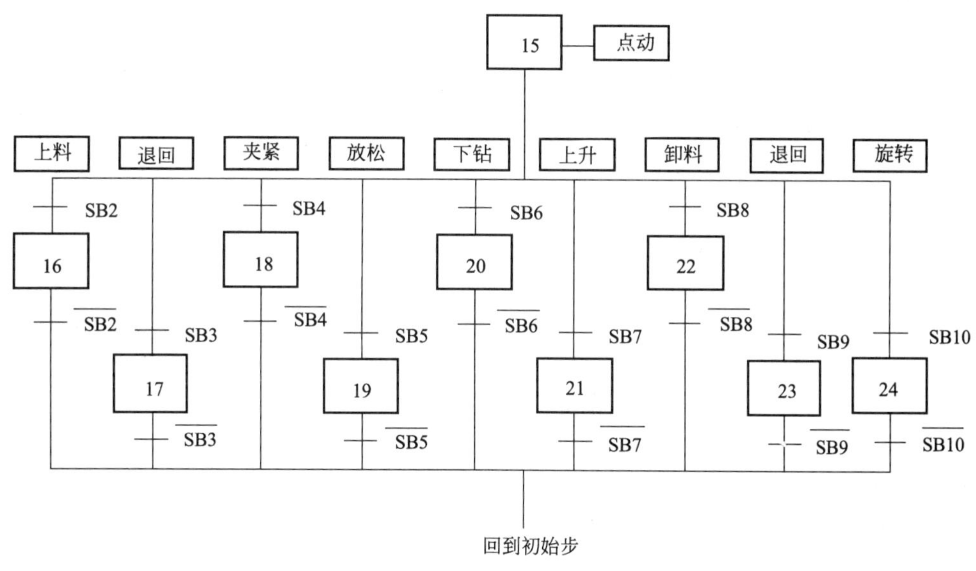

图 6-37 控制系统手动调整部分

(6) 建立步与继电器对照表

由功能流程图转化为梯形图时，如果采用逻辑函数法，则每一步需要一个通用辅助继电器，建立步与继电器的对照表，如表 6-13 所示。

表 6-13 通用继电器对照表

名　称	编号	PLC 内部地址	名　称	编号	PLC 内部地址
初始步	1	M0.0	等待	13	M1.4
自动半自动	2	M0.1	工件台旋转	14	M1.5
送料	3	M0.2	点动调整	15	M1.6
送料器退回	4	M0.3	送料点动	16	M1.7
等待	5	M0.4	退回点动	17	M2.0
工件夹紧	6	M0.5	夹紧点动	18	M2.1
向下钻孔	7	M0.6	放松点动	19	M2.2
钻头上升	8	M0.7	下钻点动	20	M2.3
工件放松	9	M1.0	升钻头点动	21	M2.4
等待	10	M1.1	卸件点动	22	M2.5
卸工件	11	M1.2	退回点动	23	M2.6
卸料器退回	12	M1.3	旋转点动	24	M2.7

可编程序控制器内用到的其他元件有 SM0.1，用作总启动脉冲信号；SM3.0 用于便于写逻辑函数式而附加的通用辅助继电器。

(7) 写逻辑函数式

根据图 6-36 的功能流程写逻辑函数式时，采用关断动作优先规则。

① 继电器函数式

ⅰ. 初始步 1：状态为 PLC 进入 RUN 方式时的初态。顺序过程的所有步对应的继电器都为 0，即任何步都不工作。初始态为

$\overline{M0.1}\cdot\overline{M0.2}\cdot\overline{M0.3}\cdots\overline{M2.7}$

系统总启动脉冲可以用 PLC 内部的特殊标志继电器 SM0.1 位。

$M0.0=(SM0.1\cdot\overline{M0.1}\cdot\overline{M0.2}\cdot\overline{M0.3}\cdot\cdots\cdot\overline{M2.7}+M3.0+M0.0)\cdot(\overline{M0.1}+\overline{M1.6})$

这里附加的 M3.0 表示手动调整的结束。

ⅱ. 手动调整步 15：

$M1.6=(I1.0\cdot M0.0+M1.6)\cdot(\overline{M1.7}\cdot\overline{M2.0}\cdot\overline{M2.1}\cdot\cdots\cdot\overline{M2.7})$

ⅲ. 手动操作步 16、17、18、19、20、21、22、23 和 24：

$M1.7=(I0.4\cdot M1.6+M1.7)\cdot\overline{M0.0}$　　$M2.0=(I0.5\cdot M1.6+M2.0)\cdot\overline{M0.0}$

$M2.1=(I0.6\cdot M1.6+M2.1)\cdot\overline{M0.0}$　　$M2.2=(I0.7\cdot M1.6+M2.2)\cdot\overline{M0.0}$

$M2.3=(I1.0\cdot M1.6+M2.3)\cdot\overline{M0.0}$　　$M2.4=(I1.1\cdot M1.6+M2.4)\cdot\overline{M0.0}$

$M2.5=(I1.2\cdot M1.6+M2.5)\cdot\overline{M0.0}$　　$M2.6=(I1.3\cdot M1.6+M2.6)\cdot\overline{M0.0}$

$M2.7=(I1.4\cdot M1.6+M2.7)\cdot\overline{M0.0}$

由于手动调整结束回到初始步，所以可增加一个继电器 M3.0 以方便编程。

$M3.0=[M1.7\cdot\overline{I0.4}+M2.0\cdot\overline{I0.5}+M2.1\cdot\overline{I0.6}+M2.2\cdot\overline{I0.7}+M2.3\cdot\overline{I1.0}+M2.4\cdot\overline{I1.1}$
$+M2.5\cdot\overline{I1.2}+M2.6\,\overline{I1.3}+M2.7\cdot(\overline{I1.4}+I2.3)]$

ⅳ. 自动和半自动调整步 2：

启动信号选择开关处于自动或半自动位置，且所有可动部分均在原位。

$M0.1=[(I0.1+I0.2)\cdot(I1.6\cdot I2.0\cdot I2.5\cdot I2.2\cdot I2.3)\cdot M0.0+M1.5\cdot I0.1\cdot I2.3$
$+M0.1]\cdot(\overline{M0.2}+\overline{M0.5}+\overline{M1.2})$

ⅴ. 工位 1 步 3、4、5：

$M0.2=(I0.3 \cdot M0.1+M1.5 \cdot I0.2 \cdot I2.3+M0.2) \cdot \overline{M0.3}$

$M0.3=(I1.5 \cdot M0.2+M0.3) \cdot \overline{M0.4}$

$M0.4=(I1.6 \cdot M0.3+M0.4) \cdot \overline{M1.5}$

ⅵ. 工位 2 步 7、8、9、10：

$M0.5=(I0.3 \cdot M0.1+M1.5 \cdot I0.2 \cdot I2.3+M0.5) \cdot \overline{M0.6}$

$M0.6=(I2.4 \cdot M0.5+M0.2) \cdot \overline{M0.7}$

$M0.7=(I1.7 \cdot M0.6+M0.7) \cdot \overline{M1.0}$

$M0.7=(I2.0 \cdot M0.7+M1.0) \cdot \overline{M1.1}$

$M1.1=(I2.5 \cdot M1.0+M1.1) \cdot \overline{M1.5}$

ⅶ. 工位 3 步 11、12、13：

$M1.2=(I0.3 \cdot M0.1+M1.5 \cdot I0.2 \cdot I2.3+M1.2) \cdot \overline{M1.3}$

$M1.3=(I2.1 \cdot M1.2+M1.3) \cdot \overline{M1.4}$

$M1.4=(I2.2 \cdot M1.3+M1.4) \cdot \overline{M1.5}$

ⅷ. 工作台旋转步 14：

$M1.5=(M0.4 \cdot M1.1 \cdot M1.4+M1.5) \cdot M0.1 \cdot (M0.2+M0.5+M1.2)$

② 执行元件函数式

Q0.0＝M0.2＋M1.7

Q0.1＝M0.3＋M2.0

Q0.2＝M0.5＋M2.1

Q0.3＝M1.0＋M2.2

Q0.4＝M0.6＋M2.3

Q0.5＝M0.7＋M2.4

Q0.6＝M1.2＋M2.5

Q0.7＝M1.3＋M2.6

Q1.0＝M1.5＋M2.7

(8) 画梯形图

将所有函数式写出后，可以很容易用编程软件画出梯形图。梯形图完成后便可以将可编程序控制器与计算机连接，把程序及组态数据下装到 PLC 进行调试，程序无误后即可结合施工设计将系统用于实际。在此不做详细阐述。从本系统的功能流程可以看出，系统可以实现手动、半自动和自动控制。

ⅰ. 如果开始时方式选择开关置于手动方式，则手动调整结束后回到初始步。如果满足自动或半自动工作的初始条件，且将方式开关切换到自动或半自动位置时，可以完成手动向自动、半自动的切换。

ⅱ. 如果系统已经进入自动或半自动工作状态，一个工作循环完成后，如果选择开关置于半自动位置，可以使被控设备停止工作。不能直接切换到手动调整方式，必须将 PLC 从 RUN 切换到 STOP 方式，选择开关由半自动切换到手动位置，然后再将 PLC 置于 RUN 方式，这样才能切换到手动调整方式。

由此可见，对本系统的功能流程图略做修改，便可以进一步优化，使系统在自动半自动方式下不改变 PLC 的工作状态，可直接切换到手动方式。

6.4 计算机接口技术

在计算机控制系统中从计算机的角度来看，除主机外的硬设备统称为外围设备。接口技术是研究主机与外围设备交换的技术，它在计算机控制系统中占有非常重要的地位。外界信息是多种多样的，有电压、电流、压力、速度、频率、温度、湿度等各种物理量，计算机控制系统在实际工作时，通过检测通道接口对这些量加以检测，经计算及判断后，将计算结果及控制信号输出到控制通道的接口，对被控对象加以控制。此外，为了方便操作人员与计算机的联系，并及时了解系统输出及输入的工作状态，接口技术中还包括人机通道的接口。对于多台计算机同时工作的计算机控制系统，为了便于整体控制及资源共享，各个系统间应有系统间通道接口，接口有通用和专用之分，外部信息不同采用的接口方式也不同，一般可分为如下几种。

① 人机通道及接口技术　一般包括键盘接口技术、显示接口技术、打印接口技术、软磁盘接口技术等。

② 检测通道及接口技术　一般包括 A/D 转换接口技术，V/F 转换接口技术等。

③ 控制通道及接口技术　一般包括 F/V 转换接口技术，D/A 转换接口技术，光电隔离接口技术，开关接口技术等。

④ 系统间通道及接口技术　一般包括公用 RAM 区接口技术，串行口技术等。

由于篇幅限制，本节只介绍并行输入/输出接口、D/A 转换接口和 A/D 转换接口等。

6.4.1　并行输入/输出接口

并行接口传输数字量和开关量。数字量一般指以 8 位二进制形式表示的数字信号，例如来自数字电压表的数据。开关量指只有两个状态的信号，如开关的合与断。开关量只用一位二进制数（0 或 1）表示，字长 8 位的微机一次可以输入/输出 8 个这样的开关量。

接口电路处于运行速度快的微处理器与运行速度比较慢的外设之间，它的一个重要功能就是能使它们在速率上匹配，正确地传送数据。有多种方法可以解决这个问题，通常使用的方法有：无条件传送、查询式传送和中断传送。

并行接口是微机接口技术中最简单，也是最基本的一种方式，如三态门缓冲器、锁存器等数字电路，都可以用来构成并行接口。用可编程的 8255、PIO 这类大规模集成电路芯片组成并行接口更加方便，它们能直接与很多外设相连而无需附加任何逻辑电路，并且具有中断控制功能。

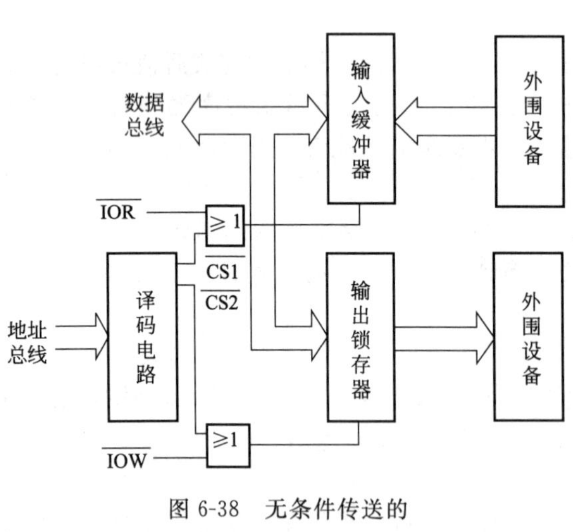

图 6-38　无条件传送的输入/输出接口电路

输入/输出（I/O）接口有两种寻址方式：存储器寻址方式和输入/输出口寻址方式。在存储器寻址方式中，接口和存储器统一编址是将 I/O 接口当作存储单元，赋给它存储地址，这些地址是存储器地址的一部分。这样，访问存储器的指令也能访问接口。在输入/输出口寻址方式中，采用 I/O 独立编址方式，用专门的 I/O 指令对接口地址进行操作。这种寻址方式的优点是不占用存储器地址，因而不会减小存储器容量。由于有专门的 IN（INPUT）和 OUT（OUTPUT）指令，因此比用存储器读写指令执行速度快。

（1）无条件传送

在微机应用中，有些场合微机与外设间几乎不需要有任何的同步，即输出口可以立即发送微机送来的信息，可以随时通过输入口读取外设的信息。这种场合采用无条件传送，输入/输出接口电路如图 6-38 所示。它由输入缓冲器、输出锁存器和译码电路三部分组成。

输入缓冲器在外设信息与数据总线之间起隔离缓冲作用。在执行 IN 指令周期，产生$\overline{IOR}$及片选信号$\overline{CS1}$，则被测外设的信息通过缓冲器（三态门）送到微机的数据总线，然后装入 AL 寄存器。设片选口地址为 Port1，可用如下指令来完成取数。

```
MOV    DX，Port1
IN     AL，DX
```

输出锁存器锁存 CPU 送来的信息。驱动此电路可用如下指令。

```
MOV    AL，DATA
MOV    DX，Port2
OUT    DX，AL
```

DATA 表示要输出的量。

（2）查询式传送

不是所有的输入/输出设备随时都可以同计算机进行输入或输出操作，为了取得协调，经常采用微机查询输入/输出设备的某种标志，如代表“忙或不忙”、“准备好或未准备好”等信息，以决定是否进行数据传输。图 6-39 表示了一种标志位，微机读取输入设备的 READY/$\overline{BUSY}$信号，当 $D_0=1$ 时，可以打开三态门缓冲器，将数据取走，并同时用使三态门输出允许的信号将外设 READY/$\overline{BUSY}$信号清零，以使其再一次准备数据，重复上述过程。

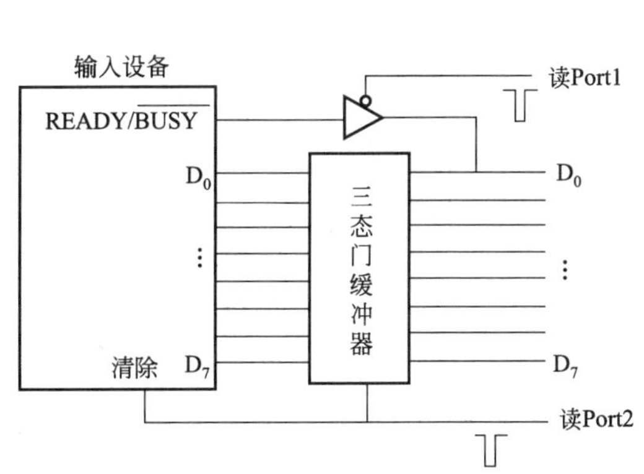

图 6-39 查询式传送

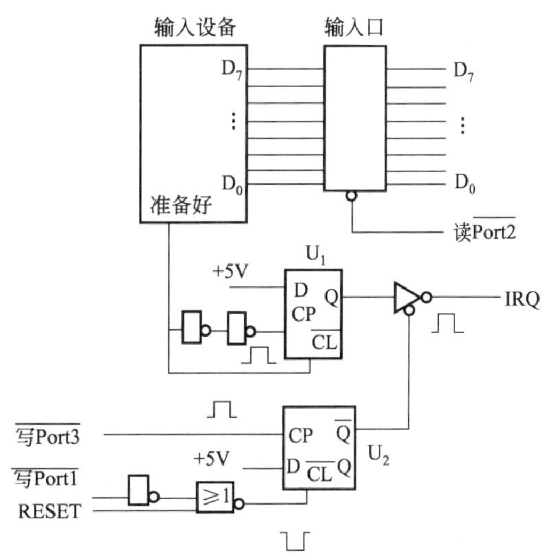

图 6-40 中断方式输入

以下为一个简单的测试程序。

```
LOOP：  MOV    DX，Port1
        IN   AL，DX
        TEST   AL，01H
        JNZ   RECEIVE
        JMP   LOOP
```

```
RECEIVE: MOV DX, Port2
         IN  AL, DX
         MOV  BUFFER, AL
```

BUFEER 表示缓冲寄存器。

(3) 中断式传送

查询式传送浪费微机的时间，为提高微机的运行效率，可用中断式传送。当外设准备好时产生中断请求信号，微机响应后接收其输出的数据。图 6-40 所示为中断方式输入，其中 U_2 为允许中断寄存器，当微机允许外设中断时可用 OUT 指令将其置成“1”状态，这样外设准备好信号的前沿将 U_1 置成 1，并通过打开的三态门，成为中断请求信号，以产生硬中断，准备好信号的后沿将 U_1 置成 0，以准备下次再产生中断。

(4) 8255A 可编程并行接口芯片

① 8255A 内部结构　8255A 是 Intel 公司生产的可编程序并行输入/输出接口芯片，它具有 3 个 8 位的并行 I/O 端口，通过程序可设定三种工作方式，使用灵活方便，通用性强，可作为计算机系统总线与外围设备连接的中间接口电路。8255A 的内部结构如图 6-41 所示。其中包括 3 个并行数据输入/输出端口，2 个工作方式控制电路，1 个读/写控制逻辑电路和

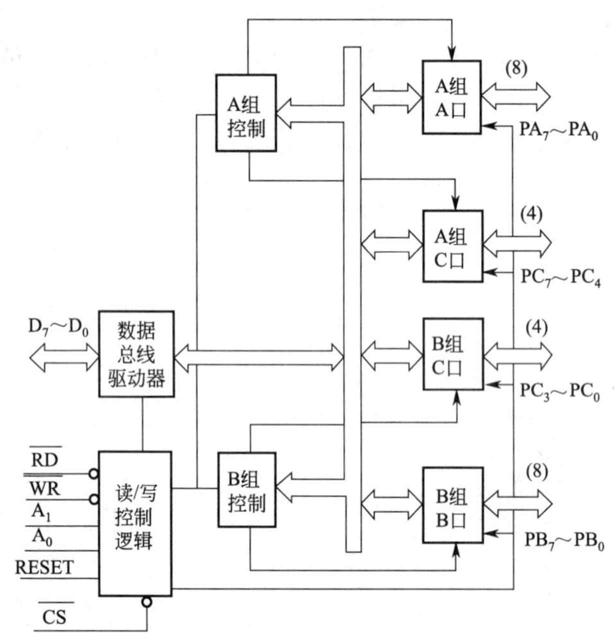

图 6-41　8255A 内部结构

8 位数据总线驱动器。各部分功能概括如下。

ⅰ. 数据总线驱动器。数据总线驱动器是 1 个双向三态的 8 位驱动器，将 8255A 与系统总线相连，以实现 CPU 和接口之间的信息传递。

ⅱ. 并行 I/O 端口。8255A 具有 3 个 8 位的并行 I/O 端口，其功能由程序决定，但每个端口都有各自的特点。

A 口：具有 1 个 8 位数据输出锁存/缓冲器和 1 个 8 位数据输入锁存器。

B 口：具有 1 个 8 位数据输出锁存/缓冲器和 1 个不带锁存器的 8 位数据输入缓冲器。

C 口：具有 1 个 8 位数据输出锁存/缓冲器和 1 个不带锁存器的 8 位数据输入缓冲器。

通常情况下，A 口和 B 口作为数据输入/输出端口，C 口在方式字控制下，可分为 2 个 4 位端口，作为 A 口、B 口选通方式操作时的状态控制信号。

ⅲ. 读/写控制逻辑。用于管理所有数据、控制字或状态字的传送。它接收来自 CPU 的地址总线和控制总线的输入，控制 A 组和 B 组。8255A 的各端口操作状态如表 6-14 所示。

表 6-14 8255A 的端口操作状态

A_1	A_2	$\overline{RD}$	$\overline{RW}$	$\overline{CS}$	所选端口	操作状态
0	0	0	1	0	A 口	A 口数据→数据总线
0	1	0	1	0	B 口	B 口数据→数据总线
1	0	0	1	0	C 口	C 口数据→数据总线
0	0	1	0	0	A 口	数据总线→A 口
0	1	1	0	0	B 口	数据总线→B 口
1	0	1	0	0	C 口	数据总线→C 口
1	1	1	0	0	控制字寄存器	数据总线→控制字寄存器
×	×	×	×	1	未选通	数据总线→三态
1	1	0	1	0	非法	非法状态
×	×	1	1	0	非法	非法状态

ⅳ. A 组和 B 组控制。每个控制块接收来自读/写控制逻辑的命令和内部数据总线的控制字，并向对应端口发出适当的命令。

A 组控制：控制端口 A 及端口 C 的高 4 位。

B 组控制：控制端口 B 及端口 C 的低 4 位。

② 8255A 的工作方式　8255A 有三种工作方式，即方式 0、方式 1 和方式 2。图 6-42 所示是三种工作方式。

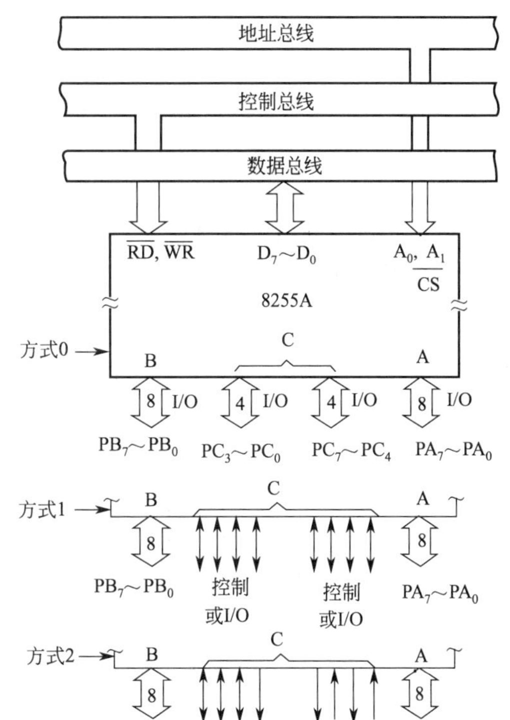

图 6-42 8255A 三种工作方式示意

ⅰ. 方式 0——基本输入/输出方式。在这种方式下，A、B、C 三个口中的任何一个都可提供简单的输入和输出操作，不需要应答式联络信号，数据只是简单地写入指定的端口或从端口读出。当数据输出时，可被锁存，当数据输入时不能锁存。

ⅱ. 方式 1——选通输入/输出方式。这是一种能够借助于选通或应答式联络信号，把 I/O 数据发送给指定的端口或从该端口接收 I/O 数据的工作方式。在这种方式中，端口 A 和端口 B 的输入数据和输出数据都被锁存。

ⅲ. 方式 2——带选通双向总线 I/O 方式。这种方式下端口 A 为 8 位双向总线端口，端口 C 的 PC_3～PC_7 用来作为输入/输出的控制同步信号。应该注意的是只有端口 A 允许作为双向总线口使用，此时端口 B 和 PC_0～PC_2 则可按编程方式 0 或方式 1 工作。

③ 8255A 编程　通过对控制端输入控制字的方式实现。当 CPU 通过输出指令将控制字送入 8255A 内部的控制字寄存器时，各个端口的工作方式已确定，若需要改变端口的工作

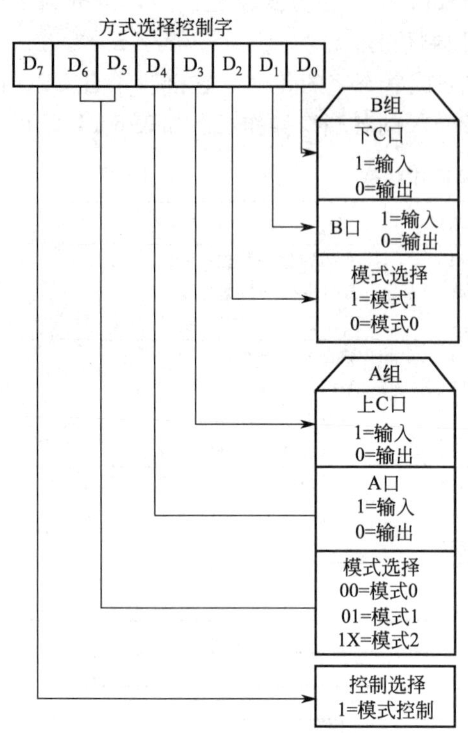

图 6-43 方式选择控制字格式及定义

方式，则需重新送入控制字，控制字由 8 位组成，有方式选择控制字和 C 口置/复位控制字。

ⅰ. 方式选择控制字的格式及定义如图 6-43 所示。例如，输入方式选择控制字 95H (10010101B)，可将 8255A 编程为端口 A 方式 0 输入，端口 B 方式 1 输出，端口 C 上半部分 ($PC_7 \sim PC_4$) 输出，端口 C 的下半部分 ($PC_3 \sim PC_0$) 输入。

ⅱ. C 口置/复位控制字的格式及定义如图 6-44 所示。例如，输入 C 口置/复位控制字 05H (00000101B)，可将 8255A 的 PC_2 置 1，输入 C 口置/复位控制字 06H(00000110B)，可将 8255A 的 PC_3 复位至 0。

6.4.2 数/模 (D/A) 转换接口

在微机控制系统中，很多被检测和控制的对象用的是模拟量，而微机只能输入/输出数字量，故存在数/模 (D/A) 转换和模/数 (A/D) 转换问题。

D/A 转换器是指将数字量转换成模拟量的电路，它由权电阻网络、参考电压、电子开关等组成，典型的 R-2R 网络 D/A 原理如图 6-45 所示。不论电子开关接在 Σ 点还是接地，流过每个支路的 $2R$ 上的电流都是固定不变的，从电压端看的输入电阻为 R，从参考电源取的总电流为 I，则支路（流经 $2R$ 电阻）的电流依次为 $I/2$，$I/4$，$I/8$，$I/16$，而 $I=V_{REF}/R$。故输出电压为

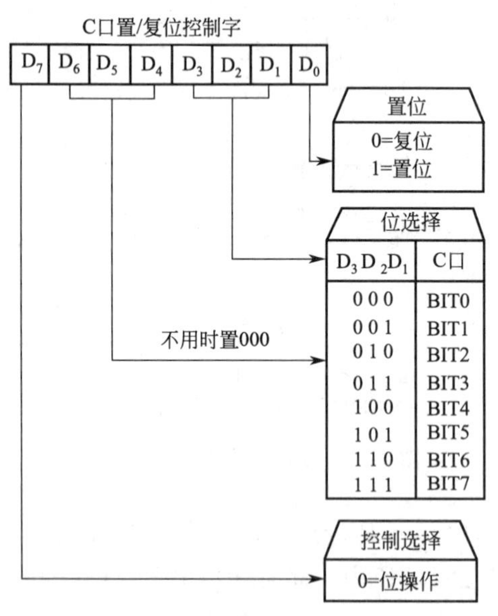

图 6-44 C 口置/复位控制格式及定义

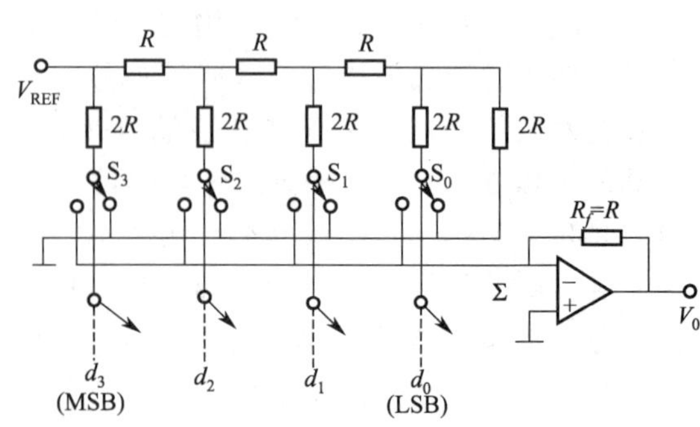

图 6-45 R-2R 网络 D/A 原理

$$V_{OUT}=-\frac{V_{REF}}{2^4}(d_3\times2^3+d_2\times2^2+d_1\times2^1+d_0\times2^0) \tag{6-3}$$

式中　$d_3\sim d_0$——输入代码，d＝“0”，则开关接地，d＝“1”，则开关接到 Σ 点上。

如果采用 n 个电子开关组成网络，则

$$V_{OUT}=-\frac{V_{REF}}{2^n}(d_{n-1}\times2^{n-1}+\cdots+d_0\times2^0) \tag{6-4}$$

式中　n——D/A 电路能够被转换的二进制数，有 8 位、10 位、12 位等，有时也称为分辨率。

实用的 D/A 转换器都是单片集成电路，如 DAC0832 是 8 位 D/A 芯片，采用 20 引脚双列直式封装，原理如图 6-46 所示。

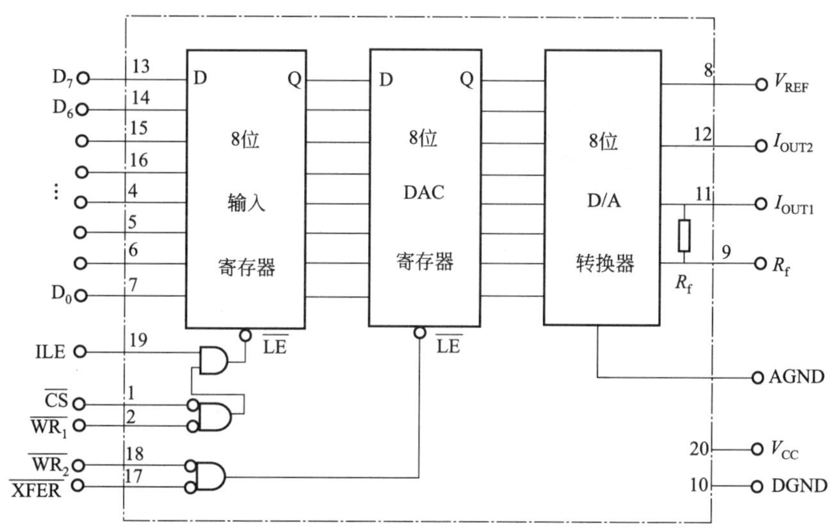

图 6-46　DAC0832 原理

DAC0832 主要由两个 8 位寄存器和一个 8 位 D/A 转换器组成。使用两个寄存器的优点是可以进行两次缓冲操作，使该器件的应用有更大的灵活性。

DAC0832 引脚功能如下。$\overline{CS}$为片选信号，ILE 为输入寄存器锁存允许信号常设为“1”。当$\overline{CS}$为低、$\overline{WR_1}$为低、ILE 为高时，将 CPU 发送的数字量锁存到 8 位输入寄存器中。$\overline{XFER}$为转换控制信号，$\overline{WR_2}$与$\overline{XFER}$同时有效时，将输入寄存器数字量再传送到 8 位 DAC 寄存器，同时 D/A 转换器开始工作。I_{OUT1} 和 I_{OUT2} 为输出电流，被转换为 FFH 时，I_{OUT1} 取大；被转换为 00H 时，I_{OUT1} 为 0，I_{OUT2} 最大。AGND 和 DGND 称为模拟地和数字地，它们只允许在此芯片上共地。V_{REF} 为参考电压，可在－10～＋10V 范围内选择。V_{CC} 为电源电压，可在＋5～15V 间选择。

图 6-47 所示为 DAC0832 与微机的连接。这里让$\overline{WR_2}$和$\overline{XFER}$接地，因此 DAC 寄存器时刻有效，只有输入寄存器缓冲锁存作用。设译码后地址为 Port，则 D/A 转换程序为

```
MOV DX，Port
MOV AL，n
OUT DX，AL
HLT
```

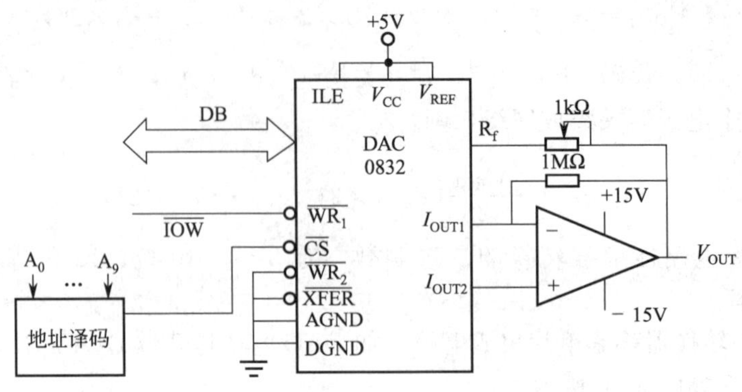

图 6-47 DAC0832 与 CPU 的连接

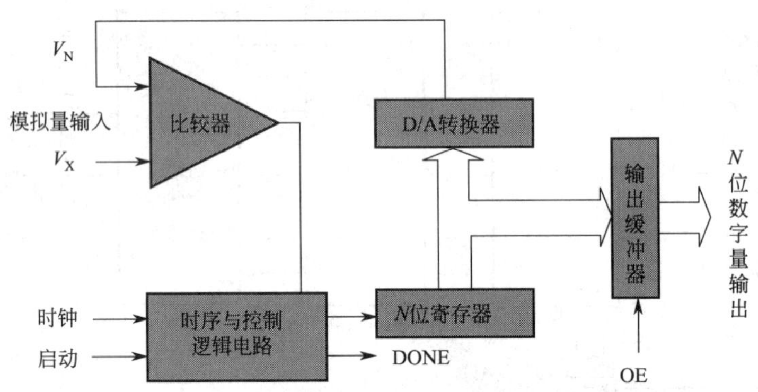

图 6-48 逐次逼近法 A/D 转换器原理

6.4.3 模/数（A/D）转换接口

A/D 转换器是将模拟电压转换成数字量的器件，它的实现方法有多种，常用的有逐次逼近法、双积分法。图 6-48 所示是逐次逼近法 A/D 转换器的原理。它由 N 位寄存器、D/A 转换器和控制逻辑部分组成。N 位寄存器代表 N 位二进制数码。

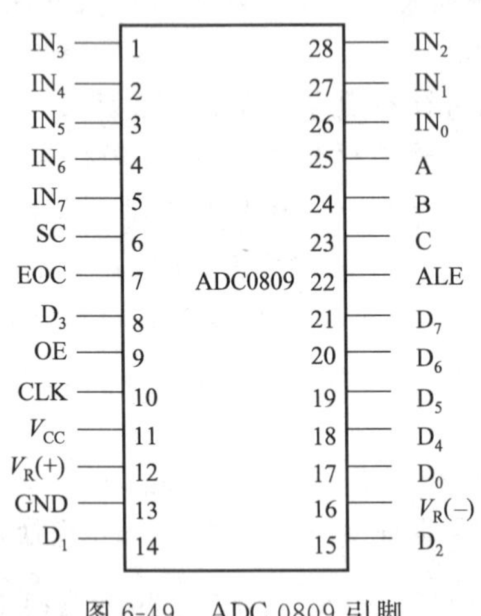

图 6-49 ADC 0809 引脚

当模拟量 V_X 送入比较器后，启动信号通过控制逻辑电路启动 A/D 转换器开始转换，首先置 N 位寄存器最高位（D_{N-1}）为“1”，其余位清零，寄存器的内容经 D/A 转换后得到整个量程一半的模拟电压 V_N，与输入电压 V_X 比较。若 $V_X > V_N$ 时，则保留 $D_{N-1}=1$；若 $V_X \ll V_N$，则 D_{N-1} 位清零。然后，控制逻辑使寄存器下一位（D_{N-2}）置“1”，与上次的结果一起经 D/A 转换后与 V_X 比较，重复上述过程，直至判别出 D_0 位取“1”不是“0”为止，此时控制逻辑电路发出转换结束信号 DONE。这样经过 N 次比较后（N 位寄存器的内容是转换后的数字量数据），经输出缓冲器读出。整个转换过程是一个逐次比较逼近的过程。

常用的逐次逼近法 A/D 器件有 ADC0809、AD574A 等，下面介绍 ADC0809 的原理与应用。

（1）ADC0809 结构

ADC0809 是一种 8 路模拟输入 8 位数字输出的逐次逼近法 A/D 器件。其引脚和内部逻辑分别如图 6-49 和图 6-50 所示。其内部除 A/D 转换部分，还有模拟开关部分。

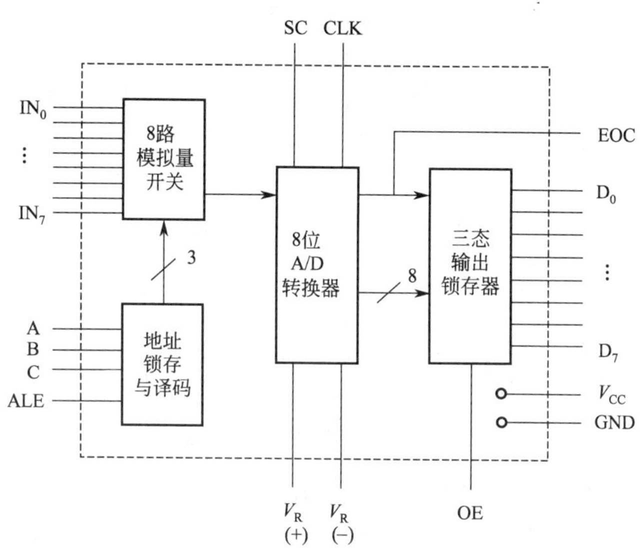

图 6-50　ADC 0809 内部逻辑

多路开关有 8 路模拟量输入端，最多允许 8 路模拟量分时输入，共用一个 A/D 转换器进行转换，这是一种经济的多路数据采集方法。8 路模拟开关切换由地址锁存和译码控制，3 根地址线与 A、B、C 引脚直接相连，通过 ALE 锁存。改变不同的地址可以切换 8 路模拟通道，选择不同的模拟量输入，其通道选择的地址编码见表 6-15。

表 6-15　通道地址表

地址编码			被选中的通道
C	B	A	
0	0	0	IN_0
0	0	1	IN_1
0	1	0	IN_2
0	1	1	IN_3
1	0	0	IN_4
1	0	1	IN_5
1	1	0	IN_6
1	1	1	IN_7

A/D 转换结果通过三态输出锁存器输出，所以在系统连接时允许直接与系统数据总线相连。OE 为输出允许信号，可与系统读选通信号 RD 相连。EOC 为转换结束信号，表示一次 A/D 转换已完成，可作为中断请求信号，也可用查询的方法检测转换是否结束。

V_R（＋）和 V_R（－）是基准参考电压，决定输入模拟量的量程范围。CLK 为时钟信号输入端，决定 A/D 转换的速度，转换一次占 64 个时钟周期。SC 为启动转换信号，通常与系统 $\overline{WR}$ 信号相连，控制启动 A/D 转换。

（2）ADC0809 与 MCS-51 单片机接口

图 6-51 所示是 ADC0809 与 8031 的连接，此线路为 8 路模拟量输入，输入模拟量变化

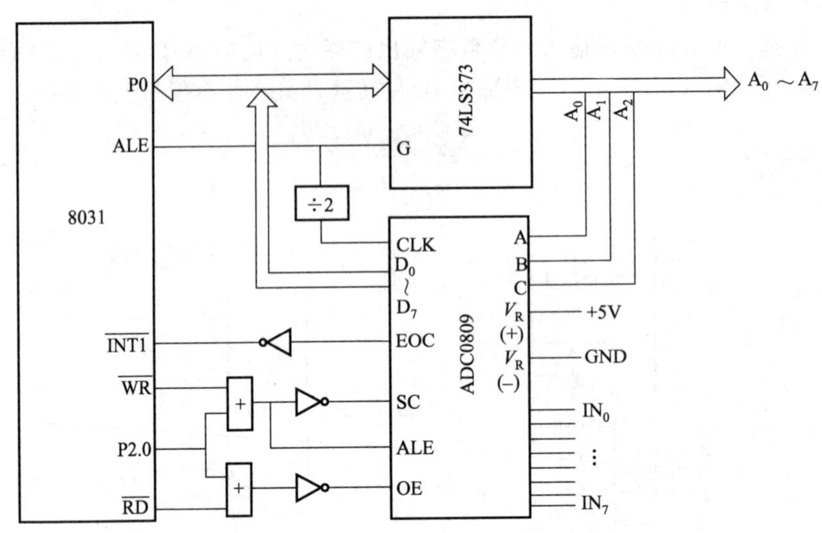

图 6-51 ADC0809 与 8031 连接

范围是 0～5V。0809 的 EOC 用作外部中断请求源，用中断方式读取 A/D 转换结果。8031 通过地址线 $P_{2.0}$和读写线$\overline{RD}$、$\overline{WR}$控制转换器模拟输入通道地址锁存、启动和输出允许。模拟输入通道地址的译码输入 A、B、C 由 $P_{0.0} \sim P_{0.2}$提供，因 0809 具有地址锁存功能，故 $P_{0.0} \sim P_{0.2}$也可不经锁存器直接与 A、B、C 相连。

设在一个控制系统中，巡回检测一遍 8 路模拟量输入，将读数依次存放在片外数据存储器 A0H-A7H 单元，其初始化程序和中断服务程序如下。

初始化程序

```
        MOV   R0，#0A0H              //数据暂存区首址
        MOV   R2，#08H               //8 路计数初值
        SETB  IT1                    //置脉冲触发方式
        SETB  EA                     //CPU 开中断
        SETB  EX1                    //允许申请中断
        MOV   DPTR，#OFEF8H          //指向 0809 首地址
READ1：MOV @DPTR，A                  //启动 A/D 转换
HERE：  SJMP HERE                    //等中断
        DJNZ  R2，READ1              //巡回未完继续
          ⋮
```

中断服务程序

```
        MOV XA，@DPTR                //读数
        MOVX @R0，A                  //存数
        INC DPTR                     //更新通道
        INC R0                       //更新暂存单元
        RETI
```

习题与思考题

6-1 什么是工业控制机（即工控机）？工业控制机系统由哪两个部分组成？工业控制机可分为哪几种

典型的类型？

6-2　简述单回路调节器及主要特点、总线式工业控制机、分布式计算机控制系统。

6-3　简述 STD 总线及技术特点。

6-4　简述 STD 总线工业计算机的组成以及 CPU 的型号可分成哪些不同系列。

6-5　整个单片机可分成哪些部件？简述各部件的作用。

6-6　设计单片机控制系统通常有哪些步骤？硬件设计方法重点考虑哪几点？软件设计方法包括哪些内容？

6-7　简述 PLC 的结构及工作原理。

6-8　简述 PLC 控制系统的设计方法及步骤。

6-9　将图 6-36 中的功能流程图加以修改或补充，完善其功能，使之可实现在自动或半自动运行方式下直接切换到手动方式，而不必改变 PLC 的状态。

6-10　计算机接口技术通常分为哪几种？每种接口技术一般包括哪些技术？

7 机电一体化系统控制方法

本章要求掌握机电一体化系统中的被控对象数学模型的建立方法及步骤，熟悉数学模型的类型、被控对象模型的辨识；熟悉常规的 PID 控制；通过典型实例了解串级控制、比值控制、前馈控制及自适应控制系统，了解模糊控制器的设计及应用；熟悉并掌握神经网络控制的基本知识。

机电一体化产品（或系统）涉及面很广，如各种计算机外部设备、办公自动化设备、微加工设备、数控机床、机器人、家用电器、电子玩具等，都可归属于机电一体化产品（或系统）的范畴。这些产品所运用的控制技术及方法，既有共性，也各有特点。因为机电一体化产品（或系统）采用了自动控制技术，从而使产品（或系统）的质量得到提高，降低了生产成本，同时也改善了劳动条件，提高了劳动生产率。特别是在高速、超距、有害和危险的工作场合，采用自动控制技术能有效地替代人的工作，改善操作人员的工作条件。对一些复杂的机电一体化产品（或系统），要求快速、准确地按照预定目标进行动作，必须设置对工作过程和运行状态能进行监测、调节和控制的完善系统。因此，控制方法在机电一体化系统中起着非常重要的作用。

7.1 机电一体化系统的数学模型

机电一体化系统中的被控对象（又称控制对象或对象）数学模型的建立，是控制系统设计中首先要解决的问题。如果没有被控对象的数学模型，就无法设计控制算法及控制结构。

7.1.1 数学模型的类型

机电一体化所涉及的领域很广，被控对象的性质差异也极大。由于人们所掌握的数学手段有限，目前还不能建立一般的数学表达式和解算方法来描述和求解这些对象。因此，在建立对象数学模型时，需要进行适当简化，用某些已知的数学方法近似地描述和求解这些对象。不同的被控对象及不同的控制要求，可采用不同的简化方法，获得具有不同形式的数学模型。常见的数学模型有：分布参数模型和集中参数模型，随机性模型和确定性模型，线性模型和非线性模型，参数时变模型和参数时不变模型，连续时间模型和离散时间模型，动态模型和静态模型，参数模型和非参数模型等。

7.1.2 建立数学模型的步骤和方法

（1）选择模型类型

被控对象数学模型的类型，根据其用途、要求及所用控制器的形式等进行选择。一般来讲，用于控制的模型应该选择动态模型，而用于系统优化和性能分析的模型则应该选择静态模型。

绝大多数实际对象都是分布参数的、含有随机性因素的非线性时变系统，目前研究得最透彻的、最易于处理的模型是集中参数的、确定性的线性时不变系统。因此，在满足控制精度要求的前提下，可用集中参数模型近似地描述分布参数系统，用线性时不变模型近似地描述非线性时变系统等，以便采用成熟的理论和方法进行系统分析和设计。

选择数学模型时，还应考虑所用控制器的形式。当采用数字计算机作为控制器时，应选择离散时间模型，或在建立了连续模型后通过适当方法将其转化成离散模型。

（2）建立数学模型的方法

建立数学模型的方法主要有分析法和实验法两种。分析法是将复杂的对象按其结构分解成若干独立的单元或组合，每一单元或组合又进一步分解成元件或环节，根据每一环节所遵循的物理、化学规律或被控对象的特点，用数学分析方法分别写出各自的运动规律方程式，然后将这些方程式按系统的结构原理和相互作用关系联立起来，从而得到以方程式或方程组表达的整个被控对象的数学模型，这种数学模型又被称为机理模型。机理模型可反映被控对象的本质，有较大范围的适应性，所以在建立数学模型时，只要能借助于分析法得到机理模型，即使是部分环节也要尽量考虑。分析法的不足之处是有时得到的模型过于复杂，难于解算，对于机理尚不清楚的对象无法使用。

实验法是在实测系统输入和输出对应数据的基础上，分析其内在规律，建立一个与所测系统等效的数学模型，这种模型又称辨识模型。建立辨识模型的关键是测试方法及试验信号的选择。常用的方法有时域法、频率法和统计法三种。

（3）确定模型的结构和参数

① 机理模型　由于实际的对象通常都比较复杂，难以用数学方法予以精确的描述，因此在确定机理模型的结构和参数时，首先需要提出一系列合理的假定，此假定应不致造成模型与实际对象的严重误差，且有利于简化所得到的模型。然后基于所提出的假设条件，通过机理分析，列出被控对象运动规律方程式。最后，建立方程的边界条件，将边界条件与方程结合起来，构成被控对象的基本模型。

在基本模型确定后，还应从工程角度出发，在满足精度要求的前提下，对基本模型尽可能地加以简化，以利于模型的求解，特别是便于实时控制的应用。

在简化的机理模型的基础上，可采用解析方法或计算机仿真方法分析、研究和求解模型中输入和输出或状态变量之间的定量关系，必要时还应通过实验加以验证。当实验结果与解析或仿真分析结果出入较大时，应依据实验数据对模型结构及参数进行修正，直到获得满意的模型为止。

② 辨识模型　在建立辨识模型时，首先在对被控对象特性进行分析、与同类对象类比及总结实际经验的基础上，初步选定被控对象模型的结构，其中包括模型的阶次及输入输出变量等，然后选择合适的实验方法对被控对象进行测试。在测试过程中记录全部有关的输入输出数据，作为模型参数估计的依据。然后按照所确定的参数估计的最优准则，用优化方法确定模型的参数，使实验数据与辨识模型能依据所选定的准则最好地拟合。

数学模型的阶次对系统特性影响很大，如果初选模型的阶次不合理，上述拟合将会有很大误差，这时还要对模型的阶次进行辨识。阶次辨识一般从低阶向高阶搜索，对不同阶次模型的准确性程度进行比较和评价，最终确定比较合理的阶次。

利用上述方法确定了辨识模型的结构和参数后，还应采用另一种试验信号再进行一次实验测试，以验证或修正模型的结构和参数。

7.1.3 被控对象模型的辨识

（1）时域法

时域法主要采用阶跃信号或矩形脉冲信号作为试验信号，将其施加到对象的输入端进行激励对象，同时在输出端测量对象对激励的响应，再根据响应曲线确定对象的传递函数。时域法测试实验原理如图 7-1 所示。

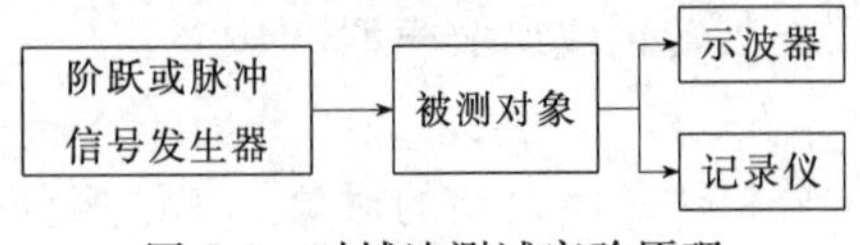

图 7-1 时域法测试实验原理

在两种典型试验信号中，矩形脉冲信号可以分解为两个极性相反、幅值相同、但有一定时间差的阶跃信号，如图 7-2 所示。因此，在线性系统条件下，被控制对象的脉冲响应可以看做两个阶跃信号响应的叠加，常把系统的脉冲响应转换为阶跃响应处理，并根据阶跃响应曲线求取对象的传递函数。

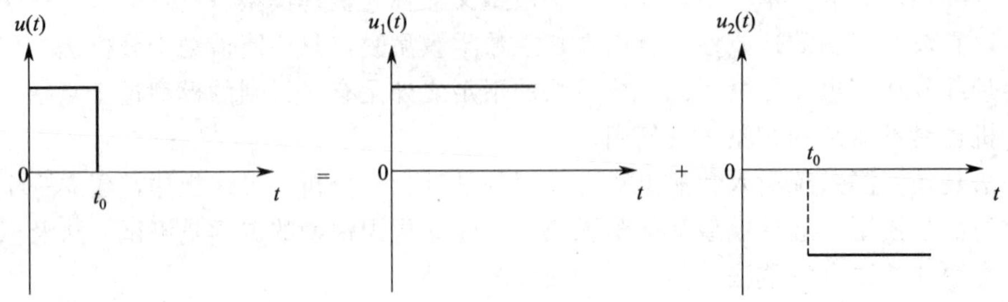

图 7-2 矩形脉冲信号的分解

① 多阶惯性对象模型的辨识 多阶惯性对象的传递函数具有如下形式：

$$G(s)=\frac{K}{(\tau s+1)^n} \tag{7-1}$$

式中 τ——被控对象的时间常数；

n——被控对象的阶次；

K——被控对象的增益。

在阶跃信号作用下，其输出响应可表示为

$$y(t) = K\left[1-e^{-\frac{t}{\tau}}\sum_{m=0}^{n-1}\frac{\left(\frac{t}{\tau}\right)}{m!}\right] \tag{7-2}$$

当 $n=1\sim4$ 时，对应的阶跃响应曲线如图 7-3 所示。可见，多阶惯性对象的阶跃响应存在一稳态值 $y(\infty)$，在曲线过渡段一般呈“S”状，有一拐点。拐点的时间坐标值 t_Q 可由式(7-3)求得。

$$t_Q=(n-1)\tau \tag{7-3}$$

对于一阶惯性对象，其响应曲线在 $t=0$ 时斜率最大，然后随时间的变化至稳态时为零，因而曲线上不存在拐点，可从图 7-3 看出。

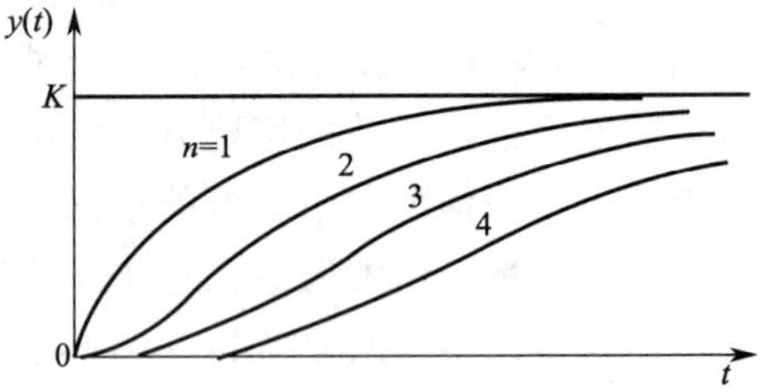

图 7-3 一至四阶惯性对象阶跃响应曲线

由式(7-2) 可求得拐点处的输出响应值 $y(t_Q)$ 和输出响应的稳态值 $y(\infty)$。$y(t_Q)$ 与 $y(\infty)$ 之比称为阶跃响应曲线的相对拐点值，对于阶次为 $n=2\sim5$ 的惯性对象，其相对拐点值列于表 7-1。

表 7-1 相对拐点值

n	2	3	4	5
$y(t_Q)/y(\infty)$	0.262	0.313	0.332	0.362

基于上述分析和实测的阶跃响应曲线，可确定式(7-1) 所表达的多阶惯性对象传递函数

中各参数的值。

ⅰ. 增益 K。

$$K=\frac{y(\infty)-y(0)}{\Delta u} \tag{7-4}$$

式中 $y(0)$——对象阶跃响应的初始值；

Δu——输入阶跃信号的幅值。

ⅱ. 阶次 n。从响应曲线上测得 $y(t_Q)$ 和 $y(\infty)$，计算 $y(t_Q)/y(\infty)$，按表 7-1 即可确定阶次 n。当响应曲线上无拐点时，则对象阶次为 $n=1$。

ⅲ. 时间常数 τ。当 $n\geqslant 2$ 时，有

$$\tau=\frac{t_Q}{n-1} \tag{7-5}$$

对于一阶惯性对象，在响应曲线上测取 $y(t_1)=0.632y(\infty)$ 的点，则有

$$\tau=t_1 \tag{7-6}$$

② 具有纯滞后的惯性对象模型的辨识　具有纯滞后的惯性对象的传递函数具有如下形式：

$$G(s)=\frac{Ke^{-\tau' s}}{(\tau s+1)^n} \tag{7-7}$$

式中 τ'——纯滞后时间，对应的阶跃响应为

$$y(t-\tau')=K\left[1-e^{-\frac{t-\tau'}{\tau}}\sum_{m=0}^{n-1}\frac{\left(\frac{t-\tau'}{\tau}\right)^m}{m!}\right] \tag{7-8}$$

当 $t-\tau'\geqslant 0$，即 $t\geqslant\tau'$ 时，$y(t-\tau')$ 与 $y(t)$ 的曲线形状相同，因此可直接从曲线上量取纯滞后时间 τ'，然后将时间坐标移动 τ'，即用 $t_Q-\tau'$ 代替 t_Q，按式(7-4)、表 7-1 及式(7-5)可分别确定 K、n 和 τ。

图 7-4 所示是具有纯滞后的一阶惯性对象的阶跃响应曲线。过曲线拐点 A 作切线，在时间轴上得一交点 B，则

$$\tau'=t_B \tag{7-9}$$

将时间轴的零点平移到点 B，从曲线上量取 $y(t_C)=0.632y(\infty)$ 的点 C，则

$$\tau=t_C-\tau' \tag{7-10}$$

如图 7-4 所示，实际上 τ 也是过拐点 A 的切线与 $y(\infty)$ 线的交点 D 在时间轴上的投影。

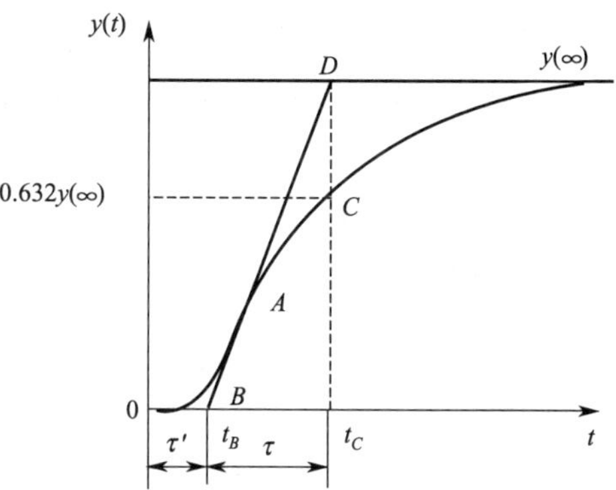

图 7-4　具有纯滞后的一阶惯性对象的阶跃响应曲线

比较图 7-3 和图 7-4 可见，具有纯滞后的一阶惯性对象的阶跃响应曲线与 $n\geqslant 2$ 的多阶惯性对象的阶跃响应曲线很相似，因此在一定条件下，如阶跃响应曲线的起始变化速度不是很慢，可将二阶或三阶惯性对象用具有纯滞后的一阶惯性对象近似。

③ 含积分环节的惯性对象模型的辨识　具有纯滞后的一阶惯性积分环节的传递函数具有如下形式：

$$G(s)=\frac{e^{-\tau' s}}{\tau_a s(\tau s+1)} \tag{7-11}$$

式中 τ_a，τ——积分环节和惯性环节的时间常数；

τ'——纯滞后时间，对应的阶跃响应曲线如图 7-5 所示。

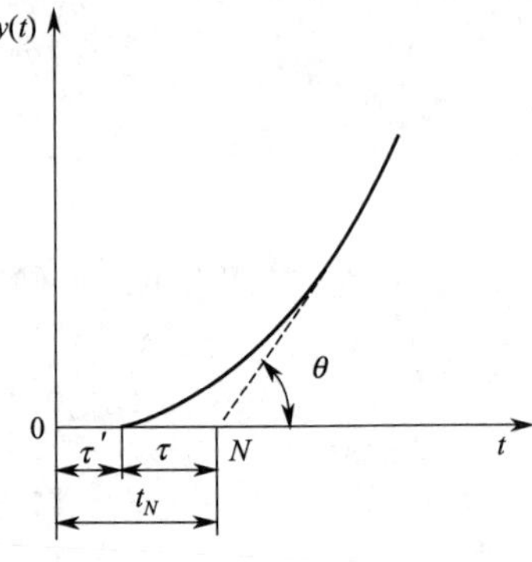

图 7-5 纯滞后一阶惯性积分环节的阶跃响应曲线

在通过测试实验获得阶跃响应曲线之后，可按下述方法确定各参数。

ⅰ. 积分时间常数 τ_a。作响应曲线稳定上升部分的切线，交时间轴于点 N，量出切线与时间轴的夹角 θ，则

$$\tau_a = \frac{\Delta u}{\tan\theta} \tag{7-12}$$

式中 Δu——试验信号的阶跃值。

ⅱ. 滞后时间 τ'。可在响应曲线上直接量出，如图 7-5 所示。

ⅲ. 惯性环节时间常数 τ。

$$\tau = t_N - \tau' \tag{7-13}$$

式中 t_N——点 N 所对应的时间。

④ 实验过程中注意的事项 为使测试结果尽量准确，以保证数学模型的辨识精度，实验过程中应注意如下事项。

ⅰ. 在施加阶跃信号之前，被控对象的工况必须稳定；在实验过程中，应避免有其他扰动产生而影响测试结果。

ⅱ. 试验信号幅度的大小必须适当，过小会使信噪比太小，过大会使非线性因素的影响增大。

ⅲ. 实验应进行到对象的输出接近于稳定值之后。

ⅳ. 实验应在主要运行工况下进行，并在每一工况下重复几次，至少应得到两条基本相同的响应曲线，以消除偶然干扰因素的影响。

ⅴ. 脉冲试验信号的宽度不仅要考虑对象的滞后和惯性，还要考虑被控参数有足够的变化幅度。

ⅵ. 脉冲试验信号结束后，必须完全回复到起始值，否则会引起很大误差。

(2) 频率法

频率法采用正弦波信号对被控对象进行激励，并在其输出端测取频率响应特性，然后依据频率响应特性确定对象的传递函数。频率法测试实验原理如图 7-6 所示。

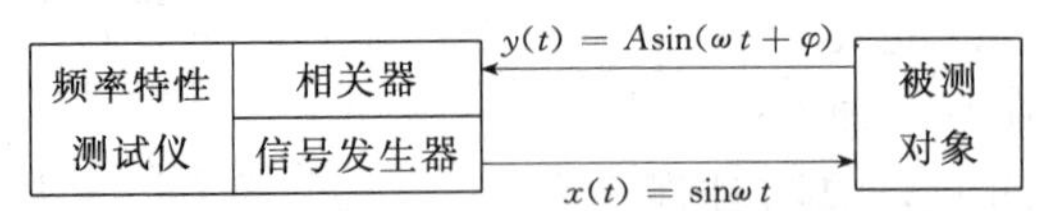

图 7-6 频率法测试实验原理

频率特性测试仪由信号发生器和相关器组成。信号发生器产生激励信号 $x(t)=\sin\omega t$，被测对象在该信号的作用下的输出响应为 $y(t)=A\sin(\omega t+\varphi)$，其中 A 和 φ 都是 ω 的函数。相关器对 $y(t)$ 进行检测，并将其与来自信号发生器的信号 $\sin(\omega t)$ 和 $\cos(\omega t)$ 分别相乘、积分再求平均，得

$$u(\omega) = \frac{1}{\pi}\int_0^{2\pi} A\sin(\omega t + \varphi)\sin\omega t\,\mathrm{d}t = A\cos\varphi \tag{7-14}$$

$$v(\omega)=\frac{1}{\pi}\int_{0}^{2\pi}A\sin(\omega t+\varphi)\cos\omega t\,\mathrm{d}t=A\sin\varphi \tag{7-15}$$

式中　$u(\omega)$——对象的实频特性；

$v(\omega)$——对象的虚频特性。

对象的幅频和相频特性分别为

$$A(\omega)=\sqrt{u^2(\omega)+v^2(\omega)} \tag{7-16}$$

$$\varphi(\omega)=\arctan\frac{v(\omega)}{u(\omega)} \tag{7-17}$$

频率特性测试仪对信号进行上述分析处理后，可直接输出对应于各激振频率 ω 的$A(\omega)$、$\varphi(\omega)$ 或 $u(\omega)$、$v(\omega)$，还可以输出相应的对数数据。

依据所记录的频响特性数据，在对数坐标纸上绘出对象的对数幅频和相频特性，即波德图，然后按下述方法确定对象模型的结构和参数。

ⅰ. 用水平线或 20dB/dec（分贝/十倍频程）整数倍斜率的直线段包络对数幅频特性曲线，按所构成的折线的折点数量及转折方向，参考表 7-2 确定模型的基本结构及参数。

表 7-2　由波德图求数学模型

对数幅频特性	传递函数近似表达式	特征参数
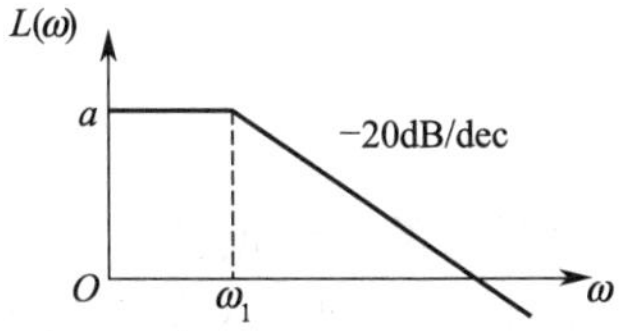 $L(\omega)$；a；−20dB/dec；O；ω_1；ω	$G(s)=\frac{K}{\tau s+1}$	$\lg K=\frac{a}{20}$ $\tau=\frac{1}{\omega_1}$
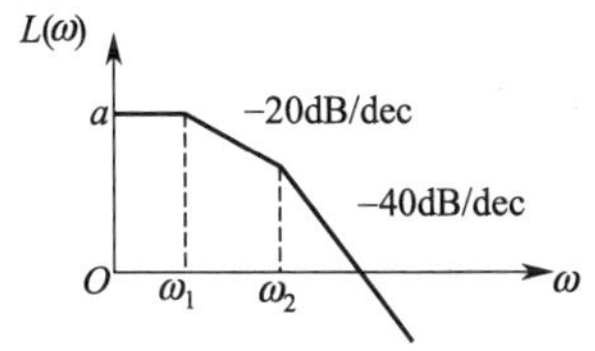 $L(\omega)$；a；−20dB/dec；−40dB/dec；O；ω_1；ω_2；ω	$G(s)=\frac{K}{(\tau_1 s+1)(\tau_2 s+1)}$	$\lg K=\frac{a}{20}$ $\tau_1=\frac{1}{\omega_1}$ $\tau_2=\frac{1}{\omega_2}$
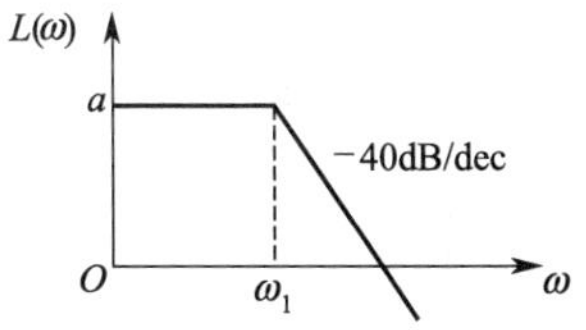 $L(\omega)$；a；−40dB/dec；O；ω_1；ω	$G(s)=\frac{K}{(\tau s+1)^2}$	$\lg K=\frac{a}{20}$ $\tau=\frac{1}{\omega_1}$
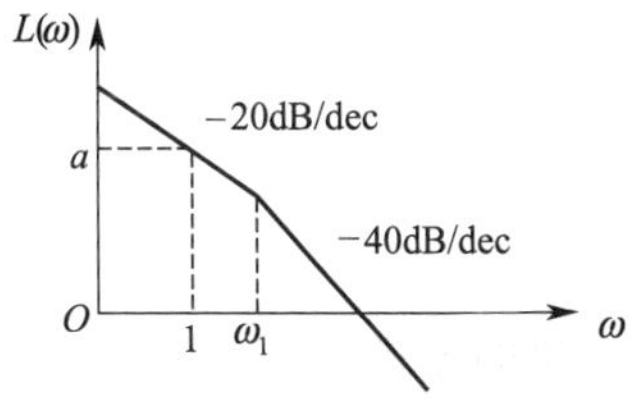 $L(\omega)$；−20dB/dec；a；−40dB/dec；O；1；ω_1；ω	$G(s)=\frac{K}{s(\tau s+1)}$	$\lg K=\frac{a}{20}$ $\tau=\frac{1}{\omega_1}$

续表

对数幅频特性	传递函数近似表达式	特征参数
$L(\omega)$；−20dB/dec；a；−60dB/dec；O；ω_1；1；ω	$G(s)=\dfrac{K}{s(1+2\xi\tau s+\tau^2 s^2)}$	$\lg K=\dfrac{a}{20}$ $\tau=\dfrac{1}{\omega_1}$ 阻尼比 ξ 由转角频率 ω_1 处的曲线峰值大小确定
$L(\omega)$；−20dB/dec；a；−20dB/dec；O；1；ω_1；ω_2；ω	$G(s)=\dfrac{K(1+\tau_1 s)}{s(1+\tau_2 s)}$	$\lg K=\dfrac{a}{20}$ $\tau_1=\dfrac{1}{\omega_1}$ $\tau_2=\dfrac{1}{\omega_2}$

ⅱ. 按所确定的模型基本结构及参数绘制对数相频特性，并与实测的对数相频特性相比较，若差别较大，说明对象中存在纯滞后因素，纯滞后时间可利用对应于某一较高频率 ω_K 的相位差 $\Delta\varphi_K$ 按下式求得：

$$\tau'=\frac{\pi\Delta\varphi_K}{180\omega_K} \tag{7-18}$$

ⅲ. 将按表 7-2 所确定的传递函数再串接一个纯滞后环节，即得对象的数学模型。

【例】 图 7-7 是实验测得的某被控对象波德图，其中粗实线 A 和 C 分别为对数幅频和相频特性曲线，试确定该对象数学模型。

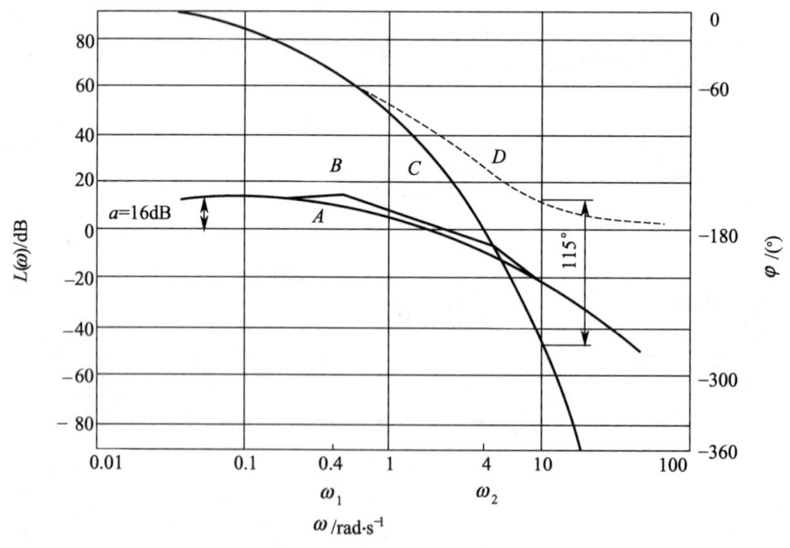

图 7-7 某被控对象波德图

解 作曲线 A 的近似渐近折线 B，对照表 7-2 可知，该被控对象的传递函数形式为

$$G(s)=\frac{K}{(\tau_1 s+1)(\tau_2 s+1)}$$

由图 7-7 可量得 $a=16\text{dB}$，$\omega_1=0.4\text{rad/s}$，$\omega_2=4\text{rad/s}$，然后按表 7-2 可求得 $K=6$，$\tau_1=25\text{s}$，$\tau_2=0.25\text{s}$。于是

$$G(s)=\frac{6}{(25s+1)(0.25s+1)}$$

按 $G(s)$ 求出相频特性并画出对数相频特性曲线，如图 7-7 中虚线 D 所示，它与实测曲线 C 相差较大，说明对象中存在纯滞后环节。选 $\omega_K=10\text{rad/s}$，量得 $\Delta\varphi_K=115°$，代入式(7-18)得 $\tau'=0.2\text{s}$，最后得被控对象的传递函数为

$$G(s)=\frac{6\mathrm{e}^{-0.2s}}{(25s+1)(0.25s+1)}$$

(3) 统计法

统计法采用随机信号 $x(t)$ 对被控对象进行激励，并在其输出端测取输出响应 $y(t)$，然后根据 $x(t)$ 与 $y(t)$ 的相关性求出互相关函数 $R_{xy}(\tau)$ 及对象的脉冲响应函数 $g(t)$，最后在由 $g(t)$ 求得对象的传递函数。

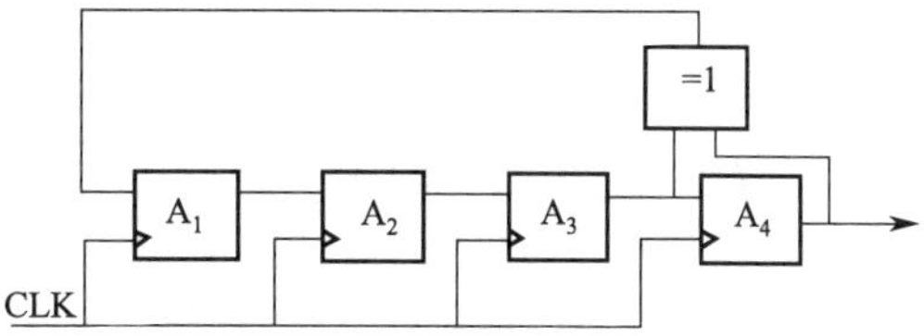

图 7-8 伪随机二位序列发生器原理图

统计法所采用的随机信号 $x(t)$ 主要有白噪声信号和伪随机信号两种。白噪声信号是一种谱密度函数为恒值、周期为无限长的随机信号，而伪随机信号则是一种自相关函数与白噪声的自相关函数相同，但具有有限周期 T 的信号。采用白噪声信号进行试验需要较长时间，目前多采用伪随机信号作为试验信号，其优点是时间短，信息处理简单，测试误差小。

伪随机信号有多种形式，最简单而且常用的是二位式序列，其具有如下性质。

ⅰ. 信号只取两种状态，即 $\pm a$（a 为常数），且只在有限个时刻 $k\Delta t$ 由一种状态转换到另一种状态（k 为一整数，Δt 是一个固定的时间间隔），信号周期为 $T=N\Delta t$（N 为整数，且 $N>k$）。

ⅱ. 每个周期内信号取 $+a$ 状态（或 $-a$ 状态）的时间间隔 Δt 的数目之差不超过 1。

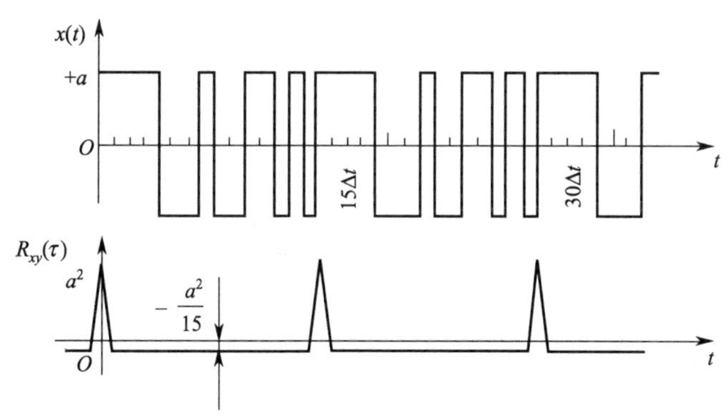

图 7-9 伪随机信号序列及其自相关函数

ⅲ. 若干个 $+a$ 状态（或 $-a$ 状态）连在一起组成一个游程，其中 $+a$（或 $-a$）状态的个数称为游程长度（即持续时间）。一个周期中长度为 n 的游程（$n\Delta t$）占总数 N 的 $1/2^n$，在同样长度的所有游程中，$+a$ 与 $-a$ 状态各占半数左右。

ⅳ. 信号的自相关函数为一尖脉冲序列，适当选取 Δt，可使其与理想的脉冲形状接近。图 7-8 所示是伪随机二位序列发生器的原理，其中四个 D 触发器组成四级移位寄存器，当其初始状态为 1111 时，在时钟脉冲信号(CLK) 的作用下，各级输出的脉冲序列于表 7-3，对应的信号波形及其自相关函数波形如图 7-9 所示。可见，该二位式伪随机信号的周期长度为 $N=2^4-1=15$，它是四级移位寄存

器所能获得的所有二位式序列中周期最长的一种，因而又称为最大长度序列或 M 序列。

表 7-3　位移寄存器输出脉冲序列

个数 级数	1	2	3	4	5	6	7	8	9	10	11	12	13	14	15	16	…
末级	1	1	1	1	0	0	0	1	0	0	1	1	0	1	0	1	…
第三级	1	1	1	0	0	0	1	0	0	1	1	0	1	0	1	1	…
第二级	1	1	0	0	0	1	0	0	1	1	0	1	0	1	1	1	…
第一级	1	0	0	0	1	0	0	1	1	0	1	0	1	1	1	1	…
反馈级	0	0	0	1	0	0	1	1	0	1	0	1	1	1	1	0	…

以 M 序列作为试验信号，并取其周期 T 大于对象的脉冲响应持续时间，则有

$$R_{xy}(\tau)=\frac{1}{T}\int_0^T x(t-\tau)y(t)\mathrm{d}t=Kg(t) \tag{7-19}$$

式中　$x(t-\tau)$——输入的 M 序列；

$y(t)$——对象的输出响应；

$g(t)$——对象的脉冲响应；

K——比例系数。

由于 M 序列是一等间隔离散序列，故对输出响应的采样一般也按同样间隔进行。设实验得到输入、输出序列 x_i、y_i($i=1$，2，…，N)，则互相关函数表达式(7-19) 可改写成

$$R_{xy}(\tau)=\frac{1}{N}\sum_{i=1}^{N}x_{i-\tau}y_i \tag{7-20}$$

$$\tau=0,\Delta t,2\Delta t,\cdots,(N-1)\Delta t$$

如果 M 序列的幅值取为 $a=1$，则利用式(7-20) 计算 $R_{xy}(R)$，求出后同时也得到了对象的脉冲响应函数 $g(t)$，将 $g(t)$ 转换成阶跃响应函数并绘出曲线，可进一步求出对象的传递函数。此外，也可直接由 $g(t)$ 求得对象的 Z 传递函数。

采用 M 序列伪随机信号辨识对象数学模型时，应注意以下几点。

ⅰ. 对被控对象的特性预先要进行粗略估计，最好先做一次阶跃试验，以了解其过渡过程时间、截止频率、非线性程度等。

ⅱ. M 序列的周期必须大于脉冲响应过渡过程时间。

ⅲ. M 序列的一个基本电平时间 Δt 必须大于对象截止频率对应的周期 T_c，一般取 $\Delta t=(2\sim5)\ T_c$。

ⅳ. 基本电平幅值的大小应保证对象输出端有可靠的响应，不致引起大的非线性。

ⅴ. 为保证辨识模型的精度，应连续进行几个周期的实验，取其中数值较接近的几个周期测量值进行均化处理。

上面介绍的三种模型辨识的实验方法各有优缺点，应根据具体情况予以选用。表 7-4 对三种方法做了概略的比较，可供选用时参考。

表 7-4　模型辨识的实验方法比较

实验方法	时域法	频率法	统计法
试验信号	阶跃或脉冲信号	正弦波信号	伪随机信号
测试设备及仪器	信号发生器、记录仪、示波器等	正弦波发生器、频率特性测试仪	伪随机信号发生器、相关仪或快速傅里叶分析仪

续表

实验方法	时域法	频率法	统计法
测试及处理结果	阶跃或脉冲响应曲线	各种频率特性曲线	脉冲响应曲线
影响生产进行情况	有影响	有影响	无影响
干扰信号对测试结果的影响	有影响	有影响	选择合适的测试信号，使之与干扰互不相关，则可无影响
特点	设备简单，测试方便，离线、在线都可进行，但测试精度较差	要有一定的测试设备或专用仪器，多点测试（不同的ω），离线测试，费时间，但测试精度较高	要有专用仪器，数据处理较复杂，可在线测试，测试精度高

7.2 PID 控制

在机电一体化系统中，PID 控制被广泛应用。其特点是结构改变灵活、技术成熟、适应性强。对机电一体化系统而言，由于控制对象的精确数学模型难以建立，系统的参数经常发生变化，运用控制理论综合分析要耗费很大代价，却不能得到预期的效果，所以人们往往采用 PID 调节器，根据经验进行在线整定，以便得到满意的控制效果。随着计算机特别是微机技术的发展，PID 控制已能用微机简单实现。由于软件系统的灵活性，PID 控制可以得到修正而更加完善。

7.2.1 常规的 PID 控制

(1) PID 控制的基本原理

PID 控制是按偏差信号的比例（P）、积分（I）微分（D）进行控制，PID 控制是计算机实现连续 PID 控制功能的一种算法。

模拟或数字控制，按控制作用的形式分为以下几种。

① 比例控制作用（简称 P） 是指控制器的输出与输入偏差（也即误差）信号成比例，比例控制的算法为

$$u(t)=K_P e(t) \tag{7-21}$$

式中 $e(t)$——偏差信号；

$u(t)$——控制器输出信号；

K_P——比例增益。

比例控制器实际上是一个可调增益的放大器。比例控制能够迅速反映误差，从而减小误差，但不能消除稳态误差，比例系数的加大，会引起系统的不稳定。

② 积分控制作用（简称 I） 积分控制的算法如下。

$$u(t) = K_I \int e(t)\mathrm{d}t \tag{7-22}$$

式中 K_I——积分增益。

当偏差 $e(t)$ 增加时，控制器的输出也增加，直到偏差为零。积分控制作用可以消除稳态误差，但是它有滞后现象，会使系统超调量加大，甚至使系统出现振荡，必须与比例环节同时使用。

③ 微分控制作用（简称 D） 微分控制算法如下。

$$u(t)=K_D \frac{\mathrm{d}e(t)}{\mathrm{d}t} \tag{7-23}$$

式中　K_D——微分增益。

微分控制中控制器的输出与输入偏差信号 $e(t)$ 的变化成比例，它只在动态过程中有效，微分控制可以减小超调量，克服振荡，使系统的稳定性提高，同时加快系统的动态响应速度，减小调整时间，从而改善系统的动态性能。微分控制作用必须与其他控制作用相结合。

将系统偏差的比例、积分、微分线性组合构成的控制作用就是比例-积分-微分控制作用，简称 PID。

模拟 PID 控制算法如下。

$$u(t) = K_P e(t) + K_I \int e(t)\mathrm{d}t + K_D \frac{\mathrm{d}e(t)}{\mathrm{d}t} \tag{7-24}$$

将式(7-24) 变换可得

$$u(t) = K_P \left[e(t) + \frac{1}{T_I}\int e(t)\mathrm{d}t + T_D \frac{\mathrm{d}e(t)}{\mathrm{d}t} \right] \tag{7-25}$$

式中　T_I——积分时间常数，$T_I = \frac{K_P}{K_I}$；

T_D——微分时间常数，$T_D = \frac{K_D}{K_P}$。

式(7-25) 也可写为

$$U(s) = K_P \left[E(s) + \frac{1}{T_I}\frac{E(s)}{s} + T_D s E(s) \right] \tag{7-26}$$

对应的模拟 PID 控制器的传递函数为

$$D(s) = \frac{U(s)}{E(s)} = K_P \left(1 + \frac{1}{T_I s} + T_D s \right) \tag{7-27}$$

模拟 PID 控制系统原理如图 7-10 所示。

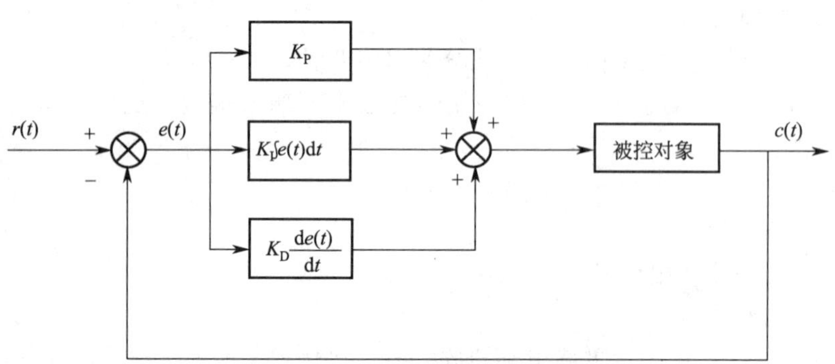

图 7-10　模拟 PID 控制系统原理

对式(7-25) 进行离散化处理，用数字形式的差分方程代替连续系统的微分方程就可得到数字 PID 算法。

(2) 数字 PID 算法

设采样周期为 T，以数字积分和向后差分分别代替模拟 PID 中的积分和微分项，则有

$$\int_0^t e(t)\mathrm{d}t \approx \sum_{j=0}^{k} e(j)\Delta t = T\sum_{j=0}^{k} e(j) \tag{7-28}$$

$$\frac{\mathrm{d}e(t)}{\mathrm{d}t} \approx \frac{e(k)-e(k-1)}{\Delta t} = \frac{e(k)-e(k-1)}{T} \tag{7-29}$$

将式(7-28)、式(7-29) 代入式(7-25) 中，可得数字 PID 算法。

$$u(k)=K_{\mathrm{P}}\left[e(k)+\frac{T}{T_{\mathrm{I}}}\sum_{j=0}^{k}e(j)+T_{\mathrm{D}}\frac{e(k)-e(k-1)}{T}\right] \tag{7-30}$$

式中 T——采样周期，应使 T 足够小，才能保证系统有一定的精度；

k——采样序号，$k=0$，1，2，3，…；

$u(k)$——第 k 次采样时调节器的输出；

$e(k)$——第 k 次采样时的偏差值；

$e(k-1)$——第（$k-1$）次采样时的偏差值。

数字 PID 算法分为位置型算法和增量型算法两种。式(7-30）称为数字 PID 算法中心位置型 PID 算法，其控制示意如图 7-11 所示。

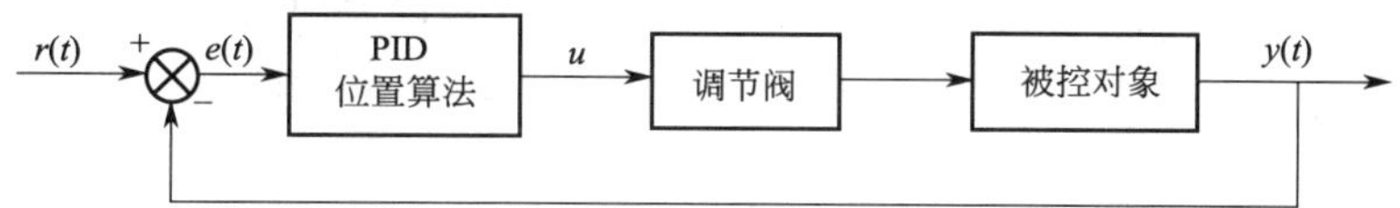

图 7-11 数字 PID 位置型控制

位置型 PID 算法由于输出值与过去的所有状态有关，计算时需要占用大量计算机内存和计算时间，同时需要一个存储单元累计从初始时开始的积分值，一旦出现失误，就会使输入量有较大的变化，因而在工程中一般用递推算法。

$$u(k-1)=K_{\mathrm{P}}\left[e(k-1)+\frac{T}{T_{\mathrm{I}}}\sum_{j=0}^{k-1}e(j)+T_{\mathrm{D}}\frac{e(k-1)-e(k-2)}{T}\right] \tag{7-31}$$

式中 $u(k-1)$——第 $k-1$ 次采样时的输出值。

根据式(7-31)，有

$$u(k)-u(k-1)=K_{\mathrm{P}}[e(k)-e(k-1)]+\frac{T}{T_{\mathrm{I}}}e(k)+\frac{T_{\mathrm{D}}}{T}[e(k)-2e(k-1)+e(k-2)] \tag{7-32}$$

对式(7-32）进一步处理，可得

$$u(k)=u(k-1)+K_{\mathrm{P}}\left[\left(1+\frac{T}{T_{\mathrm{I}}}+\frac{T_{\mathrm{D}}}{T}\right)e(k)-\left(1+\frac{2T_{\mathrm{D}}}{T}\right)e(k-1)+\frac{T_{\mathrm{D}}}{T}e(k-2)\right] \tag{7-33}$$

令 $\Delta u(k)=u(k)-u(k-1)$，则

$$\begin{aligned}\Delta u(k)&=K_{\mathrm{P}}\left(1+\frac{T}{T_{\mathrm{I}}}+\frac{T_{\mathrm{D}}}{T}\right)e(k)-K_{\mathrm{P}}\left(1+\frac{2T_{\mathrm{D}}}{T}\right)e(k-1)+K_{\mathrm{P}}\frac{T_{\mathrm{D}}}{T}e(k-2) \\ &=q_0e(k)+q_1e(k-1)q_2e(k-2)\end{aligned} \tag{7-34}$$

$$q_0=K_{\mathrm{P}}\left(1+\frac{T}{T_{\mathrm{I}}}+\frac{T_{\mathrm{D}}}{T}\right)$$

$$q_1=-K_{\mathrm{P}}\left(1+\frac{2T_{\mathrm{D}}}{T}\right)$$

$$q_3=K_{\mathrm{P}}\frac{T_{\mathrm{D}}}{T}$$

式(7-34）就是增量型 PID 算法。在机电一体化系统中，有许多执行机构本身具有累加式记忆功能，采用增量方式控制，例如步进电动机获得若干个脉冲指令后，转动若干个步距。

图 7-12 所示是增量型 PID 算法在步进电动机闭环控制系统中的应用。

数字 PID 增量型算法的程序流程如图 7-13 所示。位置型算法与增量型算法类似，不再赘述。

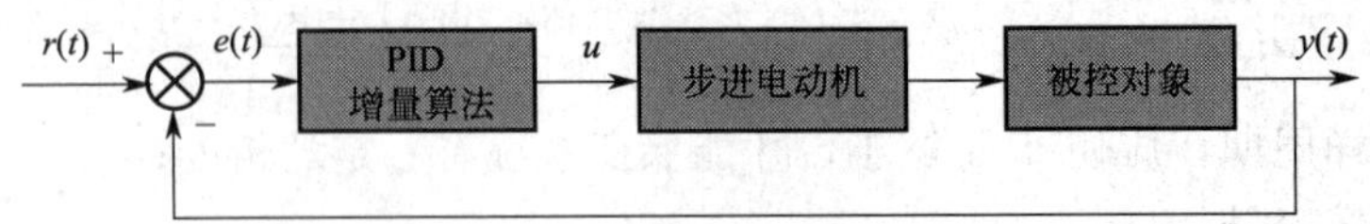

图 7-12　增量型 PID 算法应用

增量型数字 PID 算法和位置型 PID 算法在本质上是一致的。但增量型 PID 算法相对位置型 PID 算法具有以下优点：

ⅰ. 增量型 PID 控制算法不需要进行累加，只与最近几次采样的偏差值有关，因而相对不容易产生误差累积，控制效果较好，不产生积分失控；

ⅱ. 增量型 PID 控制算法在自动与手动转换时影响较小，在工业控制中称为无冲击切换；

ⅲ. 增量型 PID 控制算法中计算机故障或干扰影响较小。

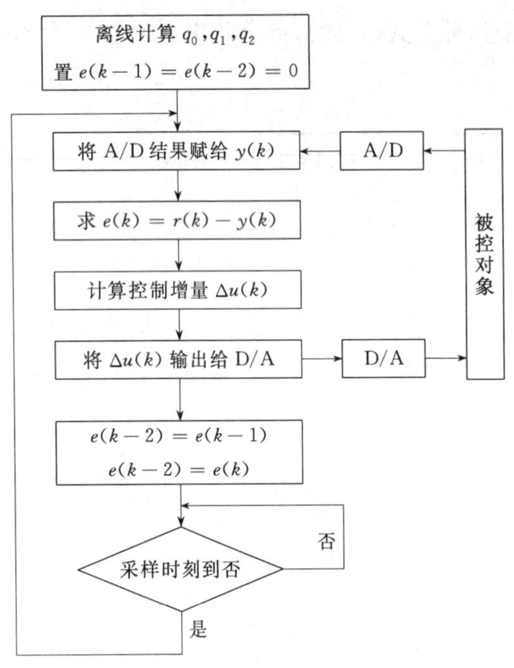

图 7-13　数字 PID 增量型算法的程序流程

(3) 数字 PI 算法和数字 PD 算法

在式(7-33) 中，令 $T_D=0$，则有

$$u(k)=u(k-1)+K_p\left[\left(1+\frac{T_D}{T_I}\right)e(k)-e(k-1)\right] \tag{7-35}$$

式(7-35) 称为数字 PI 算法。

在式(7-33) 中，令 $T_I\to\infty$，则有

$$u(k)=u(k-1)+K_P\left[\left(1+\frac{T_D}{T_I}\right)e(k)-\left(1+\frac{2T_D}{T}\right)e(k-1)+\frac{T_D}{T}e(k-2)\right] \tag{7-36}$$

式(7-36) 称为数字 PD 算法。

7.2.2　数字 PID 的改进算法

随着数字 PID 算法的广泛应用，近年来又出现了许多新的改进算法，下面介绍几种效果较好的改进算法。

(1) 针对积分项的改进算法

PID 控制规律中，引入积分项的目的主要是为了消除系统的静态误差，但积分作用过强会产生较大的超调量，甚至出现积分饱和现象，这是控制系统不允许的。

如图 7-14 所示为数字 PID 控制算法的积分饱和现象，在常规的位置型数字 PID 算法中，当有较大的扰动或大幅度改变给定值时，系统的输出不能立即跟上输入的变化，系统有惯性和滞后。在积分项的作用下，往往会产生较大的超调和长时间的波动。此时计算机实际输出的控制量不再是按常规位置型数字 PID 算法公式(7-30) 计算出的理论值［图 7-14(a)］，而是由计算机字长所决定的上限值［图 7-14(b)］。

下面介绍防止积分饱和的方法。

① 积分分离法　其思想是为了保证系统的精度和相对稳定性，给偏差 e_k 设定一个分离值 ε(ε>0)。当 | $e(k)$ | ≤ε 时，即偏差较小时，采用 PID 控制；当 | $e(k)$ | >ε 时，即偏差

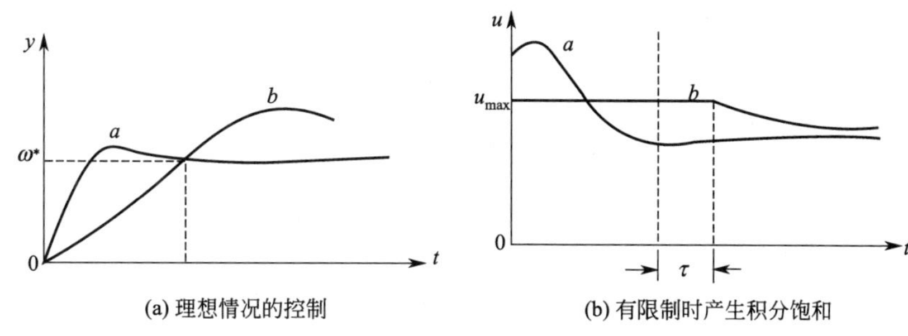

(a) 理想情况的控制　　(b) 有限制时产生积分饱和

图 7-14　数字 PID 控制算法的积分饱和现象

较大时，去掉积分作用，采用 PD 控制，从而使系统的超调量大幅降低。

积分分离 PID 算法可表示为

$$u(k)=K_P\left[e(k)+K_a\frac{T}{T_I}\sum_{j=0}^{k}e(j)+T_D\frac{e(k)-e(k-1)}{T}\right] \tag{7-37}$$

式中　K_a——逻辑系数，$K_a=\begin{cases}1 & |e(k)|\leqslant\varepsilon\\0 & |e(k)|>\varepsilon\end{cases}$。

图 7-15 所示为积分分离 PID 算法积分项的处理程序。

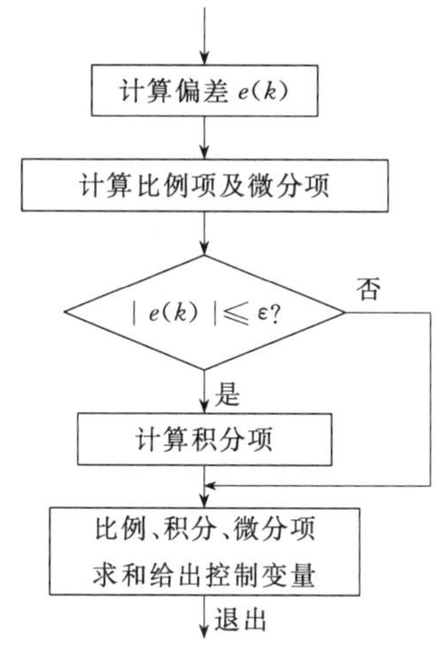

图 7-15　积分分离 PID 算法积分项的处理程序

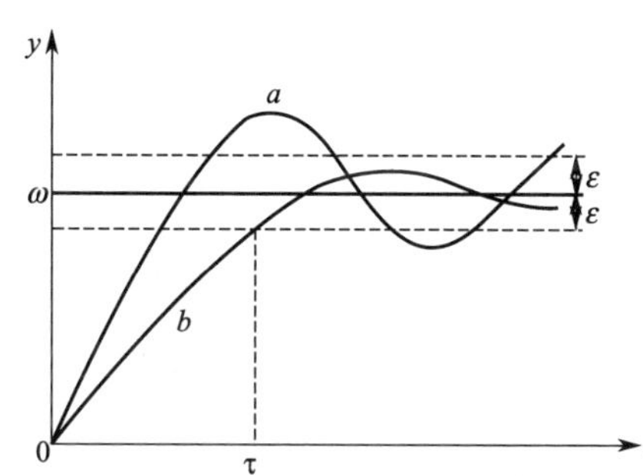

图 7-16　采用和不采用积分分离方法的曲线比较示意

图 7-16 所示为采用和不采用积分分离方法的曲线比较示意。曲线 b 表示采用积分分离法后的控制过程，比较可知，采用积分分离方法可显著降低超调量，并可缩短调节时间。

② 变速积分的 PID 算法　在式(7-30) 所表示的常规数字 PID 算法中，积分系数为常数，它在控制过程中不变，因而积分增量也不变。在控制过程中，希望系统在偏差大时能减弱甚至取消积分作用；反之，在偏差小时能加强积分作用，以利于尽快消除偏差。为达到这一目的，人们提出了变速积分的 PID 算法。其基本思路就是使积分项的累加速度与偏差大小相对应，偏差大时积分累加慢，偏差小时积分累加快。

变速积分的 PID 算法中引用了一个 $e(k)$ 的函数 $f[e(k)]$，得

$$u_1(k)=K_I\left\{\sum_{j=0}^{k-1}e(j)+f[e(k)]e(k)\right\} \tag{7-38}$$

$$f[e(k)]=\begin{cases}0 & |e(k)|>A+B\\ \dfrac{A-|e(k)|+B}{A} & B<|e(k)|\leqslant A+B\\ 1 & |e(k)|\leqslant B\end{cases}$$

其中 A、B 为两个参数。

式(7-38) 可实现如下功能。当偏差大于设定值 $A+B$ 时，关闭积分器不再进行累加；当偏差在 $B\sim A+B$ 范围内时，适当减弱积分作用，累加部分当前值；当偏差小于 B 值时，进行完全积分，与常规的 PID 积分项相同。

变速积分 PID 算法是一种新型的 PID 算法，使数字 PID 的性能提高。它可以完全消除常规数字 PID 算法存在的积分饱和现象，并使其超调量减小，具有很强的适应能力。

③ 消除积分不灵敏区的方法　由连续控制理论可知，在模拟 PID 控制中积分项的作用是消除稳态误差，在数字 PID 算法中所对应的积分项为

$$\Delta u_I(k)=K_P\frac{T}{T_I}e(k)$$

在机电一体化系统中采样周期很小，一般为毫秒级，当 T_I 不是太小时，积分项 $\Delta u_I(k)$ 必然很小，这样就出现了计算机字长对数字 PID 算法的影响。当 $e(k)\rightarrow 0$ 时，由于计算机字长的限制，此时计算机的积分项为零，即丢失了积分作用，导致 $e(k)$ 不为零，系统为有差系统。称之为积分不灵敏区。

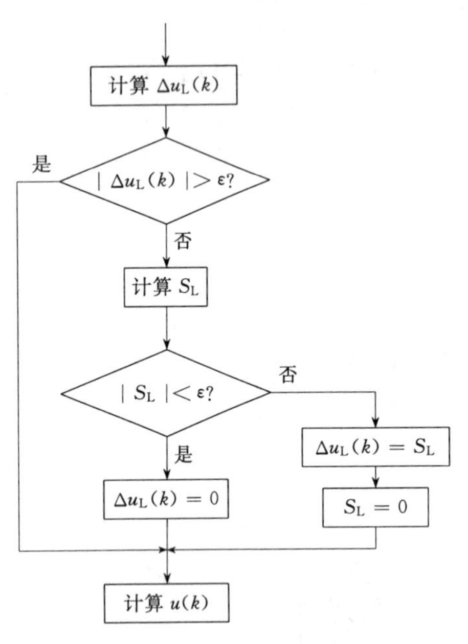

图 7-17　消除积分不灵敏区的流程

消除积分不灵敏区的不利影响有两种方法：一种方法是增加运算字长；另一种方法是在不增加运算字长的前提下，利用软件编程消除其影响。当积分项 $\Delta u_I(k)$ 连续几次出现小于输出精度 ε 的情况时，将它们逐次累加起来，而不把它们当成“零”舍弃掉。

令
$$S_I=\sum_{j=1}^{n}\Delta u_I(j)$$

当累加值 $S_I>\varepsilon$，即输出 S_I。这样就可以消除积分不灵敏区的影响。图 7-17 所示为消除积分不灵敏区的流程。

(2) 针对微分项的改进算法

在数字 PID 控制算法中，积分项的作用是加快系统响应速度，但微分时高频干扰的响应很灵敏，即易引起振荡。为了抑制高频干扰，同时又要使微分作用有效，一般在 PID 控制中串联低通滤波器，即一阶惯性环节，构成准微分 PID 算法。准微分 PID 控制系统如图 7-18 所示。

① 准微分数字 PID 算法　低通滤波器的传递函数为

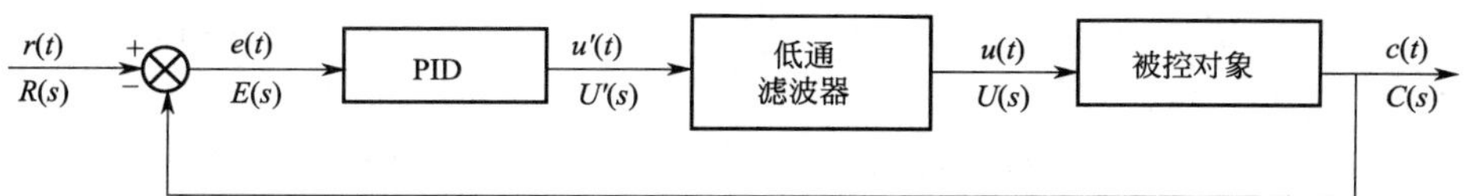

图 7-18 准微分 PID 控制系统

$$G_1(s)=\frac{U(s)}{U'(s)}=\frac{1}{1+T_f s} \tag{7-39}$$

式中 T_f——低通滤波器的时间常数。

将式(7-39) 写成微分方程的形式，则有

$$T_f\frac{du(t)}{dt}+u(t)=u'(t) \tag{7-40}$$

同时，由式(7-40) 可得

$$u'(t)=K_P\left[e(t)+\frac{1}{T_I}\int e(t)dt+T_D\frac{de(t)}{dt}\right] \tag{7-41}$$

对式(7-40) 和式(7-41) 进行离散化，可写成位置和增量两种形式。将式(7-40) 离散化写成差分方程的形式，有

$$T_f\frac{u(k)-u(k-1)}{T}+u(k)=u'(k) \tag{7-42}$$

$$u(k)=\frac{T_f}{T+T_f}u(k-1)+\frac{T}{T+T_f}u'(k) \tag{7-43}$$

式中 T——采样周期。

令 $\beta=\frac{T_f}{T+T_f}$，则

$$u(k)=\beta u(k-1)+(1-\beta)u'(k) \tag{7-44}$$

将式(7-41) 离散化写成差分的形式，有

$$\begin{aligned}u'(k)&=K_P\left\{e(k)+\frac{T}{K_I}\sum_{j=0}^{k}e(j)+\frac{T_D}{T}[e(k)-e(k-1)]\right\}\\&=K_P\left\{e(k)+\frac{K_i}{K_P}\sum_{j=0}^{k}e(j)+K_d[e(k)-e(k-1)]\right\}\end{aligned} \tag{7-45}$$

$$K_i=TK_P/K_I$$

$$K_d=T_D/T$$

这样就得到了准微分数字 PID 位置型的算式。同样也可写成增量型的形式，得到准微分数字 PID 增量型算式。从式(7-44) 可推得

$$u(k-1)=\beta u(k-2)+(1-\beta)u'(k-1) \tag{7-46}$$

式(7-44) 和式(7-46) 相减，得

$$u(k)-u(k-1)=\beta[u(k-1)-u(k-2)]+(1-\beta)[u'(k)-u'(k-1)]$$

或

$$\Delta u(k)=\beta\Delta u(k-1)+(1-\beta)\Delta u'(k) \tag{7-47}$$

从式(7-45) 可推得

$$u'(k-1)=K_P\left\{e(k-1)+\frac{K_i}{K_P}\sum_{j=0}^{k-1}e(j)+K_d[e(k-1)-e(k-2)]\right\} \tag{7-48}$$

于是

$$u'(k)-u'(k-1)=K_P\left\{e(k)+\frac{K_i}{K_P}\sum_{j=0}^{k-1}e(j)+K_d[e(k)-e(k-1)]\right\}-$$
$$K_P\left\{e(k-1)-\frac{K_i}{K_P}\sum_{j=0}^{k-1}e(j)+K_d[e(k-1)-e(k-2)]\right\}$$
$$=K_P\{e(k)-e(k-1)+K_d[e(k)-2e(k-1)+e(k-2)]\}$$

可得

$$\Delta u'(k)=K_P\left\{\Delta e(k)+K_d[\Delta e(k)-\Delta e(k-1)]\right\} \tag{7-49}$$

② 准微分数字 PID 算法与常规数字 PID 算法性能比较　在常规的 PID 控制中，当输入为单位阶跃序列时

$$e(k)=b, k=0,1,2,\cdots \tag{7-50}$$

其微分环节为

$$u(t)=T_D\frac{de(t)}{dt} \tag{7-51}$$

式(7-51) 拉氏变换为

$$U(s)=T_D sE(s) \tag{7-52}$$

式(7-52) 离散化后，可得

$$u(k)=\frac{T_D}{T}[e(k)-e(k-1)] \tag{7-53}$$

令 $K_d=\frac{T_D}{T}$，则有

$$u(k)=K_d[e(k)-e(k-1)] \tag{7-54}$$

当 $k=0$，1，2，…时，分别对应有

$$u(0)=K_d b=\frac{T_D}{T}b$$
$$u(1)=0$$
$$u(2)=0$$
$$\vdots$$

由于 $T\ll T_D$，因而 $u(0)\gg b$。

可见，常规数字 PID 算法中，微分环节仅在第一个采样周期中起作用，而且微分作用很强，数字 PID 调节器输出 $u(0)$ 很大，而在以后的采样周期中微分环节未起作用，很容易引起振荡。常规数字 PID 算法构成的调节器在单位阶跃输入时，输出的控制作用如图 7-19 (a) 所示。在准微分数字 PID 算法中，增加了低通滤波器（图 7-20），其传递函数为

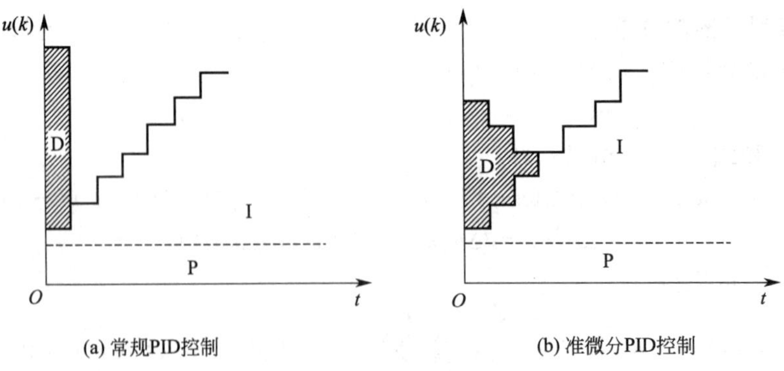

图 7-19　数字 PID 调节器的控制作用

$$U(s)=\frac{T_{\mathrm{D}}s}{1+T_{\mathrm{f}}s}E(s) \tag{7-55}$$

其微分方程形式为

$$u(t)+T_{\mathrm{f}}\frac{\mathrm{d}u(t)}{\mathrm{d}t}=T_{\mathrm{D}}\frac{\mathrm{d}e(t)}{\mathrm{d}t} \tag{7-56}$$

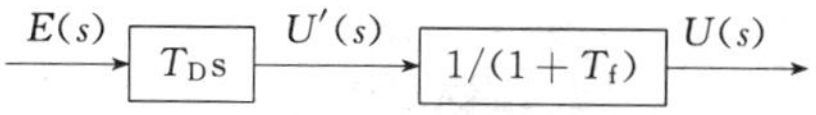

图 7-20 增加低通滤波器后的微分环节

对式(7-56) 进行离散化，可得

$$u(k)+\frac{T_{\mathrm{f}}}{T}[u(k)-u(k-1)]=\frac{T_{\mathrm{D}}}{T}[e(k)-e(k-1)] \tag{7-57}$$

即

$$u(k)+\frac{T_{\mathrm{f}}}{T}u(k)-\frac{T_{\mathrm{f}}}{T}u(k-1)=\frac{T_{\mathrm{D}}}{T}[e(k)-e(k-1)] \tag{7-58}$$

式(7-58) 变换后，整理得

$$u(k)=\frac{T_{\mathrm{f}}}{T+T_{\mathrm{f}}}u(k-1)+\frac{T_{\mathrm{D}}}{T+T_{\mathrm{f}}}=\frac{T_{\mathrm{D}}}{T}[e(k)-e(k-1)] \tag{7-59}$$

当输入为 $e(k)=b$ （$k=0$，1，2，…）时，根据式(7-59) 分别对应有

$$u(0)=\frac{T_{\mathrm{D}}}{T+T_{\mathrm{f}}}b$$

$$u(1)=\frac{T_{\mathrm{f}}T_{\mathrm{D}}}{T+T_{\mathrm{f}}}b$$

$$u(2)=\frac{T_{\mathrm{f}}^{2}T_{\mathrm{D}}}{(T+T_{\mathrm{f}})^{2}}b$$

$$\vdots$$

显然

$$u(0)=\frac{T_{\mathrm{D}}}{T+T_{\mathrm{f}}}b\ll\frac{T_{\mathrm{D}}}{T}b$$

因而准微分数字 PID 调节器的输出，在第一个采样周期里比常规数字 PID 调节器的输出小得多，在此后的采样里微分仍在起作用，具有比较理想的调节性能。微分数字 PID 调节器在单位阶跃输入时，输出的控制作用如图 7-19(b) 所示。

③ 微分先行数字 PID 算法　即把微分运算放在最前面，如图 7-21 所示。图 7-21(a) 所示是对偏差进行微分，是常规 PID 算法，而图 7-21(b) 所示是只对输出量微分，这种微分先行数字 PID 算法适合于给定值频繁升降的场合。

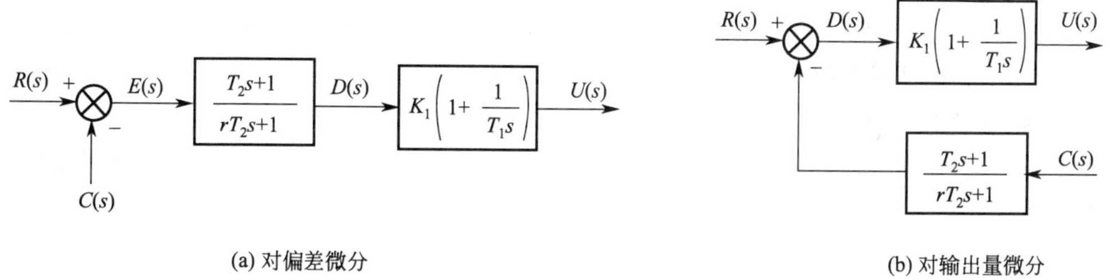

图 7-21 微分先行数字 PID 算法

(3) 死区非线性数字 PID 算法

在机电一体化系统中，有时不希望系统控制作用过于频繁，以免引起振荡。此时可引入一种死区非线性数字 PID 算法，令

$$m(k)=\begin{cases}e(k) & |e(k)|>B\\ 0 & |e(k)|\leqslant B\end{cases}$$

如图 7-22 所示，这是一个带死区的非线性数字 PID 控制系统，死区 B 是一个参数，可根据正常的情况加以调整，由试验整定。其计算流程图如图 7-23 所示。

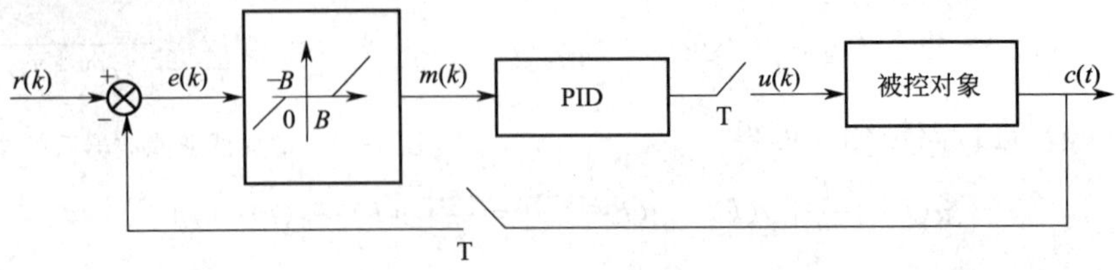

图 7-22　死区非线性数字 PID 控制原理

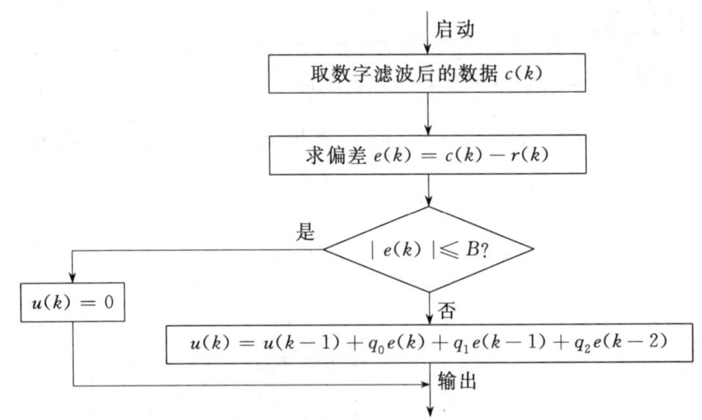

图 7-23　死区非线性数字 PID 计算流程

7.2.3　数字 PID 参数整定

在计算机控制系统中，控制参数直接影响控制性能。对于 PID 调节器的设计，原则上讲既可以用理论的方法，也可以通过实验的方法。在被控制对象的数字模型及其参数已知的情况下，可以用频率法或根轨迹法计算出 PID 参数。但前提是数学模型准确。在工程上往往无法得到准确的数学模型，而只能得到一个近似的模型。因而理论方法应用在工程上有很大的局限性，在工程上常用实验或试凑的方法定 PID 调节器的参数。

模拟 PID 调节器的参数整定主要是确定 K_P、T_I 和 T_D 三个参数。数字 PID 调节器参数整定则是确定 K_P、T_I、T_D 和 T 四个参数。数字 PID 调节器的采样周期都比较小，而相对于采样周期被控对象的时间常数要大得多，因而数字 PID 参数整定可以模拟调节器的参数整定。

(1) 采样周期的选择

在数字 PID 调节器参数整定中，首先要确定采样周期 T。采样周期 T 的选择要符合香农采样定理，即

$$T \leqslant \frac{1}{2f_{\max}} \tag{7-60}$$

式中　$f_{\max}$——输入信号的最高频率。

香农采样定理只给出了采样周期的上限，在实际应用中不能仅按采样定理决定采样周期，而要综合考虑各种因素选择采样周期。

影响采样周期的因素还有以下几点。

① 系统稳定性的影响　采样周期对系统的稳定性有直接影响，为保证系统充分稳定，选择的采样周期应符合系统稳定条件。

② 扰动信号频率的影响　作用于系统的扰动信号频率越高，则采样频率也越高，采样周期 T 越小。

③ 微机精度的影响　采样周期的选择要考虑微机的字长等因素。如果采样周期太小，则前后两次采样的数值之差有可能由于微机精度不高而反映不出来，使得积分和微分作用不明显。

④ 控制回路数的影响　控制回路数多时，为了使每个回路的控制算法都有足够的时间完成，则采样周期长；反之，控制回路数少时，采样周期短。多回路控制采样周期应满足

$$T \geqslant N\tau_s \tag{7-61}$$

式中　N——回路数；

τ_s——采样时间。

(2) 扩充临界比例度整定法

扩充临界比例度整定法是在模拟调节器使用的临界比例度整定法的基础上扩充而成的，它是一种数字 PID 控制表参数整定法。其整定步骤如下。

① 首先要选择合适的采样周期 T　一般选择采样周期为被控对象纯滞后时间的 1/10 以下。

② 定义比例度 δ　选好采样周期 T 后，使系统只有比例控制，而去掉积分作用和微分作用，定义比例度为

$$\delta = \frac{1}{K_P} \tag{7-62}$$

式中　K_P——比例系数。

逐渐降低比例度 δ，使系统产生等幅振荡，相应的振荡周期为临界振荡周期 T_k，比例度为临界比例度 δ_K。记下 δ_K 和 T_k，如图 7-24 所示。

③ 选择控制度　控制度定义为

$$\text{控制度} = \frac{\left[\int_0^\infty e^2(t)\mathrm{d}t\right]}{\left[\int_0^\infty e^2(t)\mathrm{d}t\right]} = \frac{[\text{数字调节器}]}{[\text{模拟调节器}]}$$

控制度是以模拟调节器为基准，将数字调节器的控制效果与模拟调节器的控制效果相比较。控制效果的评价函数通常用 $\int_0^\infty e^2(t)\mathrm{d}t$ 表示。

控制度仅是表示控制效果的物理概念。一般认为控制度为 1∶1.05 时，表示数字调节器与物理调节器效果相当。

④ 参数整定　选定控制度后，通过表 7-5 可求得 T、K_P、T_I、和 T_D。使用扩充临界比例法无需事先知道被控对象的动态特性，就可直接进行参数整定。

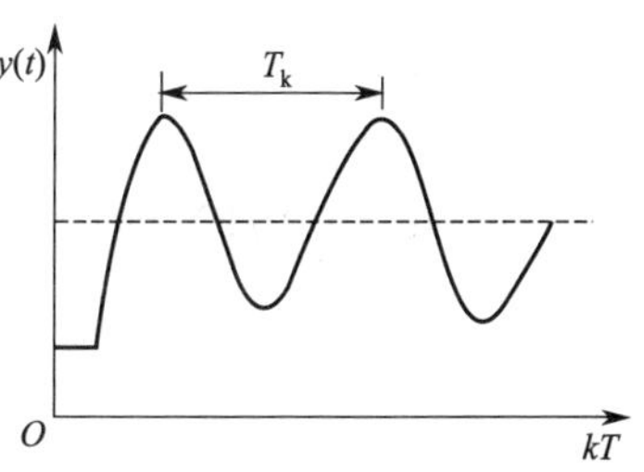

图 7-24　扩充临界比例度试验曲线

表 7-5　扩充临界比例法 PID 参数整定

控制度	控制规律	T	K_P	T_I	T_D
1.05	PI	$0.03T_k$	$0.53\delta_K$	$0.88T_k$	—
	PID	$0.014T_k$	$0.63\delta_K$	$0.49T_k$	$0.14T_k$
1.2	PI	$0.05T_k$	$0.49\delta_K$	$0.91T_k$	—
	PID	$0.043T_k$	$0.47\delta_K$	$0.47T_k$	$0.16T_k$

续表

控制度	控制规律	T	K_P	T_I	T_D
1.5	PI	$0.14T_k$	$0.42\delta_K$	$0.99T_k$	—
	PID	$0.09T_k$	$0.34\delta_K$	$0.43T_k$	$0.20T_k$
2.0	PI	$0.22T_k$	$0.36\delta_K$	$1.05T_k$	—
	PID	$0.16T_k$	$0.27\delta_K$	$0.40T_k$	$0.22T_k$

（3）扩充相应曲线整定法

用扩充相应曲线整定法可以代替扩充临界比例度整定法，其方法如下。

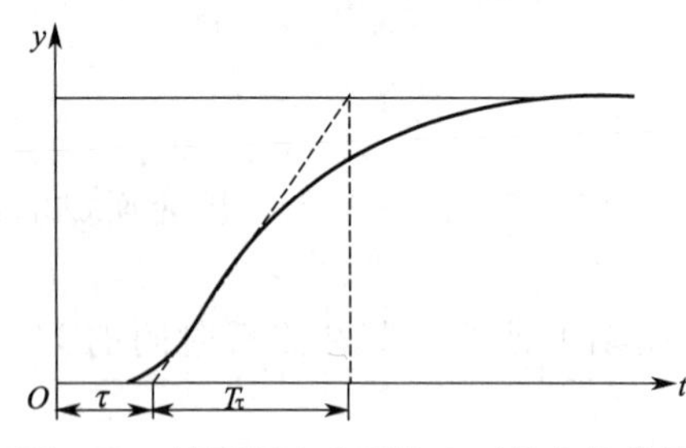

图 7-25 被调量在阶跃输入下的变化曲线

ⅰ. 不把数字调节器接入控制系统中，即断开数字控制器，使系统工作在手动操作状态。将被调量调节到给定值附近稳定后，突然改变给定值，给对象一个阶跃输入信号。

ⅱ. 画出控制系统的阶跃响应曲线，然后在曲线拐折处（即最大斜率处）作切线，找出与时间轴及系统稳定值线（此线与横轴平行）的交点，从而得到滞后时间 τ、被控对象时间常数 T_τ 以及它们的比值，如图 7-25 所示。

ⅲ. 由 τ、T_τ 和 T_τ/τ，查表 7-6，可求出 PID 调节器的四个参数 T、K_P、T_I、和 T_D。

表 7-6 扩充相应曲线整定法 PID 参数整定

控制度	控制规律	T	K_P	T_I	T_D
1.05	PI	0.1τ	$0.84T_\tau/\tau$	0.34^{τ}	—
	PID	0.05τ	$1.15T_\tau/\tau$	2.0^{τ}	0.45^{τ}
1.2	PI	0.2τ	$0.78T_\tau/\tau$	0.36^{τ}	—
	PID	0.16τ	$1.0T_\tau/\tau$	1.9^{τ}	0.55^{τ}
1.5	PI	0.5τ	$0.68T_\tau/\tau$	3.9^{τ}	—
	PID	0.34τ	$0.85T_\tau/\tau$	1.62^{τ}	0.65^{τ}
2.0	PI	0.8τ	$0.57T_\tau/\tau$	4.2^{τ}	—
	PID	0.6τ	$0.6T_\tau/\tau$	1.5^{τ}	0.82^{τ}

7.3 常见复杂控制

对于只有一个被控变量的系统，要改进控制品质有两条途径：一是改进控制规律或调整控制器参数；二是改进系统结构，增加辅助回路或添加其他环节。另外，为了实现一些特定的控制要求，也需引入一些环节。这些在结构上比简单控制系统较为复杂的系统，可统称为复杂控制系统。常见的有串级控制、比值控制、分程控制、选择性控制、前馈控制、引入阀位控制器的控制方案等，它们在结构和应用上各有特点，其结构特点如表 7-7 所示。

简单的单输入单输出控制系统，只有一个被控变量，只用一个检测元件和变送器，一个控制器和一个控制阀。但是，对于有些较难控制的过程，或控制要求很严的情况，为改善控制品质，需要增加若干元件或环节，使系统结构上变得复杂。另外，为了实现一些特定的控制要求，也有增加其他环节的需要。于是，各类复杂控制系统得到了开发。这些复杂控制系统从理论上看仍是经典控制理论的产物，但在结构和应用上各具特色，都能在计算机上用相应的算法加以实现。

表 7-7 各类复杂控制系统的结构特点

系 统 类 型	结 构 特 点
串级控制	两个简单控制回路的串接
比值控制	在简单控制回路中引入乘法器或除法器
分程控制	采用两个或多个作用区间不同的控制阀
选择性控制	引入选择器，如超驰控制有两套控制回路可供选择
前馈控制	在简单控制回路中引入前馈补偿环节
引入阀位控制器的控制	引入阀位控制器及相应的控制回路
引入计算指标的控制	在简单控制回路中引入计算单元，以计算出所需指标
引入史密斯预估器的控制	引入史密斯预估补偿回路

7.3.1 串级控制应用实例

为了便于比较，此处以加热炉、换热器和反应器等的控制作为基本实例，根据具体情况和要求引出各种复杂控制系统。串级控制系统的基本思想可从人们手动控制的实践中得到启发。

加热炉的被控变量之一是出口温度，相应的操纵变量是燃料流量，扰动有进口物料流量的变化、燃料阀阀前压力的变化等。加热炉是一个滞后相当显著的对象。当燃料流量因压力波动而起变化后，影响到出口温度要经历一段时间较长的过程。因此，若出现扰动，要等出口温度变化，控制阀才会有新的动作。而在阀门动作以后，要消除偏差又要经过一段时间。这样，系统的动态偏差较大，而且调节过程也较长。

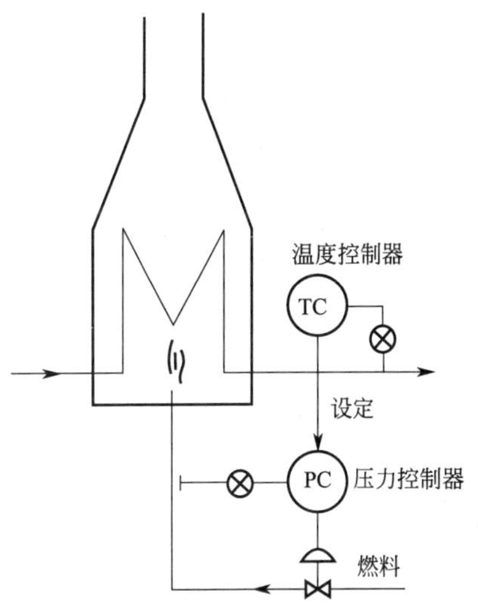

图 7-26 加热炉出口温度的一种串级控制方案

如果主要扰动是燃料阀的阀前压力，在发现阀后压力或流量有了变化后，立即调整阀的开度，控制作用较迅速。这时，温度偏差尚未出现或很小。然而，实际中的扰动较复杂，仅控制燃料压力或流量并不能满足要求，因为固定了燃料的流量，并不能克服其他扰动，故不能保证出口温度为给定值。一种较实用的方案是经常监控燃料阀的阀后压力或流量，其值应按出口温度情况做适当调整。

串级控制系统就是基于这种控制方案而形成的。其控制方案和系统分别如图 7-26 和图 7-27 所示。主要的被控变量是物料出口温度，因此温度控制器是主控制器，它的输出作为燃料压力（或流量）控制器的给定值。如果温度偏低，燃料阀的阀后压力（或流量）应该提高一些；如果温度偏高，则应使阀后压力（或流量）降低一些。压力（或流量）控制器服从温度控制器的指挥，称为副控制器。串级控制系统有主、副两个控制器，主、副两个被控变量，因而构成主、副两个回路。主控制器的给定值按工艺要求进行设置，副控制器的给定值在调节过程中由主控制器确定。

现在分析夹套反应釜的例子。如果是用蒸汽加热，则蒸汽阀前压力的波动很可能是主要扰动。传热过程本身就有一定的滞后性，用夹套加热会使滞后增大。采用单回路控制时，应等到釜内温度起了变化才开始调节，增加一个副控制器，可使调节过程更为及时，对扰动的影响及早补偿。图 7-28 所示为控制流程。

以上两个例子说明了串级控制系统的结构和主要应用场合。实践经验和理论分析都表明串级控制系统具有以下功能。

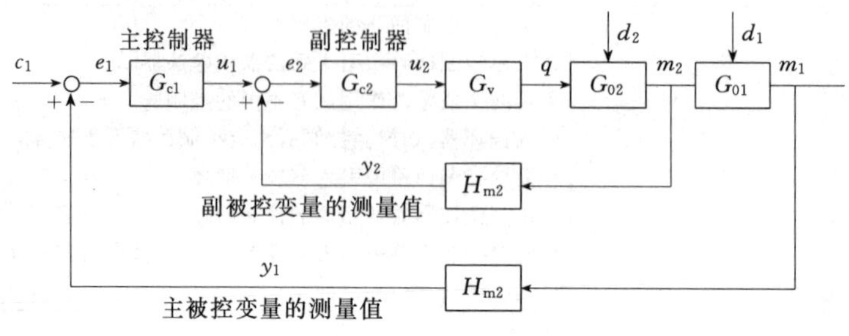

图 7-27　串级控制系统

ⅰ. 能迅速克服进入副回路的扰动。扰动只要影响到副被控变量，调节过程即开始，这样有可能使主被控变量的动态偏差大为降低。这一功能是串级控制系统的最大特点。

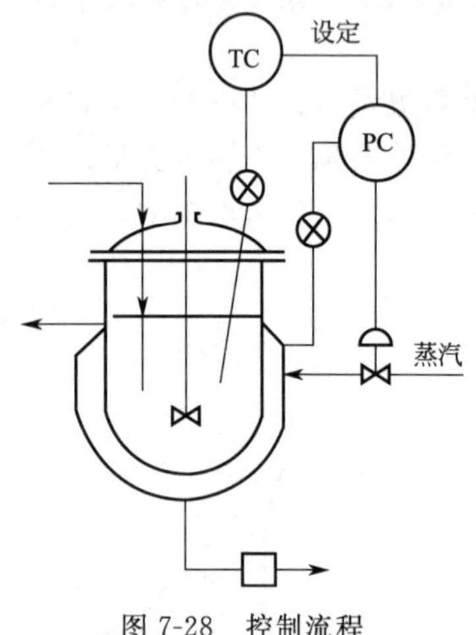

图 7-28　控制流程

ⅱ. 由于副回路的存在，使主控制器等效对象的相位滞后有所下降，使主回路的响应速度有所改善。作为一种近似，把副回路响应速度快看做 1∶1 的随动系统。这样主控制器的等效对象基本只剩下 $G_{01}(s)$。

ⅲ. 由于副回路的存在，该回路内过程特性的变化对主被控变量的影响大为降低。即使有明显程度的非线性，也无害于总的控制品质。

ⅳ. 由于副回路的存在，可使操纵变量得到更精确的调节。在简单控制系统中，如果控制阀特性变动或有误差存在，将使控制品质变差，若采用了流量副回路，则作为操纵变量的流量完全取决于主控制器的输出，阀特性几乎不起影响。

ⅴ. 有时可兼顾两个被控变量。下文将提到的均匀控制系统，一般都采用串级控制的结构形式。

在选择、设计和使用串级控制系统时，有些主要问题需要解决，现在说明如下。

(1) 副被控变量的选择

主被控变量的选择与简单控制系统一样，需要能够体现工艺的目标要求。串级控制系统设计的关键是选择副被控变量。

ⅰ. 副被控变量与主被控变量间应有直接的因果联系。如图 7-27 所示，副被控变量 y_2 应对主被控变量 y_1 起直接作用，同时又处于控制作用 u_2 对主被控变量 y_1 整个通道的中间某点。即 u_2 应先影响 y_2，再影响 y_1。

ⅱ. 副被控变量应能受到主要扰动 d_2 的作用，并有所反映，否则串级控制系统的第一个功能就不能体现。例如，在加热炉控制中，如果主要扰动是负荷的变化，即被加热物料的流量变化，采用阀后压力控制为副回路就收效较微。所以通常副回路应把主要扰动包括在内。

ⅲ. 副被控变量处于整个对象的中间点，主、副对象要适当分割，主对象部分 G_{01} 不宜过少。这对上述要求是个约束。为了使副回路内包括更多的扰动，副被控变量几乎与主被控变量合二为一。如果 G_{02} 占整个对象的主要部分，副回路的响应不够迅速，而且主、副回路的时间常数相近时，主、副回路关联密切，当副被控变量出现振荡时，会引起主被控变量强烈振荡，出现共振现象，对系统运行很不利，这是必须避免的。

(2) 副控制器控制规律的选择

主控制器应选用 PI、PID 或其他特殊的控制规律，完全可依据对象和主被控变量的情况，像简单控制系统一样决定。

副控制器一般以选用 P 或 PI 为宜。因为控制的目标是使主被控变量平稳，所以对副被控变量的过渡过程品质并没有严格的要求，只要求过渡过程快一些，在保持稳定的条件下控制作用适当地强一些。一般来说，选用最简单的 P（比例）控制规律已经符合要求，但在选择流量为副被控变量时，为保持系统稳定，比例度必须选得较大，但控制作用偏弱。为此，有必要引入积分作用，采用 PI 控制规律，引入积分作用的主要目的不是消除余差，而是增强控制作用。

(3) 主控制器和副控制器正反作用的选择

使用两个控制器，各自采用正作用或反作用，似乎有些复杂。然而，只要稍加分析，便可很容易得出正确的结论。

副控制器正反作用的选择与简单控制系统类似。以加热炉的阀后压力控制回路为例，如果控制阀是气开式的（这样在气源中断时比较安全），在阀后压力上升时，控制器的输出应该减小，因此，控制器应为反作用；反之，如控制阀是气关式的，则阀后压力上升时，控制器输出应该增加，因此，控制器应为正作用。总之，应考虑控制阀和对象两方面的特性，使系统中各个环节的增益总的乘积为正值。

主控制器正反作用选择只需考虑对象的特性，与控制阀是气开式还是气关式的无关。现以加热炉的串级控制系统为例，出口温度升高时，燃料流量应减小，因此，阀后压力也应减小，主控制器的输出也应减小，结论是主控制器应为反作用。这时，控制阀已成为副回路的组成部分，而副回路总的增益接近于 1，因此，可以整体地依据主被控变量上升时，副被控变量应该上升或下降来考虑主控制器的正反作用，即完全依据对象的工艺特性来考虑。

(4) 主控制器和副控制器的参数整定和投运

以常规仪表构成的系统为例来说明，当采用计算机控制时亦可参照进行。图 7-29 所示是该系统的连接。

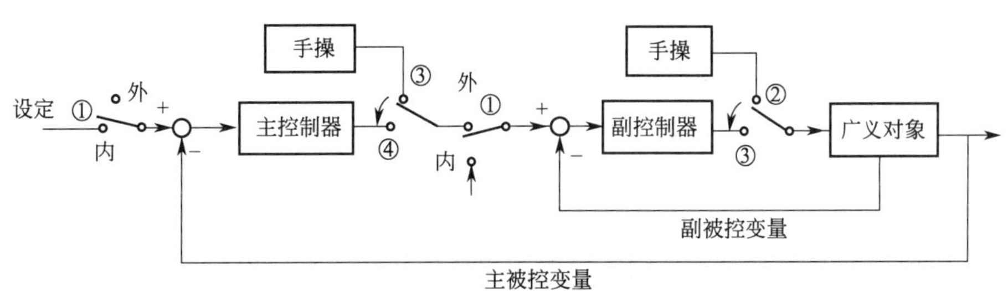

图 7-29　串级控制系统连接

一般采用先投运和整定副回路，后投运和整定主回路的方式。具体步骤如下。

ⅰ. 将副控制器置于外给定位置，主控制器置于内给定位置，并把正反作用开关分别置于正确位置。整定参数置于某些经验值。例如，副控制器的整定参数可设置成：温度为副被控变量时，比例度选为 20%～60%；压力为副被控变量时，比例度选为 30%～70%；流量为副被控变量时，比例度选为 40%～80%。

ⅱ. 用副控制器进行手动遥控。

ⅲ. 当主被控变量接近给定值，副被控变量也比较平稳后，副回路切入自动。此时用主控制器的手动输出作为副控制器的给定值。因此，应将主控制器置于手动位置，并调整输出信号，使副控制器的偏差值为零，在此情况下把副控制器由手动切向自动。

ⅳ. 工况平稳后，再把主控制器切向自动。并像简单控制器一样进行参数整定。

为不局限于以上的投运方式，也可采用一步投运方式，即一开始就把副控制器放在自动位置，主控制器放在手动位置，副控制器整定参数置于合适的数值，直接用主控制器的输出调整副控制器的输出，到工况平稳后，把主控制器也切向自动。对于有经验的操作人员，这样也可以进行得很顺利。

7.3.2 比值控制应用实例

在很多情况下，需要使两支（或更多支）物流间保持某种比值，即需要进行比值控制。例如，在某一反应器中，反应物 A（流体）和 B（流体）的进入流量之间须保持一定的比值。假定 A 的流量是变动的，而 B 的流量需随之变化。可把 A 的流量称为主动流量 G_1，B 的流量称为从动流量 G_2，并要求 $G_1/G_2=R$，R 为流量比。这时候有两种控制方案。一是测出流量 G_1，把测量信号乘以比值系数 K 以后，作为 G_2 的流量控制器的给定信号，从而控制流量 G_2，控制方案如图 7-30 所示。这可称为采用乘法器的比值控制方案。二是测出两个流量 G_1 和 G_2，并把两个测量信号相除，除法器的输出 K 作为比值控制器 RC 的测量值。如果比值与给定的比值有偏差，则 RC 的输出作用于控制阀，调整流量 G_2，以期达到规定的比值，控制流程如图 7-31 所示。这可称为采用除法器的比值控制方案。

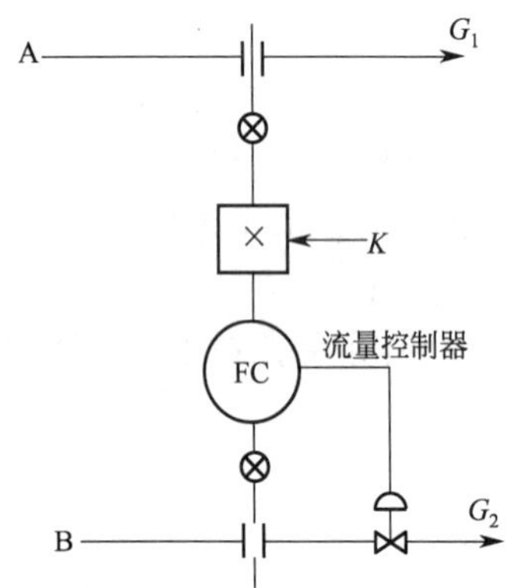

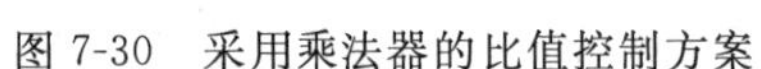
图 7-30 采用乘法器的比值控制方案

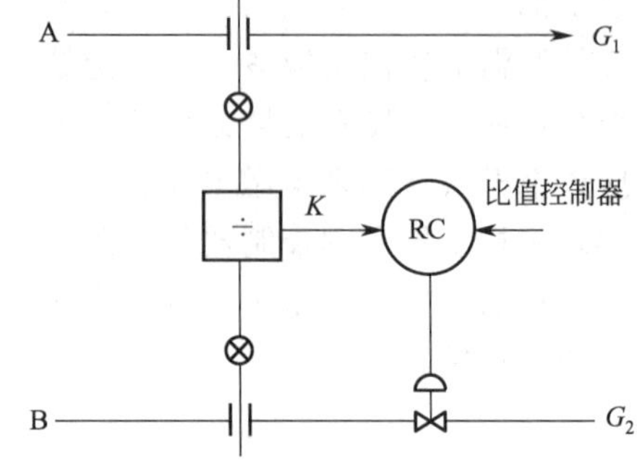

图 7-31 采用除法器的比值控制方案

在加热炉的控制中，有时也有比值控制的要求。在采用燃料油作燃料时，需要在烧嘴中喷入蒸汽，以便把油滴雾化。燃料油和蒸汽间也应保持一定的比值。这时也可采用上述的两种比值控制方案。图 7-30 和图 7-31 所示的控制方案，可画成图 7-32（a）和图 7-32（b）所示的形式。可以看出，它们分别是引入乘法器和除法器的简单控制系统。

经以上分析出现两个问题：

ⅰ. 图 7-32 中的比值系数 K 与流量比值 R 是否相同？如果不同，两者间有何关系？

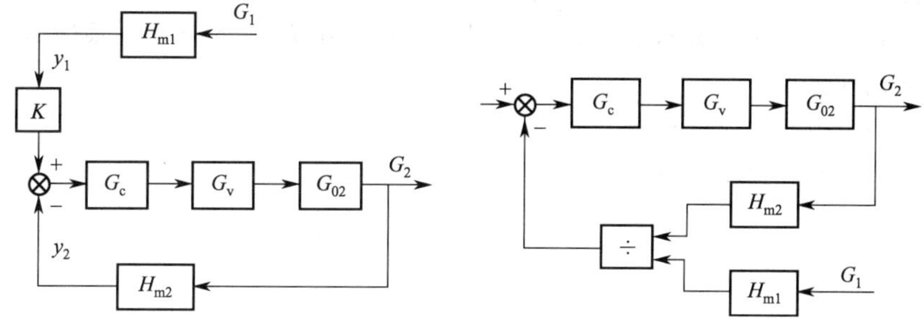

(a) 采用乘法器的比值控制系统　　(b) 采用除法器的比值控制系统

图 7-32　比值控制系统

ⅱ. 引入乘法器和除法器是两种控制方案，以何者为宜？

先说明第一个问题。比值系数 K 是流量比值 R 的函数，在一般情况下两者并不相等。这里又分两类情况。

(1) 采用线性的流量检测变送器

包括采用节流装置测出差压，并串接开方器。A 流量的测量信号为

$$y_1 = y_{1\min} + (y_{1\max} - y_{1\min})\frac{G_1}{G_{1\max}}$$

式中　$y_{1\min}$——$G_1=0$ 时的测量信号；

$y_{1\max}$——$G_1=G_{1\max}$时的测量信号。

同理，B 流量的测量信号为

$$y_2 = y_{2\min} + (y_{2\max} - y_{2\min})\frac{G_2}{G_{2\max}}$$

式中　$y_{2\min}$——$G_2=0$ 时的测量信号；

$y_{2\max}$——$G_2=G_{2\max}$时的测量信号。

这两个变送器应有同样的输出范围，如同为 4～20mA，1～5V 等，即 $y_{1\min}=y_{2\min}$，$y_{1\max}=y_{2\max}$。

不论是乘法器或是除法器，都是按输入的有效部分进行乘法或除法的。例如，当测量信号 y_1 通过比值系数为 K 的乘法器后，其输出是

$$y = y_{1\min} + K(y_{1\max} - y_{1\min})\frac{G_1}{G_{1\max}}$$

因此，当乘法器输出与测量信号 y_2 相等时，下列关系成立：

$$y_{2\min} + (y_{2\max} - y_{2\min})\frac{G_2}{G_{2\max}} = y_{1\min} + K(y_{1\max} - y_{1\min})\frac{G_1}{G_{1\max}}$$

即

$$\frac{G_2}{G_{2\max}} = K\frac{G_1}{G_{1\max}}$$

由此可知

$$R = \frac{G_2}{G_1} = K\frac{G_{2\max}}{G_{1\max}}$$

或

$$K = R\frac{G_{1\max}}{G_{2\max}} \tag{7-63}$$

当采用除法器时，式(7-63) 的关系同样成立。

因此，只有在两个流量变送器的量程相同时，流量比 R 才等于比值系数 K。在其他情况下，需按上式计算。

(2) 采用平方关系的流量检测变送器

例如采用节流装置而不加开方器

$$y_1=y_{1\min}+(y_{1\max}-y_{1\min})\left(\frac{G_1}{G_{1\max}}\right)^2$$

$$y_2=y_{2\min}+(y_{2\max}-y_{2\min})\left(\frac{G_2}{G_{2\max}}\right)^2$$

当乘法器输出与测量信号相等时，下列关系式成立

$$y_{2\min}+(y_{2\max}-y_{2\min})\left(\frac{G_2}{G_{2\max}}\right)^2=y_{1\min}+K(y_{1\max}-y_{1\min})\left(\frac{G_1}{G_{1\max}}\right)^2$$

即

$$\left(\frac{G_2}{G_{2\max}}\right)^2=K\left(\frac{G_1}{G_{1\max}}\right)^2$$

由此可知

$$R^2=\left(\frac{G_2}{G_1}\right)^2=K\left(\frac{G_{2\max}}{G_{1\max}}\right)^2$$

或

$$K=R^2\left(\frac{G_{1\max}}{G_{2\max}}\right)^2 \tag{7-64}$$

当采用除法器时，式(7-64) 的关系同样成立。此时，流量比 R 一般不等于比值系数 K。

第二个问题的说明如下。从表面上看，采用除法器的方案有一个优点，即流量比可以设法直接读出，示数鲜明。然而，它具有内在的弱点，该回路中对象的增益在不同负荷下变化很大。

这时，除法器作为一个环节包含于回路之内。从图 7-31(b) 可以看出，比值控制系统的对象的输入变量是流量 G_2，输出变量是比值系数 K，对象的增益是 $\mathrm{d}k/\mathrm{d}G_2$。

当采用线性的流量检测变送器，并进行 y_2 除以 y_1 的除法时，由式(7-63) 可知

$$\frac{\mathrm{d}K}{\mathrm{d}G_2}=\frac{1}{G_1}\times\frac{G_{1\max}}{G_{2\max}} \tag{7-65}$$

当负荷越小，即 G_1 越小时，对象的增益越大。如控制器整定参数不变，则在小负荷下系统不易稳定；如针对小负荷情况来整定，则在大负荷时系统过于迟钝。

当采用平方关系的流量检测变送器，并进行 y_2 除以 y_1 的除法时，由式(7-64) 可知

$$\frac{\mathrm{d}K}{\mathrm{d}G_2}=\frac{2}{G_1}\times\frac{G_2}{G_1}\times\left(\frac{G_{1\max}}{G_{2\max}}\right)^2 \tag{7-66}$$

也存在同样的问题，进行 y_1 除以 y_2 的除法运算，情况仍不能改善。

采用乘法器的方案则没有这个问题。所以，近年来，已把它作为通用的方案，采用除法器的方案已被它所取代。

上面讨论的比值控制系统只包含一个闭合回路，通常称为单闭环比值控制系统。结构更复杂些的双闭环比值控制和串级比值控制，都是在此基本形式上的发展。

双闭环比值控制系统，由流体 A 的流量控制系统与流体 B 的比值控制系统复合而成。分开来看，也可认为它们是两个独立的控制系统。图 7-33 所示为这类系统的控制流程与

方框图。例如，在合成氨装置的一段和二段转化炉中，轻油（或天然气）、蒸汽、空气三者的流量需保持一定的比例。此时，可取蒸汽的流量作为主动流量，实现定值控制，轻油和空气的流量作为从动流量，实现比值控制。尽管有三个回路，性质上属于双闭环结构。

很多人对双闭环控制系统提出异议，认为不如两个独立的流量控制回路简单方便。因为，各自的流量都控制为定值，其比值保持恒定。要调整比值，只要调整其中一个流量控制器的给定值也就行了。所以，认为大可不必增加复杂性，不必采用比值控制。

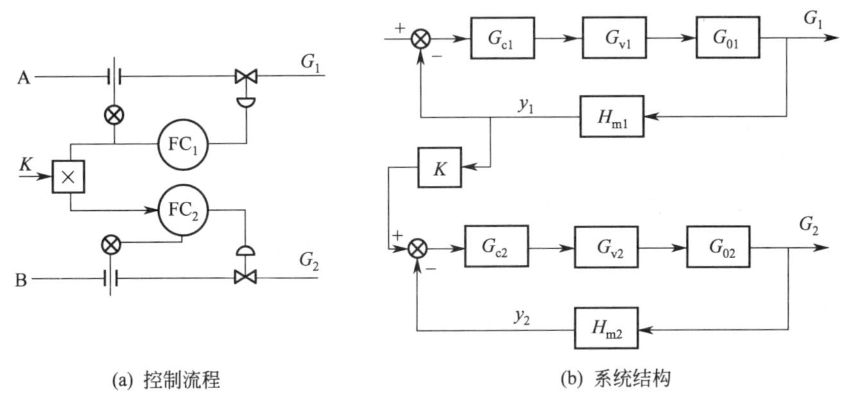

图 7-33　双闭环比值控制系统

这种观点有正确的一面，然而，在某些情况下，双闭环比值控制有其独特的优点。例如，在一段转化炉中，如果蒸汽供应临时不足，流量控制系统就无能为力，若采用双闭环比值控制方案，轻油的流量便会随之做相应的调整，水碳比仍保持合适的数值，若采用两个独立的流量控制系统，轻油的流量将仍维持原值，可能有析碳的危险。

在典型的双闭环比值控制方案中，哪一流体的流量为主、哪一流体的流量为从是规定好的。所以在上例中，如轻油供应不足，蒸汽流量将仍维持原值，这样生产安全有保证，但不经济。对系统进行改进可实现在 A 流体供应不足时，B 流体的流量随之减少，同时，在 B 流体供应不足时，A 流体的流量也随之减少呢？如果容许在系统结构上增加一些复杂性，这种“if…then…”形式的控制要求，可用选择性控制系统来实现。

串级比值控制系统的特征是把比值控制系统作为串级控制的副回路，比值的给定值是由另一个主控制器给出的。典型的例子是氨氧化反应器的温度控制系统。在该系统中，主被控变量是温度，并用氨与空气的流量比值作为控制温度的手段，图 7-34 所示是其控制流程和原理。类似的例子有很多，例如在吸收塔的控制中，可采用出口物料作为主被控变量，物料控制器的输出用作比值系数 K，调整吸收剂流量与气体流量的比值。

在采用节流装置测量流量时，不论是否用开方器，同样可实现比值控制。在单闭环比值控制时，不加开方器也是可行的。但在串级比值控制时，情况不完全一样。考虑这时候的比值控制副回路，它的输入实质上是差压的给定值，即流量平方值的给定值，而输出却是流量。因此，这个回路的增益将随 B 流体的流量而变化（增益与 G_2 成反比）。这样，对主控制器来说，其对象的增益也可能会随负荷的变化而变化。由于控制阀包含于副回路之中，已不能利用阀特性的选择使对象的增益接近不变。引入开方器后，副回路的输入和输出是 B 流体流量的给定值和测量值，该回路的增益为 1，所以不存在上述缺陷。结论是：在串级比值控制系统中，引入开方器对控制品质的稳定很有好处。

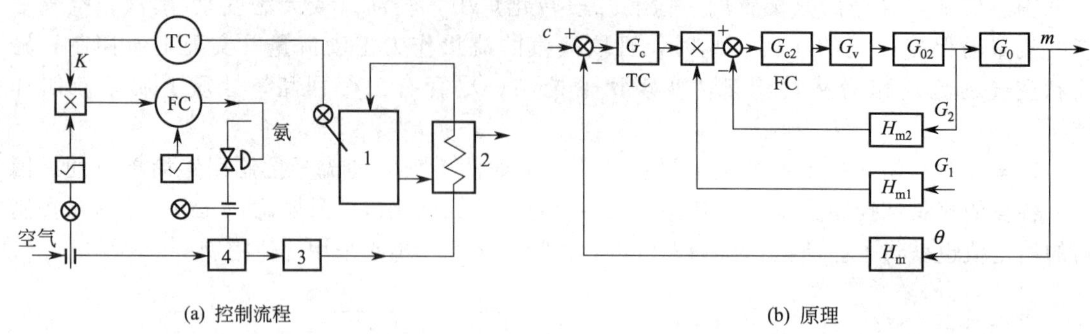

(a) 控制流程　　　　(b) 原理

图 7-34　串级比值控制系统

1—氨氧化反应器；2—温度控制器；3，4—流量控制器

7.3.3　前馈控制系统应用实例

一般的控制系统都是依据偏差来控制的，都具有反馈的闭合回路。反馈控制有其明显的优点，不论偏差来自何处，都可逐步消除或减小，因而具有广泛的通用性。但也有不足的一面，它必须等到偏差出现才进行控制，若经常出现较大扰动，且对象滞后较大时，控制品质不能令人满意。在过程控制中，需要找出更及时和有效的控制方式。前馈控制是已取得很多成功应用的一种。前馈控制即根据扰动而控制，把扰动测量出来，并依据一定的运算规律，发出相应的控制作用。还没出现偏差时，补偿扰动的控制作用已进入对象。如果补偿完全精确，被控变量将一直保持恒定。以加热炉的温度控制为例，当主要扰动为负荷变化，即被加热流体的通过量发生变化时，采用图 7-35 所示的控制流程是颇有成效的。

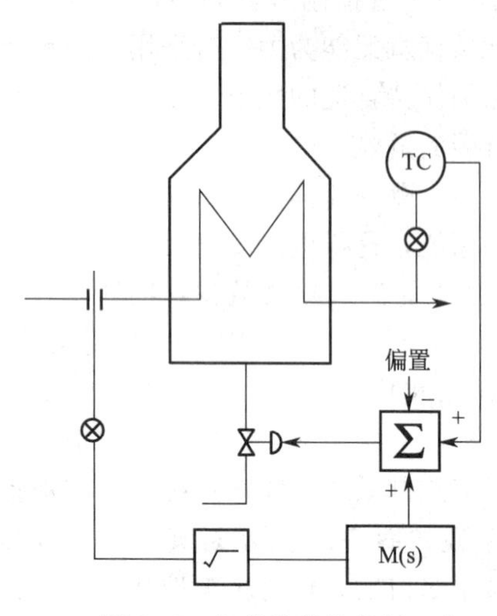

图 7-35　加热炉前馈控制

当被加热流体的流量增加时，要使出口处保持同样的温度，显然应该增加传热量，增加燃料阀的开度。如果采用反馈控制，需等到出口温度低于设定值，出现偏差后才会调整阀门的开度，这样显然不够及时，甚至将出现较大的动态偏差。操作人员应该随着负荷的增加，不必等待出口温度出现偏差，适度地加大阀门的开度。在偏差尚未形成时，及时地发出控制作用。前馈控制系统正是依照这样的构思，自动地实现按扰动而控制的任务。

前馈控制系统特别适合于扰动可测不可控，而且扰动量较大的场合。因为如属可控扰动，则可设法排除；如影响不大，则不必专门考虑。而可测扰动必须排除。在加热炉的控制中，流量检测变送器的输出信号代表被加热流体的流量，也反映加热炉的负荷。当检测变送器是差压型时，还需经过开方器，获得线性关系，然后送往前馈补偿环节，乘以系数 K，并进行滞后-超前校正后，得到前馈控制作用，用来操纵控制阀。

但是，当系统中有其他扰动存在时，补偿也不可能十分精确，所以，反馈控制回路仍有保存的必要。图 7-36 所示是把温度控制器的输出与前馈补偿环节的输出相加后，再送去操纵控制阀。严格地说，这样的系统应称为前馈-反馈控制系统。但为了方便，也可简称前馈控制系统，因为不与反馈控制相复合的前馈控制很少使用。从图 7-36 可以得出下列结论。

ⅰ. 扰动信号经过检测变送，通过前馈补偿环节的运算，作用于控制阀，然后影响被控变量，这条信息通道是一直向前的，没有反馈，故命名为前馈控制。

ⅱ. 要使扰动的影响完全得到补偿，充要条件是扰动作用直接对被控变量的效应恰好与扰动测量值引起的控制作用对被控变量的效应大小相等，方向相反。设扰动直接作用于被控变量的传递函数是 $G_d(s)$，前馈补偿环节的传递函数是 $M(s)$，由补偿环节输出至被控变量的传递函数是 $G_0(s)$，则上述条件可表述为

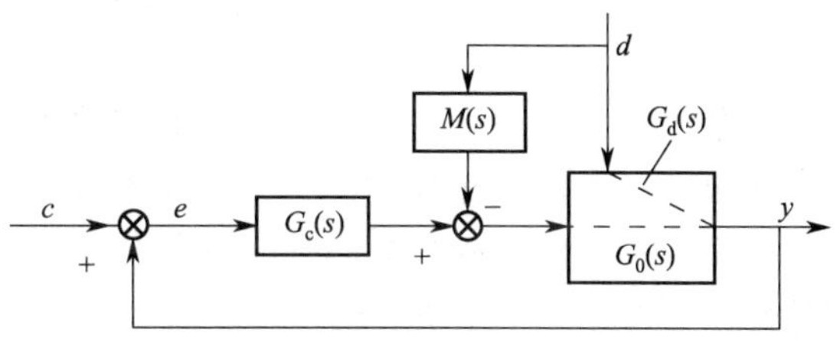

图 7-36　前馈-反馈控制系统

$$G_d(s)+M(s)G_0(s)=0 \tag{7-67}$$

即

$$M(s)=-G_d(s)/G_0(s) \tag{7-68}$$

式(7-67) 亦可称为不变性原理的表述式。

ⅲ. 当对象的传递函数 $G_d(s)$ 和 $G_0(s)$ 不同而且比较复杂时，要实现精确的补偿较难。为便于工程实施，常取

$$M(s)=K\frac{T_1s+1}{T_2s+1} \tag{7-69}$$

式中　K——静态增益；

T_1，T_2——超前和滞后环节的时间常数。

在 $T_1>T_2$ 时，补偿环节具有超前性；$T_1<T_2$ 时，补偿环节具有滞后性；$T_1=T_2$ 时，动态环节的分子分母项抵消，只进行静态前馈。

前馈控制系统实施中的四个有关问题如下。

(1) 偏置信号的引入

在加法器的输入端，除补偿环节的输出和控制器的输出外，尚需引入保持正常工作点的偏置信号。

假定采用输出范围为 0～10mA 的电动控制器，加法器的运算公式为

$$i_0=\pm k_1i_1\pm k_2i_2\pm k_3i_3\pm k_4i_4 \qquad (0\leqslant k_j\leqslant 1, j=1,2,3,4) \tag{7-70}$$

设控制器的输出为 i_1，补偿环节的输出为 i_2。i_1 应取正，极性问题在控制器的正反作用中解决，i_2 的正负按补偿要求确定。

要使输出 i_0 不超限，可取 $k_1=k_2=0.5$，但并不推荐。因为，k_2 的取值需与补偿环节的 K 一起考虑。为了达到不变性要求，减小 k_2，就需增大 K，要使前馈补偿有较宽的范围，k_2 应取为 1；同样，为了充分发挥控制器的作用，k_1 也宜取为 1。

更好的办法是引入偏置值 i_3，使得在正常（额定）负荷下，k_2i_2 值恰好与 k_3i_3 值抵消。这样，既可解决超限问题，又可保证切入前馈校正前后送往控制阀的信号平稳不变。

(2) 流量副回路的设置

如果把加法器的输出直接送往控制阀，则控制阀特性的不完善处将影响前馈控制的效果，这些因素包括回差、非线性等。例如，一个阀的摩擦较大，则前馈控制的品质不佳，若改善阀的特性，则前馈控制的品质也会大为改善。

在有可能的情况下，设置流量副回路可以获得更精确的调节，且能几乎不受阀特性的影响。

(3) 静态前馈和动态前馈

只用比例环节 K 产生前馈作用，称为静态前馈。在很多情况下，静态前馈已能获得满意的效果。

K 值的确定有两条途径。一是依据工艺机理，列出物料平衡或热量平衡式，从理论上推导得出。二是依据操作数据计算，具体做法是：如在扰动量为 d_1 时，加法器的输出为 u_1，可使被控变量保持在给定值，而在扰动量为 d_2 时，加法器的输出应为 u_2，才使被控变量维持给定值，则 K 值应为

$$K=\frac{u_2-u_1}{d_2-d_1} \tag{7-71}$$

式中的 u 和 d 都为标准信号，总的范围是相同的。否则 u 和 d 应以全范围的分率来表示。上述数据只要细心观察记录曲线，很容易得到。

扰动对被控变量的效应在时间上可能领先或滞后于控制作用对被控变量的效应。引入动态环节，可使补偿在时间和相位上更为合拍。

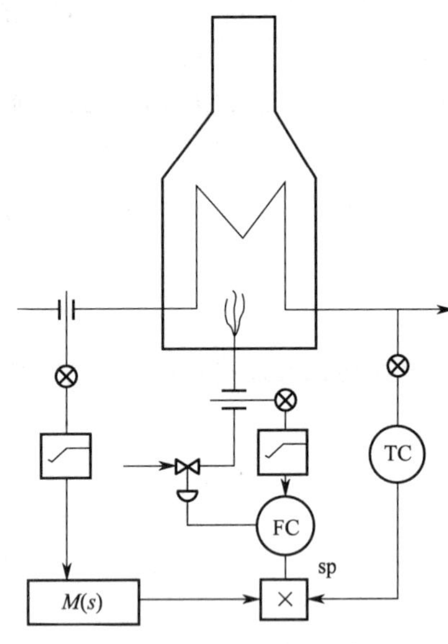

图 7-37 相乘型前馈控制系统

(4) 相加型与相乘型接法

在以上的讨论中，补偿环节的输出与控制器的输出是相加的。此外，有时也采用把这两个信号相乘，取乘积作为控制作用的方案。

仍以加热器的出口温度控制为例。被加热流体的流量增加，燃料的流量也应相应地增加，可以认为，从静态关系看，两者宜保持某种比值关系，从动态关系看，则宜考虑动态补偿环节。但是，在补偿上的任何不足，都会导致出口温度偏离给定值。为此，仍设置温度控制器，用它的输出调整燃料比值，控制方案如图 7-37 所示。

(5) 取消动态补偿环节

如果取消动态补偿环节，只进行静态前馈，即为串级比值控制系统。有些比值控制系统具有前馈控制的功能。而系统分类和命名从多种角度出发，交叉搭接是不可避免的。

相乘型的前馈控制在精馏塔的控制中应用比较广泛，请读者参考有关专著。

7.3.4 自适应控制应用实例

有些动物能随着温度和季节的变化而自动调整其体温或改变其皮毛颜色；有些植物则按日照情况而变化，如睡莲夜间盛开，合欢花晚上闭拢，葵花面向太阳等。这种适应环境变化而做出调整的功能，在自动控制系统中已应运而生，成为控制理论与应用的热点之一。

控制系统适应过程特性和环境条件的变化；调整系统结构控制规律和控制器参数，以调整控制器参数者为多数；调整的目标可以是追求某项最优化指标，也可以是达到某些预期的特性；具体的调整策略则随类型而异。

综合分析，现有的自适应控制系统有如下共同的特征。

ⅰ. 为了能使控制规律和控制器参数自动调整，需要在原来的反馈控制回路之外增加一个实现适应控制功能的回路。即原来的输出反馈控制回路继续保存，增加的适应控制回路也应该构成一个闭合回路，以不断地监测被控过程特性或环境条件的变化，或监测调节过程偏离预定品质指标的程度，做出相应的决策。

ⅱ. 回路至少应包括辨识部分，用以发现过程特性或环境条件变化的情况；自适应机构，依据辨识的结果，做出相应的调整。

更全面和兼容并茂的自适应控制系统如图 7-38 所示。

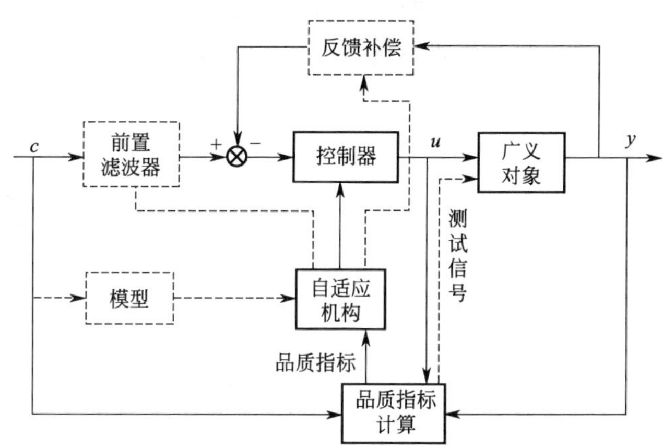

图 7-38 自适应控制系统

ⅲ. 回路同样应保证稳定性。不稳定的适应控制回路会使控制器参数愈调愈糟。

ⅳ. 辨识与控制间有相辅相成的关系。作为辨识，需要有信号激励，从被控变量的变化过程中取得信息；但是作为控制，又希望被控变量平稳少变。

通过自适应机构，可以调整系统结构，然而，更多的类型是调整控制器参数。以下就目前比较成熟的三大主要类型进行介绍。

(1) 自整定调节器和其他的简单自适应控制器

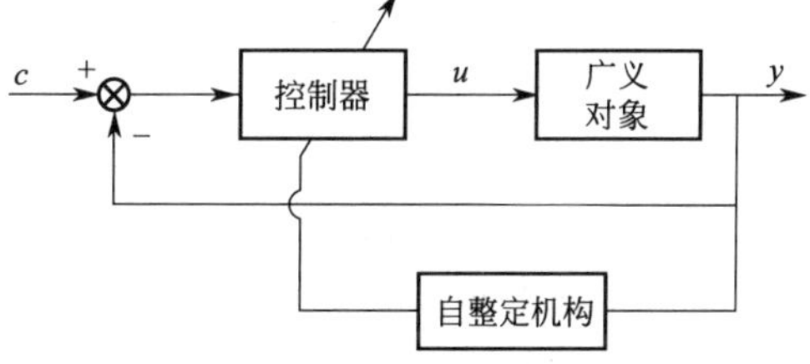

图 7-39 自整定调节器

自整定调节器如图 7-39 所示。它不引入过程的数学模型，一般也不另加测试信号。在结构上和理论上都比较简单和直观。

自整定调节器本身又有许多品种，多数是从被控过程输出变量的变化历程中发掘和分离有用的数据信息，例如振荡的衰减比和周期等，然后依据某些规则调整控制器、整定参数。

另外，也有依据环境条件（如气温、处理量等）而按一定规则调整控制器参数的简单自适应控制装置。

(2) 模型参考自适应控制系统

这类系统主要用于随动控制，起初用于飞机自动驾驶方面。人们希望随动控制的过渡过程符合一种理想的模式，由于给定作用 $c(t)$ 可能有不同形式，因而简单地用一条理想轨线作为预期的时间函数并不合宜，故引入一个参考模型，给定作用 $c(t)$ 通过它的输出 $y_m(t)$ 作为预期的轨线。然后，把实际输出 $y(t)$ 与预期输出 $y_m(t)$ 做比较，再求得 $e(t)=y_m(t)-y(t)$。在自适应机构中，依据 $e(t)$、预期值 $y_m(t)$、测量

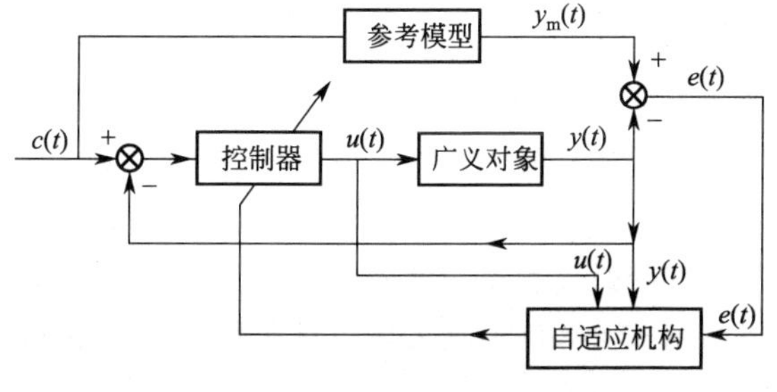

图 7-40 模型参考自适应控制系统

值 $y(t)$ 等信息，得出应该采取的控制器增益 K_c，按此进行调整。如图 7-40 所示即为这类系统。

由图 7-40 可以看出，该自适应控制回路是闭合回路。对这类系统来说，参考模型的设计并不困难，它可以是一个二阶滞后环节或二阶振荡环节等，要求在稳定裕度和响应速度上符合需要。系统设计的关键是自适应机构选择怎样的函数 f。

$$\frac{dK_c}{dt}=f(e,\dot{e},y_m,c\cdots) \tag{7-72}$$

使 y 能平稳而迅速地接近 y_m。

在发展初期，美国麻省理工大学（MIT）提出了方案，设计的目标是使 $\int_0^\infty e^2 dt$ 为极小值，推导得出的 K_c 调整算法是

$$\frac{dK_c}{dt}=By_m\dot{e} \tag{7-73}$$

式中 B——系数。

这样的算法在有些情况下会导致适应控制回路的不稳定。后来又出现了按李亚普诺夫函数和按绝对稳定性理论设计的方法，可避免不稳定情况的出现。

（3）自校正调节器和自校正控制器

自校正调节器在国内和国外都颇负盛名。它是典型的辨识与控制的结合体，如图 7-41 所示。

辨识部分采用最小二乘算法，依据被控过程的输入输出数据，得出差分形式数学模型的各个参数 a_i 和 $b_i(i=1,2,3\cdots)$。

$$\begin{aligned}y(k)+a_1y(k-1)+a_2y(k-2)+\cdots+a_ny(k-n)=\\ b_0u(k-d)+b_1u(k-d-1)+\cdots+b_mu(k-d-m)\end{aligned} \tag{7-74}$$

式中 y——输出变量；

u——控制变量；

k——采样次数；

d——以采样次数表示的时滞数值；

n，m——模型阶次。

辨识算法是已知的。

控制部分采用最小方差控制，目标是使 $y(k)$ 的预期误差的平方值为最小。在模型已知的情况下，求出满足该目标的 $u(k)$ 值不太困难，现已推导出相应的控制算法。这种方法在理论上与现代控制理论一脉相承，并有新意，在实践上也得到了肯定。

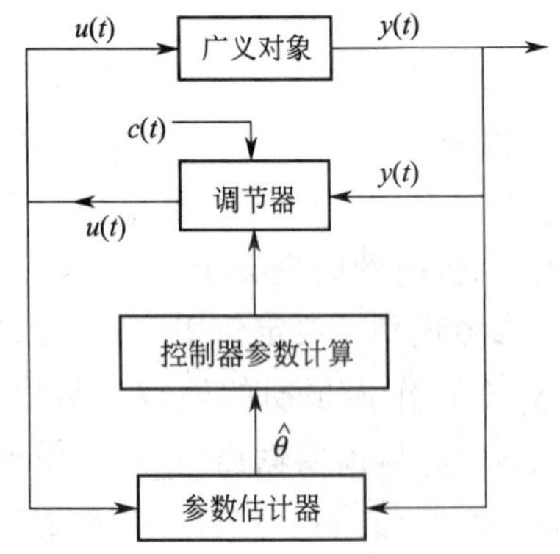

图 7-41 自校正调节器

然而，自校正调节器也有一定的缺陷。首先，在过程趋向平稳后，辨识与控制的矛盾会出现，并趋向尖锐，此时对系统不再有充分地激励，辨识算法的进行遇到危险。对此，该项调节器的开发者之一，瑞典的著名学者奥斯屈姆认为，应该在系统开始投运时进行辨识，到接近平稳时则宜暂停，隔一段时间再进行系统辨识。其次，用本方法算出的控制作用 $u(k)$ 会大起大落，这是因为没有在目标函数中考虑 $u(k)$ 的平稳程度。后来英国的克拉克提出了自校正控制器，他改用 $e(k)$ 和 $u(k)$ 的二次项之和作为

目标函数，与线性二次型最优控制的做法相似，可克服上述缺点。

最近一段时期，控制理论界认为自适应控制的研究还不能认为已经定型和成熟，需要出现新的思路，开发新的系统结构和控制算法，使之更能满足工业和其他应用领域的需要。

7.4 模糊控制

常规的控制理论需要建立数学模型，即建立能够定性、定量地描述系统动态过程的微分方程。然而，对一些复杂的工业过程（如窑炉生产过程和某些化工过程等）来说，建立数学模型是非常困难的，甚至是不可能的，这些过程成为常规控制理论的“死区”。但是，对于这些过程，熟练的操作人员可以凭经验和感觉进行可靠的控制。如果将熟练工人的操作经验总结为若干条语言的控制规则，并由一台模糊控制器来执行，即能实现人的控制效果。与传统的 PID 控制相比，模糊控制器具有明显的优越性。由于模糊控制器实质上是由计算机执行操作人员的控制策略，因而可以避开复杂的数学模型。对于非线性、大滞后和带有随机干扰的系统，PID 控制会失效，而采用模糊控制器控制却较容易实现。图 7-42 表示了模糊控制算法和 PID 控制算法对阶跃干扰下的响应曲线。其中虚线是模糊控制的响应曲线。可以看出，PID 控制的超调量大，并带有振荡。相反，模糊控制对输入量的突然变化并不敏感，在所有工作点上都能做到较稳定的控制，这说明模糊控制本质上是非线性的，并且对于控制对象的参数变化适应性强，即鲁棒性（robust）较好。

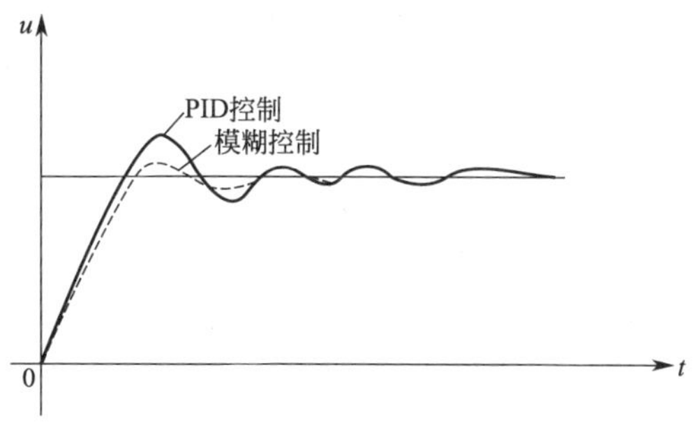

图 7-42 PID 和模糊控制的阶跃响应曲线对比

模糊控制的技术应用历史虽短，但其发展速度极快，目前已在许多工程领域，特别是机电一体化领域和民用家电等领域中取代常规控制而得到广泛应用。因此，可以说模糊控制理论和技术有着广泛的发展前景。

7.4.1 模糊控制系统的组成及基本原理

模糊控制实质上就是一种模拟人对系统的控制。下面举例进行说明。如图 7-43 所示是一个人工水位调节原理，图中 K 是盛水容器，水位 x 由于某种原因而不断地变动，通过调节阀门 a 可向 K 注水，或从 K 向外排水，操作人员的任务是控制水位 x，使之稳定在设定水位 0 点附近。

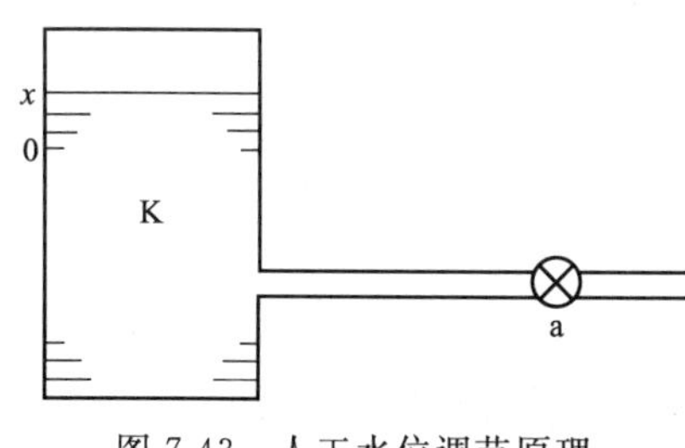

图 7-43 人工水位调节原理

在调节过程中，操作人员需要不断地观察水位 x，注意看它与水位设定值 0 之间的偏差。在人脑中，早已由经验生成了对偏差程度的语言描述模式。例如，当看到 x 与 0 之间的偏差为正且很大时，便用“正大”来描述；当看到 x 与 0 之间的偏差为负且很大时，便用“负大”来描述；此外还有“正小”、“零”、“负小”等。操作人员根据所看到的偏差状态相应调节阀门，对水位进行控制。控制策略可能如下。

若偏差为正大，则阀门开大排水；若偏差为正小，则阀门开小排水；若偏差为零，则阀门关闭；若偏差为负小，则阀门开小注水；若偏差为负大，则阀门开大注水。

称以上控制策略为控制规则，这些规则都是用语言形式表达的，因而具有模糊性。操作人员将观察到的水位 x 和偏差 e 等具体数值转换成为“正大”、“负小”等语言形式的过程称为输入量的模糊化。将模糊化的输入量应用于控制规则，就得到了“阀门开大排水”、“阀门开小注水”等语言形式的输出，即模糊输出。模糊输出再按一定的规则，确定具体的控制值，即执行量（阀门的开关度）。由模糊输出确定执行量的过程称为模糊判决。将这个例子抽象成控制方框图，就得到一个单输入单输出的模糊控制模型，如图 7-44 所示。图中 K、K'分别为输入、输出参数（比例系数）。

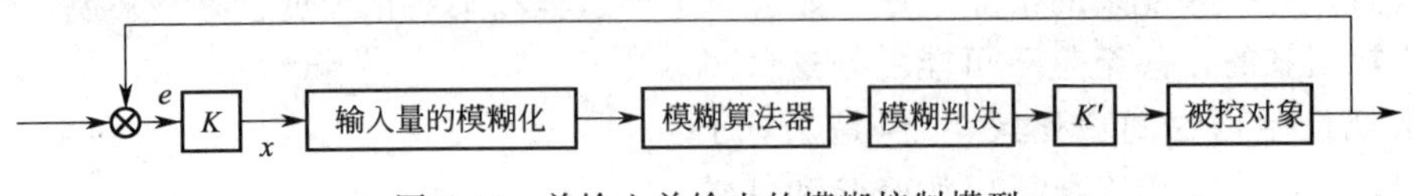

图 7-44 单输入单输出的模糊控制模型

为了提高模糊控制器的控制性能，还可以把偏差的变化率 $c=\dot{e}$ 也作为输入量，得到双输入单输出的模糊控制器，其模型如图 7-45 所示。图中 K_1、K_2 为输入参数，K_3 为输出参数。从框图中可以看出，模糊控制器主要由输入模糊化、模糊算法器和模糊判决三部分组成。现分别介绍如下。

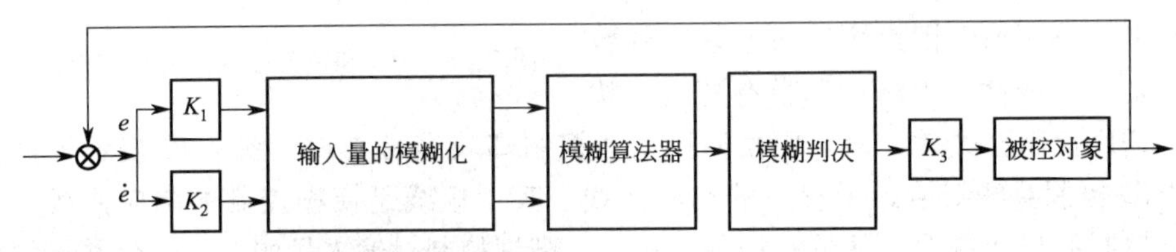

图 7-45 双输入单输出的模糊控制模型

(1) 输入模糊化

输入模糊化即把输入量偏差和偏差变化率转换为语言变量。在模糊控制器中，由采样得到的偏差 e 和偏差变化率 $\dot{e}$ 是确定的值，假定经放大后分别成为 x 和 y。为了应用模糊控制技术，把偏差和偏差变化率分别看做论域 $x\in X$ 和 $y\in Y$ 上的语言变量 E 和 C（以下为简单明了，将只讨论偏差 e 的转换情况，偏差变化率 $\dot{e}$ 的转换情况类似）。一般来说，论域 X 是数轴上的一个区间 $[a, b]$，通过变换

$$x'=\frac{12}{b-2}\left(x-\frac{a+b}{2}\right) \tag{7-75}$$

可以把论域 $[a, b]$ 转换为论域 $[-6, 6]$。因此，把 E 视为论域 $[-6, 6]$ 上的语言变量。通常 E 的语言值可取 7 个，即 PL（正大）、PM（正中）、PS（正小）、0（零）、NS（负小）、NM（负中）、NL（负大）。这 7 个语言值对应 7 个语言变量模糊集 $\widetilde{E}$（或记为 $\widetilde{E}_i$，$i=1,2,3,4,5,6,7$）。它们的隶属函数可取为三角形或钟形分布，使用性能相同。图 7-46 所示为这 7 个模糊集的三角形隶属函数分布曲线。

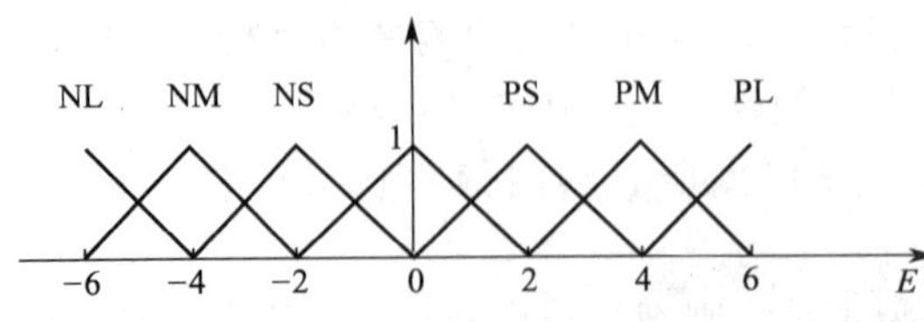

图 7-46 语言变量 x 对 7 个语言值的隶属函数曲线

语言变量 X 对 7 个语言值的隶属函数也可以用表格形式给出，见表 7-8。给定偏差 x 的具体数值，可以由图 7-45 或表 7-8 中得出 x 对各语言值的隶属度。再根据最大隶属原则确定其语言值，完成将语言变量模糊化的转换工作。例如，若偏差 $x=2$，

则由表 7-8 查得其对 PS 和 PM 的隶属度分别为 1.0 和 0.2，而对其他语言值的隶属度均为零，由最大隶属原则判定，当 $x=2$ 时，其对应的语言值为 PS。

表 7-8 7 个语言变量 X 对 7 个语言值的隶属度

语言值		x												
		−6	−5	−4	−3	−2	−1	0	+1	+2	+3	+4	+5	+6
$\widetilde{E}_1$	NL	1.0	0.8	0.4	0.1	0	0	0	0	0	0	0	0	0
$\widetilde{E}_2$	NM	0.2	0.7	1.0	0.7	0.2	0	0	0	0	0	0	0	0
$\widetilde{E}_3$	NS	0	0	0.2	0.7	1.0	0.9	0	0	0	0	0	0	0
$\widetilde{E}_4$	0	0	0	0	0	0	0.5	1.0	0.5	0	0	0	0	0
$\widetilde{E}_5$	PS	0	0	0	0	0	0	0	0.9	1.0	0.7	0.2	0	0
$\widetilde{E}_6$	PM	0	0	0	0	0	0	0	0	0.2	0.7	1.0	0.7	0.2
$\widetilde{E}_7$	PL	0	0	0	0	0	0	0	0	0	0.1	0.4	0.8	1.0

类似地，设模糊控制输出的控制量为 U，U 也是论域 Z 上的语言变量 z，它的语言值一般也取 7 个，即 NL、NM、NS、0、PS、PM、PL。其隶属度见表 7-9。

表 7-9 输出语言值隶属度

语言值		z												
		−6	−5	−4	−3	−2	−1	0	+1	+2	+3	+4	+5	+6
$\widetilde{U}_1$	NL	1.0	0.8	0.4	0.1	0	0	0	0	0	0	0	0	0
$\widetilde{U}_2$	NM	0.2	0.7	1.0	0.7	0.2	0	0	0	0	0	0	0	0
$\widetilde{U}_3$	NS	0	0.1	0.4	0.8	1.0	0.4	0	0	0	0	0	0	0
$\widetilde{U}_4$	0	0	0	0	0	0	0.5	1.0	0.5	0	0	0	0	0
$\widetilde{U}_5$	PS	0	0	0	0	0	0	0.4	0.8	1.0	0.4	0	0	0
$\widetilde{U}_6$	PM	0	0	0	0	0	0	0	0	0.2	0.7	1.0	0.7	0.2
$\widetilde{U}_7$	PL	0	0	0	0	0	0	0	0	0	0.1	0.4	0.8	1.0

(2) 模糊算法器

模糊算法器由模糊控制规则和模糊算法构成。

① 模糊控制规则 由若干条模糊条件语句构成，它是人的经验总结，在单输入单输出的控制器中，控制规则的一般形式为

IF $E=\widetilde{E}_i$ THEN $U=\widetilde{U}_k$

$$i\in I=\{1,2,3,\cdots,m\},\quad k\in K=\{1,2,3,\cdots,m\}$$

其中 $\widetilde{E}_i$ 和 $\widetilde{U}_k$ 分别是偏差 E 和控制量 U（输出）的某个语言值，例如

IF $E=$PL THEN $U=$NL （如果 E 为正大，则 U 为负大）

模糊条件语句也称为模糊蕴含语句，m 是控制规则中模糊蕴含语句的个数，而 $i\rightarrow k$ 的对应关系一般不能用解析式表达，出于习惯一般也写成 $i\rightarrow k=\varphi(i)$。

模糊控制规则由一组条件语句组成，这些条件语句代表“与”的逻辑关系，将它们集合在一起就构成了一个模糊关系 $\widetilde{R}$（或记为 R_i），因此 $\widetilde{R}$ 是从 E 的论域 X 到 U 的论域 Z 上的模糊关系，即 $\widetilde{R}\in F(X\times Z)$，并以模糊集的方式表示为

$$\widetilde{R}=\bigcup_{i\in I}(\widetilde{E}_i\times\widetilde{U}_k)=\bigcup_{i\in I}[\widetilde{E}_i\times\widetilde{U}_{\varphi(i)}] \tag{7-76}$$

其隶属函数 $\widetilde{R}(x,z)$ [或记为 $R_i(x,z)$] 为

$$\begin{aligned}\widetilde{R}(x,z)&=\bigvee_{i\in I}[\widetilde{E}_i(x)\wedge\widetilde{U}_k(z)]\\&=\bigvee_{i\in I}[\widetilde{E}_i(x)\wedge\widetilde{U}_{\varphi(i)}(z)]\end{aligned} \tag{7-77}$$

② 模糊算法　模糊控制规则总结了人的控制操作经验，可以根据具体的情况选定相应的模糊控制规则，模糊算法则是将所选定的模糊规则转换为实际的输出量，即若已知偏差输入量为

$$E=\widetilde{E}(x_0)$$

则由模糊算法可以定出输出量为

$$U=\widetilde{U}(z_0)$$

模糊算法不止一种，但就同样的控制对象而言，有效的控制算法应该得到同样的控制效果，它们之间的差别主要体现在控制的精细程度和推理运算的速度上。对于一般的控制问题来说，通常采用的模糊算法是模糊推理合成规则（compositional rule of interence），简称CRI方法。按CRI方法，若设控制规则所对应的模糊关系为 $\widetilde{R}(x,\ z)$，实际偏差输入量为 $\widetilde{E}(x_0)$，则输出量为

$$\widetilde{U}(z)=\widetilde{E}(x_0)\widetilde{R} \tag{7-78}$$

改写为隶属函数表达式，即

$$\widetilde{U}(z)=\bigvee[\widetilde{E}(x_0)\wedge\widetilde{R}(x,z)] \tag{7-79}$$

（3）模糊判决

由模糊算法得到的输出 $\widetilde{U}(z)$ 是论域 Z 上的模糊集，Z 中的一个具体的元素 z 与 U 中的每一个数字对应，该数字即为 z 对 U 的隶属度，z 就是控制执行量。控制执行量 z 只能是一个唯一的清晰量，这就需要解决如何将模糊量 $\widetilde{U}$ 转换为清晰量 z 的问题，并将这个转换过程称为模糊判决。模糊判决通常有三种方法。

ⅰ．最大隶属度法。这种方法就是把论域 Z 中对 U 隶属度最大的元素 z_{max} 作为执行量，且如果同样隶属度的元素不止一个（p 个），则取它们的平均值或区间中点值作为执行量。即

$$z=\sum_{i=1}^{p}z_{max}^{(i)}/p \tag{7-80}$$

$$z=\frac{z_{max}^{(1)}-z_{max}^{(n)}}{2} \tag{7-81}$$

ⅱ．平均加权法（重心法）。设模糊输出为

$$\widetilde{U}=\frac{\widetilde{U}(z_1)}{z_1}+\frac{\widetilde{U}(z_2)}{z_2}+\cdots+\frac{\widetilde{U}(z_n)}{z_n} \tag{7-82}$$

则执行量为

$$z=\frac{\sum_{i=1}^{n}\widetilde{U}(z_i)z_i}{\sum_{i=1}^{n}\widetilde{U}(z_i)} \tag{7-83}$$

ⅲ．中位法。建立一个坐标系，纵轴是隶属度 $\mu(z)$，横轴是 z，再画出曲线 $\mu(z)$，取 z

区间内的曲线面积的垂直平分线，该线与 z 轴的交点即为输出控制量，如图 7-47 所示。

一般来说，采用 CRI 方法计算 $\widetilde{U}$ 和 z 的工作量非常大，不利于在线推理。因此，通常的做法是先计算出查询表，在控制过程中将采样变换来的 x 直接与查询表比较，则可以立即得出输出控制量 U，而无需大量的在线计算。

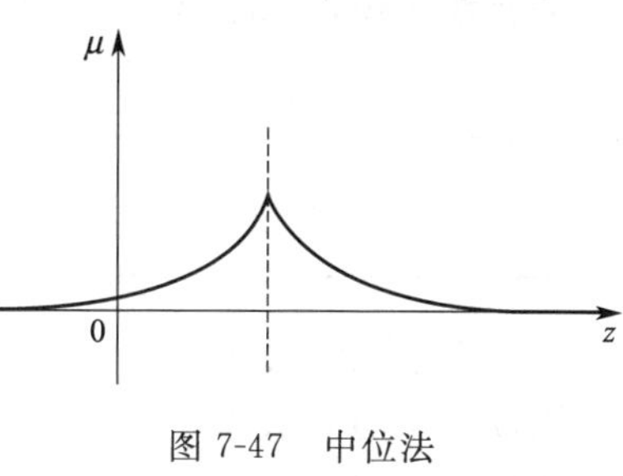

图 7-47 中位法

可以看出，三种模糊判决所得结果略有区别，但差别不大。据有关资料介绍，中位法使用效果更好一些，主要是由于中位法中包含了隶属函数的所有信息。另外，有些算法为了使查询表具有解析性以便于使其具有自适应功能，而将模糊判决出的执行量均转换为绝对值不小于该量的同符号整数。若如此，则这三种模糊判决的实际输出控制量 z 都是 -2。

7.4.2 模糊控制器的设计及应用

模糊控制以操作人员的经验为基础，它并不需要精确的数学模型描述系统的动态过程。因此，模糊控制器的设计与常规控制器的设计有很大不同。模糊控制器的设计主要考虑以下问题。

(1) 选择输入输出变量，确定其语言值及隶属函数

模糊控制是一种模拟人工控制的反馈型控制。因此，模糊控制总是把偏差 E 和偏差变化率 $C=\mathrm{d}E/\mathrm{d}t=\dot{E}$，或偏差的累积 $\int E\mathrm{d}t$ 作为控制器的输入量，同时把控制量作为输出量。对于单输入单输出的模糊控制器，只把偏差 E 作为输入，根据偏差的大小确定控制量并输出。输入变量 E 一般可以取 8 个语言值，即 PL、PM、PS、PO、NO、NS、NM、NL。输入变量也可以取更多的语言值（如 13 个），但要权衡利弊。因为，语言值过多将使计算机的计算时间延长，而不利于在线推理的需要。各语言值的隶属函数可以取三角形分布和正态分布，在保证精度的条件下要尽量简单化，尤其要避免隶属函数出现两个峰值。

(2) 模糊控制规则和模糊控制规则表

模糊控制规则是模糊控制器的核心，在输入变量给定之后，输出变量的值主要由控制规则决定。因此，控制器性能的好坏取决于控制规则。模糊控制规则的形式一般为

$$\text{IF}\quad E=\widetilde{E}_i\quad \text{THEN}\quad U=\widetilde{U}_k, i\in I=\{1,2,3,\cdots,m\}, k\in K=\{1,2,3,\cdots,m\}$$

它们充分体现了人的控制策略，规定了输入变量 E 在各种状态下所对应的输出变量 U 的值。把这些语句列成二元表，即控制规则表，见表 7-10。

表 7-10 单输入单输出控制规则表

E	NL	NM	NS	NO	PO	PS	PM	PL
$\widetilde{U}$	PL	PL	PL	PL	PL	PM	NM	NL

控制规则表是具体的，它随所控制对象的情况而定。因此，它只适用于该控制对象的要求。另外，如果是双输入单输出的控制规则表则为三元表。

根据控制规则可以求出模糊关系 $\widetilde{R}$ [或 $\widetilde{R}(X)$]，进而算出输出变量 $\widetilde{U}$ [或 $\widetilde{U}(Z)$]，最后由模糊判决给出执行量 z。

实际操作时，为了提高模糊推理的速度，通常要在离线情况下编制好模糊决策表，见表

7-11，并先将此表输入计算机。计算机在控制过程中，把采样后经变换得到的输入 x 与表中对应的元素比较，立即得出执行量 z。

表 7-11　单输入单输出模糊决策表

$x(E)$	−3	−2	−1	−0	0	1	2	3
$z(U)$	4	4	4	4	4	2	−2	−4

（3）模糊控制器的应用

模糊控制的应用分为软件实现和硬件实现，其中软件实现比较简单经济，它将所有可能用到的计算过程和控制决策表编成程序写入计算机的存储器，如规则不多，采用单片机或单板机即可。所有的家电产品的模糊控制都用这种方法，其优点是成本低，缺点是反应慢、不适用于要求响应极快的控制。硬件实现是最近几年发展起来的技术，通过采用大规模具有模糊推理逻辑（即能进行交并和取大取小运算）的集成电路、模糊推理芯片和模糊推理处理器等硬件为基本部件，制成模糊推理计算机，使模糊控制真正有了自己的运行平台，这对模糊控制技术的发展无疑具有重要意义。软件实现方案在任何时候都是有使用价值的，尤其对大多数一般要求的模糊控制器来说，采用软件方式显然要比硬件方式更实用。目前，有关模糊控制实际应用事例的文献资料和书籍很多，因此在这里不再做介绍。

7.5　神经网络控制

神经网络控制是 20 世纪 80 年代后期迅速发展起来的人工智能技术。对神经网络控制的研究受启于生物神经系统的学习能力和并行机制，如知觉、灵感和形象思维等。于是，人们开始模仿生物神经系统的活动，试图建立神经系统的数学模型。在 1987 年美国召开的第一次神经网络国际会议上，宣告了这一新学科的诞生。目前，对神经网络方面的研究越来越受到关注，它已经越来越多地应用于人类的生活的诸多方面，不仅在机器人的控制、模式识别、专家系统、图像处理等问题上取得了广泛的应用成果，而且在机电一体化产品中也有着广泛的应用前景。但是它也存在着一些不足，还有待于做进一步的研究和发展。

7.5.1　神经细胞的基本结构

神经细胞即生物神经元，是生物神经系统最基本的单元，由细胞体、树突、轴突组成，如图 7-48 所示。

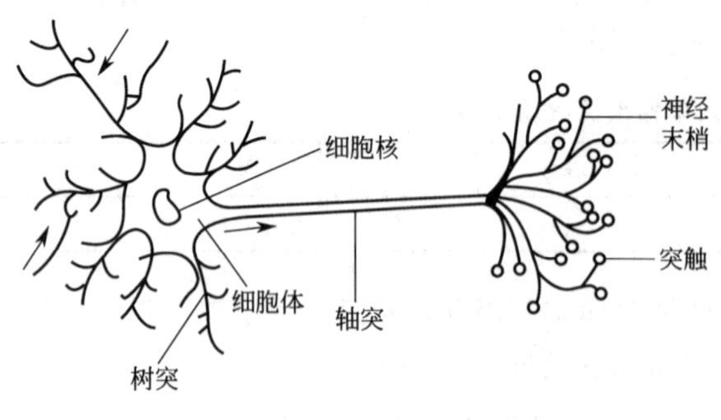

图 7-48　神经元结构

① 树突　其数量较多，相当于细胞的输入端，用于感受从其他神经元传来的信号。

② 轴突　相当于细胞的输出端，用来向外传输神经元产生的信号。轴突末端形成许多细的分支，称为神经末梢。每一条神经末梢可以与其他神经元形成功能性接触，该接触部位称为突触。功能性接触是指并非永久性接触，它是神经元之间信息传递的关键所在。

③ 细胞体　相当于一个初等处理器，用来进行累加求和接收其他神经元传来的信息，

并产生相应的输出。

神经元的工作状态分为兴奋和抑制两种状态，当神经元经通过整合后产生的细胞膜电位（细胞内外的电位差）超过阈值电位时，细胞进入兴奋状态，产生兴奋性电脉冲并由轴突输出；反之，若细胞膜电位低于阈值电位则细胞进入抑制状态，没有输出。

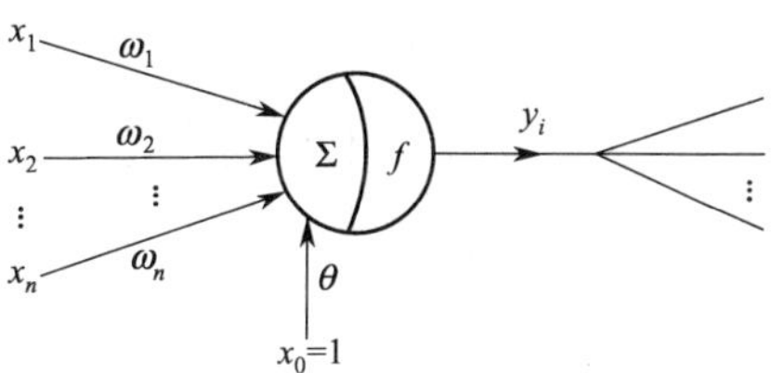

图 7-49　神经元的模型

7.5.2　神经元的基本结构

通过对生物神经元的简化和模拟，可得到神经元的模型，如图 7-49 所示。它是一个多输入单输出的非线性单元，而每个神经元的输出又会成为下一个神经元的一个输入，其输入输出的函数关系可以表示为

$$a=\sum_{i=1}^{n}\omega_i x_i-\theta$$

$$y=f(a)\quad (i=1,2,3,\cdots) \tag{7-84}$$

式中　x_i——从其他细胞传来的输入信号量；

ω_i——相应的输入权值；

θ——神经元的阈值；

$y=f(a)$——其特征函数或称传递函数。

特征函数通常有以下三种形式。

(1) 阈值型

当 y 取 0 或 1 时，函数图像如图 7-50(a) 所示，为阶跃函数

$$y=f(a)=\begin{cases}1 & a\geqslant 0\\ 0 & a<0\end{cases} \tag{7-85}$$

当 y 取 −1 或 1 时，函数图像如图 7-50(b) 所示，为 sin 函数

$$y=f(a)=\begin{cases}1 & a\geqslant 0\\ -1 & a<0\end{cases} \tag{7-86}$$

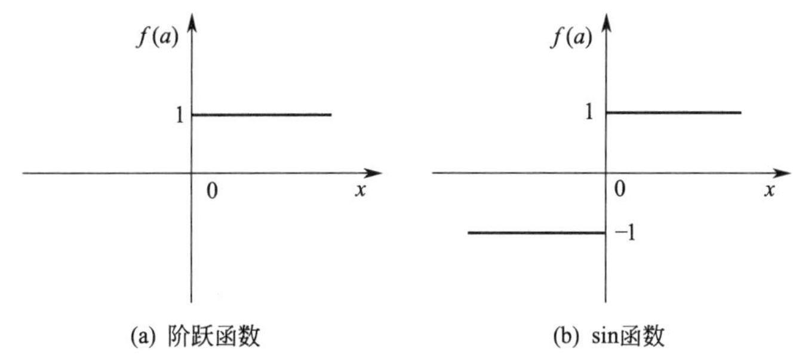

图 7-50　阈值型神经元输入输出特征

(2) 分段线性型

$$y=f(a)=\begin{cases}1 & a>a_0\\ a/a_0 & 0<a\leqslant a_0\\ 0 & a\leqslant 0\end{cases} \tag{7-87}$$

函数在一定范围内输入输出之间满足一定的线性关系，直到输出的最大值为 1 之后输出不再增加，如图 7-51 所示。

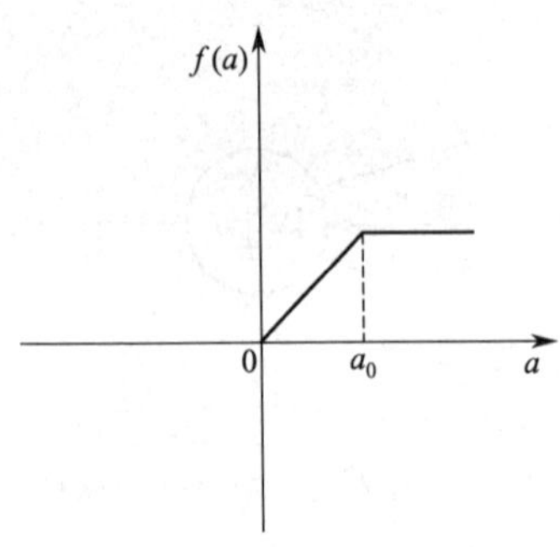

图 7-51 分段线性型神经元输入输出特性

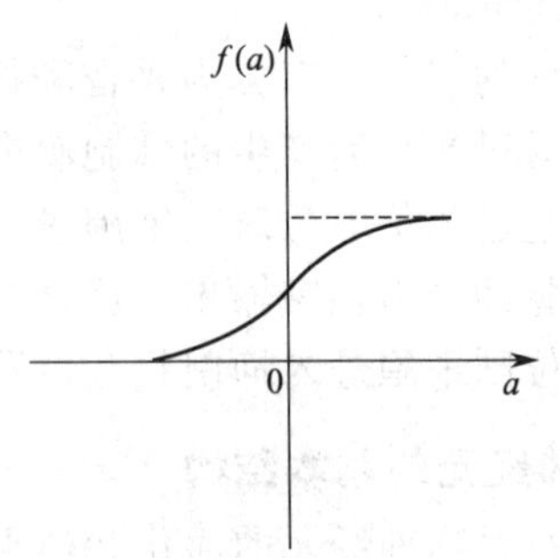

图 7-52 S 型神经元输入输出特性

（3）S 型

$$y=f(a)=\frac{1}{1+e^{-a}} \tag{7-88}$$

其输入输出特性如图 7-52 所示，常采用指数、对数或双曲正切等 S 型函数表示，它反映了神经元的饱和特性。即把神经元看成具有非线性增益的电子系统，因为 S 型函数中间为高增益区适应弱信号，而两端为低增益区适应强信号。

7.5.3 神经网络模型

神经网络是由大量的神经元通过相互连接而形成的网络。在网络中大量的神经元通过层进行组织。一般把三层或三层以上的神经网络称为多层神经网络结构，按功能划分为输入层、中间层（隐层）、输出层。其中，输入层是网络与外部环境的接口，中间层是网络的内部处理层，由于它们不直接与外部的输入输出打交道，故也称为隐层，神经网络所具有的模式应变能力主要体现在隐层的神经元上，网络的信息处理结果经过输出层向外部环境输出。

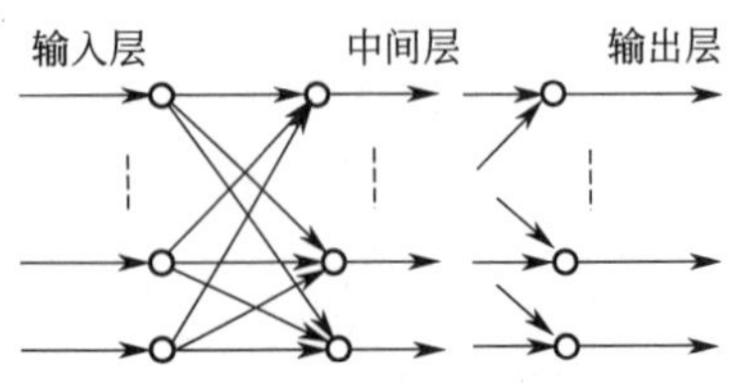

(a) 无反馈前向多层网络

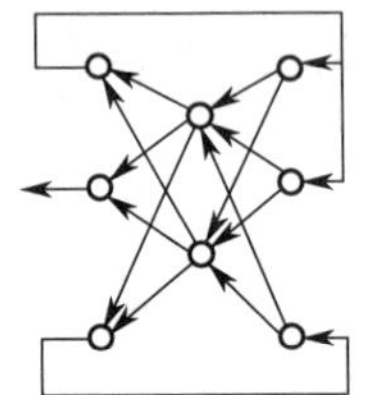

(b) 输出反馈前向多层网络

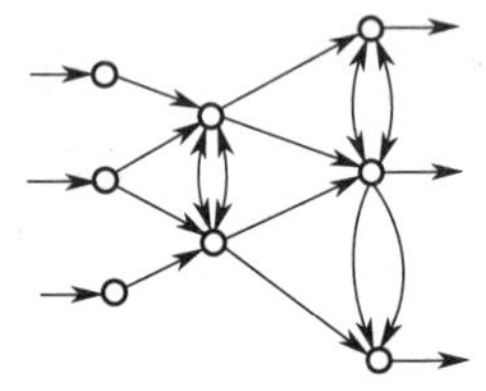

(c) 内层回归前向多层网络

图 7-53 典型神经元网络结构

神经元之间相互的连接方式，决定了由它们组成的神经网络的连接方式和处理信号的方式。目前，神经网络的模型较多，分类方法各异，三种典型的神经元网络结构如图 7-53 所示。

7.5.4 神经网络的学习

学习的能力是神经网络的重要特征之一，神经网络的学习一般是通过对样本的学习不断地调整神经元之间的连接强度（即权值），使其收敛于某一个稳定的权值分布，以达到处理实际问题的需要。

神经网络的学习可以分为“有导师学习”和“无导师学习”。有导师学习即将导师样本加入神经网络，神经网络产生的输出结果不断地与导师样本产生的期望输出做比较，用得到的误差信号调整网络的权值，不断地减小误差，直到权值收敛于某一个稳定的权值分布；无导师学习即网络按一定的规则自主调节自身的权值，具有自组织能力。

由此可见，权值修正是网络学习算法的核心。典型的权值修正规则有两种：一种是相关规则；另一种是误差修正规则。

相关规则又称 Hebb 规则，可表述为当神经网络中的某一神经元与另一个神经元同时处于兴奋状态时，它们之间的连接强度应当加强，用数学表达式可表达为

$$\omega_{ij}(t+1)=\omega_{ij}(t)+\eta[x_i(t)x_j(t)] \tag{7-89}$$

式中 $\omega_{ij}(t)$ ——修正前神经元 x_i 到神经元 x_j 的连接权值；

$\omega_{ij}(t+1)$——修正后从神经元 x_i 到神经元 x_j 的连接权值；

η——常量，称为学习因子。

误差修正原则是神经网络学习中的另一种重要的权值修正方法，学习算法可以分为以下四步。

ⅰ. 初始化权值分布 $\omega_{ij}(0)$。

ⅱ. 计算某一输入对应的实际输出与期望输出的误差。

ⅲ. 用式(7-90) 更新权值。

$$\omega_{ij}(t+1)=\omega_{ij}(t)+\eta[y_j-y_j']x_j(t) \tag{7-90}$$

式中 η——学习因子；

y_j——第 j 个神经元的期望输出；

y_j'——实际输出；

x_j——第 j 个神经元的输入。

ⅳ. 返回步骤ⅱ，直到权值 ω 收敛于所要求稳定的权值分布，学习停止。

需要指出上述误差修正规则只是一种简单的形式，只能解决一些简单的线性问题，解决实际问题时，还要进一步修改和完善。相关知识请查阅有关资料。

7.5.5 误差反向传播网络及其学习

误差反向传播网络（即 BP 网络）是被广泛应用的一种神经网络模型，是针对多层网络提出的，其作用函数通常选用 S 型函数，如

$$f(a)=\frac{1}{1+e^{-a}}$$

BP 算法的学习过程包含正向传播和反向传播两个过程，在正向传播过程中信息由输入层输入，经过中间层的处理传向输出层输出，而每个神经元的输出又会成为下一个神经元的一个输入。如果输出结果不能达到期望值，则将实际输出与期望输出之间的误差由原来的通路反向传播回来，并逐个修改神经元之间的连接强度。学习的最终目的是使实际输出与期望输出之间的误差达到最小。

BP 算法一般可以分为如下几个步骤。

ⅰ. 初始化权值 ω、阈值和学习因子等相关参数。

ⅱ. 从训练样本集合中选出一个训练样本，将其输入模式和期望输出送入网络，计算总误差公式为

$$E=\frac{1}{2p}\sum_k E_k \quad (k=1,2,3,\cdots)$$

$$E_k=\frac{1}{2}\sum_j (y_{k_j}-y'_{k_j}) \tag{7-91}$$

式中 p——样本个数；

y_{k_j}——输出层节点 j 对第 k 个样本的期望输出；

y'_{k_j}——节点 j 的实际输出。

若 E 满足要求，则学习结束。

ⅲ. 正向传播过程。把得到的输出结果与期望输出结果做比较，若存在误差则执行步骤ⅳ；否则返回步骤ⅱ提供下一个样本。

ⅳ. 反向传播过程。误差由原来的通路反向传播回来（即从输出层反向计算到第一隐含层），各个样本依以下步骤逐层修正各单元的连接权值。

第一步：输入一样本数据，按下面的公式向前计算各层接点（记为 j）的输出。

$$O_i=f(a_i)=\frac{1}{1+e^{-a_j}} \qquad O_0=-1$$

$$a_j=\sum_{i=0}^{n}\omega_{ij}O_i \tag{7-92}$$

式中 ω_{ij}——节点 j 的输入加权和，$\omega_{ij}=\theta$；

i——j 的信号源方向的相邻层节点；

O_i——节点 i 的输出，节点 j 的输入。

第二步：依反向的顺序，对各连接权值按式(7-91) 进行修正。

$$\omega_{ij}(t+l)=\omega(t)+\eta\delta_j O_i \tag{7-93}$$

$$\delta_j=\begin{cases}a_j(l-a_j)(y_j-y'_j) & \text{对于输出节点}\\ a_j(l-a_j)\sum\limits_i\delta_l\omega_{lj} & \text{对于中间节点}\end{cases}$$

式中 l——节点 j 在输出侧有连接的节点个数。

算法中的 δ_j 称为节点 j 的误差。

$$\frac{E_k}{\omega_{ij}}\times\frac{E_k}{a_j}\times\frac{a_j}{\omega_{ij}}=\frac{E_k}{a_j}O_i$$

令

$$\delta_j=\frac{-E_k}{a_j}$$

又当 j 为输出节点时

$$\frac{E_k}{a_j}=\frac{E_k}{y'_i}\times\frac{y'_j}{a_j}=-(y_j-y'_j)f'(a_j)=-a_j(y_j-y'_j)(l-a_j) \tag{7-94}$$

当 j 为中间节点时

$$\frac{E_k}{a_j}=\frac{E_k}{O_i}\times\frac{O_j}{a_j}=\left(\sum_l\frac{E_k}{a_l}\times\frac{a_l}{O_j}\right)\frac{O_j}{a_j}=\left(\sum\delta_l\omega_{lj}\right)f'(a_j)=a_j(l-a_j)\sum_l\delta_l\omega_{lj} \tag{7-95}$$

ⅴ. 返回步骤ⅱ。

BP 网络的算法推导清晰，学习的精度较高，为神经网络的学习提供了简单有效的方法，但它也存在着诸如局部极小等问题。解决这类问题有一些优化的算法，如模拟退火算法、遗传算法等，相关内容请读者参考有关文献。

在这里只简单介绍了 BP 网络及其学习，现在人们已经提出了多种神经网络模型，如盒中脑（BSB）、Hopfield、自适应共振理论（ART）等，由于篇幅有限这里不再赘述。

7.5.6 神经网络的特点和局限性

神经网络本质上来说是一种计算机构，它不同于传统的计算机构，主要表现为以下几点。

① 并行协调处理　神经网络的高度并行性，具有强大的容错能力、数据处理能力和很快的处理速度。

② 非线性　神经元本身所固有的非线性特性，使其在理论上可以模拟任何非线性的映射，这一特性给解决非线性控制问题带来了新的希望。

③ 适应与集成　通过利用系统过去的数据样本，可以对网络进行学习，接受适当学习的网络可以有泛化能力，即当输入出现训练中未经历的数据时，网络也有能力进行辨识。神经元网络可以在线学习，并能同时进行定量和定性操作，神经网络的强适应性和数据融合的能力，在网络中可以同时输入大量不同的控制信号，解决输入信号间的互补和冗余问题，并实现信息的集成和融合处理，这些特性特别适用于复杂、大规模和多变量的控制系统。

④ 硬件实现　近年来由一些超大规模集成电路实现的硬件已经问世，使得人工神经网络的运算速度有了进一步的提高，而且网络实现的规模也明显增大。

神经元网络的这些特点对于处理非线性问题有着极为重要的意义，由于非线性问题的复杂性，至今也没有系统和统一的解决非线性问题的控制理论，可以预见由于神经元的上述特点，其必将在这一领域有极为广阔的发展前景。

同大多数事物一样，神经网络也有其自身的局限性，主要表现在如下几方面。

ⅰ. 类似大脑的研究还不完善，还有许多问题亟待解决，从而制约了神经网络的发展。

ⅱ. 目前已经有许多的人工神经网络模型，但各自的学习策略不同，还不能完全统一到一个完整的体系中，无法形成一个成熟完善的理论体系。

ⅲ. 神经网络无法完全替代传统的计算技术，它们之间只能相互补充。

由于这些问题的存在，严重制约了神经网络的研究和发展。

习题与思考题

7-1　常见的数学模型有哪些类型？

7-2　简述建立数学模型的步骤和方法。

7-3　简述常规 PID 控制的基本原理。

7-4　数字 PID 有哪些改进算法？

7-5　简述串级控制、比值控制、前馈控制、自适应控制。

7-6　模糊控制系统由哪些部分组成？简述模糊控制系统的基本原理。

7-7　简述神经细胞的基本结构及各部分的功能。

7-8　简述神经网络的特点和局限性。

8 典型机电一体化系统设计分析与综合

本章要求掌握机电一体化系统或产品设计开发的基本方法、设计理念；掌握编制主要技术参数与技术标准；熟悉制定机电一体化系统或产品总体设计方案的一般步骤；熟悉机电一体化系统或产品的详细设计的基本方法及步骤；熟悉制造工程质量的控制与管理；熟悉机电一体化系统或产品设计的评价。

8.1 工业机器人

工业机器人是工业生产中使用的机械化、自动化及智能化的工业装备，其本身是一种典型的机电一体化系统或产品。随着技术的进步和经济的发展，对工业机器人的要求也越来越高，它是一个国家工业先进程度的标志。本章分别介绍典型的工业机器人，即自动喷漆机器人、全自动洗衣机、机器人、数控机床四种机器人的设计与开发的基本方法及一般步骤。

8.1.1 工业机器人的定义与发展

“机器人”在英语中称 robot。早在 1920 年捷克剧作家卡雷尔·查培克（Karel Capek）在他的幻想剧《罗莎姆万能机器人》中，第一次提出“robota”这一专用名词。现代英语“robot”一词就是从“robota”衍生而来的。

20 世纪中期，随着计算机、自动化技术和原子能技术的发展，现代机器人开始得到研究和发展。机器人学是近几十年才发展起来的一门交叉性学科，它涉及机械工程、电子学、控制理论、传感器技术、计算机科学、仿生学、人工智能等学科领域。为适应机电一体化系统或产品的多品种、小批量生产，作为现代最新水平的 FMS（柔性制造系统）和 FA（工厂自动化）技术重要组成部分的工业机器人技术得到了迅速发展，并在世界范围内很快形成了机器人产业。尽管如此，各国对工业机器人的定义却各有差异。

国际标准化组织（ISO）基本上采纳了美国机器人协会的提法，定义为：一种可重复编程的多功能操作手，用以搬运材料、零件、工具或者是一种为了完成不同操作任务，可以有多种程序流程的专门系统。

我国国家标准 GB/T 12643—90 将工业机器人定义为：一种能自动定位控制、可重复编程的、多功能的、多自由度的操作机，能搬运材料、零件或操作工具，用以完成各种作业。而将操作机定义为：具有和人手臂相似的动作功能，可在空间抓放物体或进行其他操作的机械装置。

英国机器人协会（BRA）的定义是：一种可重复编程的装置，用以加工和搬运零件、工具或特殊加工器具，通过可变的程序流程以完成特定的加工任务。

日本工业标准（JISB 0134—1986）定义为：一种在自动控制下，能够编程完成某些操作或者动作功能的装置。

综合上述定义，可以得出工业机器人具有以下三个重要特性。

ⅰ. 是一种机械装置，可以搬运材料、零件、工具或者完成多种操作和动作功能，具有通用性。

ⅱ. 可以再编程，具有多种多样程序流程，提供了人机联系，具有独立的柔软性。

ⅲ. 具有一个自动控制系统，可以在无人参与下，自动地完成操作作业和动作功能。

工业机器人的发展可划分为三代。

① 第一代工业机器人　指目前国际上商品化与实用化的可编程工业机器人，又称示教再现工业机器人，即为了让工业机器人完成某项作业，首先由操作者将完成该作业所需的各种知识（运动轨迹、作业条件、作业顺序和作业时间等），通过直接或间接手段，对工业机器人进行示教，工业机器人将这些知识记忆下来后，根据再现指令在一定精度范围内，忠实地重复再现各种被示教的动作。1962 年美国万能自动化公司第一台 U-nimate 工业机器人在美国通用汽车公司投入使用，标志着第一代工业机器人的诞生。

② 第二代工业机器人　指具有某种智能（如触觉、力觉、视觉等）功能的智能机器人。即由传感器得到的触觉、力觉和视觉等信息经计算机处理后，控制工业机器人的操作机完成相应的适应性操作。1982 年美国通用汽车公司在装配线上为工业机器人装备了视觉系统，从而宣告了新一代智能工业机器人的问世。

③ 第三代工业机器人　它不仅具有感知功能，而且还有一定的决策及规划能力，即自治式工业机器人。这一代工业机器人目前仍处在实验室研制阶段。

8.1.2　工业机器人的构成

如图 8-1 所示，一个较完善的机器人由机器人本体（包括驱动器）和控制系统（硬件和软件）构成。机器人本体安装在基座上，由若干个回转（或移动）关节与杆件相互连接构成

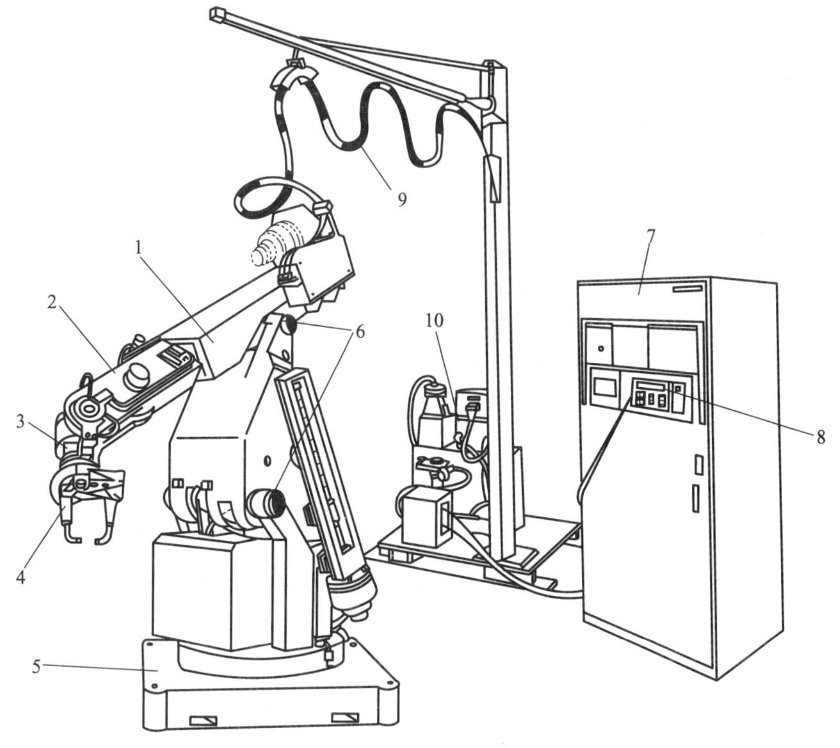

图 8-1　机器人的构成

1—机器人本体（机体）；2—手臂；3—手腕；4—手爪；5—基座；6—关节；7—控制装置；8—示教盒；9—传输电缆；10—动力装置

的多自由度主动机构组成，人们把它设计成具有模拟人的手臂或动物肢体动作功能的一种固定式或移动式的机器。图 8-1 中的固定式机器人本体主要由机体、手臂、手腕和末端执行器等组成。图中的末端执行器为手爪，可根据机器人所要完成的不同作业进行专门设计，它可用来抓取和握持工件完成相应的操作。如果将末端执行器换成喷漆所用的喷枪，就可以构成喷漆机器人，完成喷漆作业。

机器人通常由操作者、电子式可编程控制装置进行控制。控制装置包括以下几方面：

ⅰ. 人机接口装置（键盘、示教盒、操纵杆等）；

ⅱ. 具有存储记忆功能的电子控制装置（计算机、PLC 或其他可编程逻辑控制装置）；

ⅲ. 各种传感器的信息放大、传输及信息处理装置；

ⅳ. 速度、位置伺服驱动系统（交、直流 PWM，电液伺服系统或其他继电器驱动系统等）；

ⅴ. 与外部设备、传感器、离线编程设备等通信的输入/输出接口以及各种动力装置等。

工业机器人在实际应用中常与其他装置构成一个机器人系统，这个系统主要包括：机器人；末端执行器；机器人完成规定作业所需的周边设备或传感器；机器人与周边设备连接的通信接口。

8.1.3 典型的工业机器人——喷漆机器人

HRGP-1A 喷漆机器人是在消化、吸收美国 DEVILBISS 公司 4500 型喷漆机器人的基础上开发研制的新产品。该机器人具有下述特点：

ⅰ. 操作机采用挠性手腕结构，具有三个自由度（左右摆动，上下摆动，回转运动）；

ⅱ. 驱动器采用分离活塞直线运动液压缸，减轻了示教力；

ⅲ. 采用旋转变压器作为反馈元件，提高了伺服系统反馈精度。

8.1.3.1 HRGP-1A 喷漆机器人的构成、原理及基本参数

（1）构成及工作原理

HRGP-1A 喷漆机器人由操作机、微型计算机控制系统、液压能源三部分构成，操作机采用多关节式。它的机构原理如下。

ⅰ. 由一个直线液压缸通过摇杆机构驱动腰部旋转运动。

ⅱ. 两个直线液压缸分别驱动三连杆机构和四连杆机构，实现垂直臂的前后摆动和水平臂的上下俯仰运动，使喷枪达到活动范围内的任意位置。

ⅲ. 腕部采用挠性手腕结构，由两个小型直线液压缸驱动，实现手腕的左右、上下摆动，腕部的旋转运动由一个摆动液压缸驱动，使喷枪实现姿态的变化。

机器人的驱动采用电液伺服系统，通过安装在液压缸上的伺服阀，将电信号转化为液压流量，向液压缸提供液压动力。每个液压缸内装有旋转变压器作为反馈元件，构成闭环伺服控制，由微型计算机系统控制各自由度的运动，实现操作机的连续轨迹控制。

喷漆机器人的工作分示教和再现两个过程。示教即操作人员用手操纵操作机的关节和手腕，根据喷漆工件表面形状进行示教。此时，中央处理器通过旋转变压器将示教过程中测到的参数存入存储器，即把示教喷漆的空间轨迹记录下来。再现即由计算机控制机器人运动，中央处理器将示教时记录的空间轨迹信息取出，经过插补运算与采样得到的位置数据进行比较，将其差值调节后输出，控制操作机按示教的轨迹运动。

（2）基本参数

喷漆机器人外形尺寸及工作范围如图 8-2 所示，操作机的结构为六自由度多关节式，驱动系统为电液伺服驱动，微型计算机系统控制。

ⅰ. 示教分为手把手示教和示教盒示数。

ⅱ. 存储容量：PTP 最大容量为 38000 点，CP 最大容量为 128min。

ⅲ. 最大速度为 1.7m/s。

ⅳ. 位置重复精度为±2.5mm。

ⅴ. 动作时间采样频率为 10Hz、40Hz、50Hz。

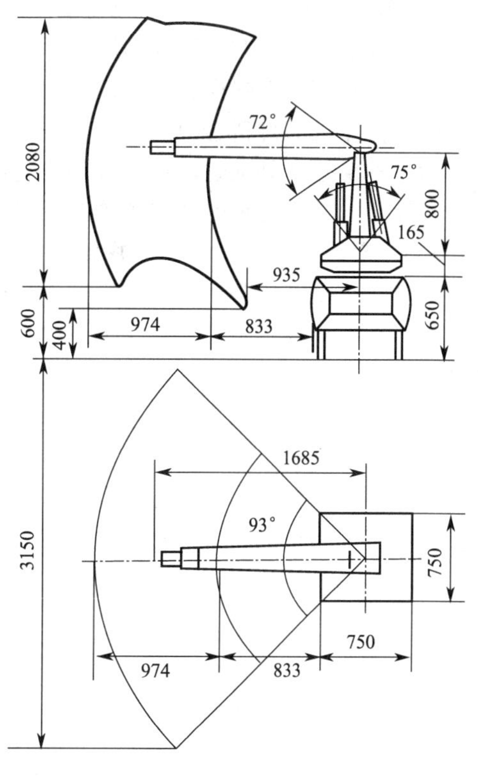

图 8-2　喷漆机器人外形尺寸及工作范围

8.1.3.2　HRGP-1A 喷漆机器人的结构设计

操作机设计时要对与工作范围有关的总体尺寸和部件尺寸参数进行计算，并做动力学和运动学的分析。喷漆机器人操作设计中的技术关键有以下几点。

（1）腰部回转机构的设计

腰部回转角度为 93°，采用四连杆机构，它由一个直线液压缸、驱动摆杆和连杆组成，使腰部做回转运动。这种机构工作可靠，结构简易，其原理如图 8-3 所示。

（2）水平臂和垂直臂平衡系统设计

喷漆机器人的水平臂和垂直臂均采用悬臂梁结构，由伺服液压缸提供动力，使水平臂和垂直臂运动并保持一定的姿态。水平臂和垂直臂在重力作用下都有下降的趋势。在工作过程中，由伺服液压缸平衡其重力，但在示教中要求伺服液压缸卸荷，由人工操作。此时需要弹簧平衡机构减小操作时的示教力，同时防止液压缸突然卸荷，水平臂和垂直臂发生撞击损坏机器。因此，液压缸不足以平衡重力，必须要有弹簧平衡系统。对平衡系统的设计要求是：机构无论处于何种姿态，平衡力矩应等于或稍大于重力矩。平衡机构原理如图 8-4 所示。

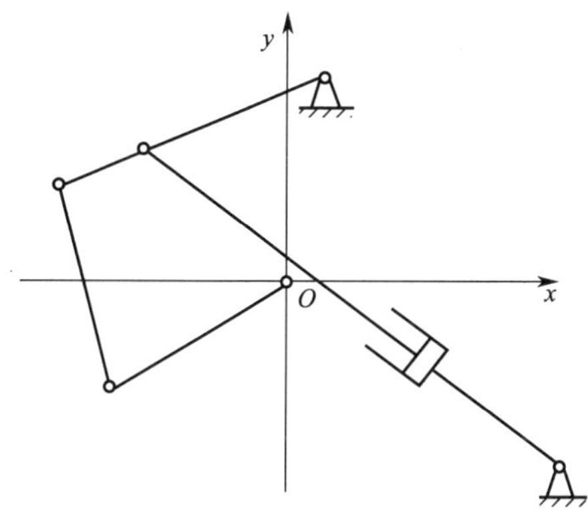

图 8-3　腰部回转机构原理

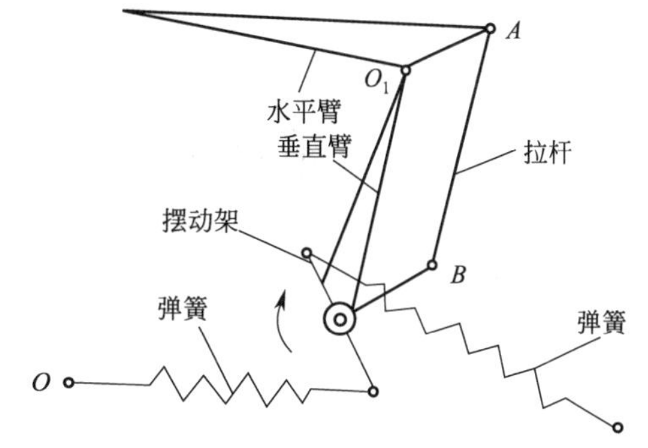

图 8-4　平衡机构原理

（3）挠性手腕的设计

挠性手腕由三副万向联轴器和两对伞状齿轮啮合组成。而挠性手腕的部分零件其外径尺

寸为 ϕ110mm，长度为 270mm，外部装有防尘波纹套。它的运动由左右两个直线液压缸控制，使手腕上下、左右各做 88°摆动，手腕由摆动液压缸驱动，做 210°的转动。设计时对十字联轴器、球形齿面的齿、凸齿的形状、齿形分布、齿形的修正均有较高的要求。

（4）操作机的材料选择

为了提高运动灵敏度、精度和响应速度，水平臂和上支承座均采用铝合金制成，其重量轻、惯性小。底座支承件使用铸铁和钢材，保证具有足够的强度和刚度。

8.1.3.3 电液伺服驱动系统的设计

驱动系统是直接驱动各运动部件动作的机构。喷漆机器人工作在易燃、易爆环境中，为了防爆采用电液伺服系统作为驱动系统。机器人具有六个自由度，每个自由度由一套电液伺服系统驱动。当机器人运动时，各运动参数产生变化，动力参数也随之变化。电液伺服系统为多输入多输出的变量系统，系统与系统间具有负载效应。根据喷漆工艺要求，操作机必须具有运动速度快、工作稳定、位置重合精度高等特点，以适应复杂形面的喷漆。因此，要求各电液伺服系统快速响应特性一致，各系统不因复合运动而超前、滞后，并具有速度快和刚度高的特点，保证机器人在喷漆中速度一致，不受其他系统干扰。系统原理如图 8-5 所示。

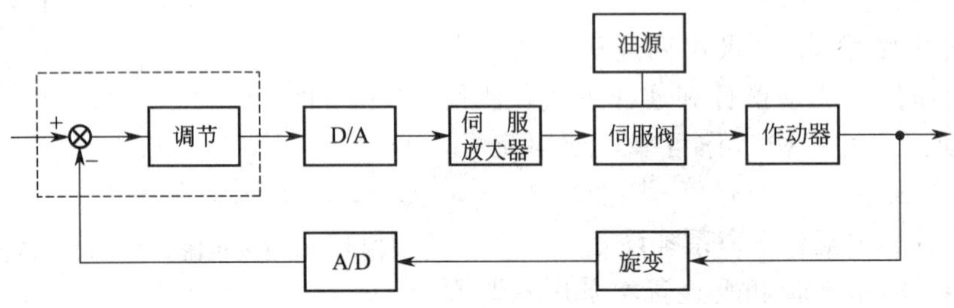

图 8-5 电液伺服系统原理

伺服系统中采用分离活塞式液压缸，使机器人在示教过程中轻便、灵活、示教力小。其原理是在示教时，活塞与活塞杆分离，减小摩擦力。在示教完成后再现时，启动液压泵，随着油压的建立，推动分离活塞与活塞压紧成一体，再现开始后压力油受伺服阀的控制，推动活塞带动活塞杆推动负载工作。分离活塞式作动器原理结构如图 8-6 所示。

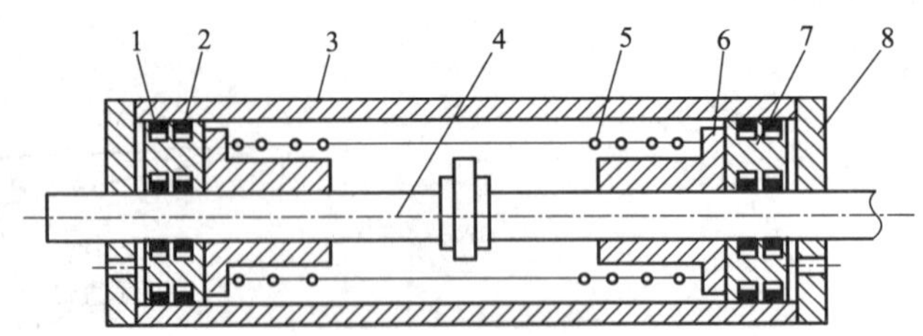

图 8-6 分离活塞式作动器原理结构

1—组合密封；2—平衡环；3—缸筒；4—活塞杆；
5—分离弹簧；6—套筒；7—活塞；8—缸盖

机器人腰部的伺服阀选用 FF106-63 型，额定流量为 63L/min，额定压力为 21MPa。垂直臂、水平臂、腕关节均选用 MOOG 公司生产的防爆伺服阀，额定流量为 20L/min，额定压力为 21MPa。

旋转变压器是喷漆机器人电液伺服系统中的重要反馈元件，安装在伺服动作器内。它体积小、重量轻、精度高，与 8751 单片机解码电路等组成机器人的位置检测系统。这个系统抗电干扰能力强、重复性好、稳定性好。

8.1.3.4 液压能源的设计

液压能源为喷漆机器人中的电液伺服系统提供高压油。能源工作时使流量满足六个执行机构同时工作的速度要求，使操作机具有足够的力矩。示教时示教力要小，执行机构稳定性要好，同时液压系统长时间工作时，油温能控制在规定的范围内。能源系统设计时，液压泵选择恒压变量泵。它提供的流量和压力能满足执行机构力（或力矩）及运动速度的要求，并能节省能源。阀组件采用集成化的结构，体积小、导管连接少、维修方便。为了使机器人示教力小，采取电磁阀和液控阀组成的卸荷回路，使主油路的压力、蓄能器压力、回路背压在示教时全部卸荷。

8.1.3.5 微型计算机控制系统

计算机控制系统是喷漆机器人控制的核心。其操作方式是示教再现，控制方式为 CP（连续控制）和 PTP（点位控制）。

系统硬件控制系统如图 8-7 所示，采用双 CPU，主 CPU8088 并配有协处理器 8087，主要用于系统管理、插补运算、坐标变换、数据存储、喷漆控制及故障处理；从 CPU8086 主要用于六个电液伺服回路控制。两个 CPU 各自配有相应的 I/O 接口和 D/A 接口，两个 CPU 之间有交换数据及命令的通信接口，从 CPU 通过通信接口与主 CPU 保持同步，机器人运动的轨迹数据及控制软件可以存入软盘。

操作指令通过示教盒和功能键盘输入，其中各有一片 8031 单片机，分别完成键盘的输入和显示功能。键盘上有 48 个功能键，完成全部机器人的控制操作。示教盒上有 24 个按键和数码管显示，用示教盒操作可以方便地在喷漆现场工作。

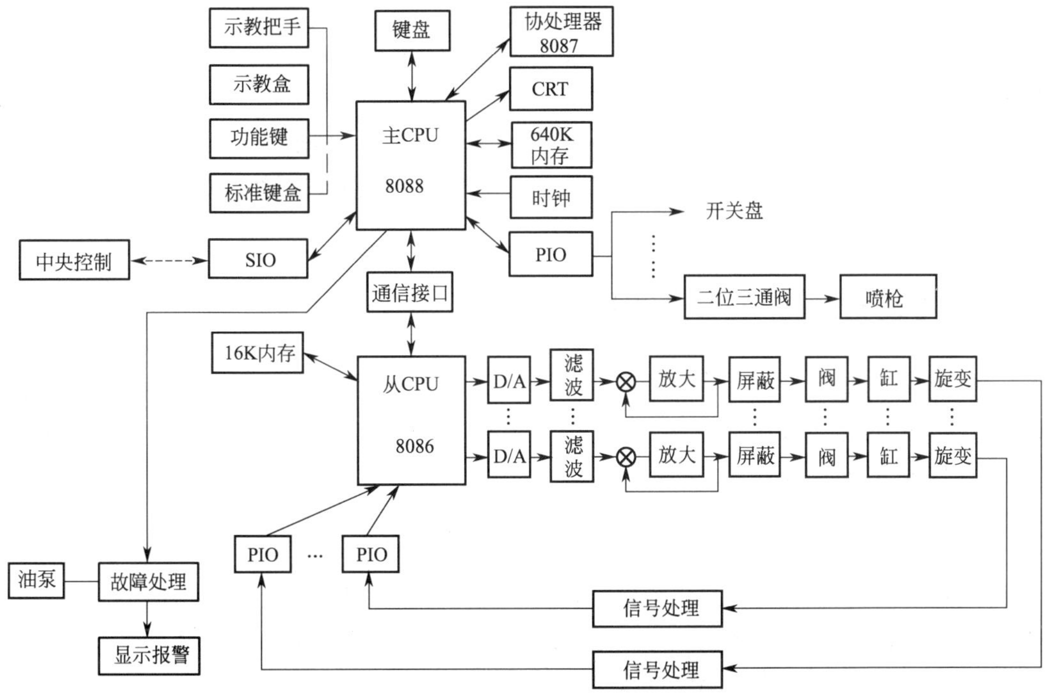

图 8-7 控制系统

控制装置还具有完善的故障显示及处理系统，可以用声和光的形式把故障显示出来，同时还可以做故障处理，对于无危险的故障，则以声、光信号报警，提示人们及时处理。

8.1.3.6 机器人的软件设计

主机程序采用汇编语言编程及模块化设计方法，并使用了自编汉字库。程序由主系统自检、初始化及主菜单、示教、再现、归位、排队、故障处理等几部分组成。

从机主要由单板机及一些外围电路组成，它的主要任务是在示教方式下，接收机器人瞬时位置的六个自由度信号，经 A/D 转换送到主机。另外在归位及再现方式下，完成六个回路的控制规律的运算，使系统达到要求的精度和动态指标。

8.1.3.7 应用范围及效果

HRGP-1A 喷漆机器人适用于汽车、电子、家电、机械、建筑陶瓷等行业对各种材料表面的喷涂，具体应用如下。

① 汽车工业 用于汽车驾驶室、车厢等外表面的喷漆，也用于汽车底部防振、隔热的 PVC 胶的喷涂。

② 家电行业 洗衣机、电冰箱、电视机等外壳的喷涂。

③ 建筑陶瓷业 用于喷涂各种陶瓷粉和陶瓷浆，如浴盒及各种清洁器具等。

④ 机械制造业 用于各种机械零件、部件的表面喷漆。

这种喷漆机器人已在柳州微型汽车厂使用，实现了汽车底部喷胶工序自动化，取得较好的效果。

8.1.3.8 技术经济效益分析

HRGP-1A 喷漆机器人是由航空航天部 811 厂研制的新产品，于 1988 年 10 月通过部级技术鉴定。为提高机器人的可靠性，对关键的元器件及部件做了改进，通过各种可靠性试验，使产品更为完善、可靠，现已投入批量生产，提供用户使用。使用这种喷漆机器人，可以得到很好的社会、经济效益。

通常喷涂作业工作环境条件恶劣，多数在有害气体和粉尘污染严重环境中工作。采用喷漆机器人，使操作者从有害身体健康的环境中解放出来，机器人具有很好的社会效益。采用喷漆机器人，实现工序自动化，生产效率大幅度提高，比手工操作提高效率 5 倍以上，同时可以节省大量的喷涂材料，减少原材料的浪费，提高喷涂产品的质量，因此机器人又有很好的经济效益。

8.2 工艺装备——升降器智能检测装置

工艺装备多数是非标设备，应用于航天、航空、造船、汽车制造等行业。升降器智能检测装置，具体地说是一种用于轿车车窗的电动玻璃升降器的智能检测装置。同时，它也是比较典型的机电一体化产品，如图 8-8 所示。

升降器智能检测装置包括机械本体，用于夹紧升降器的夹紧组件，对升降器进行检测的检测组件、气动组件和控制系统。该升降器智能检测装置为新型的机、电、气一体化检测装置，用于升降器的各项性能指标的检测，解决了升降器检测操作不方便，准确度不高的技术问题，同时具有结构紧凑、体积小、外形美观，线性度高，检测准确，使用寿命长，易维护等优点。2009 年获国家实用新型专利和发明专利。

8.2.1 升降器智能检测装置设计要求

(1) 升降器智能检测装置的工作方式

该检测装置要求为通用型，可以检测四种玻璃升降器（左前、右前、左后、右后）。前后升降器的上下死点行程不一致，左右升降器的定位不一致。在检测装置的机械部分将四种不同的情况加入，可以在检测时进行调整后检测每一种升降器。

(2) 检测步骤

ⅰ. 升降器放到检测装置定位夹紧板上定位并固定好以后，接上升降器电动机电源，手动将开关接通，使升降器正向运行升至上死点，再反向运行降至下死点。

ⅱ. 重复步骤ⅰ。

ⅲ. 将升降器升至上死点后，用汽缸顶出 50N 的力定至升降器后，再伸出 3mm 后收回。

ⅳ. 再次将升降器运行至下死点，用汽缸将升降器的横臂向下拉，接触到横臂后再向下拉 3mm，之后收回汽缸。

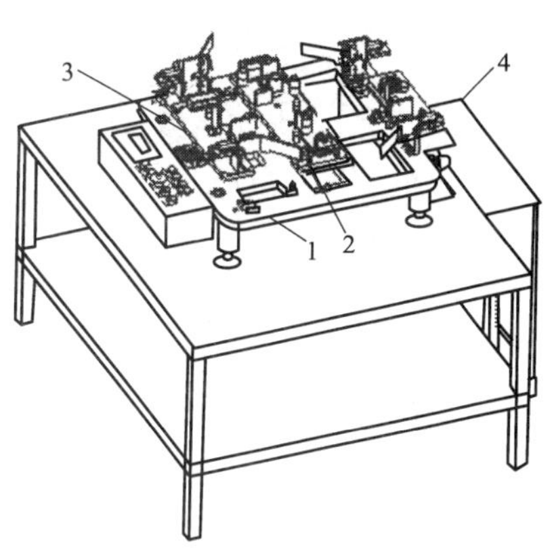

图 8-8 升降器智能检测装置
1—机械本体；2—夹紧组件；3—检测组件；4—控制系统

ⅴ. 将升降器横臂收回到安装位置后，停止后取下升降器。

(3) 设计方案的选择

【方案一】：检测装置要求以手动为主，检查的基准主要是以手工操作。其优点是费用低，缺点是效率低。

所有动作采用手动，电动机反转靠手动转换，汽缸的动作靠手动气阀实现。检测装置可以接通 12V 电源，接入压缩空气即可。如果压缩空气不方便，可以取消汽缸，将上述的步骤③、④两项动作用手持拉力计实现。

【方案二】：检测装置要求自动控制，用 PLC 作为主控制器，以接近开关为传感器、电磁气阀为执行机构、电子磁栅作为检测元件，对升降器检测过程实时数字显示检测结果。其优点是效率高，缺点是费用高。

所有动作采用自动控制。电动机反转靠接近开关，汽缸的动作靠电磁阀实现。检测装置可以设自身控制箱及显示器，接入 220V 电源及压缩空气即可。检测部分可加入磁栅及数显装置，可以随时检测玻璃升降器上升、下降的变化量。

(4) 玻璃升降器式样书

根据 1 台检测装置完成 4 种玻璃升降器检测的要求，其定位基准、定位方式及检测项目详见图 8-9。

ⅰ. 本检测装置为左前、右前、左后、右后玻璃升降器共用。

ⅱ. 玻璃升降器的运动轨迹 1、2、3、4、5、6 按图示方向连续动作，其中轨迹 1、2、3 的⑥、⑧检测运动平行度，①、②、③、④检测上下的行程，轨迹 4 的⑤测量下降强度，轨迹 5 的⑦测量上升强度。

ⅲ. 检测项目在屏幕上显示结果，其中①、②，③、④，⑤、⑦在屏幕上显示结果的标记为“OK”（合格）或“NG”（不合格），⑥、⑧人工进行测量。

ⅳ. 电气部分按国家标准制作。

ⅴ. 定位面、定位销、安装面、检测面粗糙度为 1.3μm，其余粗糙度为 6.3μm。

8.2.2 机械本体设计与原理

图 8-10(a) 所示为升降器智能检测装置的机械本体，它包括底架 1、设置在底架 1 上的

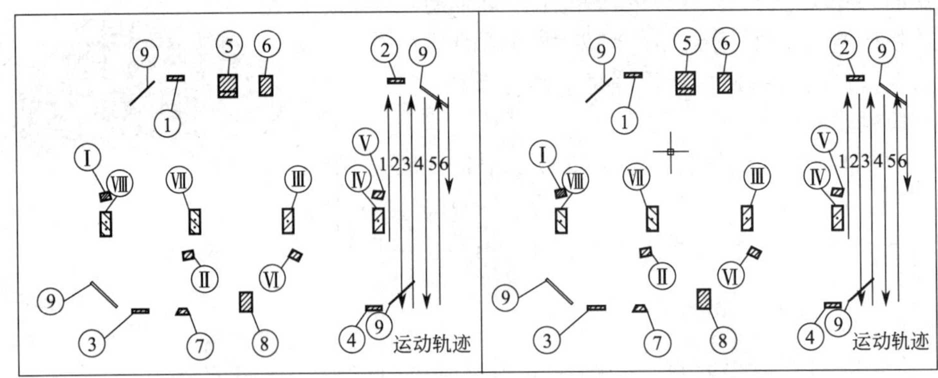

(a) 左前、右前升降器定位基准　　(b) 左后、右后升降器定位基准

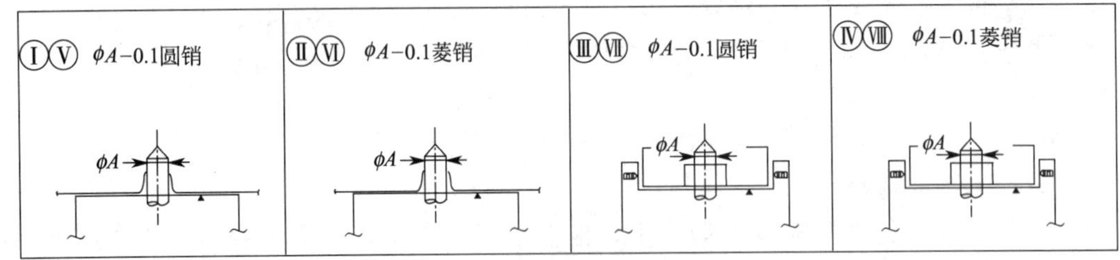

(c) 定位方式

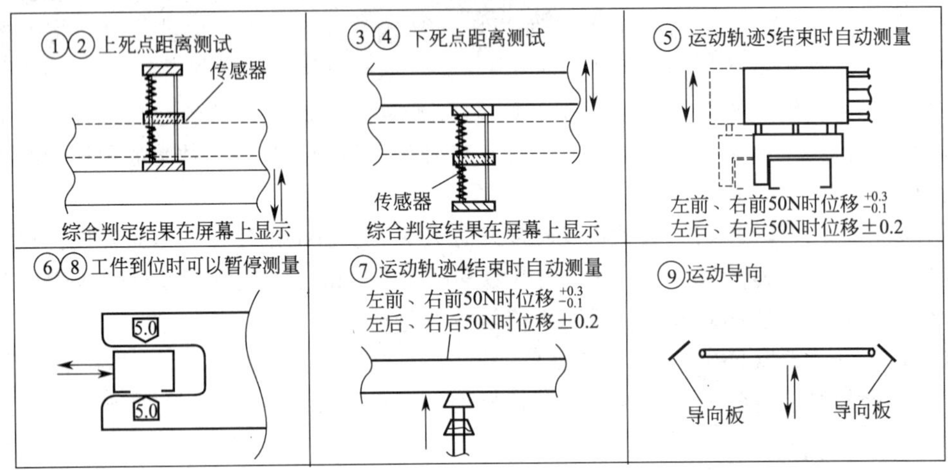

(d) 检测项目

图 8-9　左前、右前、左后、右后玻璃升降器式样书

用于安装夹紧组件的多个定位销 2 和纠反销 3。定位销 2 可使夹紧组件准确定位，纠反销 3 防止夹紧组件装反。在底架 1 上还设置多个限位块 4，用于限制活动板的安装位置。

如图 8-10(b) 所示，夹紧组件包括可固定在底架 1 上的固定板 5、设置在固定板 5 上用于固定升降器的销座 6 及升降器定位销 7、固定在固定板 5 上的插座 8、吸盘座 9 和固定在吸盘座 9 上的电磁吸盘 10。固定板 5 上至少设置有 2 个与定位销 2 对应的内衬铜套的定位孔 11，在底架 1 上安装夹紧装置时，定位销 2 穿过固定板 5 上内衬铜套的定位固定孔 11，穿出部分设置锁紧手柄 12。在固定板 5 上至少设置有 1 个的拉手 13，便于拆卸时将固定板 5 从定位销 2 上拔出。

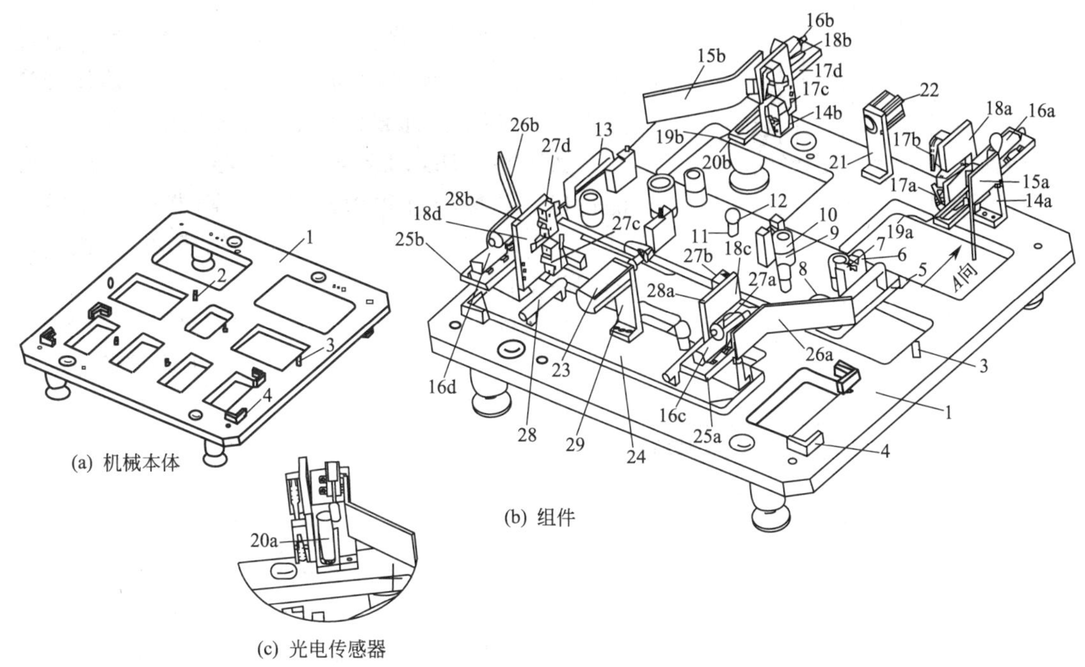

图 8-10 升降器智能检测装置的机械结构

根据升降器的不同型号规格，可以自由设计不同规格的夹紧组件。检测时，选用合适的夹紧组件，将夹紧组件的固定板 5 固定在底架 1 上即可。

如图 8-8 所示，检测组件包括上检测组件和下检测组件，分别设置在夹紧组件的两侧。

如图 8-10(b) 所示，上检测组件包括两个并列固定在底架 1 上的传感器座 14a 和 14b，两个分别固定在传感器座 14a 和 14b 上的传感器 16a 和 16b，固定在两个传感器座 14a 和 14b 的外侧并对称的导向板 15a 和 15b，固定在两个传感器座 14a 和 14b 内侧并对称的卡规板 18a 和 18b，两组分别固定在卡规板 18a 和 18b 上的限位开关 17a 和 17b、17c 和 17d，两个固定在传感器座 14a 和 14b 侧面的光电开关座 19a 和 19b，两个分别固定在光电开关座 19a 和 19b 上的光电开关 20a［图 8-10(c)］和 20b，固定在底架 1 上的并在传感器座 14a 和 14b 之间的伸缩杆汽缸座 21 及伸缩杆汽缸 22。

如图 8-11(a) 所示，当被测工件在卡规板 18a 的卡规槽外侧时，由限位开关 17a 和 17b 限位保护卡规板 18a，防止被测工件与卡规板 18a 碰撞。

当电动机驱动升降器运行到上端，通过传感器和可编程控制器（PLC）控制电动机停止失效时，再通过光电开关使电动机停止转动，即升降器停止在规定的位置处。

升降器到达上端指定位置后，接触到传感器 16a 和 16b 的触头并推动传感器的滑动轴移动，同时传感器 16a 和 16b 开始连续读位置数值，直至停止向上运动。伸缩杆汽缸 22 的伸缩杆上推产生位移，传感器 16a 和 16b 读取位移数值。

下检测组件包括设置在底架 1 上的活动板 24，两个并列固定在活动板 24 上的传感器座 25a 和 25b，固定在传感器座 25a 和 25b 上的传感器 16c 和 16d，固定在传感器座 25a 和 25b 外侧并对称的导向板 26a 和 26b，固定在两个传感器座 25a 和 25b 内侧并对称的卡规板 18c 和 18d，两组分别固定在卡规板 18c 和 18d 上的限位开关 27a 和 27b、27c 和 27d，固定在活动板 24 上的旋转杆汽缸座 29 及旋转杆汽缸 23。在活动板 24 上设置有拉手 28，便于装卸活

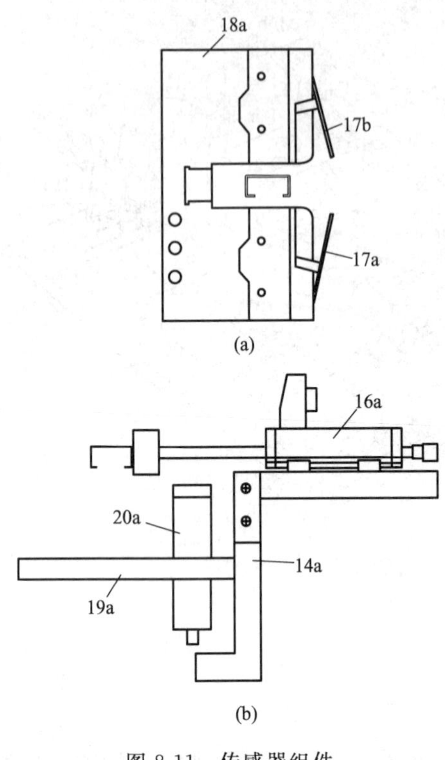

图 8-11 传感器组件

动板。

气动组件包括过滤器、电磁阀和调压器。通过控制系统和气动组件驱动伸缩杆汽缸 22 或旋转杆汽缸 23 产生所需的加载力，使升降器发生位移。

如图 8-11(b) 所示，以传感器 16a 为例说明检测过程。在检测过程中，被测升降器接触传感器 16a 的触头，推动传感器 16a 滑动轴移动，检测工件的当前位置。

当工件超过规定位置，控制工件停止失效时，由光电开关 20a 控制工件停止，防止传感器 16a 的滑动轴移动超程。

控制系统包括按钮箱 26a 和 26b 和控制柜。

如图 8-12 所示，按钮箱上设置有用于显示传感器测量数据、工件是否合格的判断结果和运动轨迹的显示屏 30、多个控制按钮 31 和选择开关 32。按钮箱 31 上的控制按钮 31 和选择开关 32 包括控制电磁吸盘的夹紧按钮、控制伸缩杆汽缸或旋转杆汽缸按钮、上推和下拉按钮、进行循环检测的循环按钮、自动/手动的选择开关、前/后的选择开关和急停按钮。

控制系统的控制柜内设置有集成电磁吸盘控制模块、汽缸控制模块的可编程程序控制器、断路器、直流 12V DC、24V DC 电源、端子排、漏电开关、风扇、H 型逆变器、变换器和照明开关。通过按钮箱和控制柜及设计好的程序，可控制各个电磁吸盘、气动组件、伸缩杆汽缸和旋转杆汽缸的工作，进行自动控制循环检测工件。

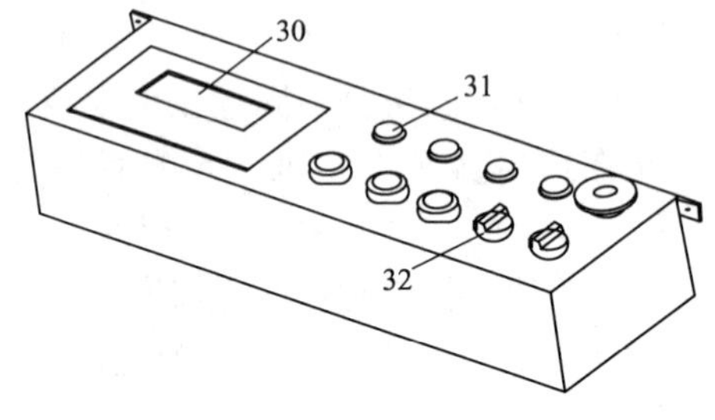

图 8-12 按钮箱

8.2.3 控制系统设计与原理

如图 8-13 所示，控制系统包括两个用于检测升降器处于上死点位置位移的传感器 101 和 102，两个用于检测升降器处于下死点位置位移的传感器 103 和 104，这四个传感器呈平行四边形设置。一伸缩杆汽缸 105 设置在传感器 101 和 102 之间，一旋转杆汽缸 106 设置在传感器 103 和 104 之间，伸缩杆汽缸 105 和旋转杆汽缸 106 由气动组件和控制系统驱动。

控制系统控制检测流程的具体步骤如下。

ⅰ. 在四个传感器的上死点和下死点之间，安装固定待检测的升降器。

ⅱ. 控制系统控制升降器运行，安装固定升降器使其按轨迹 107 运行至上死点位置，按轨迹 108 由上死点位置运行至下死点位置，按轨迹 109 由下死点位置运行至上死点位置。

ⅲ. 升降器按轨迹 109 运行至上死点位置暂停，控制系统对升降器进行检测，传感器 101 和 102 检测升降器是否达到规定位置，通过显示屏显示检测结果，并保存检测结果。

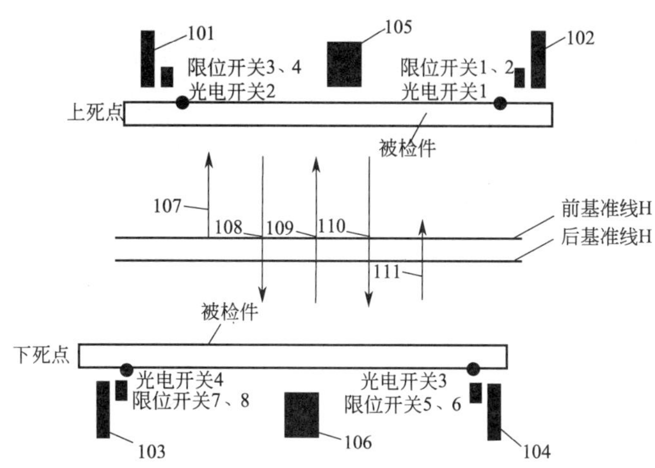

图 8-13　电器布置图

ⅳ. 控制系统控制气动组件，使伸缩杆汽缸 105 在升降器上加载一个推力，检测升降器的位移是否小于等于规定值，并通过显示屏显示结果，通过卡规板的卡槽和塞尺，手动检测上死点处升降器的平行度，或通过卡规板上的标识块，目测上死点处升降器的平行度。

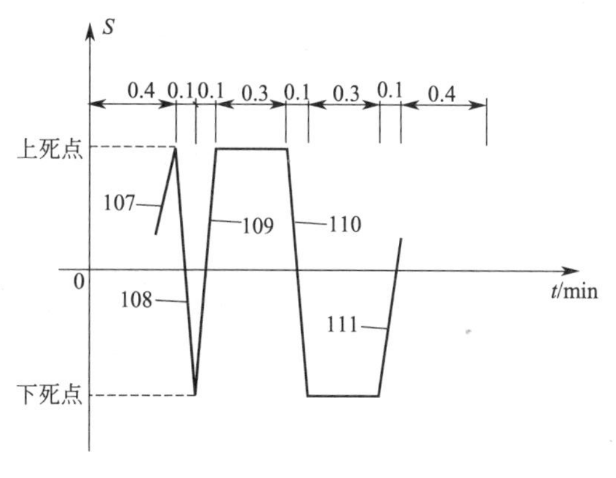

图 8-14　时序图

ⅴ. 控制系统控制升降器，按轨迹 110 由上死点位置运行至下死点位置暂停，传感器 103 和 104 检测升降器是否达到规定位置，通过显示屏显示检测结果并保存检测结果。

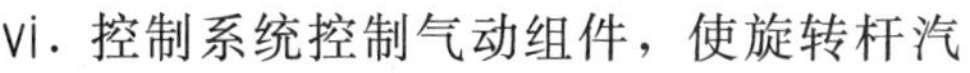

ⅵ. 控制系统控制气动组件，使旋转杆汽缸 106 在升降器上加载一个拉力，检测升降器的位移是否小于规定值，并通过显示屏显示结果，通过卡规板的卡槽和塞尺，手动检测下死点处升降器的平行度，或通过卡规板上的标识块，目测下死点处升降器的平行度。

ⅶ. 按轨迹 111 控制升降器回到初始位置处，通过显示屏显示检测结果，通过存储器保存检测结果或通过打印机打印检测结果，然后拆卸升降器。

如图 8-14 所示，初运行时，运行轨迹 107 的时间为 0.4min，运行轨迹 108 的时间为 0.1min，运行轨迹 109 的时间为 0.1min。

运行轨迹 109，升降器到达上死点位置时，延时和断电保护测平行度，再通电使伸缩杆汽缸 105 加载一个推力，检测位移并通过显示屏显示检测结果、通过存储器保存检测结果，时间为 0.3min。

运行轨迹 110 的时间为 0.1min，升降器到达下死点位置时，延时和断电保护测平行度，再通电使旋转杆汽缸 106 向升降器加载一个拉力，检测位移并通过显示屏显示检测结果，通过存储器保存检测结果，时间为 0.3min。

运行完轨迹 111 后，升降器回到初始位置处，通过显示屏显示检测结果，通过存储器保存检测结果或通过打印机打印检测结果并拆卸升降器。

复位，断电后卸件，时间为 0.4min。

具体检测流程如图 8-15 所示。

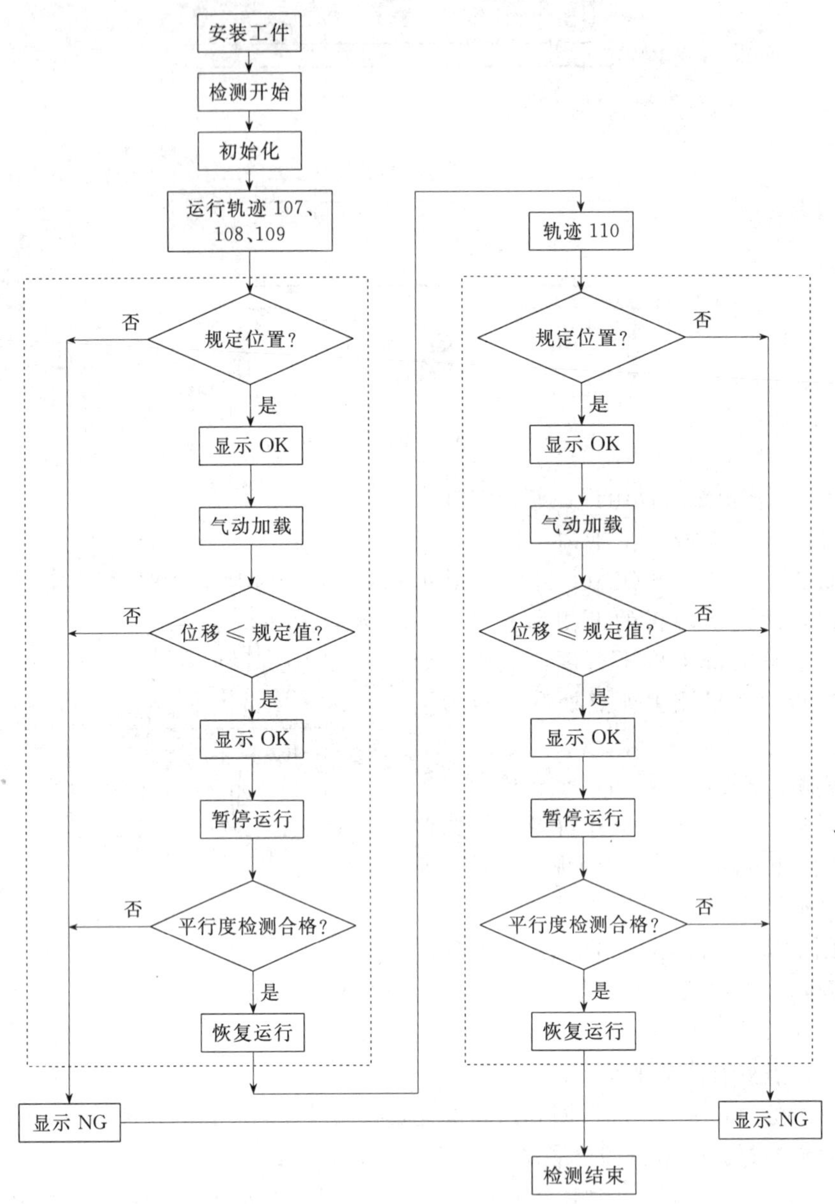

图 8-15 检测流程图

8.3 家用电器——洗衣机

家用电器多数是机电一体化产品，其中自动洗衣机是典型的机电一体化产品。传统洗衣机有两种，一种是机械传动方式，另一种是单片机控制方式。无论采用什么方式，它们都需人为的洗涤程序选择、衣质和衣量选择，然后才能投入工作。从本质上讲，这种洗衣机还不能称为全自动，最多只能称为半自动。

用单片机 MC6805R3 控制的模糊洗衣机和传统的洗衣机有很大的区别，它能自动识别衣质、衣量，自动识别肮脏程度，自动决定水量，自动投入适当的洗涤剂，从而自动地完成整个洗涤过程。由于洗涤程序是通过模糊推理决定的，故有着极高的洗涤效能，不但提高了洗衣机的自动化程度，也提高了洗衣的质量，真正实现了全自动。在洗衣机的整个控制过程中，单片机 MC6805R3 和模糊控制软件起了决定性的作用。

8.3.1　全自动洗衣机单片机控制系统结构

单片机 MC6805R3 对洗衣机的控制系统逻辑结构如图 8-16 所示。这个系统中包括电源电路、洗衣机状态检测电路、显示电路和输出控制电路。

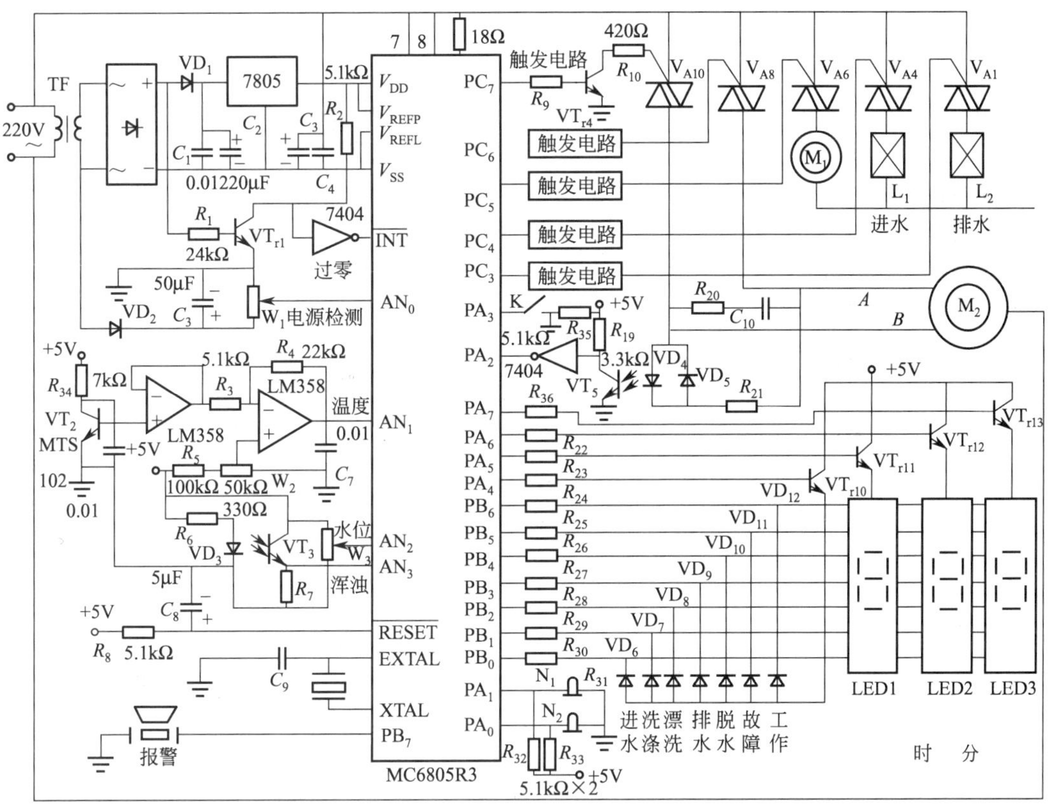

图 8-16　控制系统逻辑结构

（1）电源电路

电源电路由变压器 TF、桥式整流器、滤波电容和集成稳压电路 7805 组成。电源电路中还有二极管 VD_1，它用于隔离滤波电容与桥式整流电路，使之进行过零检测。7805 输出的 ±5V 电压和交流电源的一端相接，组成双向晶闸管的直接触发电路。

（2）洗衣机状态检测电路

状态检测电路一共有 7 个。它们分别是内桶平衡检测电路、衣质衣量检测电路、过零检测电路、电源电压检测电路、温度检测电路、水位检测电路和浑浊度检测电路。

ⅰ. 内桶平衡检测电路。由平衡开关 K 和电阻 R_{35} 组成，用于检测内桶运行时的状态是否平衡稳定。

ⅱ. 衣质衣量检测电路。由电动机 M_2、二极管 VD_4、VD_5、电阻 R_{21}、光敏三极管 VT_5、电阻 R_{19} 和反相器 7404 组成。其中 VD_4 是发光二极管，它和 VT_5 组成光电耦合管，用于隔离交直流信号以及产生衣质和衣量信号。

ⅲ. 过零检测电路。由电阻 R_1、R_2、晶体管 VT_1 和反相器 7404 组成。当桥式整流器产生全波整流信号输出时，通过 R_1 送到晶体管 VT_1 的基极，当整流信号为正时，VT_1 导通，整流信号为 0 时，VT_1 截止；VT_1 输出的信号再由 7404 反相后，送到单片机 MC6805R3 的 $\overline{INT}$ 端。很明显，只要电源过零就会产生中断请求信号。

ⅳ. 电源电压检测电路。由整流二极管 VD_2、滤波电容 C_3 和调整电位器 W_1 组成。由于 VD_2 只是进行半波整流，所以当电源下降时，电位器 W_1 的抽头也会较灵敏地反映出电源下降的情况。电源电压的变化情况由 MC6805R3 的 AN_0 端进行检测。

ⅴ. 温度检测电路。由 MTS102、LM358 和有关电阻、电容组成。其中 MTS102 是水温检测器。第一级 LM358 用作阻抗隔离器，第二级 LM358 用作放大器，检测结果送入 MC6805R3 的 AN_1 端。

ⅵ. 水位检测电路。由电位器 W_3 和相应的机械部件组成，水位变化会使 W_3 的中心抽头产生位移。故送入到 MC6805R3 的 AN_2 端的信号大小也产生变化。

ⅶ. 浑浊度检测器电路。由红外发光管 VD_3、红外接收管 VT_3 和有关电阻组成。被检测的水从 VD_3 和 VT_3 之间流过，由于不同浑浊度的水从中流过，使红外信号的强弱变化不同，故送到 MC6805R3 的 AN_3 端的信号大小反映了衣服的肮脏程度。

(3) 显示电路

显示电路由晶体管 VT_{10}、VT_{11}、VT_{12}、VT_{13}，发光二极管 VD_6～VD_{12}，7 段发光二极管显示器 LED1、LED2、LED3 和相应的电阻组成。其中晶体管 VT_{10}～VT_{13} 作为扫描开关管，用于选择 VD_6～VD_7、LED1、LED2 和 LED3；而 LED1～LED3 用于显示定时时间；VD_6～VD_7 用于显示洗衣机的现行工作状态。

(4) 输出控制电路

输出控制电路由触发电路和相应的双向晶闸管组成，控制电路有五种。L_1 是进水电磁阀，L_2 是排水电磁阀，M_1 是自动洗涤剂投入电动机，M_2 是主电动机。其中双向晶闸管 V_8、V_{10} 用于控制主电动机 M_2 的正反转；V_6 用于控制洗涤剂投入电动机；V_4 用于控制进水电磁阀；V_1 用于控制排水电磁阀。所有的双向晶闸管都采用第Ⅱ、Ⅲ象限触发。

除了上述电路以外，还有工作启动/停止和状态设定电路。N_1 是洗衣机全自动工作的启动/停止按键，N_2 是功能选择按键，它可以设定洗衣机从某个程序开始进行工作。

所有的电路都在单片机 MC6805R3 的控制下工作。由于 MC6805R3 有较多的 I/O 端口，对洗衣机这种需要检测和控制功能较多的家用电器是十分合适的，它可以使系统的逻辑结构达到十分简捷的形式。

8.3.2 模糊全自动洗衣机的控制软件

(1) 模糊推理软件

在模糊洗衣机中，布质、布量、浑浊度等都通过对现行状态的检测，再通过模糊推理得出。在模糊推理中，需要考虑推理的前件和后件，即推理的输入条件和输出结果。在模糊洗衣机中，主要考虑布质、布量、水温和肮脏程度等条件，从这些条件求取水位、洗涤时间、水流、漂洗方式和脱水时间等。模糊洗衣机的推理如图 8-17 所示。

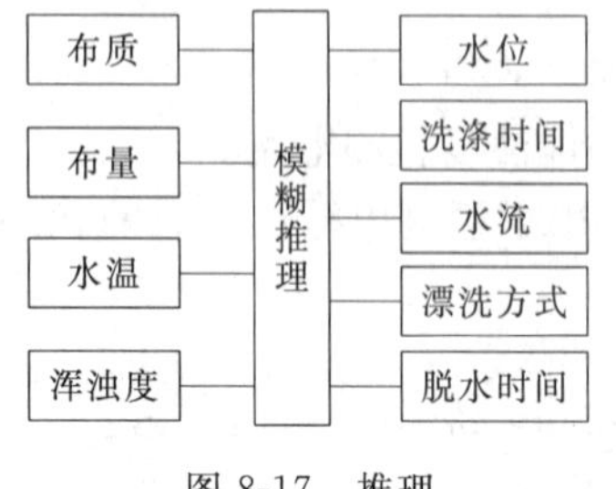

图 8-17 推理

从图 8-17 中可以看出，模糊洗衣机是一个多输出的模糊推理和控制系统。在实际中，模糊推理的前件和后件之间的相互关系，对于不同的因素有所不同。例如，浑浊程度和水温可以确定洗涤剂投放量和洗涤时间，而布质、布量等可以确定水位和水流、脱水时间等。因此，在推理中把有关前件和后件进行处理，这种处理分成主要因素推理和顺序因素推理两种。通过这两种推理处理，不但使推理变得较为简单，而且可以在众多因素中清晰地区分连锁关系的因素。

考虑到洗衣过程中的两种情况，一种是静态的，即洗涤剂浓度，另一种是动态的，即洗衣水流及时间，故推理分两大部分，即洗涤剂投放量推理和洗衣推理。洗涤剂投放量推理规则如下：

ⅰ. 如果浑浊度高，则洗涤剂投放量大；

ⅱ. 如果浑浊度偏高，则洗涤剂投放量偏大；

ⅲ. 如果浑浊度低，则洗涤剂投放量小。

洗衣推理规则如下：

ⅰ. 如果布质以化纤偏多、布量少、水温高，则水流设置特弱，洗涤时间设置特短；

ⅱ. 如果布质以棉布偏多、布量多、水温低，则水流设置特强，洗涤时间设置特长。

……

洗衣的模糊推理见表 8-1，它给出了洗衣推理的所有规则。很明显这些规则的前件有三个因素，后件有两个因素，是一种多输入多输出推理。对于输入推理（即前件）各个因素模糊量定义不同，布量模糊量为“多”、“中”、“少”；水温模糊量为“高”、“中”、“低”；水流模糊量为“特强”、“强”、“中”、“特弱”；时间的模糊量取“特长”、“长”、“中”、“短”、“特短”。在上述的模糊量中，各自的隶属函数都不同。水温、布量和时间的模糊量，如图 8-18 所示。

表 8-1　洗衣的模糊推理

布量 \ 布质 / 水温		棉布偏多			棉布与化纤各半			化纤偏多		
		低	中	高	低	中	高	低	中	高
多	水流	特强	强	强	强	强	中	中	中	中
	时间	特长	长	中	长	长	长	中	中	中
中	水流	强	中	中	中	中	中	中	弱	弱
	时间	长	中	短	长	中	中	中	中	弱
少	水流	弱	弱	弱	弱	弱	弱	弱	弱	特弱
	时间	中	中	短	中	短	短	中	短	特短

对于主要因素推理和顺序因素推理，它们之间有着隐含的推理关系。主要因素推理是采用人的思维理念“主要因素起决定作用”原理执行，在这种原理中抛弃各种次要因素，以简明的形式产生因素少的推理原则，便于进行处理。顺序因素推理是把前一种推理的结果作为本次推理的前件，从而推理出新的结果。在洗衣机中，如果考虑浑浊度、洗涤剂投放量、水流、洗涤时间等因素的推理，作为主要因素推理分析如下。

ⅰ. 如果浑浊度高，洗涤剂投放量多。

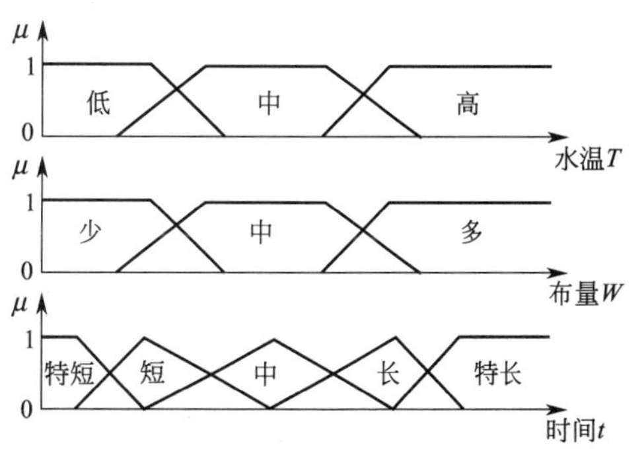

图 8-18　水温、布量和时间的模糊量

……

从表 8-1 中也可看出另一种主要因素推理。

ⅱ. 如果布量多、布质以棉布偏多、水温高，则水流设置为强，洗涤时间设置为中。

……

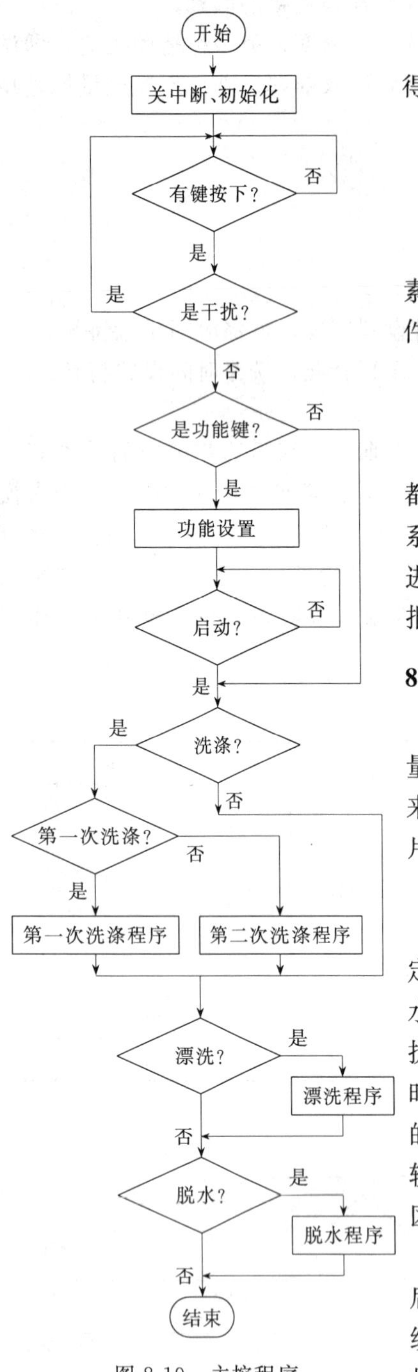

图 8-19 主控程序

实际上洗涤剂投放量大时，要求洗涤时间较长才能洗得干净，故还需要考虑顺序因素推理。

ⅲ. 如果洗涤剂投放量大，则洗涤时间长。

ⅳ. 如果洗涤剂投放量中，则洗涤时间中。

……

当顺序因素推理和主要因素推理推出的某一个后件因素的隶属度不同时，则采用最大原则处理；而得到某个后件的模糊量不同时，则采用“大者优先”的原则处理。

(2) 控制主程序

控制软件由主程序、子程序和中断服务程序组成。

主控程序如图 8-19 所示。所有模糊推理在洗涤之前都基本执行完毕，在程序判别出启动之后，就开始进行一系列的检测工作和推理工作。在推理工作完成之后，开始进行洗涤工作。在洗涤过程中若产生故障，则系统会自动报警。

8.3.3 洗衣机物理量检测

洗衣机在洗衣过程中，主要使用的物理量有布质、布量、浑浊度和水温四种。物理量通过指定的方法检测出来，同时转换成单片机 MC6805R3 能接受的形式送入单片机中，才能进行处理和执行模糊推理。

(1) 布质和布量的检测

布质和布量的检测是在洗涤之前进行的。在水位为一定时，布质和布量的不同会产生不同的布阻抗。通过给定水位和指定条件，使主电动机进行间断旋转，则不同布阻抗会使主电动机制动性能不同，利用主电机在不同布阻抗时的制动特性，可以推断出布质和布量。不同布质和布量的布阻抗如图 8-20 所示。从图中可知，硬质布的布阻抗较高，软质布的布阻抗较低，但两者有相同的布阻抗区间。

在进行布质和布量检测时，首先设置一定的水位，然后启动主电动机使其旋转，接着断电让主电动机以惯性继续运转直到停止。在主电动机断电的时间内，由于主电动机的惯性，所以它处于发电机状态，并且会产生感应电势输出。由于布阻抗的大小不同，主电动机处于发电机状态的时间长短不同，只要检测出主电动机处于发电机状态的时间长短，就可以反过来推理出布阻抗的大小。当然，主电动机发电时间长，布阻抗就小；主电动机发电时间短，布阻抗就高。

通过对主电动机正反转控制绕组输出电势的整流和检测，由光电隔离后形成脉冲信号送入单片机，而由单片机计算出主电动机在停电时产生的计数脉冲个数，就可以知道布阻抗的大小。脉冲个数多，布阻抗小，反之则大。

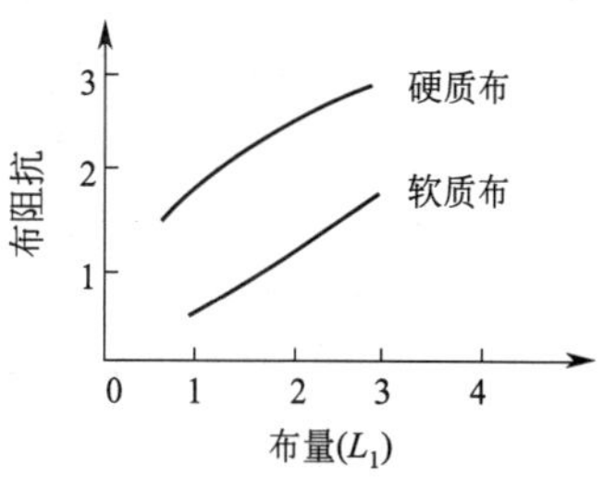

图 8-20 布阻抗曲线

在得出布阻抗之后，通过模糊推理就可以产生相应的布质及布量。布质和布量检测电路如图 8-16 中的 PA_2 端口所接电路所示。

(2) 浑浊度的检测

衣物的肮脏程度、肮脏性质和洗净程度等都需要检测，以便进行洗涤工作过程的整定和控制。浑浊度的检测用红外光电传感器完成，利用红外线在水中的透光和浑浊度关系，通过模糊推理，得出检测结果，这个结果就可以用于控制推理。

浑浊度检测器的结构与安装如图 8-21 所示。红外发射管和接收管分别安装在排水管的两侧，在红外发射管中以恒定电流使红外线以一定的强度发射，红外接收管中接收到的红外线强度反映水的浑浊程度。图 8-21(a) 表示红外光电传感器的安装情况。图 8-21(b) 表示水的浑浊度较高时，红外线透光率变化的情况。图 8-21(c) 表示水的浑浊度较低时，红外线透光率变化的情况。

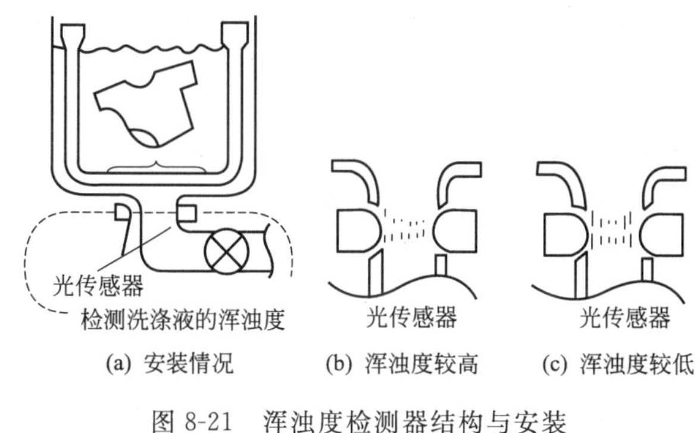

图 8-21 浑浊度检测器结构与安装

根据红外接收管所接收到的红外线强度，就可以得出水的浑浊度。通过实验，可知在洗涤过程中红外线透光率的变化情况，以及有关因素的关系，这种关系如图 8-22 所示。图8-22(a) 表示洗涤一般过程的红外线透光率的变化曲线。从曲线中可以看出，洗涤开始后，衣物中的脏物溶解于水，使透光率下降；同时，随着洗涤剂的投放，衣物中的污物进一步脱落溶解于水中，透光率进一步下降，并达到一个最低值，然后随着漂洗的进行，衣物变干净，水质也变清，从而使红外透光率渐渐升高，最后达到初始值。一般而言，当透光率再次达到初始值时，说明衣物洗涤干净，这时可以停止漂洗。

图 8-22(b) 表示衣物轻度和重度污脏进行洗涤时，红外线透光率的变化曲线。轻度污脏时，透光率较高；重度污脏时，透光率较差。利用这种特性可以判别衣物的污脏程度。

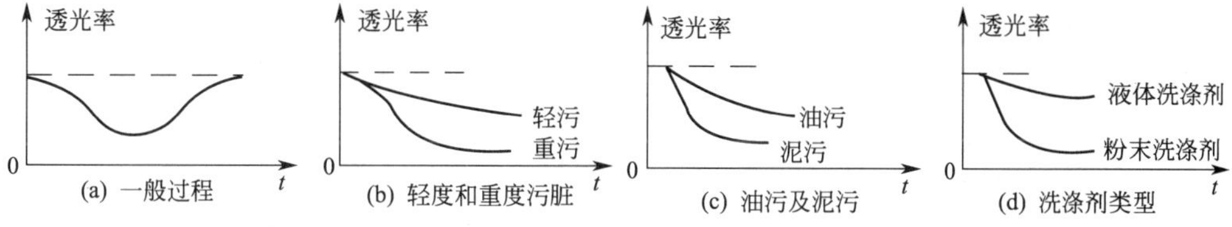

图 8-22 洗涤全过程透光率变化曲线

图 8-22(c) 表示衣物的油污及泥污进行洗涤时，红外线透光率的变化曲线。油污时透光率较高，泥污时透光率较低。

图 8-22(d) 表示选用不同类型洗涤剂进行洗涤时，红外线透光率的变化曲线。液体洗涤剂透光率高，粉末洗涤剂透光率较低。

按照图 8-22 给出的透光率变化曲线，可以根据洗衣机中水的透光率来判别衣物的污脏程度、污脏性质，以及洗涤剂的种类，从而可以按此进行洗涤过程控制。

(3) 水温检测

水温检测由温度传感器 MTS102 执行。由于 MTS102 具有线性度好、温度敏感等特点，用它对水温检测有较大的优点。电路中用两个运算放大器对 MTS102 的输出信号进行处理，一个用于隔离阻抗，另一个用于放大信号。水温一般为 4～40℃，在一些特殊的洗衣机中，有时会加入热水，则水温较高，但水温一般不会超过 60℃，水温太高会对衣物有损坏作用。

8.4 特种机器人——地下穿孔机器人

特种机器人是指适用于非工业生产领域，如航天、军事、海洋石油开发、地下勘探、农业生产、建筑、采矿、医疗福利、服务业等，相应完成所要求作业的机器人。这类机器人的样式很多，如用在高层建筑或油田进行灭火救灾的机器人；用于核反应堆探测和检查的机器人；用于水下作业的机器人；用于娱乐的跳舞、导游机器人；仿蛇形机器人、仿蚯蚓蠕动机器人、仿丈量虫爬行的微机械和仿象鼻机器人等仿生机器人。

地下穿孔机器人（以下简称机器人）是一种可在土中自动行走的装置。它由计算机控制，在地表的一端进入土中，从地表的另一端指定位置穿出。其控制的目的是使机器人按预定设计的轨迹前进，行进中可以随时改变方向，绕过障碍物或修正偏差。它主要应用在 PE 或 PVC 管、电缆、光缆等小直径管线的地下非开挖铺设施工。

对于地下管线的铺设，从 20 世纪 70 年代开始，在西方发达国家中开始推广应用非开挖法技术。这项技术可以在少量开挖地表的条件下探测、检查、修复、更新和铺设管道、线缆等多种地下设施。与开挖法地下管线施工相比，非开挖法具有不影响交通、不污染环境等优点，并且在许多情况下比开挖法施工周期短、成本低。因此，它被看做是地下管线工程施工的一次技术革命，受到了各国的重视，非开挖法正以越来越快的速度，在越来越多的场合取代开挖法地下管线施工。目前，非开挖法技术施工量已占全部管线施工量的 10%，个别地区高达 40%，已经成为衡量一个国家地下管线施工科技含量高低的重要标志之一。机器人可在不开挖地面的情况下完成水平、垂直、倾斜等地下穿孔作业，然后，将管线拖入完成铺设。它在城市市政、自来水、电信、电力、建筑等管线的施工中具有很广的用途。

8.4.1 地下穿孔机器人的总体构成及作业流程

(1) 总体构成

机器人主要由机器人本体、供气/供油管线及绳缆、入土支架、气压或液压动力源、信号接收装置及微型计算机控制系统等部分组成。其中，机器人本体包括冲击机构、转向机构、锥形钻头三个部件，如图 8-23 所示。

(2) 钻孔工作原理

ⅰ. 将钻孔信息输入微型计算机中，由轨迹规划软件设计出路径轨迹。

ⅱ. 调整入土支架与地表至合适角度，使得机器人本体获得一定的入地角。

ⅲ. 控制系统发出指令，使机器人本体、气压或液压动力源处于初始工作状态。

ⅳ. 通过操作软件，实现机器人在土中的钻孔作业。

ⅴ. 直线钻孔，由控制系统控制转向机构产生旋转运动，使锥形钻头以一定的速度均匀旋转，启动电磁阀向冲击机构供油或气，产生冲击运动，即冲击又旋转，形成的孔轨迹为直线。

ⅵ. 曲线钻孔，在钻孔过程中需要调整前进轨迹时，由控制系统控制转向机构产生旋转运动，使锥形钻头转过指定的转角后固定，只冲击不旋转，机器人将沿锥形钻头偏转的方向前进，即实现了曲线运动。

ⅶ. 测试系统测试机器人本体的各个参数，反馈给控制系统，根据实际运行轨迹与规划轨迹的偏差，调整前进路径。

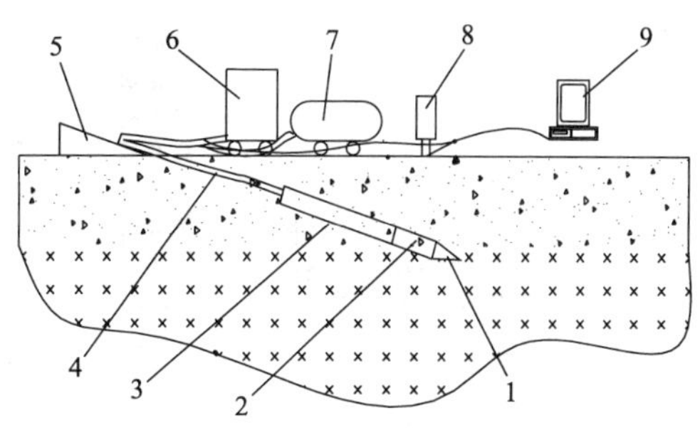

图 8-23　地下穿孔机器人总体构成

1—锥形钻头；2—转向机构；3—冲击机构；4—供气或油管及绳缆；5—入土支架；6—液压油源；7—空气压缩机；8—测试系统；9—微机操作控制系统

ⅷ. 当从地表的另一端出土后，拆下机器人本体，反拉或正拉换上欲铺设的管线，完成一条管线的铺设。

(3) 特点

ⅰ. 采用液压或气动方式进行驱动。钻孔前进原理是冲击活塞以一定的频率撞击缸体头部，活塞的动能转换成冲击能，形成较大的冲击力，用来克服土壤的阻力。这样，冲击头部可在土层中挤压周围土层，形成圆孔并带动冲击本体前进。钻孔转向原理通过换向阀向液压缸供油（或汽缸供气），推动缸内活塞往复运动，通过离合器的咬合与分离产生旋转运动，使锥形钻头具有不同的摆角。此时，钻头钻孔将沿钻头偏转的方向前进。

ⅱ. 机器人前进的推动力与转动力均产生于机器人的本体上，实现机器人在土壤中的自行运动，提高了运动的灵活性。

ⅲ. 机器人的转动由转动机构实现，将转矩的产生移至冲击本体上，节省了国内外普遍采用的将转矩由地上传递至钻头的钻杆、导气管或挠性杆的过程。因此，结构简单，操作方便。

ⅳ. 钻孔过程采用微型计算机控制，测试系统采用有线通信方式，通过深度、姿态等传感器实时解算机器人在土中的位置及姿态。

ⅴ. 与国内外同类装置相比，本机器人仅带动供油管或供气管、电缆，拖动负载小，而且配套机具少、安装运输方便、施工成本低。

(4) 作业流程

机器人在进行地下钻孔作业。首先，需要事前对欲敷设管线地下的状况进行勘测，如在城市施工穿越街道时，应详细了解街道地面下方的管网分布，确定原有管线的数量和位置，绘制出地下管线位置的深度剖面图，根据此剖面图结合机器人的钻孔特性合理设计钻孔轨迹。然后，按照钻孔轨迹进行作业，通常钻孔轨迹由直线→曲线→直线→曲线→直线五条线段构成，如图 8-24 所示，具体流程如下。

ⅰ. 初始化机器人进土前的各参数，包括初始位移、头部转角、本体姿态与入射角等参量，启动空压机处于等待状态。

ⅱ. 机器人开始冲击前进，从街道的一边钻进土中，根据机器人反馈的信息判断其在土中的位置，与设计轨迹进行比较，随时调整头部的转角及时修正偏差。

ⅲ. 根据位移传感器测量出机器人在土中的钻孔长度，结合电子罗经提供的姿态数据，解算出机器人所处的线段，即直线段与曲线段。

ⅳ. 钻孔正常后，机器人前进的速度处于一定的范围内。如果在向前冲击过程中，碰到

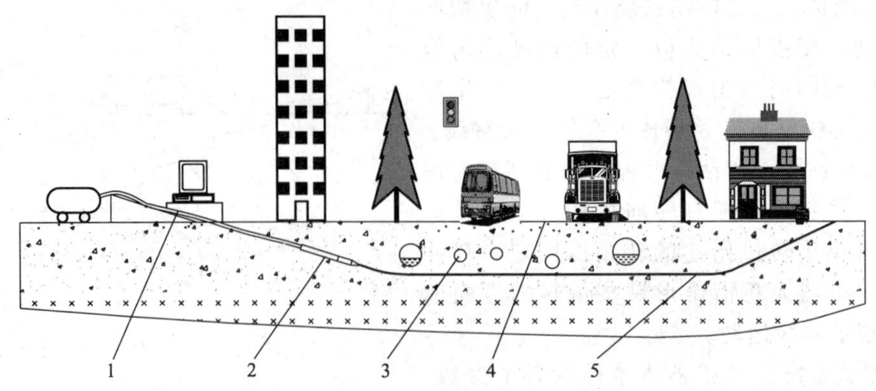

图 8-24 地下穿孔机器人地下施工

1—操作控制系统；2—机器人本体；3—原有地下管线；4—街道；5—钻孔轨迹

大石块或其他不能越过的障碍物时，位移传感器检测的位移信号将增加很少，机器人前进的速度基本为零。此时，拉动机器人的牵引细钢缆，使它回退一段位移后，令其头部转向，确定再次冲击的方向，在绕过障碍物后，再通过调节使之回到原钻孔轨迹。

ⅴ. 在完成最后直线段的钻孔后，机器人从街道的对面钻出。

ⅵ. 回拉铺管，具体是拆下锥形钻头，换上拖动铺设管线的短接，调整冲击机械的配气参数至适当值使之回退，回拉细钢缆，在细钢缆与机器人的回拖力作用下，将管线沿已经成孔的轨迹回拉完成铺设。

作业流程如图 8-25 所示。

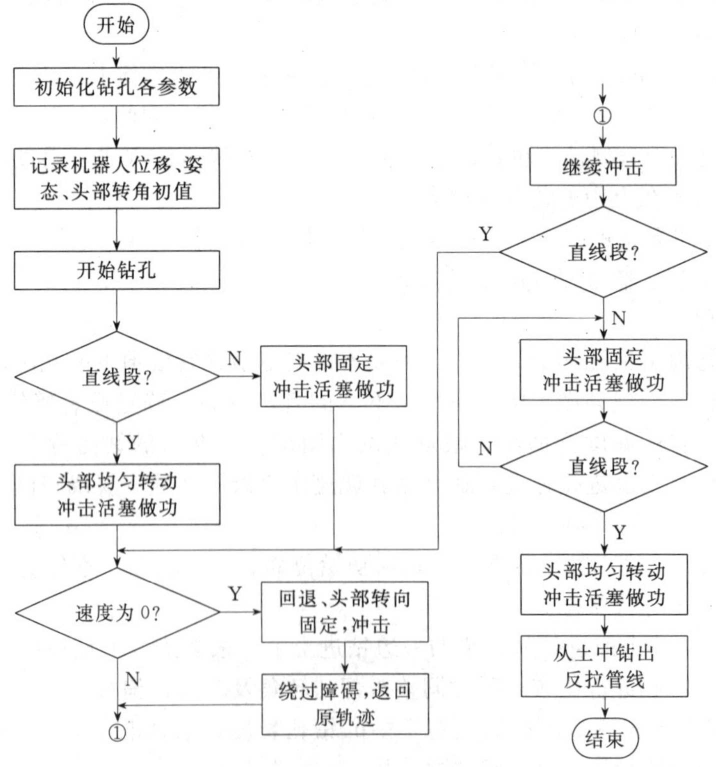

图 8-25 机器人作业流程

8.4.2　地下穿孔机器人运动学分析

（1）运动模型的建立

通过上面对机器人的工作原理的分析，得知机器人在泥土中前进的两个条件如下。

ⅰ. 沿机器人本体方向能够产生足够的推进力，克服本体与周围泥土环境的摩擦力。

ⅱ. 机器人的本体不能产生侧向移动。

由于机器人在泥土环境中冲击前进，周围的泥土限制了其产生侧向运动的能力，故机器人完全满足上述产生运动的条件。

机器人本体由锥形钻头、转向机构和冲击机构三部分组成。在建立运动模型时，将转向机构和冲击机构看做一个整体，并均视为均质杆，这样可简化模型。

机器人的实际运动轨迹应为空间的三维曲线。由于在冲击打孔的作业过程中，机器人从路面地下一侧向另一侧冲击前进。在建模时可以假设其水平方向无运动，从而将其运动限制在一个垂直平面 xoz 内。设机器人锥形钻头顶尖到底面圆心的长度为 l_2，偏角为 α，转向机构和冲击机构长度为 l_1，质量为 m_i $(i=1,\ 2)$，转向机构和冲击机构的质量中心位于该段形状中心，转动惯量为 $J_i(i=1,\ 2)$。机器人头部位置表示为 $(x,\ z,\ \theta)$，各段质量中心分别为 $(x_i,\ z)(i=1,2)$，各段与 x 轴之间的夹角为 $\varphi_i(i=1,\ 2)$，两段之间的相对转角为 $\varphi=\varphi_1-\varphi_2$。

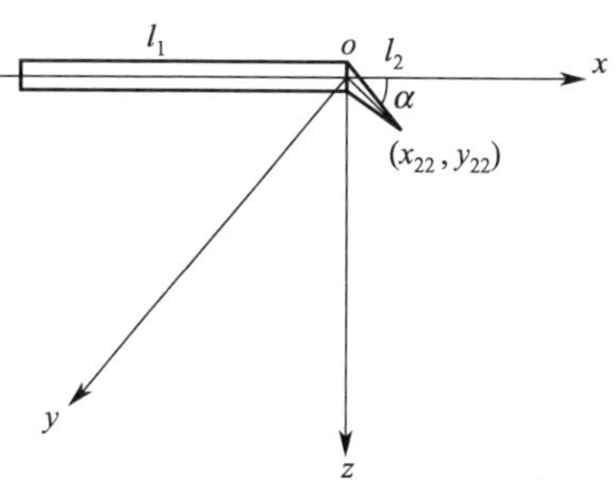

图 8-26　地下穿孔机器人结构

由于机器人的锥形钻头为非对称圆锥体，设锥形钻头为均质刚体，锥形钻头的质心不在圆锥的尖点与其底面圆心的连线上，其结构如图 8-26 所示。

锥形钻头的体积 V 的计算如式(8-1) 所示。

$$V=\int_0^{l_2}\pi\left(\frac{D}{2}\times\frac{l_2-x}{l_2}\right)^2\sin\alpha\,\mathrm{d}x$$

$$=\frac{\pi}{12}D^2\sin\alpha l_2 \tag{8-1}$$

式中　D——锥形钻头的底圆半径。

锥形钻头的质心坐标 $(x_{22},\ y_{22},\ z_{22})$ 的计算公式为式(8-2)～式(8-4)。

$$x_{22}=\int_0^{l_2}\pi\left(\frac{D}{2}\times\frac{l_2-x}{l_2}\right)^2\sin\alpha(x\sin\alpha)\,\mathrm{d}x/V$$

$$=\frac{1}{4}l_2\sin\alpha \tag{8-2}$$

$$y_{22}=0 \tag{8-3}$$

$$z_{22}=\int_0^{l_2}\pi\left(\frac{D}{2}\times\frac{l_2-x}{l_2}\right)^2\sin\alpha(x\cos\alpha)\,\mathrm{d}x/V$$

$$=\frac{1}{4}l_2\cos\alpha \tag{8-4}$$

机器人的运动模型如图 8-27 所示，有下述关系存在。

$$x_2=x+(l_2\cos\alpha-x_{22})\cos\phi_2-(l_2\sin\alpha-z_{22})\sin\phi_2$$

$$=x+\left(l_2\cos\alpha-\frac{1}{4}l_2\sin\alpha\right)\cos\phi_2-\left(l_2\sin\alpha-\frac{1}{4}l_2\cos\alpha\right)\sin\phi_2 \tag{8-5}$$

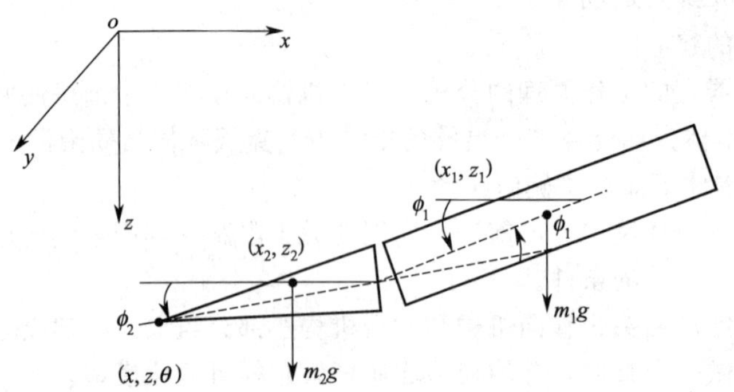

图 8-27 机器人的运动模型

$$z_2 = z + (l_2\cos\alpha - x_{22})\sin\phi_2 + (l_2\sin\alpha - z_{22})\cos\phi_2$$

$$= z + \left(l_2\cos\alpha - \frac{1}{4}l_2\sin\alpha\right)\sin\phi_2 + \left(l_2\sin\alpha - \frac{1}{4}l_2\cos\alpha\right)\cos\phi_2 \tag{8-6}$$

$$x_1 = x + l_2\cos\alpha\cos\phi_2 - l_2\sin\alpha\sin\phi_2 + \frac{l_1}{2}\cos\phi_1 \tag{8-7}$$

$$z_1 = z + l_2\cos\alpha\sin\phi_2 + l_2\sin\alpha\cos\phi_2 + \frac{l_1}{2}\sin\phi_1 \tag{8-8}$$

对上述式(8-5)～式(8-8) 进行求导，可得各段的速度表示。

$$\dot{x}_2 = \dot{x} - \left(l_2\cos\alpha - \frac{1}{4}l_2\sin\alpha\right)\dot{\phi}_2\sin\phi_2 - \left(l_2\sin\alpha - \frac{1}{4}l_2\cos\alpha\right)\dot{\phi}_2\cos\phi_2 \tag{8-9}$$

$$\dot{z}_2 = \dot{z} + \left(l_2\cos\alpha - \frac{1}{4}l_2\sin\alpha\right)\dot{\phi}_2\cos\phi_2 - \left(l_2\sin\alpha - \frac{1}{4}l_2\cos\alpha\right)\dot{\phi}_2\sin\phi_2 \tag{8-10}$$

$$\dot{x}_1 = \dot{x} - l_2\cos\alpha\,\dot{\phi}_2\sin\phi_2 - l_2\sin\alpha\dot{\phi}_2\cos\phi_2 - \frac{l_1}{2}\dot{\phi}_1\sin\phi_1 \tag{8-11}$$

$$\dot{z}_1 = \dot{z} + l_2\cos\alpha\dot{\phi}_2\cos\phi_2 - l_2\sin\alpha\dot{\phi}_2\sin\phi_2 + \frac{l_1}{2}\dot{\phi}_1\cos\phi_1 \tag{8-12}$$

式(8-9)～式(8-12) 给出了机器人的锥形钻头、转向机构与冲击机构的速度模型。

(2) 机器人转弯的曲率半径分析

机器人在泥土中的运行轨迹包括曲线前进部分和直线前进部分两种轨迹形式。机器人锥形钻头的轴线与冲击机构的轴线存在一定偏角的情况下，机器人的运行轨迹为一段曲线。在冲击力和冲击频率一定时，机器人在泥土中的运行轨迹，主要由机器人本身的几何参数、运动参数和机器人在泥土层的抗剪性等因素决定。这里主要讨论机器人的几何参数和运动参数对其运行轨迹的影响，泥土层的影响通过运行试验，对理论探讨的轨迹进行修正。

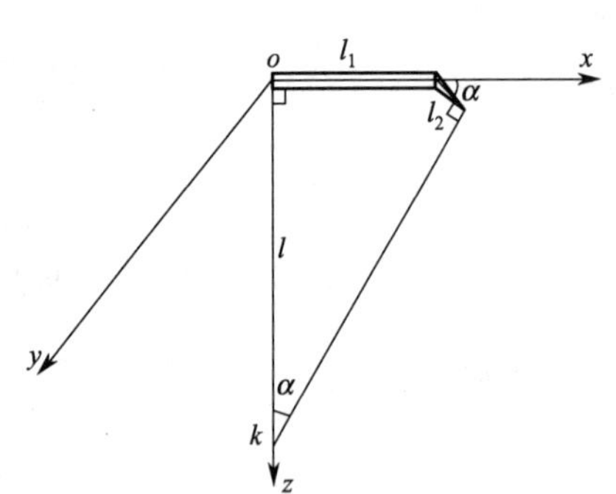

图 8-28 机器人示意

机器人的锥形钻头长度为 l_2，转向机构和冲击机构长度为 l_1，锥形钻头与冲击机构的轴线夹角为 α，转向机构汽缸工作，带动锥形钻头绕冲击机构的轴线旋转，其曲率半径为 l，如图 8-28 所示。

根据刚体运动学的分析，机器人在泥土中前进时，转向机构和冲击机构的速度瞬心在 z 轴上，锥形钻头的速度瞬心在与锥形钻头垂直的直线上，两者的交点为点 k。ok 长度 l 即是

整个机器人在泥土中的转弯半径，即

$$l=(l_1\cos\alpha+l_2)/\sin\alpha \tag{8-13}$$

设机器人本体长度 l_1 约为 1100mm，锥形钻头的长度约为 100mm，锥形钻头的偏角为 12.5°时，机器人的转弯曲率半径为

$$\begin{aligned} l &=(l_1\cos\alpha+l_2)/\sin\alpha \\ &=[1100\times\cos(12.5\times3.14159/180)+180]/\sin(12.5\times3.14159/180) \\ &=5424\ (\text{mm}) \end{aligned}$$

当锥形钻头的偏角为 7.5°时，机器人的转弯曲率半径为

$$\begin{aligned} l &=(l_1\cos\alpha+l_2)/\sin\alpha \\ &=[1100\times\cos(7.5\times3.14159/180)+100]/\sin(7.5\times3.14159/180) \\ &=9121\ (\text{mm}) \end{aligned}$$

(3) 建立机器人曲线轨迹行进的运动方程

由机器人在泥土中的理想运动轨迹可知，机器人在泥土中需要曲线运行，以实现方向进行调整。根据曲线轨迹的方向，锥形钻头在转向机构的作用下，绕冲击机构的轴线旋转一定的角度 β 后，冲击机构开始动作，以速度 v 在泥土中前进时间 t，可以使机器人在泥土中沿曲线轨迹前进。

为描述机器人的具体运动过程，在冲击机构的尾部建立基础坐标系，如图 8-28 中的 $oxyz$ 所示，当前坐标系的原点建立在冲击机构的尾部，其随着机器人一起运动。根据空间运动学分析，利用齐次坐标变换原理，建立当前坐标系的位姿矩阵过程如下。

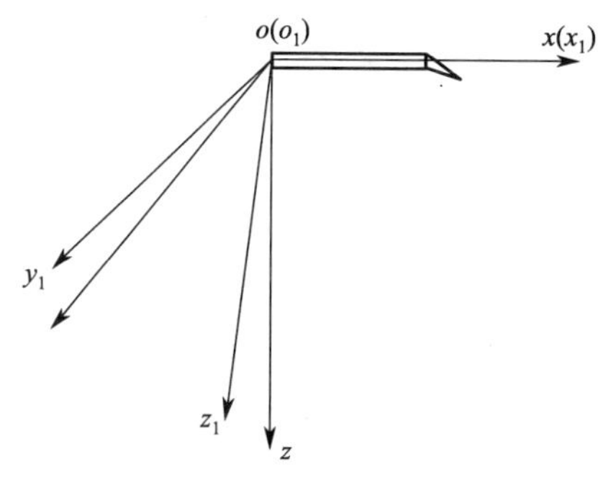

图 8-29 坐标变换结果 1

ⅰ. 当前坐标系 $o_1x_1y_1z_1$ 绕固定坐标系 $oxyz$ 的 x 轴旋转 β 角，得到矩阵 T_1，如式(8-14) 所示，变换结果 1 如图 8-29 所示。

$$T_1=\begin{bmatrix}1 & 0 & 0 & 0\\ 0 & \cos\beta & -\sin\beta & 0\\ 0 & \sin\beta & \cos\beta & 0\\ 0 & 0 & 0 & 1\end{bmatrix} \tag{8-14}$$

ⅱ. 坐标系 $o_2x_2y_2z_2$ 沿坐标系 $o_1x_1y_1z_1$ 的 z_1 轴移动 l，得到矩阵 T_2，如式(8-15) 所示，变换结果 2 如图 8-30 所示。

$$T_2=\begin{bmatrix}1 & 0 & 0 & 0\\ 0 & 1 & 0 & 0\\ 0 & 0 & 1 & l\\ 0 & 0 & 0 & 1\end{bmatrix} \tag{8-15}$$

ⅲ. 坐标系 $o_3x_3y_3z_3$ 绕坐标系 $o_2x_2y_2z_2$ 的 y_2 轴旋转 r 角，得到矩阵 T_3，如式(8-16) 所示，其中 $\gamma=\frac{vt}{l}$ (机器人沿瞬心转过的弧度值)，变换结果 3 如图 8-31 所示。

$$T_3=\begin{bmatrix}\cos\gamma & 0 & \sin\gamma & 0\\ 0 & 1 & 0 & 0\\ -\sin\gamma & 0 & \cos\gamma & 0\\ 0 & 0 & 0 & 1\end{bmatrix} \tag{8-16}$$

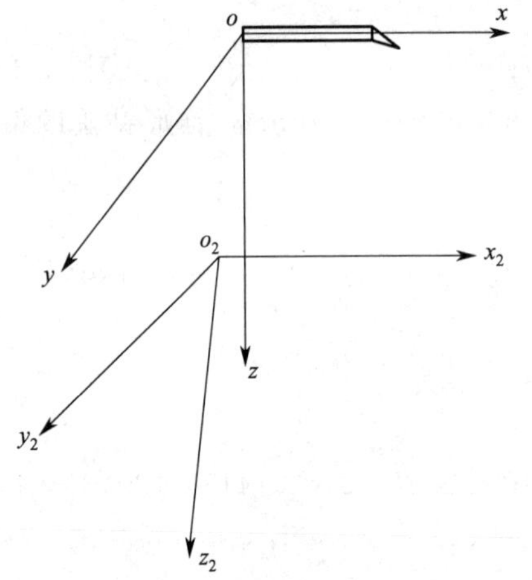

图 8-30 坐标变换结果 2

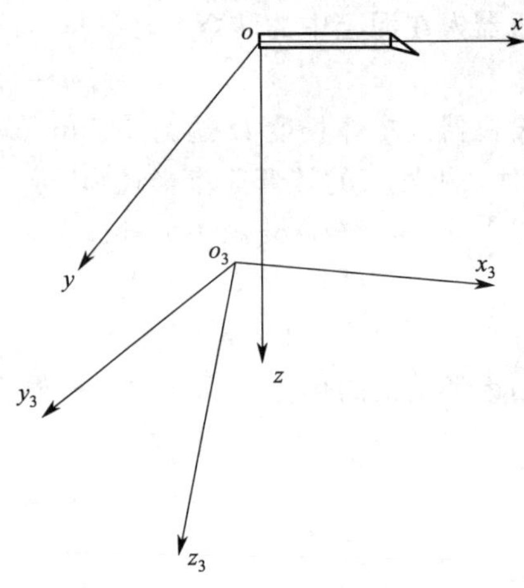

图 8-31 坐标变换结果 3

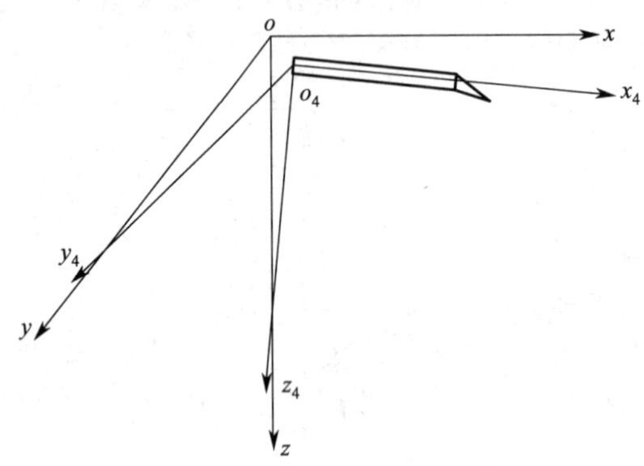

图 8-32 坐标变换结果 4

ⅳ. 坐标系 $o_4x_4y_4z_4$ 绕坐标系 $o_3x_3y_3z_3$ 的 z_3 轴移动 $-l$，得到矩阵 T_4，如式(8-17)所示，变换结果 4 如图 8-32 所示。

$$T_4=\begin{bmatrix}1&0&0&0\\0&1&0&0\\0&0&1&-l\\0&0&0&1\end{bmatrix} \tag{8-17}$$

经过时间 t 后，机器人的位姿如式(8-20)所示。

$$\begin{aligned}T&=T_1T_2T_3T_4\\&=\begin{bmatrix}1&0&0&0\\0&\cos\beta&-\sin\beta&0\\0&\sin\beta&\cos\beta&0\\0&0&0&1\end{bmatrix}\begin{bmatrix}1&0&0&0\\0&1&0&0\\0&0&1&l\\0&0&0&1\end{bmatrix}\begin{bmatrix}\cos\gamma&0&\sin\gamma&0\\0&1&0&0\\-\sin\gamma&0&\cos\gamma&0\\0&0&0&1\end{bmatrix}\begin{bmatrix}1&0&0&0\\0&1&0&0\\0&0&1&-l\\0&0&0&1\end{bmatrix}\\&=\begin{bmatrix}\cos\gamma&0&\sin\gamma&-l\sin\gamma\\\sin\beta\sin\gamma&\cos\beta&-\cos\gamma\sin\beta&-l\sin\beta\ (1-\cos\gamma)\\-\cos\beta\sin\gamma&\sin\beta&\cos\beta\cos\gamma&l\cos\beta\ (1-\cos\gamma)\\0&0&0&1\end{bmatrix}\end{aligned} \tag{8-18}$$

经过时间 t 后，机器人冲击机构尾部的轨迹坐标（x，y，z）为

$$(-l\sin\gamma,-l\sin\beta(1-\cos\gamma),l\cos\beta(1-\cos\gamma))$$

8.4.3 地下穿孔机器人本体设计

机器人本体设计包括机器人本体结构设计、锥形钻头的设计选型（主要有阶梯式、尖锥式、槽纹式三种类型），气动冲击机构设计、气动转向机构设计等。

8.4.3.1 机器人本体结构

如图 8-33 所示，机器人本体结构由锥形钻头、转向机构、测试部件及冲击机构等部件组成。转向机构由压缩弹簧、转动离合器、转动汽缸等部件组成。测试部件由光电码盘、温

度传感器、电子罗经、压力传感器等组成。冲击机构包括冲击汽缸、冲击活塞、配气阀、前后端盖等部件。

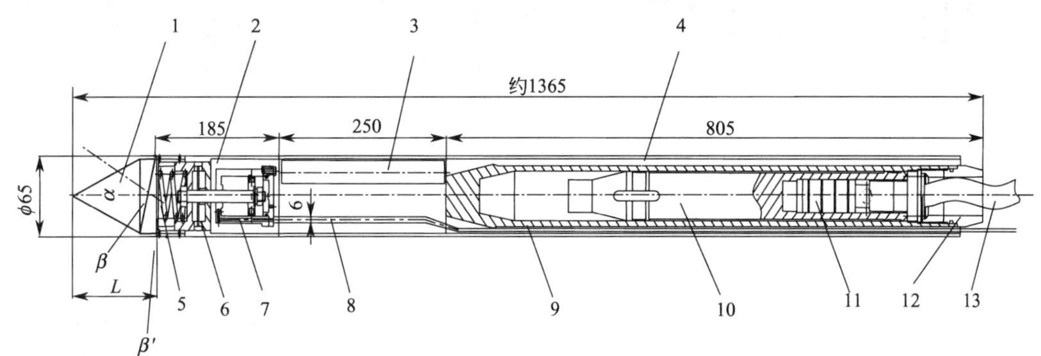

图 8-33　地下穿孔机器人本体结构

1—锥型钻头；2—转向机构；3—测试部件；4—冲击机构；5—压缩弹簧；6—转动离合器；7—转动汽缸；8，13—气管；9—冲击汽缸；10—冲击活塞；11—配气阀；12—端盖

以外径 ϕ65 mm 机器人为例，其主要技术参数如下。

ⅰ. 规格 ϕ65mm×1365mm（直径×长度），质量约 14kg。

ⅱ. 供气（工作）压力 0.6～0.8MPa。

ⅲ. 冲击能 37～54J。

ⅳ. 冲击频率 320～435 次/min。

ⅴ. 前进速度 0.4～1.5m/min。

ⅵ. 冲击汽缸供气管规格 ϕ25mm，转向机构供气管规格 ϕ8mm。

ⅶ. 牵引负载供气管线、细钢缆。

8.4.3.2　锥形钻头的设计选型

如图 8-34 所示，冲击矛产品的钻头主要有阶梯式、槽纹式、尖锥式三种类型，其特点如下。

① 阶梯式钻头［图 8-34(a)］　冲击破碎作用好，前端阶梯起到导向作用，但只能用于干土层，在钻进中易出现回弹现象。

② 槽纹式钻头［图 8-34(b)］　轴向冲击力可容易地转为径向压实力，土层内的细土及水容易排出，钻孔精度差，容易偏斜。

③ 尖锥式钻头［图 8-34(c)］　轴向冲击力可容易地转为径向压实力，在均匀土层内钻速高，钻头作用范围内的孔壁较牢固，钻孔精度差，容易偏斜，只有在均匀土层中才能保证钻孔的精度。

机器人依靠冲击挤压成孔，应用于城市地下管线的施工，土质可以初步认为是均匀挤压作用强的松散土层。因此，尖锥式钻头与槽纹式钻头较适合作为机器人的钻头，由于尖锥式钻头加工工艺简单、成本低，故普遍采用尖锥式钻头。

机器人的锥形钻头分对称与非对称两种系列。当施工作业仅钻直孔时使用对称钻头，当施工作业钻孔轨迹由直线与曲线组成时，则使用非对称钻头。并且，曲线曲率越小，选用偏角 β 越大的钻头。对称钻头钻直孔时，只做冲击不做旋转运动。而非对称钻头钻直孔时，既做冲击又做旋转运动，在钻曲线孔时则只冲击，不旋转，这与导向钻进的钻孔原理相同。

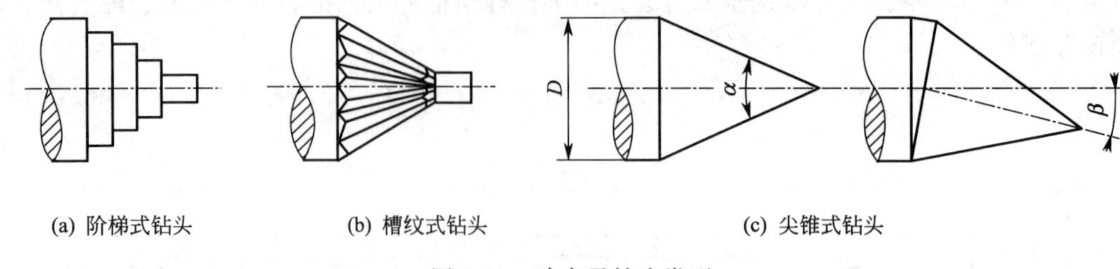

(a) 阶梯式钻头 (b) 槽纹式钻头 (c) 尖锥式钻头

图 8-34 冲击矛钻头类型

8.4.3.3 气动冲击机构

（1）气动冲击机构的构成

如图 8-35 所示，机器人气动冲击机构主要由前部连接短接、汽缸、冲击活塞组件、配气杆芯、配气杆座、汽缸后端盖及进气管接头等部件组成。其中，气动冲击活塞组件由冲击活塞 3、支撑环 4、活塞环 6 组成。在气动冲击活塞上开有连通前后气腔的气孔，此气孔与配气杆芯相配合构成了气压作用的反馈器，随着活塞的运动位置的不同，气孔形成的反馈作用不同，因而形成了对冲击活塞运动的控制。汽缸、活塞由合金属材料制造，而支撑环、活塞环由非金属材料制造。支撑环的作用是使活塞在运动中处于浮动状态，避免活塞外壁与汽缸内壁的刚性接触，并减少摩擦阻力。活塞环是在自身弹力及气体压力的作用下，其外壁紧贴汽缸内壁，封闭了气体泄露的通道，起到活塞运动时气体密封的作用。冲击机构由进气管接头 9 经气管与空压机的出口阀相连，空压机输出压力 $p_0=0.6\sim0.8$MPa，即工作压力。气动冲击机构的特点是结构简单，零部件少，质量轻，后坐力小。

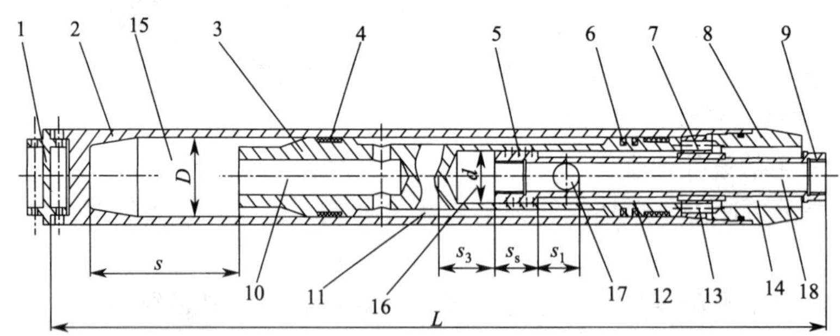

图 8-35 地下穿孔机器人冲击机构结构

1—前部连接短接；2—汽缸；3—冲击活塞；4—支撑环；5—配气杆芯；6—活塞环；7—配气杆座；8—汽缸后端盖；9—进气管接头；10，11，12，13，14—气体通道；15—前气腔；16—后气腔；17—活塞通气孔；18—进气孔道

（2）工作原理

① 活塞冲程过程 图 8-35 中活塞的位置为冲程初始阶段，按气体做功的动力过程，可将活塞的冲程分为匀加速、变加速及减速撞击三个阶段。

ⅰ. 匀加速过程——活塞位移为 s_1。压缩空气经进气管接头 9、进气孔道 18 直接进入活塞后气腔 16 中，推动活塞加速运动。而汽缸前气腔 15 中的气体经气体通道 10 和 11、活塞通气孔 17、气体通道 12～14 排到外界，气体通道 12 中的常压气体与后气腔 16 中压力 $p_0=0.6\sim0.8$MPa 气体之间的密封采用配气杆芯 5 迷宫密封。因此，汽缸前气腔 15 中的压力为常压，活塞后气腔 16 中的压力为 $p_0=0.7\sim0.8$MPa，活塞做匀加速运动，此段位移为 s_1。

ⅱ. 变加速过程——活塞位移为 s_2。活塞移动 s_1 后，活塞通气孔 17 被配气杆芯 5 迷宫密封完全封闭。此时，活塞后气腔 16 依然通压缩空气，而汽缸前气腔 15 中的气体的排出通道因活塞通气孔 17 被封闭而受阻。这时，汽缸前气腔 15 中的气体将被压缩，因时间很短可看做绝热压缩过程，同时对活塞运动产生一定的阻力，故此段活塞将做变加速运动，即加速度下降，速度增加，移动 s_2 距离后，活塞速度达到最大值。

ⅲ. 减速撞击。当活塞再移动 s_2 后，活塞通气孔 17 脱离杆芯迷宫密封与活塞后气腔 16 相通。这时，进气孔道 18 的压缩空气经活塞后气腔 16、活塞通气孔 17、气体通道 11、10 进入汽缸前气腔 15 中，由于汽缸前气腔直径 D 大于活塞后气腔 16 直径 d，故汽缸前气腔气体作用力大于活塞后气腔，活塞加速度变负将做减速运动，此段位移为 s_3。最后，活塞以一定的速度撞击汽缸的前端，冲程结束，整个冲程活塞位移 $s=s_1+s_2+s_3$。

② 活塞回程过程　活塞的回程与冲程相反，可看做冲程的逆过程，即反向匀加速、气体绝热膨胀做功变加速、减速撞击汽缸后端盖三个过程。

ⅰ. 反向匀加速过程——活塞位移为 s_3。活塞撞击结束，反弹向回运动，在位移 s_3 阶段，活塞在汽缸前气腔 15、活塞后气腔 16 力差的作用下匀加速向回运动。

ⅱ. 变加速过程——活塞位移为 s_2。当移动 s_3 后，活塞通气孔 17 被配气杆芯 5 迷宫密封封闭。此时，活塞后气腔 16 依然通压力 $p_0=0.6\sim0.8$ MPa 的空气，而汽缸前气腔 15 中 $p_0=0.6\sim0.8$MPa 的气体将进行绝热膨胀，活塞后气腔 16 气体做负功，汽缸前气腔 15 气体膨胀绝热做正功，负功小于正功，活塞的速度将继续增加，此阶段活塞的位移为 s_2。

ⅲ. 减速回撞——活塞位移为 s_1。在移动 s_2 后，活塞通气孔 17 越过迷宫密封。这时，汽缸前气腔 15 中的气体经气体通道 10 和 11、活塞通气孔 17、气体通道 12～14 与外界常压气体相通，活塞在活塞后气腔 16 中气体的作用下将做减速运动，在移动 s_1 后，以一定的速度撞击汽缸后端盖，回程结束，下一冲程开始，相应回程位移 $s=s_1+s_2+s_3$。

这样，从活塞启动后，活塞分别以一定的速度撞击汽缸的前、后端盖，形成具有一定频率与速度的自激振动，通过调节通气孔 17 与配气杆芯 5 的起始配合位置，可以调节前进与后退速度，从而控制机器人在泥土中的前进与回退两个运行方式。

8.4.3.4　气动转向机构

(1) 基本结构

机器人本体的转向机构采用独特结构的双活塞汽缸设计，通过活塞的往复运动带动牙形离合器咬合与分离，使头部产生旋转，实现曲线与直线运动，转动机构结构如图 8-36 所示。

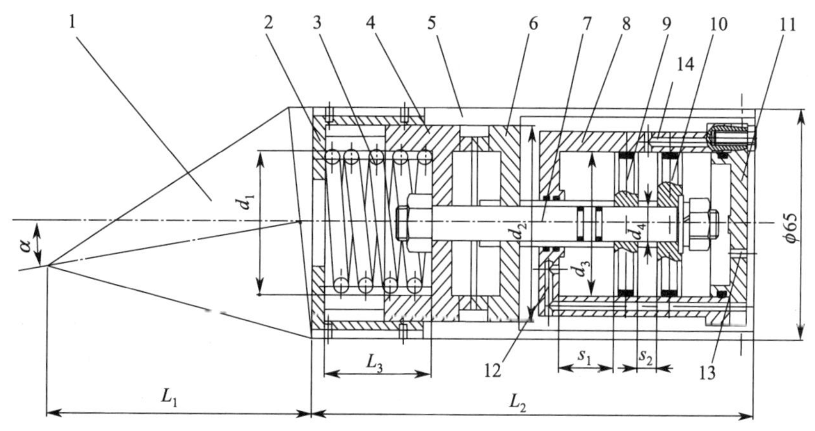

图 8-36　转动机构结构

1—锥形钻头；2—转动套；3—压缩弹簧；4—前离合器；5—离合器基座；6—后离合器；7—活塞；8—汽缸；9—前活塞；10—后活塞；11—汽缸后盖；12—汽缸前气孔；13—汽缸后气孔；14—活塞间气孔

（2）工作原理

ⅰ．前、后离合器的咬合。首先，汽缸后气孔13进气、汽缸前气孔12与活塞间气孔14排气，活塞向左移动 s_1，推动前离合器4、后离合器6移动 s_1，前离合器4外壁镶有六个矩形键滑出离合器基座键槽处于转动活动状态。活塞间气孔14进气、汽缸后气孔13与汽缸前气孔12排气，后活塞10向右运动，前离合器4向右移动与后离合器6咬合，驱使前离合器4转过两个牙形间的间隙角度5°。同时，前离合器4带动转动套2、锥形钻头1转过角度5°，完成钻头的初次旋转。

ⅱ．前离合器与基座的咬合。当前、后离合器咬合后前离合器4转过角度5°，使前离合器外壁上的矩形键转到与基座上下一处的键槽配合的位置。此时，汽缸前气孔12进气、汽缸后气孔13与活塞间气孔14排气，活塞向右运动，在活塞力与弹簧力的共同作用下，前离合器4与基座咬合产生转角25°，从而带动锥形钻头旋转25°。此时，前离合器4处于自锁状态，使锥形钻头固定，一次活塞的往复行程使锥形钻头旋转30°。

ⅲ．活塞往复运行一次后，转动机构恢复初始状态。这样，就实现了锥形钻头的连续转动。

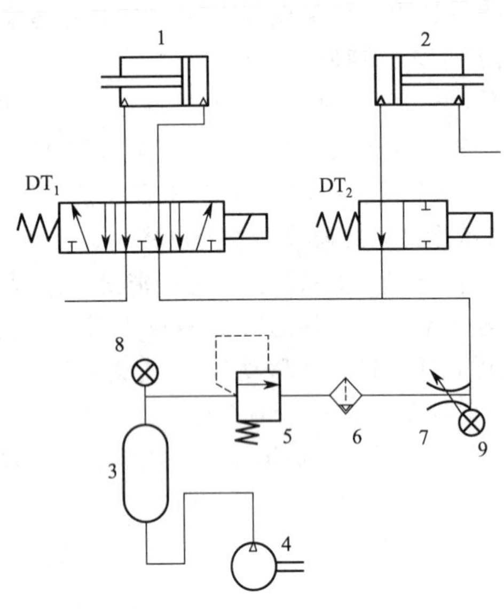

图8-37　气压系统原理

1—转向汽缸；2—冲击汽缸；3—储气罐；4—空气压缩机；5—安全阀；6—过滤器；7—节流阀；8，9—压力表

8.4.4　地下穿孔机器人气压传动系统

机器人气压传动系统是以压缩空气为工作介质传递动力的系统。与液压传动相比，气压动作迅速、反应快、维护简单、工作介质清洁、不存在介质变质及补充等问题，适于远距离输送，用后的空气排到大气中，不必设置回收装置。与电气控制相比，气压传动的工作环境适应性好，适用于在多尘、振动等恶劣环境下工作。

如图8-37所示，机器人气压传动系统主要由空气压缩机4、空气过滤器组件、控制元件（电磁阀）、执行元件（转向汽缸1、冲击汽缸2）、输送气管等部件组成。其中三位五通电磁阀1DT控制转向汽缸1、二位二通电磁阀2DT控制冲击汽缸2。系统的流量 Q 为冲击汽缸、转向汽缸的流量和，以前面 ϕ65mm规格为例可以得出，$Q=0.5\text{m}^3/\text{s}$，各元件的选型如表8-2所示。

表8-2　机器人气动系统元件

名　　称	型　　号	压力范围	有效通径	其他参数
空气泵	W-0.9/10	0.1～1MPa		排气量 $0.9\text{m}^3/\text{min}$、额定功率7.5kW
空气过滤器组件	AFC-2000	0.1～1MPa	8mm	过滤精度50～70μm、水分离效率＞65％
二位二通电磁阀	2231015	0.1～1.2MPa	G1/2	驱动电压220V、电压范围10％
三位五通电磁阀	4V230C-08	0.15～0.8MPa	10mm	驱动电压220V、电压范围10％

8.4.5　地下穿孔机器人控制系统

在泥土中穿孔打洞的机器人是一个具有高度非线性的复杂系统，建立精确的数学模型十分困难。在进行运动轨迹控制时，参数的变化对系统模型的影响较大。机器人移动路径的一般控制方法是把期望移动方向与机器人实际移动方向之差作为控制器的输入偏差，控制器输出控制量为机器人锥形钻头的摆角。实际上，机器人运动与冲击机构、转向机构、汽缸、机器人绕其重心的转动惯量、重心位置、工作环境中土的黏性、土的历史成因、土的含水量等诸多因素有关。采用常规控制方法，只考虑了期望移动方向与实际移动方向的偏差，而未能包含其他因素的影响。因此，难以达到满意的控制效果。当系统参数特别是某些敏感参数发生变化时，就必须重新设定控制器参数。

机器人控制系统要求满足以下两点。

ⅰ. 能够适应各种不同的土质条件。由土力学可知，对于不同的地方，由于土的成因复杂，土的性质是不同的，即使是同一地方，在不同的深度，土的性质也是各不相同的。

ⅱ. 由于机器人作业环境中土颗粒情况和各种地质力的作用有关，其形成的结构形式包括单粒结构、蜂窝结构、絮凝结构和分散结构等，而且土中还有可能含石块等建筑垃圾，这会导致机器人在土中按预定的规划轨迹运动时，机器人的实际轨迹与规划轨迹不同，必须实时控制机器人的姿态，保证机器人按照预定的轨迹行走。

8.4.5.1　控制系统总体设计

机器人采用二级计算机控制系统，既可保证机器人实现自主作业，又可人工进行操纵，从而提高它的实用性和可靠性。

上位机（PC 工控机）位于地面上，能够实现人机界面交互，具有机器人路径规划、环境初始值输入、作业任务指定、机器人状态显示、机器人及辅助系统的动作协调等功能。

下位机（控制器）内部有测试机器人锥形钻头转角的码盘电路、直流电源模块、测量机器人前进距离传感器、数字罗盘和控制电路板等，机器人控制器结构设计上遵循可靠、体积小、重量轻的思想。控制电路板以 AT89C51 单片机最小系统为核心，它根据上位机传送的路径规划结果、初始化参数和动作指令，驱动机器人的冲击机构和转向机构，从而控制机器人的运动，完成按预定轨迹冲击打洞的作业。由上位机获得数字罗盘传感器的反馈信号，通过下位机控制机器人的转向机构和姿态，保证机器人沿规划轨迹前进。机器人控制系统的总体如图 8-38 所示。

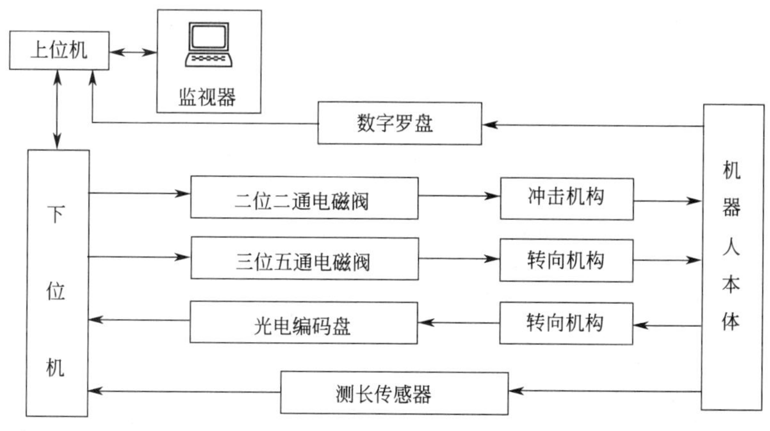

图 8-38　机器人控制系统总体

8.4.5.2　控制系统硬件设计

（1）电磁阀输出驱动电路设计

在机器人控制系统中，冲击机构的冲击动作由二位二通电磁阀控制，转向机构中的汽缸动作由三位五通电磁阀进行控制。电磁阀的控制需要开关量信号。在这类控制方式中，常用的接口电路有晶体管方式的开关量输出接口、继电器方式的开关量输出接口、可控硅（晶闸管）输出接口、固态继电器输出接口和功率电子开关输出接口等。本控制系统采用的是可控硅输出接口。可控硅是一种大功率的半导体器件，它具有用较小功率控制大功率、开关无触点等特点，是一种可靠的控制元件，有着广泛的应用。晶闸管弱电控制、强电输出，只需要很小的功率就可以控制较大的电流，其触发电路采用晶体管触发电路。晶体管是一种半导体元件，它以体积小、重量轻、寿命长、效率高、价格低等优点，在各个领域广泛使用。它的用途之一是作开关用，利用这种特性作可控硅的触发电路被广泛使用。触发信号经过光电耦合器隔离后加到晶闸管上，这种操作非常安全可靠。

机器人的冲击机构和转向机构的电磁阀控制系统的输出驱动接口电路选用 MOC3021 带过零触发的双向晶闸管触发电路。MOC3021 是晶闸管输出型光电耦合器，其输出端为光敏双向晶闸管，且配有过零检测电路，当电源电压为零或刚过零的时候触发晶闸管，减少晶闸管导通时对电源的影响。

电磁阀输出驱动接口电路如图 8-39 所示。

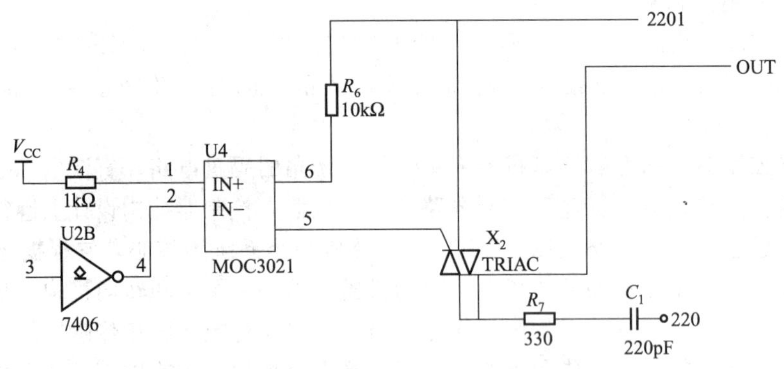

图 8-39　电磁阀输出驱动接口电路

光电耦合器的受光器是光电晶体管。在未加触发信号之前，光电耦合器中的发光二极管和光电晶体管都处于关断状态。当反向驱动器 7406 的 3 脚输入一个高电平时（单片机的 P1.0 输出），经过反向将在光电耦合器的 2 脚输入一个低电平，这时 MOC3021 中的发光二极管通过电流脉冲发光，光电晶体管受光在电流脉冲持续的时间内导通。触发外部的双向晶闸管导通。此时，加在 OUT 和 220 两个引脚之间的电磁阀的一个电磁铁 DT_1 得电，电磁阀正向动作。在这个过程的同时，电磁阀的另一个电磁铁的驱动电路中的光耦的 3 脚输入一个低电平（单片机的 P1.1 输出，即 P1.0 输出一个高电平的同时，P1.1 输出一个低电平），此时光耦不导通，其后的晶闸管处于关断状态，电磁铁 DT_2 不得电，汽缸中活塞的运动状态由 DT_1 决定。同理，当单片机的 P1.0 输出低电平而 P1.1 输出高电平时，将实现汽缸中活塞的动作。

（2）检测锥形钻头转向角度的光电编码盘电路设计

光电编码盘角度检测传感器是一种编码式数字传感器，将测得的角位移转换为脉冲形式的数字信号输出。光电编码盘角度检测传感器可分为两种：绝对式光电编码盘和增量式光电编码盘。

在本系统中，由于绝对式光电编码盘所测得的角度是绝对位置，但对编码盘的制作和安装要求较高，若出现错码，将有可能产生很大的误差，若采用扫描法虽可降低误差，但光电检测系统需多加光敏三极管，使硬件电路板尺寸加大，在机器人的转向机构中难以安装，故采用增量式光电编码盘检测机器人锥形钻头转角，将编码盘粘贴在前离合器（图 8-36）的凹槽内，将光电检测装置电路安装在后离合器（图 8-36）的凹槽内。

机器人锥形钻头检测系统由于转向机构采用离合器，机器人锥形钻头只能顺时针转动，故不用考虑编码盘方向的辨别问题，编码盘的简化设计如图 8-40 所示。

光电检测系统的电路如图 8-41 所示，其中 NE555 芯片的作用是将脉冲整形后送入单片机 I/O 口。

图 8-40　编码盘简化设计

(3) 串行通信电路设计

机器人实验系统要求通信距离在 10m 以上，在设计时考虑将数字罗盘、光电编码盘等传感器安装在机器人机械本体上，这就存在上位 PC 机同控制系统的通信问题，这里采用串行通信方式。

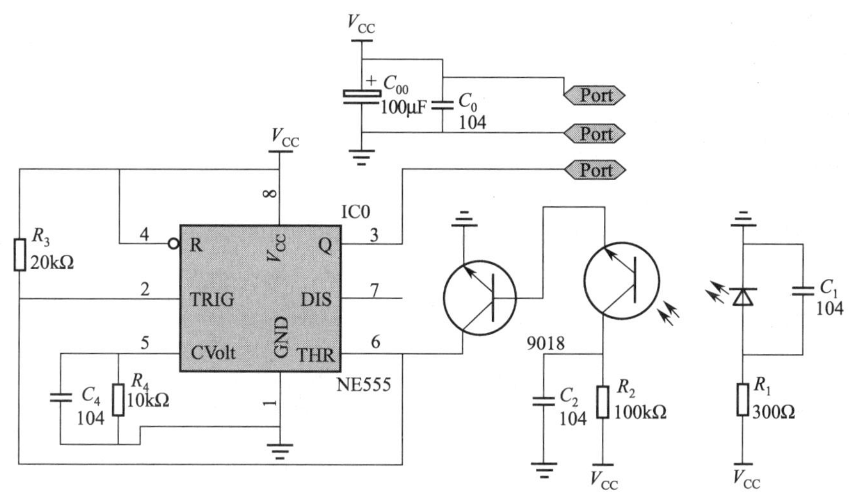

图 8-41　光电检测装置电路图

RS-232C 总线是美国电子工业协会 EIA（electronic industry association）制定的串行接口标准，目前被广泛应用于 30m 距离以内的计算机系统间进行信息传送，信号传输速率可达 20KB/s。它既是一种电气标准，又是一种物理接口标准。

鉴于 AT89C51 单片机串行口 TXD、RXD 均为 TTL 电平，而 PC 机配置的是 RS-232C 标准串行接口，RS-232C 规定的逻辑电平与一般的微处理器、单片机的逻辑电平不同。所以在实际应用时，必须进行电平转换。这种转换是由专门的电平转换芯片来实现的。在标准的 RS-232C 串行通信接口电路中常用的集成芯片有 MAX201、MAX232 等，本系统采用的是 MAX232 芯片。MAX232 是由 MAXIM 公司生产的包含两路接收器和驱动器的 IC 芯片，适用于各种通信接口。MAX232 芯片内部有一个电源电压变换器，可以把输入的＋5V 电源电压变换成 RS-232C 的输出电平所需要的±10V 电压。所以，采用此芯片接口的串行通信系统只需要单一的＋5V 电源即可。对于没有±12V 电源的场合，其适应性更强。加上此芯片的价格适中，硬件接口简单，因此被广泛采用。接口总线变换电路如图 8-42 所示。

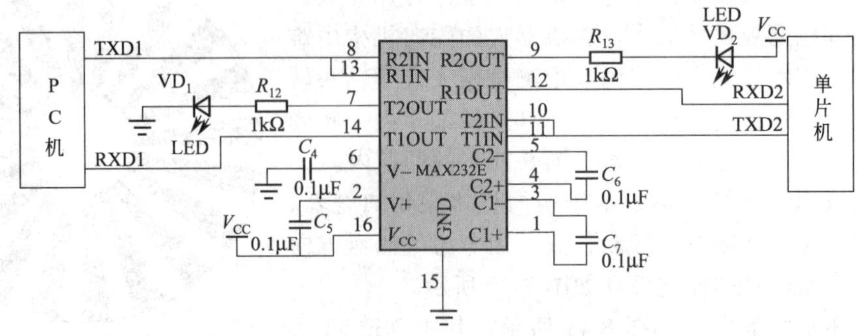

图 8-42 接口总线变换电路

8.4.5.3 HMR3300 数字罗盘的原理及其数据采集

(1) HMR3300 数字罗盘的原理

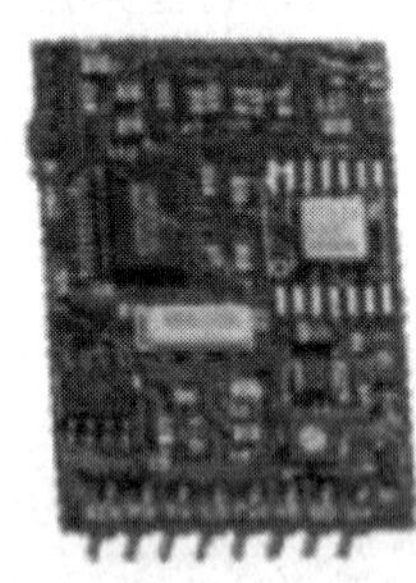

图 8-43 HMR3300 数字罗盘外观

机器人姿态测量系统采用 Honeywell 公司最新推出 HMR3300 三维固态数字罗盘，它使用三个磁场计和三个加速度计来测量运动物体的倾斜、横滚和航向，其数据输出可采用数字 RS-232 或 RS-485 接口。由于 HMR3300 数字罗盘采用固态加速度传感器代替液浮传感器，其他的器件也全部采用固态元器件，其倾斜测量范围得到提高，更适合冲击等严酷环境，同时提高了 HMR3300 数字罗盘的可靠性、稳定性和动态性。HMR3300 数字罗盘的外观如图 8-43 所示。

(2) 数字罗盘的数据采集

测量机器人姿态选用的 HMR3300 数字罗盘传感器是一种可以测量机器人的航向、横滚和俯仰角度的三维高精度传感器，它输出信号形式是串行输出。HMR3300 数字罗盘的技术指标见表 8-3。

表 8-3 HMR3300 数字罗盘的技术指标

航向范围/(°)	横滚和俯仰范围/(°)	分辨率/(°)	直流供电电压/V	精确度/(°)	工作温度/℃	输出
0～360	±60	0.1	12±5%	1.0	−40～85	CMOS/TTL

串行数据输出的 HMR3300 数字罗盘共有 4 根外部接线，其中有两根分别接电源地和电源+12V，还有另外两根线和连接电源地的三根线与 PC 机的串口相连。利用 VisualC（简称 VC)++6.0 编程接收数字罗盘的串行数据采集过程如下。

ⅰ. 利用 MSComm 控件，采用 VC++6.0 编写 PC 机程序，将 HMR3300 数字罗盘测得的数据读入 PC 机接收缓冲区中。

VC++ 6.0 提供的 ActiveX 控件 Microsoft Communication Control（MSComm）用于支持应用程序对串口的访问，为应用程序提供了串口通信功能。在应用程序中嵌入 MSComm 控件可以方便地实现对计算机串口的通信管理。使用 MSComm 控件，只需要设置其相应的属性，然后通过调用 Output 属性发送数据。当有交换数据到达时，会自动响应和做出处理。因此，用其实现计算机和单片机之间的数据传输非常简单，可以轻松地用其实现串口访问。

ⅱ. 从 PC 机的接收缓冲区中得到的若干组数据中，选出一组数据作为机器人的当前姿态的有效数据。

ⅲ. 将得到的一组有效数据，根据逗号和空格为特征分成三个字符串，分别代表 HMR3300 实测的航向、横滚和俯仰角度。

ⅳ. 将步骤ⅲ中得到的三个字符串转换成浮点型数据。

ⅴ. 将步骤ⅲ中得到的三个字符串转换成相应的浮点型数据。

ⅵ. 将三个浮点型数据在控制系统界面上用曲线控件实时显现出来，用于监控机器人的位姿，同时将数据存储到文件中，用数据分析系统调用。

利用 PC 机实时显示 HMR3300 数字罗盘的姿态数据结果曲线如图 8-44 所示。

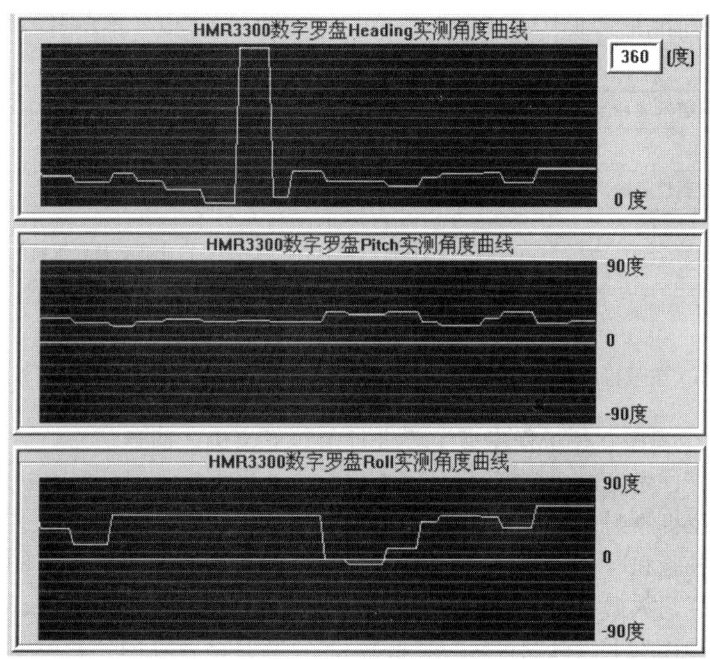

图 8-44 HMR3300 数字罗盘实测结果曲线

8.4.5.4 控制系统软件设计

(1) 下位单片机软件设计

下位机的软件流程如图 8-45 所示。上位机给出控制命令，通过串行总线发给下位机。下位机输出控制信号，调整机器人的运行和作业状态。整个下位机控制软件采用 C51 单片机高级语言编制。

① 初始化子程序 在初始化子程序中，主要是进行一些初始化设置。如定时器、串行口的工作方式，波特率的设定，中断的开启以及优先级高低的设置等。其部分代码如下。

```
TMOD=0x20;          /*设置定时器1为方式2*/
TH1=0xf3;           /*设定2400波特率12MHz*/
TL1=0xf3;
TCON=0x40;          /*启动定时器*/
SCON=0x50;          /*设置串行口方式为3并允许接收*/
PCON=0x00;
IE=0x91;            /*开启中断允许串行口中断允许外部中断0中断*/
IP=0x01;            /*置INT0为高优先级中断*/
```

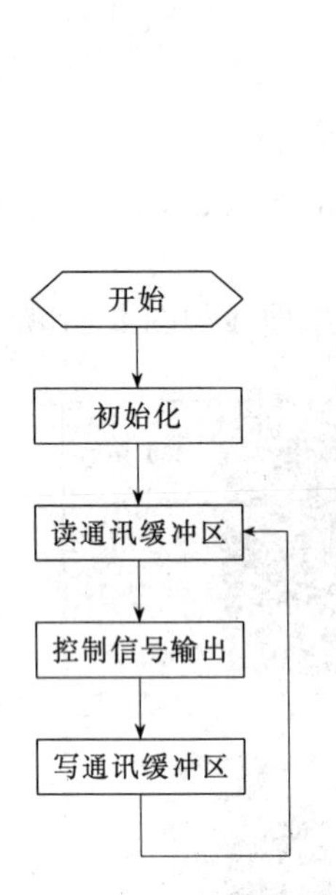

图 8-45 下位机软件流程

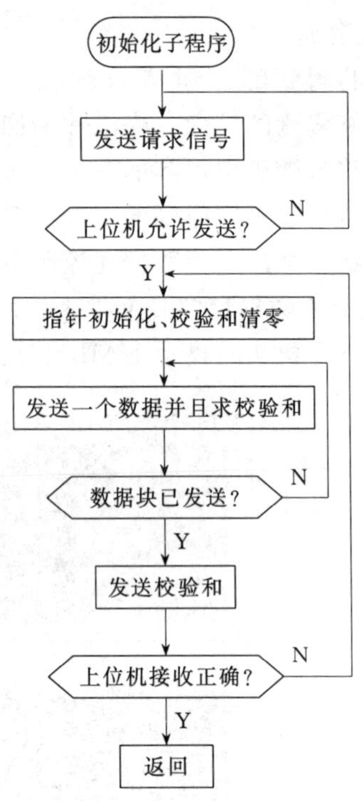

图 8-46 串口通信软件流程

② 串口通信子程序　在子程序中主要进行上、下位机之间通信协议的约定。当下位机开始发送数据时，首先发送“AA”信号给上位机，上位机接收到后回答“BB”信号，表示同意接收。当下位机收到上位机发送的“BB”信号后，开始向上位机发送数据，每发送一次，就求一次“校验和”，当数据块发送完毕后马上发送“校验和”给上位机。上位机接收数据并且将其储存到数据缓冲区 BUF，每接收到一个数据便计算一次“校验和”。当收齐一个数据块之后，再接收下位机发送来的“校验和”，与自己计算的“校验和”比较。如果两者相等，说明接收正确，此时上位机发送一个表示接收正确的信号“0”给下位机；如果两者不相等，上位机会请求重发。

下位机接收到上位机发送的“0”回答后，结束发送；如果接收到的回答非“0”，则重新发送一次数据。与上位机进行通信联络的串口通信软件流程如图 8-46 所示。

（2）上位 PC 机软件设计

机器人控制系统采用的是 PC 机和单片机组成的上、下位机系统，在这类系统中上、下位机之间的串行通信是非常重要的问题。在 DOS 环境下，用汇编语言和 C 语言实现串行通信的手段已经相当成熟。在 Windows 环境下实现串行通信有三种方法。一是利用 Windows9x API 的通信函数。二是利用 VC 的标准通信函数 _ inp、 _ outp 直接对串口进行操作。前者虽然使用面较广，但是比较复杂，专业化程度高，使用起来会遇到很多问题；后者则需要掌握串行通信的物理地址以及 8250 各个寄存器的详细用途。三是使用 Microsoft Visual C＋＋ 6.0 的通信控件（MSComm），这种方法可以很容易的解决上述两种方法中存在的不足，使用起来方便直观。用 VC＋＋6.0 开发的上位机控制程序，其控制界面美观大方，使用简单方便。机器人控制系统就是利用 VC＋＋6.0 提供的 Active X 控件 MSComm 编写的上位机控制程序，完成 AT89C51 单片和 PC 机之间的 RS-232 串行通信，达到实际要求。

利用 MSComm 控件提供的事件 OnComm，可以自动捕获和检查到通信过程中的所有的通信事件或通信错误。MSComm 这种利用事件响应处理通信的方式是事件驱动方式，这种通信方式是处理串行端口交互作用的一种非常有效的方法。在控件 OnComm 事件的消息处理函数中，通过检测 CommEvent 属性的值确定引发 OnComm 事件确切的通信事件或通信错误，并且编写相应的处理代码。在程序运行过程中，当某一串口通信事件或通信错误发生的时候，程序就会自动进行相应的处理。

程序编写过程如下。

ⅰ. 打开 VC++6.0，首先建立一个基于对话框的 MFC 应用程序。

ⅱ. 选择 Project 菜单下面的 Add To Project 子菜单中的 Components and Controls 选项，在弹出的对话框中双击 Registered ActiveX Controls 项，在出现的所有的注册过的 ActiveX 控件的列表中，选择 Microsoft Communications Control，version 6.0，单击 Insert 按钮将其插入到 Project 中，接受缺省的选项。

ⅲ. 打开 Class Wizard，在 Member Viariables 选项卡中，选择 CSCommTestDlg 类，为 IDC_MSCOMM1 添加控制变量：m_ctrlComm。

ⅳ. 打开 Class Wizard 在 Message Maps 选项卡中，选择 CSCommTestDlg 类，选择 IDC_MSCOMM1，为其添加串口事件消息处理函数 OnComm ()。这个函数是用来处理串口消息事件的。每当串口接收到数据，就会产生一个串口接收缓冲区中有字符的消息事件，所添加的函数就会执行。在 OnComm () 函数中，添加所需要的代码。

ⅴ. 打开串口，并且设置串口参数。在主对话框的 CSCommTestDlg:: OnInitDialog () 打开串口，加入的部分代码如下。

```
if(m_ctrlComm.GetPortOpen())
    m_ctrlComm.SetPortOpen(FALSE);
m_ctrlComm.SetCommPort(1);//选择 COM1
if(! m_ctrlComm.GetPortOpen())
    m_ctrlComm.SetPortOpen(TRUE);//打开串口
else
    AfxMessageBox("cannot open serial port");
  m_ctrlComm.SetSettings("2400,n,8,1");//波特率 2400,无校验,8 个数据位,1 个停
                                        止位
  m_ctrlComm.SetRThreshold(1);//参数为 1 表示当串口接收缓冲区中有多于或等于
                               1 个字符时将引发一个接收数据的 OnComm 事件
  m_ctrlComm.SetInputLen(0);//设置当前接收区数据长度为 0
  m_ctrlComm.GetInput();// 先预读缓冲区以清除残留数据
  m_ctrlComm.SetInputMode(1);//以二进制方式传送数据
```

打开所需的串口后接受和发送数据的过程中，需要监视和响应一些事件和错误，这是采用事件驱动法的一个主要原因。完成这项任务的就是 OnComm 事件的 CommEvent 属性，它可以捕获并且检查串行通信事件和错误的具体值。当有通信事件或错误发生时，就会触发 OnComm 事件，CommEvent 的值随之改变，通过应用程序检查其属性值获知所发生的变化并且做出相应的反应。

ⅵ. 在主对话框中添加控制按钮，分别用来进行 HMR3300 数字罗盘数据采集、电磁阀控制、机器人锥形钻头转角检测和机器人土中前进距离检测，以及控制通信开始和结束，并为每个控制按钮添加相应的消息响应函数。监控系统界面如图 8-47 所示。

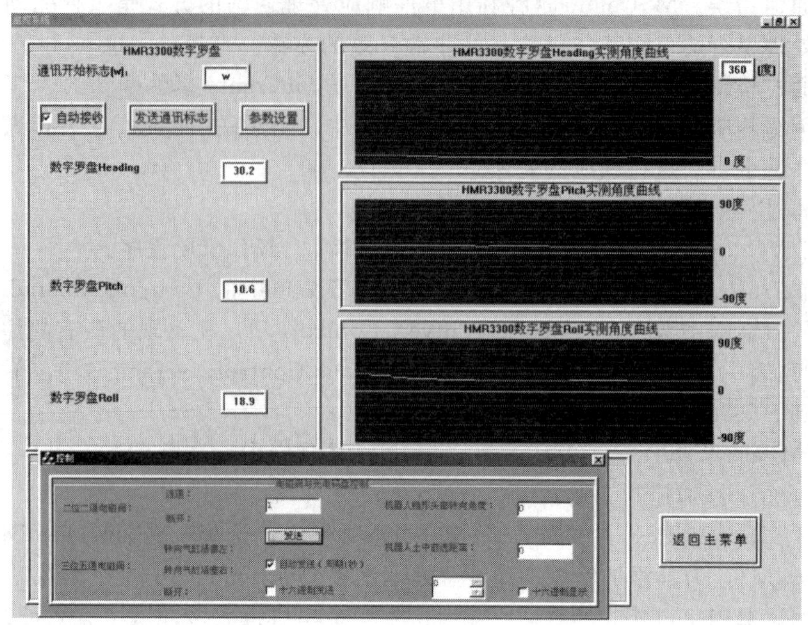

图 8-47　监控系统界面

8.5　数控机床

计算机数控（CNC——computer numericaled control）机床是一种由计算机控制的高效、自动化机床。它综合应用了计算机、自动控制、精密测量和机械设计等技术的最新成就，是典型的机电一体化产品。当前，计算机数控机床已经成为促进国民经济发展的重要产品。由于它具有高效、高精度、低劳动强度和高度自动化等特点，最适合于多品种、小批量零件的加工。随着微电子技术的飞速发展，能够自动更换刀具的高度自动化的计算机数控机床—数控加工中心（MC——machining center）发展更为迅速。各工业发达国家相继出现了双工位和多工位交换工作台的数控加工中心，并与工业机器人等组成了柔性制造单元（FMC——flexible manufacturing cell），以及由多台数控机床、加工中心与物料搬运装置（搬运机器人、运输小车等）组成的柔性制造系统（FMS——flexible manufacturing system），在此基础上又发展成为自动化工厂（FA——factory automation）或微型计算机集成系统（CIMS——computer integrated mnanufacturing system）等。

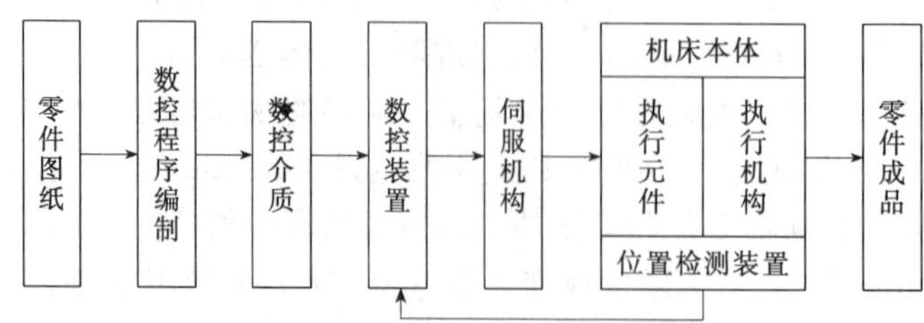

图 8-48　CNC 机床加工过程原理

在普通机床上加工零件时，机床运行的起始、结束，运动的先后次序以及刀具和工件的相对位置等，都是由人工操作完成的。而 CNC 机床加工零件时，是将被加工零件的加工顺序、工艺参数、机床运动要求，用数控语言记录在数控介质（穿孔纸带、磁盘等）上，然后输入CNC装置，由CNC装置控制机床运动，从而实现加工自动化。其加工过程原理如图8-48所示。在数控加工中心上加工零件，涉及的技术范围比较广，与相应的配套技术有密切关系。图8-49所示为CNC机床或加工中心加工时需考虑的问题。对于合格的编程员首先应该是合格的工艺员，应熟练掌握零件的工艺设计和切削用量的选择，并能合理地提出正确的刀具和夹具方案，懂得刀具测量方法，了解机床的性能和特点，熟悉程序编制和输入方式。

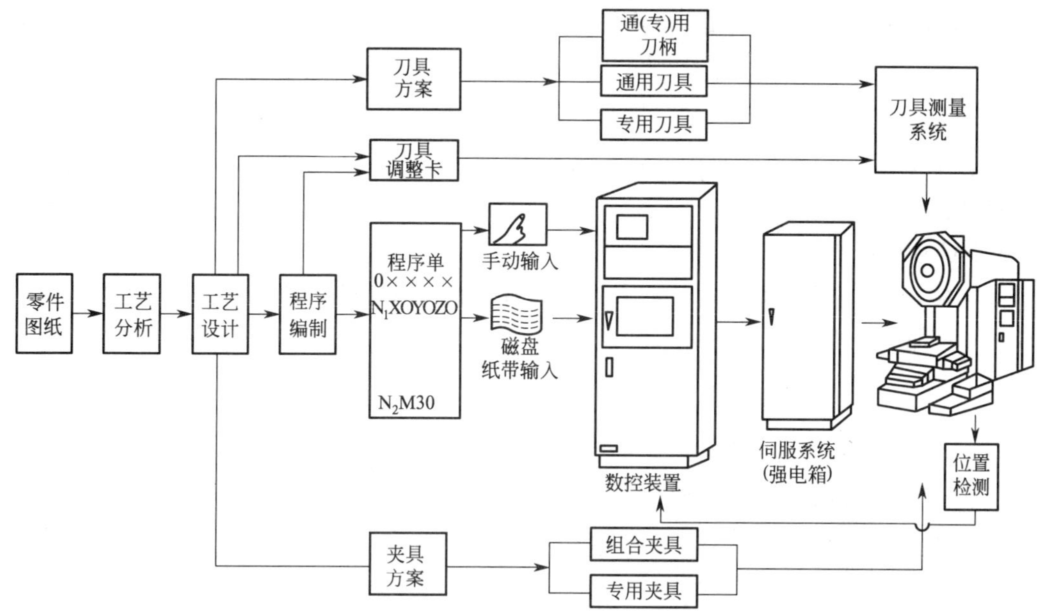

图8-49　CNC机床或加工中心加工时需考虑的问题

8.5.1　CNC机床分类

CNC机床的种类很多，其分类方法有以下几种。

（1）按工艺用途分类

① 普通数控机床　这类机床和传统的通用机床相类似，有数控车、铣、镗、钻、磨、插齿、滚齿等机床。它们的工艺可能性与通用机床一样，所不同的是能自动加工复杂形状的零件。

② 带自动换刀装置的数控加工中心　这类数控机床是在一般数控机床的基础上发展起来的，它配有刀库（可容纳10～100多把刀具）和自动换刀装置的数控机床，与一般数控机床不同的是工件经过一次装夹后，就能自动更换刀具，完成车、铣、镗、钻、铰及攻螺纹等多道工序。

③ 多坐标数控机床　有些形状复杂的零件（如螺旋桨）用三坐标的数控机床仍然难于进行加工，为此出现了多坐标的数控机床。其特点是数控装置所控制的轴数较多，机床结构也比较复杂，其坐标轴数取决于被加工零件工艺要求的复杂程度。目前，常用的多为3～5个坐标轴。

（2）按刀具相对工件移动的轨迹分类

① 点位控制数控机床　这类机床的数控装置只能控制机床移动部件从一个位置（点）精确地移动到另一个位置（点），在移动过程中不进行任何加工，如数控坐标镗床、数控钻

床和数控冲床等。

② 位直线控制数控机床　其特点是不仅要控制两相关点之间的位置，还要控制两相关点之间的移动路线（轨迹），它与点位控制数控机床的区别在于，当机床移动部件移动时，可以沿一个坐标轴的方向进行切削加工，而且其辅助功能较多。常用的有简易数控车床、数控镗铣床和自动换刀数控铣床等。

③ 轮廓控制数控机床　轮廓控制即连续轨迹控制，同时对两个或两个以上的坐标轴进行连续轨迹控制，故能加工形状复杂的零件，其辅助功能也较齐全。常用的有数控车床、数控磨床、数控铣床及铣削加工中心等。

8.5.2 CNC 加工中心（MC）

(1) 基本构成

CNC 加工中心作为机电一体化的典型产品，靠机电之间的互相促进，得到了很大发展。开发数控加工中心的目的是实现零件加工过程自动化，减少切削加工时间和非切削加工时间，提高劳动生产率。

以日本 FHN100T 数控加工中心为例，其机械装置的规格如表 8-4 所示。数控工中心通常由以下几部分构成。

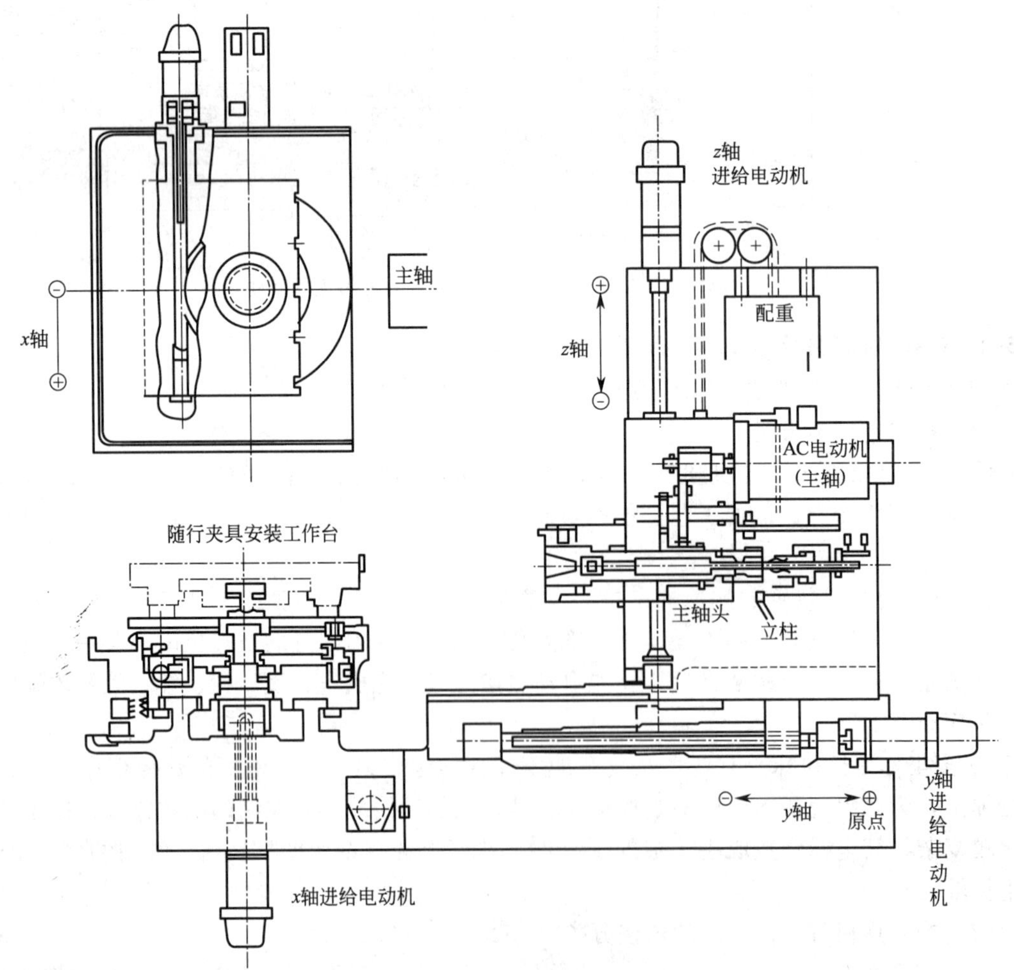

图 8-50　机床的机械装置

ⅰ. 数控 x，y，z 三个移动装置。

ⅱ. 能够进行工件多面加工的回转工作台。

ⅲ. 自动换刀装置（ATC）。

ⅳ. CNC 控制器。

（2）机床的机械装置（图 8-50）

① 床身　其上装有两个正交导轨、工作台、立柱，以实现工作台沿 x、y 轴运动。在立柱上装有主轴头运动的导轨，以实现主轴头沿 z 轴运动。各轴通过与伺服电动机直接连接的大直径滚珠丝杠驱动，以实现高精度定位。

② 回转工作台　安装工件用的回转工作台由电动机驱动进行粗定位，并通过具有 72 个齿的（每齿 5°）端齿分度装置进行精密定位。

表 8-4　日本 FHN100T 数控加工中心规格

项　目		规　格
机械本体	回转工作台尺寸	1050mm×1050mm
	回转工作台的分度角	5°(自动)
	工作台移动距离(x 轴)	1600mm
	主轴头移动距离(z 轴)	1200mm
	立柱移动距离(y 轴)	1050mm
	快速进给速度	10000mm/min
	切削进给速度	1～3600mm/min
	主轴中心与工作台面间距	100～1300mm
	主轴端面与工作台中心的距离	250～1300mm
	主轴转速(变速方法)	20～3600r/min(无级调速)
	主轴端锥度	ISOR 297/锥度 No. 50
	主轴用电动机	AC 26(30min 额定)/22kW(连续)
	所需安装底面积(装有随行夹具交换装置时)	5100mm×5100mm(6600mm×5000mm)
	净重(装有随行夹具交换装置时)	205000(245000)N
ATC 自动换刀装置	刀具存放数量	48 把,64 把
	刀具选择方式	随机选择
	刀具(直径×长度)	ϕ120mm×400mm
	刀具重量	250N

③ 主轴头　通过 26kW（30min 额定）/22kW（连续额定）的交流伺服电动机，实现20～3600r/min 之间的无级调速驱动。主轴的轴承采用高刚性和高速性的双列向心球轴承和复合圆锥滚子止推轴承，通过控制润滑油温度进行强制循环抑制热变形。

④ 自动换刀装置（ATC）　由存放 48、64 把刀具的刀库和换刀机械手组成。刀具按就近判别刀具号码进行选择并迅速更换。

⑤ 随行夹具更换装置　在前一个工件的加工过程中，同时安装下一个工件或夹具，以便前一个工件加工完后，立即更换装有下一个工件的随行夹具。随行夹具存放处一般可存放 6～10 个随行夹具，以实现长时间连续无人化加工。

⑥ 立式加工设备　数控加工中心还备有立式加工设备。这种设备由垂直刀架和垂直加工用刀具及其输送装置组成（图 8-51）。垂直刀架由垂直输送装置搬送并安装到主轴上。标准刀库存放的刀具可利用同一输送装置装在垂直刀架上。

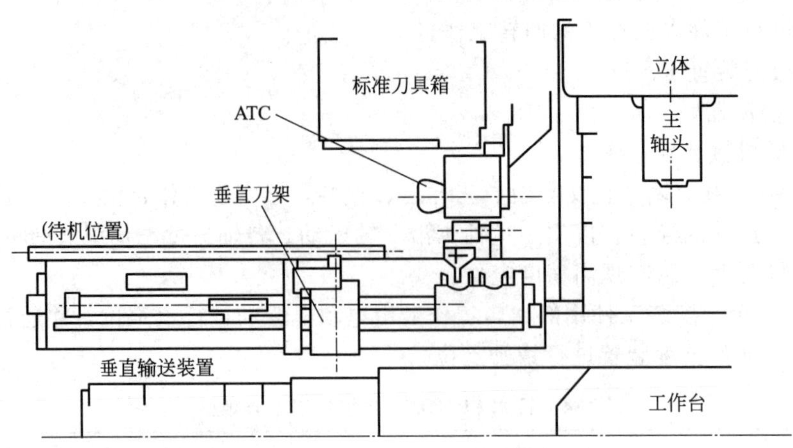

图 8-51 立式加工设备（俯视图）

(3) CNC 系统

本机床的控制系统如图 8-52 所示，控制电路采用高速微处理器及许多专用大规模集成电路。它以顺序控制为主，实现接触式传感、管理、自适应功能，依据工（刀）具码（T 码）选择工（刀）具，根据速度码（S 码）选择主轴转速，以及回转工作台的分度控制等。

控制系统的人机对话型 CNC 系统如图 8-53 所示。

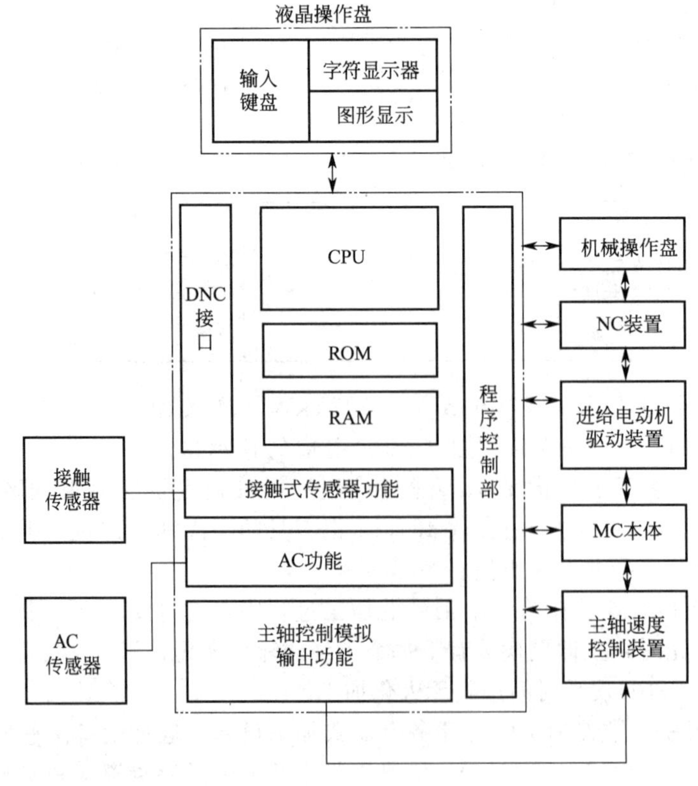

图 8-52 控制系统

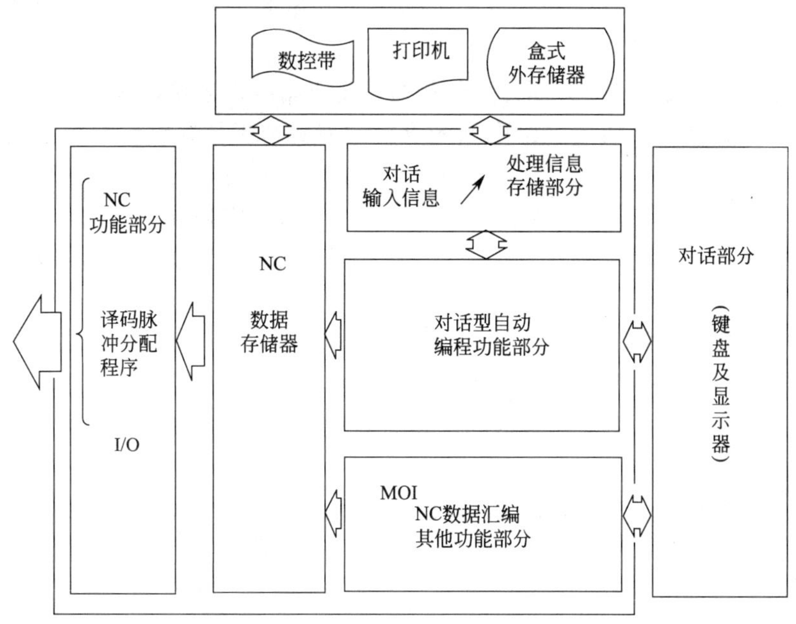

图 8-53 人机对话型 CNC 系统框图

(4) 接触式传感器功能（图 8-54）

ⅰ. 自动定心功能以主轴中心孔为基准，实现工（刀）具的自动定心。工（刀）具以此

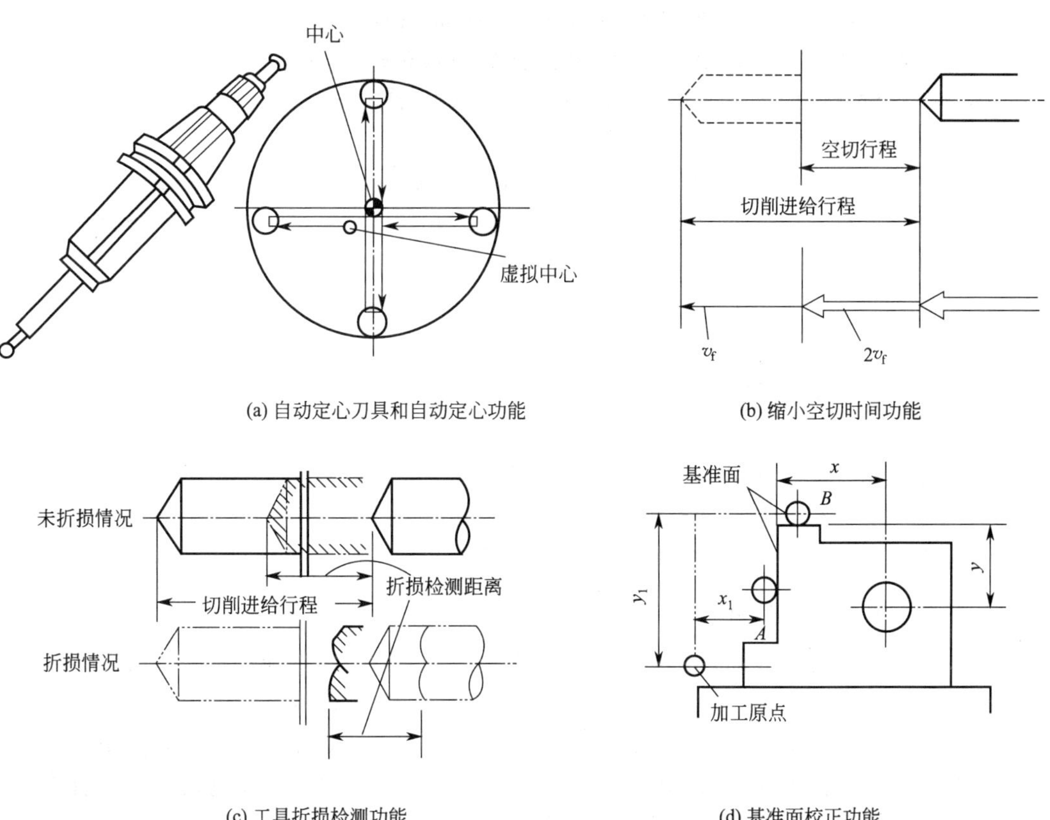

图 8-54 接触式传感器功能

孔为加工基准，可以连续自动运转，不受主轴热变形和不同工件的影响，维持较高的工作精度。

ⅱ. 刀具折损检测功能及时判断刀具的折损，使机床停止运转，从而防止下一把刀具的折损或损伤工件。它采用在切削进给中预先设定的刀具与工件未接触的范围内进行检测的方式。

ⅲ. 缩短空切时间功能是在切削进给行程范围内，指定空切范围以进给速度（v_f）的两倍的速度自动空切送进，当检测到工具与工件接触时，开始用正常进给速度进给，从而缩短了空切时间。

ⅳ. x，y，z 轴基准面校正功能可自动检测并求出主轴位置与基准面之间的关系［测试 x_1、y_1 决定基准面 A（x 轴）和 B（y 轴），以此为加工基准实施程序］，并以其实际位置为加工基准，连续自动运转。这种功能消除了热变形和不同工件尺寸变化的影响，提高了加工精度。

ⅴ. 自动检测校正系统利用接触式传感技术，自动检测孔径大小，以检测结果自动调整刀具，确保加工尺寸的自动校正。自动检测校正的目的有两个，一是掌握批量生产中工件尺寸的变化，适时校正刀头伸出量，确保加工工件的尺寸接近目标值；二是使批量生产的首件加工靠操作人员试削→检测→调整刀头的过程实现自动化。

（5）管理功能

ⅰ. 刀具的寿命管理。通过预先设定的刀具寿命与实际使用时间进行比较来更换刀具。

ⅱ. 备用刀具的自动更换功能。如果刀库中预先准备有备用刀具，这种功能通过刀具寿命管理功能，在发出更换刀具指令时，便可自动地换成备用刀具。

ⅲ. 监视功能和故障诊断功能。更换刀具的 T 码显示和接触式传感器校正量的显示等，在监视各种管理信息的同时，通过时序电路、输入/输出信号的显示，便可发现确切的故障，从而大幅度地减少故障时间。

ⅳ. 自适应控制（AC）功能　这种功能是通过为各轴进给电动机和主轴电动机设置的检测器，检测加工过程中的负载变化情况。如负载值在设定值范围内变化，则属正常；如负载突然减小到设定范围以下，可自动加快进给速度、缩短加工时间；如负载突然增大超过设定范围，可自动降低进给速度，以防止刀具损伤；如负载变化过大，应做异常处理。

8.6 机电一体化系统设计与综合

机电一体化系统设计与综合主要介绍在设计过程中，机构与元件有机的综合设计，驱动方式与传感器有机的综合设计，控制方式与计算机的综合设计，系统与工作环境的综合设计等。只有将设计与综合协调好，才能保证机电一体化产品设计合理。

8.6.1 执行机构与驱动元件

同一运动功能可由多种执行机构实现。例如，一个 6 自由度的喷漆机器人可以有多种结构方案和控制方案，不同的结构方案要求不同的驱动元件、传感器、控制方式与之相匹配，不同方案的机器人的综合性能和生产成本也不相同。因此在确定系统结构时，除了要满足主要性能指标要求，还要考虑执行机构与其他结构要素之间的关系，合理地匹配执行机构与驱动元件可以提高系统的综合性能，降低系统的成本。

常用的执行机构按运动形式的不同，可以划分为直线输出型和转动输出型两大类。与每一类执行机构相匹配的驱动元件，既可以是转动输出型又可以是直线输出型。

（1）直线运动机构的驱动

① 直线驱动元件直接驱动 通过前面的内容可知，直线步进电动机，阀控液压缸、汽缸都可以直接驱动负载，产生直线运动。直接驱动的优点是负载与驱动元件直接连接、不需要中间转换机构、负载的运动精度不受中间机构的影响、直接反映驱动元件的精度、执行机构结构简单。缺点是直线驱动元件的种类相对较少，尺寸较大。汽缸和液压缸结构比较简单，但需要控制阀、动力源等辅件，占地空间较大，液压源的噪声较大，也有环境污染问题。功率型直线步进电动机和直流电动机的体积都较大，价格也较昂贵。表 8-5 列出了三种常用直线驱动元件的主要特点及适用场合。

表 8-5 常用直线驱动元件的主要特点及适用场合

项目	直线步进电动机	汽 缸	液压缸
结构	复杂	简单	较简单
传感器	磁电式或直接开环控制	直线型位移传感器，受制造工艺限制，行程不能太大	直线型位移传感器，行程受限制
控制	使用专用控制器，开环控制，位置精度高，低速振动较大，有一定的负载能力	使用气压控制阀控制，快速性好，负载能力差，定位精度不高	使用电液伺服阀控制，快速性好，负载能力强，可实现较高的定位精度
适用场合	并联机器人等	包装机械等轻工机械，多用于开关控制	并联机器人，包装机械，水下机器人等
成本	较高	较低	较高

② 转动型驱动元件实现了直线运动驱动 转动型驱动元件，如直流电动机、步进电动机，经过传动装置将其转动变换成直线运动就实现了直线驱动。常用的驱动方式有：电动机丝杠螺母机构、电动机齿轮齿条（形带）机构、电动机连杆机构，这种驱动方式的特点是通过中间传动机构，将电动机的运动传递给负载，通常中间机构可以实现很大的传动比、具有较大的驱动能力和较小的折算惯量、控制性能较好；可以使用转动型传感器，也可以使用直线型传感器。当使用转动型传感器时，负载的行程不受传感器工作范围的限制，但传动机构的间隙刚度等参数会影响定位精度，对于高精度的控制系统要使用无间隙或小间隙传动机构。转动型驱动元件实现的直线输出运动驱动系统在数控机床中应用较多，在并联机器人中也有应用。用电动机实现直线驱动时，采用转动电动机驱动较直线电动机直接驱动结构紧凑，控制性能好，成本低。对于气源方便，对控制精度要求不高，采用开关控制就能满足要求的各类自动化生产线、包装机械等，使用汽缸驱动比较合理。对于工作环境恶劣，有防爆、防水要求，如冶金、化工、水下作业等，多使用液压缸实现直线驱动。对于一些负载很小、体积要求较严格的仪器仪表，往往采用一些特殊的直线驱动机构。

（2）转动输出型驱动机构

转动输出型驱动机构的负载以转动形式运动，实现负载的转动运动，既可以使用回转驱动元件，也可以使用直线型驱动元件。回转型驱动元件主要有电动机、气压或液压马达。使用气压或液压马达驱动时，一般不使用中间传动机构，将马达轴与负载轴直接耦合，传动机构简单、结构紧凑；使用电动机驱动时，一般要使用较大传动比的减速器，以获得合适的运动速度和负载能力。在相同的负载条件下，液压马达比电动机齿轮机构尺寸小，负载刚度大，快速性好。使用马达驱动时，需要使用电液伺服阀和专用的液压动力源，对环境有污染，成本也较高。使用液压缸通过杠杆机构也可以实现转动驱动。由于液压缸较液压马达结构简单，成本低，在实际中应用也很普遍。表 8-6 中列出了电动机、液压缸和液压马达实现转动输出型驱动的特点。

表 8-6 电动机、液压缸和液压马达实现转动输出型驱动的特点

项目	直流电动机	液压摆动马达	直线液压缸
结构	需要大传动比减速器，结构较复杂	直接驱动负载，马达的结构复杂	通过连杆机构驱动负载，液压缸的结构简单
控制性能	负载能力较大，快速性较好，可实现较高位置精度，回转角度无限制	负载能力大，快速性好，可实现较高位置精度，回转角度小于 270°	负载能力大，快速性好，有非线性，控制精度较高，回转角度小于 180°
传感器	在高速端使用增量式；在低速端使用绝对式编码器	使用编码器或电位计	使用直线传感器或角度传感器，直线传感器可置于液压缸内，具有良好的防水防爆功能
工作环境	较好的工作环境	可在需要防水、防爆的条件下工作	可在需要防水、防爆的条件下工作
控制方式	PWM 脉宽调制，大功率驱动电路	与电液伺服阀配套，小功率直流放大器电路	与电液伺服阀配套，小功率直流放大器电路
成本	与液压驱动成本相当	较液压缸成本高	较液压马达成本低
应用	工业机器人、数控机床	应用较少	并联机器人、喷漆机器人、水下机器人

【例 8-1】 要将一台 C20 型普通车床改造成经济型数控车床，要求纵向进给重复定位精度为 $\Delta l=2\mu m$，最大进给力为 $F_1=4000N$。试选择驱动方式。

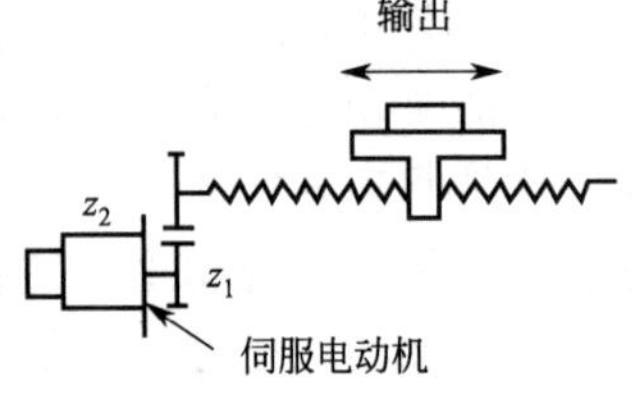

图 8-55 机床传动机构

解 普通机床的数控改造中，通常采用图 8-55 所示的电动机、齿轮、滚珠丝杠传动机构，设齿轮的齿数分别为 z_1、z_2，丝杠的导程为 t，丝杠直径为 d。

(1) 折算到电动机轴的转矩 T_m

$$T_m=\frac{z_1}{z_2}\times\frac{d}{2}\times\frac{\pi d}{t}\times\frac{1}{\eta}F_1$$

$$=\frac{\pi d^2 z_1}{2tz_2}\times\frac{1}{\eta}\times F_1$$

式中 η——传动机构的效率。

(2) 电动机的转角精度 $\Delta\theta$

$$\Delta\theta=\frac{z_2}{z_1}\times\frac{\Delta l}{t}\times 360°$$

选 $z_1/z_2=1/2$，$t=4mm$，则

$$\Delta\theta=2\times\frac{2\times 10^{-3}}{4}\times 360°=0.36°$$

选丝杠的公称直径 $d=30mm$，$\eta=0.7$，则

$$T_m=\frac{\pi\times 30^2\times 10^{-6}}{2\times 4\times 10^{-3}\times 2}\times 4000\times\frac{1}{0.7}=1009\ (N\cdot m)$$

从定位精度和驱动力矩来看，选用步进电动机和直流伺服电动机驱动都能满足要求。直流电动机要采用闭环伺服控制，需要位置反馈传感器，成本要比采用步进电动机高得多，对于经济型数控车床，在满足指标要求的前提下，应优先选择成本低的驱动方案。因此，选用

步进电动机控制更合理。本例没有考虑对工作台的运动速度要求，已知运动速度后还应该计算步进电动机的脉冲频率，根据惯频特性曲线校验所选的传动机构是否合理。

【例 8-2】 已知一多关节式喷漆机器人，决定其位置空间的三个自由度分布如图 8-56 所示，具有腰回转、垂直臂俯仰和水平臂俯仰三个自由度，选定执行机构方案和驱动方案。

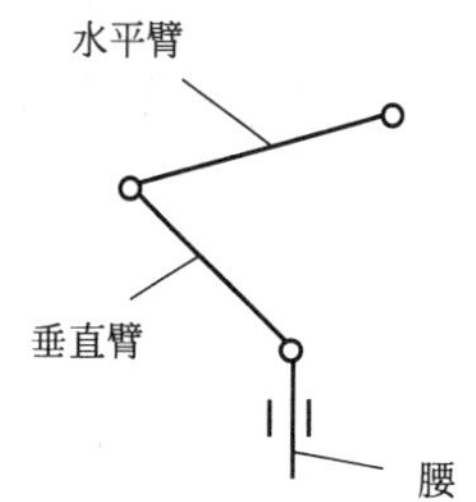

图 8-56　三关节教学机器人自由度分配

解　机器人有两种常用执行机构。一种是转动输出型执行机构，电动机通过齿轮减速器驱动机器人的关节。另一种是直线输出型执行机构，由电动机带动丝杠螺母机构。通过连杆机构将螺母的位移变成关节转动，两种执行机构的结构原理如图 8-57 所示。

转动型执行机构称为方案（a），腰关节直接与驱动器输出轴耦合，水平臂和垂直臂的驱动器以对称形式分别安装在肩关节的两侧，通过齿形带分别与肩关节和肘关节耦合。这种结构方案的特点是三个电动机都安装在基座上，可以减小机器人的负荷及负载惯量，快速性好，缺点是结构较复杂，成本较高。

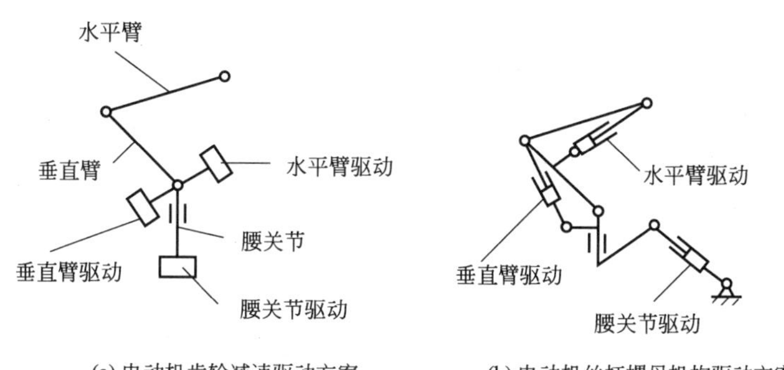

(a) 电动机齿轮减速驱动方案　(b) 电动机丝杠螺母机构驱动方案

图 8-57　两种结构方案

直线液压缸驱动方案称为方案（b）。三个驱动器都为直线输出型，通过连杆机构将驱动器的直线位移转换为关节的转角。这种方案的优点是结构比较简单，缺点是驱动机构把直线位移转换到转角的过程存在非线性。

在设计工业机器人时，工作性能应作为主要因素来考虑，方案（a）结构比较紧凑，快速性好，手臂的外形也比较规整，比较适合于各种装配，焊接等作业。由于工业机器人都有一定的负载能力，尺寸也比较大。方案（b）系统中要使用专用的液压站和一些液压附件，系统比较复杂，仅从这点来考虑，方案（a）更合理。对于喷漆机器人，防爆是一个很重要的技术指标，因为液压驱动易实现防爆功能，而电动机的防爆处理相对比较复杂，从这点看，采用方案（b）更合理。液压驱动还有一个突出优点是它采用直接驱动，驱动元件与关节之间不使用减速装置，机械手可实现逆向操作，这一功能有利于实现机械手的手把手示教。也可以将液压缸用摆动马达代替，做成方案（a）的结构，但马达的工艺较液压缸复杂得多，会使系统成本提高。因此方案（b）更合理。

8.6.2　驱动方式与传感器

传感器的选择不仅要考虑静态特性、动态特性的要求，还要考虑驱动元件的类型，驱动元件与执行机构的传动方式等。例如对于小功率位置控制系统，采用步进电动机或直流电动机都能满足驱动要求，但两者对传感器的要求是不同的，如果采用步进电动机，可以不使用任何位置传感器，通过开环控制执行机构的位置；采用直流电动机控制时，传感器也可以有不同的安装方案，它可以直接与电动机轴耦合（即高速端测量），也可以把传感器直接与负载相连接，不同的测量方案对传动元件和传感器的要求也是不同的。又如直线输出型驱动系统可有多种驱动方案，不同的驱动方案又有不同的测量方法，需要使用不同的传感器。为获得良好的控制性能和较高的性能价格比，需要对驱动方式和传感器的选择做综合考虑。

【例 8-3】 已知某绳驱动式并联机器人，负载由多根张紧的绳驱动，要求对每根绳的位置做精确控制，试选择驱动方案和传感器。图 8-58 所示为一根绳驱动的单自由度的结构原理。

解 实现绳的位移控制主要有三种方案。方案一是电动机通过控制绳在滚筒上转过的角度实现绳位移的控制，其原理如图 8-59 所示。

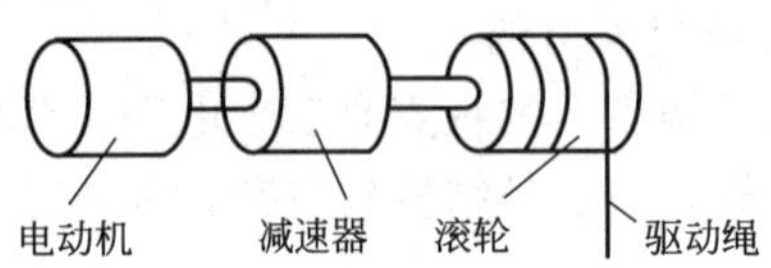

图 8-58 一根绳驱动的单自由度的结构原理

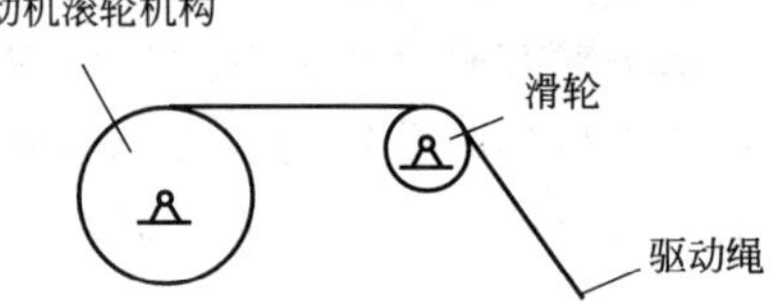

图 8-59 方案一原理

方案二是电动机经过丝杠螺母机构或齿形带传动机构将电动机的转角转换成绳的直线位移，通过对电动机的转角控制实现绳的位移控制，如图 8-60 所示。

方案三如图 8-61 所示，采用直线电动机直接控制绳的位移。

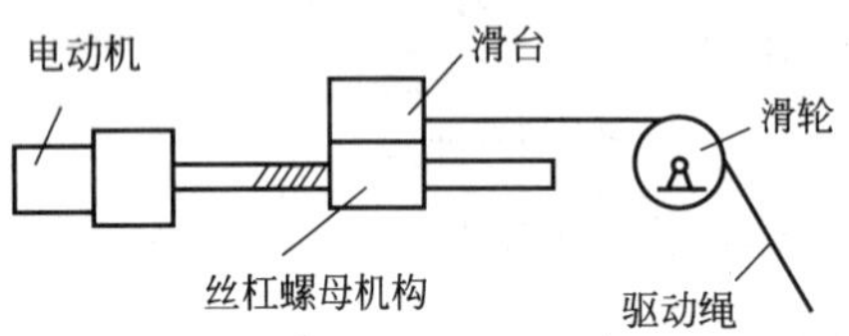

图 8-60 方案二原理

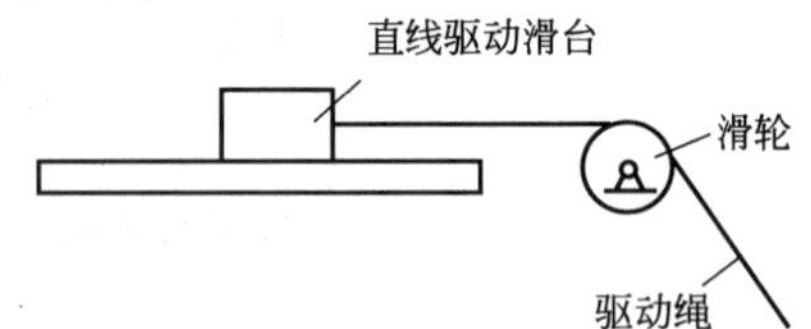

图 8-61 方案三原理

直线电动机的成本较高，体积较庞大，重量也较大，把方案三和方案二相比较，一般优先选择方案二。方案二中采用电动机丝杠传动机构可实现较大传动比，输出精度较高，技术成熟，缺点是滚珠丝杠传动的噪声较大。如果用齿形带代替丝杠螺母机构可以降低噪声，但要实现一定的传动比，必须在电动机和带轮间增加大传动比的减速器。优点是噪声小，传动效率高，缺点是齿形带有一定的弹性，驱动能力有限。这两种方案在实际中应用都很多，在市场上可以买到集成的驱动系统产品和配套的伺服控制系统。

从系统结构的复杂程度和成本上来看，方案一与方案二相差不多，控制方法、控制性能也很相近，方案一的缺点是在滚筒的转动过程中，绳在滚筒轴向会产生位移，当绳的行程较大时可能要采用大直径滚筒或多层绳缠绕，这会给绳的位置精确控制带来困难。另外，这种传动方案很难买到现成的产品，需用户自行设计制造，优点是当负载的位移很大时，其体积相对较小，结构较紧凑。方案二的丝杠长度会随着负载位移的增加而增加，其总长度总是要大于负载位移的长度，这种方案不适用于行程较大的场合。

通过以上分析可知，两种驱动方案各有优缺点，都可以作为候选方案，下面进一步分析绳位移的测量及传感器的选用问题。

对方案二可有多种测量方案，为便于分析将各种测量方法及特点列于表 8-7 中。

表 8-7　各种测量方法及特点

项　目	电动机轴端直接耦合光电编码器	直线传感器直接测量工作台的位移	用光电编码器测量滑轮的转角
测量的特点	可使用低分辨率编码器，间接测量	对传感器精度要求较高，大位移实现有困难，直接测量	需使用高分辨率编码器，间接测量
对传动机构要求	传动机构间隙影响测量精度，要采用高精度传动机构	对传动机构无要求	对传动机构无要求，绳与滑轮的相对滑动影响测量精度
成本	低	高	较高
体积	小	大	较小

由于电动机驱动丝杠螺母传动机构技术成熟，滚珠丝杠具有较高的传动精度，直接测量电动机转角的方法较为常用，如果使用齿形带传动，可以考虑其他测量方案。

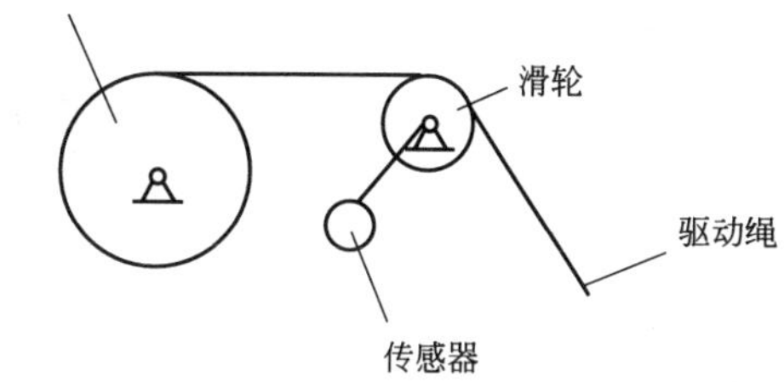

图 8-62　滚筒式驱动系统绳位移的测量原理

电动机滚筒方案，由于绳在滚筒上的轴向位移以及绳缠绕半径的变化，对测量精度的影响等问题，直接测量电动机轴的转角或滚筒的转角，都很难获得高的测量精度，只能采用增加滑轮来测量绳的位移，其测量原理如图 8-62 所示。当负载位移较小时（小于 2000mm），应优先选择方案二，位移较大时（如货物吊装并联机器人）方案一更合理。如果对噪声要求较高，如康复训练机器人，应优先考虑选用同步齿形带驱动方式。

8.6.3　控制方式与计算机

对于机电一体化系统或产品要实现某些功能，可采用多种控制方案、多种控制方法。计算机系统的主要作用是实现控制策略和完成信息处理。当控制系统的功能和主要性能指标确定后，对计算机的基本要求也就随之确定。由于工业控制计算机有多种类型，每种类型又包含许多产品，往往有多种方案可以实现同一控制目标。如一个多自由度的工业机器人，可以用 PC 工业控制机对各自由度进行集中控制，可以用两台工业控制系统组成多级控制系统，还可以采用多个单片机分别控制每一个关节。之后，由工业 PC 机与多个单片机进行通信，形成集散控制系统，这些控制方案都可以满足机器人的控制要求。但是，不同的计算机控制系统的复杂程度、成本、研发周期、可维护性等都是不同的。因此，在选择控制计算机时，除了要考虑保证实现系统的基本控制功能、满足性能指标要求，还要综合考虑其他因素，综合多种因素做出最佳选择，这些因素如下。

(1) 单件小批量或大批量生产

对大批量生产主要考虑生产效率，生产成本和可维护性，可以考虑设计专用计算机控制系统。这样有利于提高计算机资源的利用率，降低生产成本，提高系统的可靠性。对单件小批量产品，在开始阶段应该尽量选用通用计算机产品，以便降低成本，缩短生产周期。

(2) 一般工业产品或满足特殊要求的产品

对一般的工业产品，成本和生产周期应作为主要指标来考虑；对军事、航天、水下等有特殊要求的场合，主要考虑的因素不再是成本和研发周期，重要的是可靠性、环境适应性。

(3) 产品开发或科研样机

对于产品开发要考虑将来的生产成本、生产周期、可维性等因素。例如，当考虑采用集中控制和集散控制时，应尽量采用集散控制计算机系统；对科研样机的研制，主要是要研究装置的工作原理、获取必要的数据，这时应该选择硬件接口资源比较丰富，软件开发方便的集中式，速度比较快的专用计算机系统。如德国生产的 Dspace 实时控制系统，它采用的双主板式 CPU，根据要求可以配置 D/A、A/D、Ercoder、I/O 等多种硬件接口，软件基于 Windows 平台设计，可以用 MATLAB 语言以模块方式直接编程进行实时控制。这种计算机系统的优点是硬件资源丰富，软件开发速度快，兼容性好，对不同的样机进行控制只要改变少量的引线和编制不同的软件即可。

(4) 工业产品或民用产品

对于小型家电、便携式仪器仪表、需要经常移动的机电一体化产品等，体积、重量、功耗、成本等应优先考虑，这些产品应尽量考虑使用专用的单片机控制系统或微处理器。对一般工业产品，可靠性应作为主要考虑的因素。

【例 8-4】 已知五关节水下作业机械手，采用液压缸伺服控制，关节角度反馈传感器为电位器，控制方式为主从控制，要求各个关节的频率响应带宽为 $\omega_c=10\text{Hz}$，试确定控制方案。

解 本题目提出了响应带宽的要求，因此必须考虑计算机的运算速度问题。在工程实际中，考虑到采样周期的大小对系统延迟的影响，这里采样频率较一般系统大，ω_s 取系统带宽的 10～15 倍。选

$$\omega_s=15\omega_c=15\times10=150(\text{Hz})$$

所以采样周期为

$$T_s=\frac{1}{\omega_s}=0.0067=6.7(\text{ms})$$

(1) PC 机集中控制方案

已知机械手有 5 个关节，5 个关节都需要实时控制，若采用一台计算机对 5 个关节进行控制，则每个关节的数据处理时间应少于 $T_s/5$ (1.34ms)。即在 6.7ms 的时间内完成对 5 路传感器信号的 A/D 采样、控制算法和 5 路 D/A 输出。对 PC 机的运算速度有一定要求。PC 机集中控制系统方案如图 8-63 所示。

(2) PC 机、单片机主从控制方案

在主从控制方案中，PC 机的主要任务是采样主手和从手的关节位置信号，显示作业机械手的工作状态、工具库管理、故障处理和安全保护，向从手发送控制命令。关节控制单片机的任务是完成某一个关节的伺服控制。控制系统方案如图 8-64 所示。

由于每个关节都有各自的控制单片机，所以 5 个关节可同时工作，也可以单独工作。因此，每个单片机要有约 6.7ms 的采样时间。在 6.7ms 的时间里每个单片机都要完成一路 A/D 采样、伺服控制算法、D/A 输出，与 PC 机做一次串行通信。通常单片机的指令周期都不小于 2μs，在 6.7ms 内完成上述操作，时间是很充分的。

显然，两种控制方案都能满足题目的要求。对于 PC 机集中控制方案要满足机械手系统频宽的要求，PC 机必须工作于实时方式，且采样周期不能多于 6.7ms，在这样短的时间内要完成多路（10 路）A/D 采样，5 个回路的控制算法和 5 路 D/A 输出，即使 PC 机的运算速度较快，也不会有太多的空余时间，即 PC 机的大部分时间都用到了伺服控制上，而 PC 机在数据处理、图形显示等方面的长处得不到发挥，不能充分发挥 PC 机的优势。

对于 PC 机、单片机主从控制方案，实时控制任务分给了各个单片机。PC 机的主要任

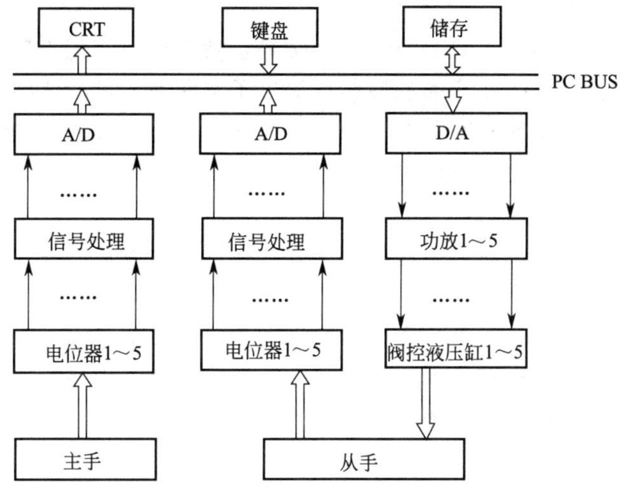

图 8-63 PC 机集中控制方案

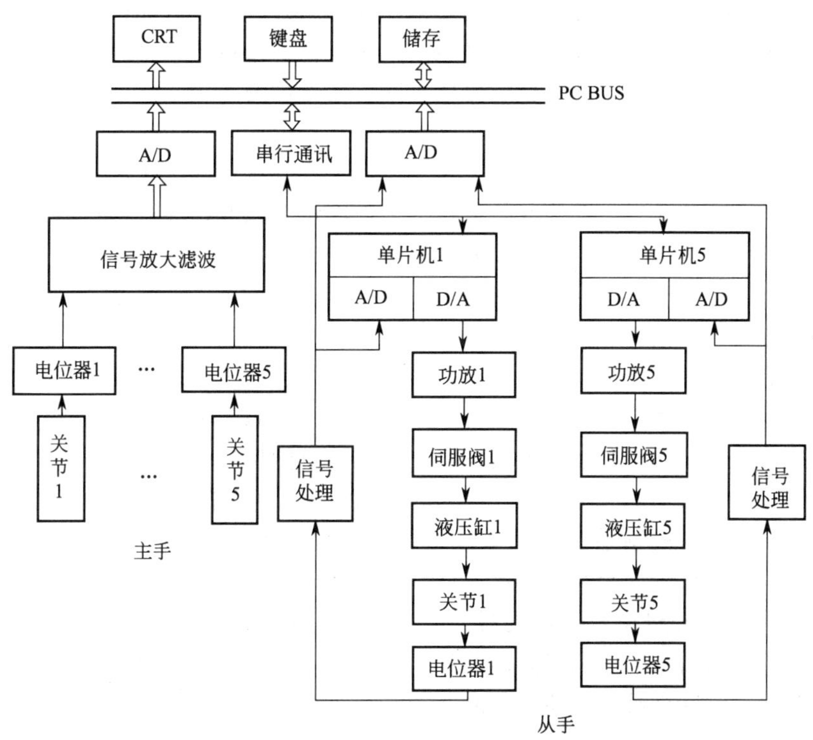

图 8-64 PC 机、单片机主从控制方案

务是监控系统的工作状态，向分单片机发送控制命令。在主从控制系统中，机械手的响应速度与 PC 机无关，只与各个单片机的实时控制有关，PC 机只要能跟踪主手关节的信号变化即可。这样 PC 机可以空闲出大量的时间进行图形显示和数据管理。例如，以三维动画方式显示作业手的当前工作状态等。虽然主从方案比 PC 机集中方案增加了多个单片机回路，会使系统的成本略有提高，却能充分发挥 PC 机和单片机的特长，有助于提高系统的控制水平。主从控制的另一个优点是使系统功能分散、故障分散，便于维护、可靠性高。因此，对于本例中的水下作业机械手，采用 PC 机、单片机主从控制方案更合理。

8.6.4 系统与工作环境

机电一体化产品以其性能优势和技术上的优势，被广泛地应用于各种环境和场合。由于使用环境的不同，对机电一体化产品的性能也提出了不同的要求，这些要求在机电一体化产品的开发研制过程中，必须给予充分的考虑，这样才能获得良好的工作效果。环境对机电一体化产品的要求从以下几个方面考虑。

(1) 工作环境与构件的材料

机械结构是机电一体化系统的重要组成部分，在选择机械传动件、结构件的材料时，除了要考虑机械结构的强度要求、刚度要求和重量要求外，还必须考虑使用环境的要求。如用于海洋开发的机电一体化产品，必须考虑材料的耐蚀性问题；用于航天的机电一体化产品，必须考虑环境的温度变化对材料性能的影响，宇宙射线对材料理化特性的影响；用于医疗的机电一体化产品，要考虑材料对人体是否有害，是否防锈等指标；用于化工生产的机电一体化产品，则必须考虑材料的耐蚀、易燃、易爆等问题。

由于复合材料的迅速发展，许多复合材料的物理性能都可以与金属材料相媲美，甚至比金属材料还要好。如材料的韧性、耐磨性、材料的低密度等。复合材料以其优良的化学性能而受到科技工作者的青睐，如耐蚀性、温度稳定性等。因此，在考虑机电一体化产品的结构设计和选材时，应不仅把目光放在金属材料上，对复合材料也要给予足够的重视，这样才能使所设计产品的综合性能更优良，更能适应不同工作环境的要求。

(2) 工作环境与控制系统

由于许多环境都存在各种电辐射、干扰、电网干扰、振动等干扰因素，对控制系统是非常有害的，如果处理不得当会直接威胁系统的工作安全。因此，在选择机电一体化系统的控制方法时，必须考虑工作环境的特点，采取必要的措施，这样才能保证机电一体化系统安全可靠地工作。

① 家用电器　其工作环境相对较好，短时的停止或失控一般不会造成太严重的后果，提高家电的抗干扰能力会增加其成本，一般不需对其进行抗干扰设计。但是，对于一些涉及家电安全和人身安全的问题，在开发家电产品时就必须加以考虑。如热水淋浴器的缺水保护，断电保护，漏电保护；电冰箱突然停电，对压缩机的保护等。

② 办公设备　其工作环境相对较好，办公室内一般不会有大功率的设备，各种干扰相对较小，一般不需要对控制系统提出特殊的要求。在选择控制系统时，主要考虑使其体积小、移动方便、操作简便、功耗小、噪声低、通用性好等问题。

③ 生产设备　数控机床、工业机器人、自动包装机、自动生产线等，用于工业生产的机电一体化设备，长期在工厂、车间内工作，环境的电磁干扰、电网干扰都很大，车间的温差也很大。因此，对这类机电一体化产品必须进行抗干扰设计，常见的抗干扰设计方法有以下几点。

ⅰ. 选择抗干扰能力强的控制计算机。

ⅱ. 采用抗干扰电源。

ⅲ. 屏蔽，接地保护。

ⅳ. 系统防尘、防潮设计。

ⅴ. 抗振设计。

ⅵ. 抗干扰软件。

ⅶ. 抗干扰硬件。

ⅷ. 冗余设计。

ⅸ. 恒温控制。

(3) 工作环境与驱动方式

工作环境与驱动方式也有着密切的关系，在选择动力源和驱动元件时，也应考虑工作环境的情况。

① 家用电器，医疗器械机电一体化产品 应满足无污染、低噪声、体积小、重量轻的要求。显然不宜使用液压或气动驱动，尽量选用电子能源，且尽量使用二相 AC 220V 电源，避免使用三相动力电。在选择传动方式时，尽量选择噪声低的传动方法，如同步齿形带传动。对于便携式家电或医疗仪器，则应考虑用电池供电。

② 食品，医药生产机电一体化产品 应避免污染，可采用气动或电动驱动方式，不宜采用液压驱动。

③ 水下设备 这类设备包括石油钻井平台，水下机器人，水下电缆设备，水下维修设备，水下施工设备等。应充分考虑高压下的密封问题。如采用液压驱动较电驱动易实现密封，使用复合材料轴承代替普通滚动轴承，可以延长寿命，改善关节性能等。

④ 一般工业设备 电、气、液三种驱动方法都可以用于一般工业设备的驱动，在选择驱动方法时，可以根据工厂、车间的具体情况进行具体分析。如果对噪声的要求比较高，则不宜采用气动和液压驱动，若对污染要求比较高，宜采用气动或电动。气源方便的场合尽量采用气动。

通过以上典型机电一体化产品分析、设计与综合，可以总结出以下几点。

ⅰ. 机电一体化产品的结构、功能、规模和复杂程度，随应用场合的不同而各异，它们的差异很大。如机器人、数控机床等产品相对比较复杂，而洗衣机、打印机等产品则相对比较简单。

ⅱ. 对机电一体化产品进行剖析，可以用前面所描述的六个基本结构要素（机械本体、能源部分、测试传感部分、执行机构、驱动装置、控制及信息处理单元）来划分。随机电一体化产品的复杂程度和应用场合的不同，并不是每一类机电一体化产品都包含六个基本结构要素，有些产品可能少于六个结构要素。例如，有些机电一体化产品由驱动元件直接驱动，没有中间传动机构。

ⅲ. 无论机电一体化产品的复杂程度如何，无论是一个复杂的系统，还是一个简单的机电一体化产品，对它们的分析和设计应该从系统化的角度出发，这样才能获得更理想的设计结果。

ⅳ. 机电一体化的各个结构要素之间存在着密切的关系，某一结构要素需要变动时，必须考虑到对其他相关要素的影响。只有从系统化设计的角度出发来考虑问题，才能处理好各个结构要素之间的相互关系，才能优化设计结果，获得良好的技术经济性。

习题与思考题

8-1 试结合喷漆机器人说明工业机器人的组成。

8-2 说明全自动洗衣机的控制系统设计及模糊推理原理。

8-3 结合机电一体化系统的结构要求简述机器人的设计及组成。

8-4 简述 CNC 加工中心的组成及控制系统基本原理。

8-5 设计一个教学机器人，结合 8.1、8.5 节要求它能模拟 8.1 节喷漆机器人的主要功能，具体要求为

① 具有示教/再现控制功能。具有手动示教盒示教和 PC 机示教功能。

② 只有腰回转，垂直臂摆动，水平臂摆动三个自由度和一个弧开/关式工作手爪。

③ 点到点（PTP）示教，最大容量为 100 点。

④ 最大速度为 0.17m/s。

⑤ 位置精度为±3mm。

⑥ 抓重 200g。

⑦ 工作范围：腰回转±90°，垂直臂摆角±45°，水臂摆角 30°～45°，水平臂长 300mm，垂直臂长 300mm。

⑧ 工作环境：学校实验室。

试写出设计该教学机器人的工程路线。

参 考 文 献

[1] 机电一体化技术应用实例编委会. 机电一体化技术应用实例. 北京：机械工业出版社，1994.

[2] 机电一体化技术手册编委会. 机电一体化技术手册. 第2版. 北京：机械工业出版社，1998.

[3] 张立勋，孟庆鑫，张今瑜. 机电一体化系统设计. 哈尔滨：哈尔滨工程大学出版社，1997.

[4] 张君安. 机电一体化系统设计. 北京：兵器工业出版社，1997.

[5] 刘杰，赵春雨，宋伟刚等. 机电一体化技术基础与产品设计. 北京：冶金工业出版社，2003.

[6] 方建军，田建君，郑青春. 光机电一体化系统设计. 北京：化学工业出版社，2003.

[7] 高森年［日］. 机电一体化. 北京：科学出版社，2001.

[8] 梁景凯. 机电一体化技术与系统. 北京：机械工业出版社，1999.

[9] 殷际英. 机电一体化基础. 北京：冶金工业出版社，1997.

[10] 三埔宏文［日］. 机电一体化实用手册. 赵文珍等译. 北京：科学出版社，2001.

[11] 王孙安，杜海峰，任华. 机械电子工程. 北京：科学出版社，2003.

[12] 扬平，廉仲. 机械电子工程设计. 北京：国防工业出版社，2001.

[13] 李建勇. 机电一体化技术. 北京：科学出版社，2004.

[14] 焦生杰. 工程机械机电液一体化. 北京：人民交通出版社，2000.

[15] 乔孝纯，牛锡传. 机械零件. 西安：西安交通大学出版社，1986.

[16] 陈杰，黄鸿. 传感器与检测技术. 北京：高等教育出版社，2004.

[17] 吴石增，黄鸿. 传感器与测控技术. 北京：中国电力出版社，2003.

[18] 尤丽华，高龙琴，林晖. 测试技术. 北京：机械工业出版社，2003.

[19] 樊尚春. 传感器技术及应用. 北京：北京航空航天大学出版社，2004.

[20] 徐科军，马修水，李晓林. 传感器与检测技术. 北京：电子工业出版社，2004.

[21] 王茁. 穿地龙机器人关键技术研究与样机研制［博士论文］. 哈尔滨：哈尔滨工程大学，2003.

[22] 王殿君. 穿地龙机器人运动学、动力学及控制系统的研究［博士论文］. 哈尔滨：哈尔滨工程大学，2003.

[23] 张立勋，王立权，杨勇. 机械电子学. 哈尔滨：哈尔滨工程大学出版社，1999.

[24] 王信义. 机电一体化技术手册. 第2版. 北京：机械工业出版社，2000.

[25] 徐灏. 机械设计手册：第2卷. 第2版. 北京：机械工业出版社，2000.

[26] 陈瑜. 机电一体化产品设计指南. 北京：机械工业出版社，2000.

[27] 赵长德. 工业用微型计算机. 北京：机械工业出版社，2000.

[28] 张建民. 机电一体化系统设计. 北京：高等教育出版社，2001.

[29] 朱庆保等. 微型计算机系统及接口应用技术. 南京：南京大学出版社，1997.

[30] 求实科技. 单片机典型模块设计实例导航. 北京：人民邮电出版社，2004.

[31] 郑堤. 机电一体化设计基础. 北京：机械工业出版社，1998.

[32] 高钟毓. 机电控制工程. 北京：清华大学出版社，1994.

[33] 补家武. 机电一体化技术与系统设计. 北京：中国地质大学出版社，2001.

[34] 赵松年等. 机电一体化数控系统设计. 北京：机械工业出版社，1994.

[35] 胡佑德. 伺服系统原理与设计. 北京：北京理工大学出版社，1993.

[36] 薛钧义等. 微机控制系统及其应用. 西安：西安交通大学出版社，1993.

[37] 温钢云. 计算机控制技术. 广州：华南理工大学出版社，2001.

[38] 郑学坚等. 微型计算机原理与应用. 北京：清华大学出版社，1989.

[39] 何立民. MCS-51系列单片机应用系统设计. 北京：北京航空航天大学出版社，1991.

[40] 林其骏. 机床数控系统. 北京：中国科学技术出版社，1991.